RÉSIDENCES ROYALES.

LE PALAIS

DE

FONTAINEBLEAU

A la même Librairie :

PALAIS DE SAINT-CLOUD. 1 vol. in-8.
CHATEAU DE COMPIÈGNE. 1 vol. in-8.
CHATEAU D'AMBOISE. 1 vol. in-8.
CHATEAU D'EU. 1 vol. in-8.
PALAIS-ROYAL. 1 vol. in-8.
PALAIS DE VERSAILLES. 1 vol. in-8 (épuisé).

Paris.—Imprimerie Bonaventure et Ducessois, 55, quai des Augustins

LE PALAIS
DE
FONTAINEBLEAU

(SOUVENIRS HISTORIQUES)

SON HISTOIRE ET SA DESCRIPTION

PAR J. VATOUT

DE L'ACADÉMIE FRANÇAISE
ET PREMIER BIBLIOTHÉCAIRE DU ROI LOUIS-PHILIPPE.

PARIS
DIDIER, LIBRAIRE-ÉDITEUR, 35, QUAI DES AUGUSTINS

1852

LE PALAIS
DE FONTAINEBLEAU.

CHAPITRE PREMIER.

LE PALAIS DE FONTAINEBLEAU DEPUIS SON ORIGINE JUSQU'A FRANÇOIS 1er.

S'IL est en France un palais qui parle à toutes les imaginations, c'est Fontainebleau. Quelle source de méditations pour l'historien, de souvenirs pour le guerrier, d'études pour l'artiste, d'enthousiasme pour le poëte! C'est là, comme dans un désert religieux, qu'un saint roi venait méditer le bonheur de la terre, et rêver les gloires du ciel; c'est là que le vainqueur de Marignan convoqua tous les arts de l'Italie et alluma le foyer d'où jaillirent tant d'éclat et de merveilles ; le génie des Médicis ajouta à la magnificence de ces royales demeures : les fêtes les embellirent, les tournois les animèrent, la galanterie les parsema de chiffres amoureux ; la politique aussi les choisit pour confidentes de ses secrets : on montre le pavillon où se tint la fameuse conférence des plus illustres représentants des deux églises; le sombre corridor où l'un de nos plus grands rois eut le triste courage de faire arrêter son compagnon d'armes, son ami; le boudoir où une reine *in partibus* décida, en brodant de la tapisserie, du sort de l'Espagne. Et comme s'il devait y avoir dans ce séjour un écho pour toutes les sensations de l'âme, ici, on voit la pierre teinte du sang de l'infidèle amant d'une reine jalouse; là, le théâtre où l'auteur du *Devin du village* goûta son premier succès; plus loin, la prison d'un souverain pontife.... Mais regardez cette cour devant le château : un jour, elle aura été assez grande pour contenir, avec son armée, le nouvel Alexandre qui se trouvait à l'étroit dans l'univers; il descendra du haut de cet escalier, le front chargé de nuages, il embrassera le drapeau des adieux, et disparaîtra, à travers les larmes et les cris de ses vieux soldats, pour aller mourir dans l'exil; puis, régnera un profond silence, et Fontainebleau ne sera plus qu'une vaste solitude!... Cependant, les temps de splendeur reviendront pour toi, palais des rois et des arts! tu reprendras tes habits de fête; une main royale te rendra ton antique magnificence; les armoiries de François Ier, d'Henri II et d'Henri IV refleuriront sur tes lambris dorés; les belles fresques du Rosso et du Primatice retrouveront la couleur et la vie; une foule joyeuse remplira tes salons rajeunis sous d'habiles pinceaux; elle se précipitera, dans la galerie où Louis XIV avait reçu la duchesse de Bourgogne, pour contempler un de ses petits-fils s'unissant à une princesse non moins digne d'hommages; et le nom d'*Orléans* retentira mille fois sous tes voûtes!

Ces souvenirs de tous les âges, de tous les caractères; ces voyages mystiques de nos anciens rois; ces scènes imposantes de l'histoire; tous les arts en travail, comme des abeilles, dans cette ruche royale; ces brillantes galeries, ces tableaux, ces statues, cette mosaïque d'architectures attestant la diversité des époques, des goûts, des talents qui ont présidé à la construction du palais; cette vaste forêt, avec ses sites agrestes, ses chênes séculaires, ses traditions merveilleuses; tout, dans Fontainebleau, parle de grandeur, d'art, de poésie; tout inspire le désir de connaître, depuis son origine jusqu'à nos jours, l'un des plus beaux monuments de la France.

Une erreur populaire semble encore aujourd'hui attribuer l'origine du nom de Fontainebleau à la beauté des eaux de ses fontaines. Nous avons consulté les chartres et les chroniques : elles se taisent sur cette étymologie. Des auteurs ont voulu suppléer au silence de l'histoire, et ils se sont livrés à des conjectures plus ou moins vaines; nous ne les suivrons pas dans cette voie ténébreuse. Ainsi, que Fontainebleau tire son nom du domaine du Bréau, comme l'a écrit le père Mabillon [1], ou de la beauté de ses eaux, comme le dit Guillaume Philander [2], ou d'un chien nommé *Bleau* [3], comme le pré-

---

[1] Adjacentis vici seu campi possessore nomen traxit. (Mabillon, Diplomatique royale, p. 283.)

[2] Le président de Thou partage l'opinion de Guillaume Philander; il donne à Fontainebleau le nom grec de Callirhoe, beau courant d'eau :

Talia Callirhoe spectacula præbuit olim.

[3] On racontait au seizième siècle que saint Louis, chassant dans la forêt de Bière, aujourd'hui forêt de Fontainebleau, perdit un de ses levriers favoris, nommé Bleau ou Blau. Après de longues recherches, on retrouva Bleau près d'une source où il se désaltérait tranquillement. A cette place, continue la tradition, une fontaine fut construite. On l'appela

tend Favin, nous ne discuterons pas ces opinions diverses, parce qu'elles ne s'appuient sur aucune autorité : d'ailleurs, une question bien autrement grave commande toute notre attention ; c'est l'origine du château de Fontainebleau. Nous allons tâcher de jeter quelque lumière sur les obscurités qui jusqu'à présent ont environné son berceau.

Un vieil historien du seizième siècle [1] termine ainsi la description du Gâtinais, qui occupait le centre de la Gaule celtique ou Senonoise. « Le païs, ainsi diversifié de bois, de rivières, de plaines et montagnes, est fort sain et agréable, qui est cause qu'il est grandement peuplé, et voit-on que ceux qui y habitent vivent ordinairement en une longue santé, et meurent pleins d'années en une honorable vieillesse, plus qu'en aucune région de France. Ce qui a

---

Bleau; et le roi, déterminé d'ailleurs par la beauté du lieu, fit bâtir dans son voisinage une maison, ou rendez-vous de chasse, qui reçut le nom de Fontainebleau, et plus tard devint un palais. Cette croyance populaire, qui enlève à l'existence certaine de Fontainebleau plus d'un siècle, s'accrédita tellement sous François Ier, que le *Primatice* peignit à fresque, sur la voûte de la fontaine de *Bleau*, l'histoire du chien qui passait pour l'avoir découverte.

[1] Histoire générale des pays de Gastinois, par dom Guillaume Morin.

excité nos rois de faire construire des lieux de plaisance en ce pays pour y habiter; aussi, la plus belle et royalle maison qui soit en l'Europe, savoir Fontainebleau, est bastie en ceste province..... Nos rois très glorieux ont esté non seulement conseillez de choisir ce païs pour leur séjour et la conservation de leur santé, mais encore ont désiré presque de tout temps que leurs enfans nasquissent en iceluy, car auparavant que Fontainebleau fust basti, les roines venoient faire leurs couches au chasteau de Montargis, et leurs enfans y estoient nourris et eslevez; d'où ce lieu a esté appellé *le nourricier des enfans de France.* Et maintenant les roines, pour la plus-part, vont faire leurs couches ordinaires à Fontainebleau, qui est le cœur du Gastinois. »

Longtemps avant que Montargis offrît une demeure passagère aux reines de France, Melun tenait le premier rang parmi les résidences souveraines [1]. Le roi Robert venait fréquemment habiter cette ville, qu'il avait prise et dévastée en 999 [2]. Il voulut lui rendre son ancienne splen-

---

[1] Insigne Melidunum castrum et sedem regiam. (Recueil des hist. de France, t. XIV, p. 278.)

[2] Rouillard rapporte dans son histoire de Melun, que, pendant le siège de cette ville, le roi Robert se rendit à Saint-Denis pour célébrer la fête de saint Hippolyte. La

deur; et, grâce à la présence et aux bienfaits du pieux monarque, Melun sortit de ses ruines, et

messe que le monarque, revêtu de la chape et de l'étole, avait chantée avec les chanoines, venait de finir; « soudain, dit le chroniqueur, arriva un courrier de l'armée qui apporta au roy nouvelles que les murailles du chasteau de Melun estoient tombées à l'improviste; et croyoit-on que c'estoit miraculeusement. Lors, ce nouveau Josué croyant que les trompettes de ses psalmodies et prières eussent faict tomber les murs du Jéricho de France, sur-le-champ en rendit grâces à Dieu et à sainct Denys. »

Au dixième siècle, un prince manifestait à la fois sa piété et son amour pour les lettres en chantant au lutrin; aussi Foulques le Bon qui en avait l'habitude, apprenant que Louis d'*Outremer* en plaisantait, lui écrivit : « Sachés, Sire, qu'un roy non lettré est un âne couronné. » La science de Robert ne se bornait pas à la pratique de ces exercices religieux; le royal élève du docte abbé Gerbert, archevêque de Reims et depuis pape sous le nom de Sylvestre II, est auteur de plusieurs proses sacrées qui attestent un très-rare savoir pour le temps : Constance, sa troisième femme, ayant entendu parler des belles compositions du roi, le pria d'en faire une pour l'amour d'elle. Robert le lui promit, et composa l'hymne *O Constantia martyrum laudabilis*, en l'honneur de saint Denis et de ses compagnons, et peut-être en pensée d'un autre martyr; car la chaîne qui l'attachait à la superbe Constance était loin d'être aussi légère que celle qui l'avait uni à la douce et intéressante Berthe de Bourgogne. Cependant la reine, qui ne savait pas le latin, fut enchantée en voyant son nom en tête de l'hymne qu'elle crut entièrement consacrée à la louange de ses vertus et de ses charmes. L'erfut pendant trois cents ans [1] le séjour des rois et l'une des cités les plus florissantes. Robert y mourut, atteint d'une fièvre chaude appelée le mal des *ardents* [2]. Melun et ses environs conservèrent des traces de son inépuisable charité. Il avait fait bâtir un monastère de Saint-Germain d'Auxerre, et une église de Saint-Michel [3], dans la forêt de Bière, aujourd'hui la forêt de Fontainebleau [4].

Les institutions religieuses établies près du lieu occupé depuis par le palais de Fontaine-

reur de Constance se répandit bientôt à la cour de Robert, et chacun rit, mais tout bas, de la malice du pieux et résigné monarque.

[1] Histoire de Melun.

[2] « Robert s'éteignit pour la vie éternelle en copiant l'Obi- « tuaire de l'église de Melun, » dit la Chronique de Saint-Denis.

[3] Ædificavit monasterium Sancti Germani Autissiodorensis, et Sancti Michaelis ecclesiam in sylvâ cognominatâ Bieriâ. (Helgaud., vita Roberti.)

[4] Le nom primitif de la forêt de Fontainebleau n'est pas parvenu jusqu'à nous. Elle fut, dit-on, surnommée *de Bière*, lorsqu'en 845, un chef des pirates danois, Bier Cotte de Fer, vint assiéger Melun, et assit son camp dans la plaine qui sépare cette ville de la forêt de Fontainebleau ; dans le dix-huitième siècle, une des portes de Melun qui regardait l'espace occupé par le camp des pirates s'appelait encore *la porte de Bière*.

bleau, ont autorisé à dire que Robert était le fondateur de ce palais [1]. Robert, en effet, acheta de divers seigneurs du Gâtinais, propriétaires de la forêt de Bière, des terrains pour doter le couvent de Saint-Germain d'Auxerre. On peut supposer que, séduit par la beauté d'une forêt voisine de Melun, il y fit construire pour lui-même une maison qui lui servait de rendez-vous de chasse. Cette induction prend de la consistance quand on voit le petit-fils de Robert, Philippe Ier, rechercher et obtenir, au moyen d'un échange [2], la possession de Moret, ville dépendante au onzième siècle du duché de Bourgogne [3], et dans la mouvance de laquelle se trouvait le fief de Bière. Enfin, la croyance que la fondation de Fontainebleau remonte au fils de Hugues Capet, acquiert une autorité plus grande au commencement du règne de Louis le Jeune; alors Fontainebleau entre brusquement dans l'histoire; il apparaît entièrement bâti; c'est déjà un vieux manoir féodal, avec ses

---

[1] L'abbé Guilbert, d'après Rouillard.

[2] Traité d'échange entre Philippe Ier, roi des Français, et son oncle, Robert le Vieux, duc de Bourgogne. (Histoire de Melun.)

[3] On voyait encore, au dix-septième siècle, la croix de Bourgogne en pierre dans le faubourg de Moret.

tours, ses fossés, son donjon; alors Louis le Jeune l'habite avec sa cour; il y fait acte de gouvernement; il y signe deux chartres; il date de Fontainebleau, *apud fontem Bleaudi*[1], en 1137[2], l'ordonnance qui consacre la fondation du Val-Sainte-Marie, et celle de 1141, par laquelle l'établissement des changeurs est transféré sur le grand pont de Paris[3].

Depuis cette époque jusqu'à la fin du règne de Louis VII, des actes nombreux témoignent des séjours du roi à Fontainebleau. Parmi ces chartres, celle de 1169 doit seule nous occuper, parce qu'elle se rattache à l'existence du palais: elle fonde la chapelle Saint-Saturnin[4], en même temps qu'elle réveille le souvenir d'un grand événement de l'histoire contemporaine.

Un homme de race saxonne, de la condition la plus obscure, s'était élevé par la faveur d'Henri II, roi d'Angleterre, à la première di-

---

[1] Les chartres et lettres de nos rois nomment Fontainebleau, tantôt *fons Bleaudi*, *Blaaldi*, *Bliaudi*, tantôt *fons Blaandi*, *Eblandi*, *Eblaudi*, *Blaudi*, *Blealdi*, etc., etc.

[2] Voir la chartre de 1137, aux pièces justificatives, lettre A.

[3] Le grand pont de Paris a pris depuis le nom de *Pont-au-Change*, qu'il conserve encore. Voir la chartre de 1141 aux pièces justificatives, lettre B.

[4] Voir la chartre de 1169, aux pièces justificatives, lettre C.

gnité de l'État. Esprit souple et délié, doué d'une rare aptitude pour les affaires, il avait conduit avec succès des négociations très-délicates. Chasseur intrépide, excellent convive, il était à la fois le compagnon des plaisirs du roi, son confident intime et la tête de son conseil; c'était Thomas Becket. Lorsqu'il obtint la place de chancelier d'Angleterre, Henri II méditait la réforme de la loi de Guillaume le Conquérant sur l'indépendance cléricale; mais le concours du primat, le chef suprême du clergé anglais, lui était nécessaire. Il résolut d'investir de ces hautes fonctions son chancelier, dont il connaissait les mœurs faciles, le dévouement sans bornes, et qui avait combattu avec autant d'habileté que de vigueur les priviléges du clergé, quoiqu'il en fît partie en qualité d'archidiacre de l'église métropolitaine. A la mort de Thibaut, archevêque de Cantorbéry, Thomas Becket fut nommé primat sur l'injonction formelle du roi, et malgré la résistance des évêques.

Le nouveau prélat n'a pas plutôt reçu l'investiture du pape Alexandre III, que soit ambition, soit retour sur lui-même, il se métamorphose tout d'un coup. Sa vie était folle, dissipée : elle devient rude et austère; le froc d'un moine remplace les habits somptueux du courtisan; et son palais, qui naguère ne s'ouvrait qu'à l'opulence et à la joie tumultueuse des fêtes, n'est plus que le refuge de la souffrance et l'asile de la pauvreté. C'est peu : il renvoie les sceaux à Henri II, en déclarant avec humilité qu'il ne peut pas conserver deux offices, lui qui se croit insuffisant pour un seul. A la nouvelle d'une conversion aussi subite qu'inattendue, le roi tombe dans la stupeur. La colère succède à cette première impression : il pressent un obstacle dans l'homme qu'il a choisi comme l'instrument de ses projets de réforme, et commence contre lui un système de persécution, qui ne doit finir qu'avec la vie de l'archevêque. Thomas Becket résiste courageusement ; on le voit déployer dans la défense des immunités de l'Église plus d'ardeur et de force qu'il n'en avait montré pour les combattre. Cependant, il est contraint de céder aux outrages d'un roi tout-puissant, et de se réfugier en France, où la haine de Henri se hâte de le poursuivre. Mais Louis VII accorde un généreux asile[1] au prélat, et fait à ses envoyés cette noble réponse : « En « protégeant les exilés contre leurs persécuteurs, « j'exerce une ancienne prérogative de ma cou- « ronne[2]. »

---

[1] A Ludovico rege et monachis Pontiniacensibus gloriosè suscepitur (Spicilegium). L'archevêque s'était d'abord retiré à l'abbaye de Pontigny.

[2] Hoc de pristinâ dignitate est diadematis regum Franco-

A l'époque où Louis VII fonda la chapelle de Saint-Saturnin, dans le palais de Fontainebleau, Thomas Becket, recueilli par la munificence royale, vivait à l'abbaye de Sainte-Colombe, près Sens [1]. Sur l'invitation de ce monarque, l'archevêque se rendit à Fontainebleau, où il consacra la nouvelle chapelle au milieu d'un grand appareil religieux [2]; et l'année suivante, Thomas Becket, réconcilié avec Henri II par l'entremise du roi

rum, ut exules, et præsertim personæ ecclesiasticæ, regum et regni securitate et pace perfruantur et a persecutorum injuriâ defendantur. (Vita Thomæ Becket in lucem producta ex ms. Vaticano, operâ et studio Christiani Lupi Yprensis.)

[1] Nam christianissimus rex Francorum patrem nostrum Cantuariensem archiepiscopum in ulnis charitatis excipiens, eum in ecclesiâ beatæ Columbæ Senonis regiâ magnificentiâ exhibet (Joannes Saresberiensis, epistola CII). Transtulit se ad beatum regem Francorum Ludovicum : a quo benignè susceptus, missus ad abbatiam Sanctæ Columbæ juxta Senonum civitatem (Rogerius de Hoveden).

[2] Le fait de la consécration de la chapelle de Saint-Saturnin est confirmé dans une chartre de Louis IX : « A beatissimo martyre Thomâ Cantuariensi archiepiscopo consecrata. » Nous citerons plus loin cette chartre, qui fut donnée à Fontainebleau en 1259, à l'occasion de l'établissement des Mathurins. La chapelle de Saint-Saturnin, restaurée à diverses époques, existe encore aujourd'hui dans les proportions où elle fut fondée par Louis VII.

de France[1], rentrait en Angleterre, et Henri s'écriait : « N'y aura-t-il personne qui me délivre de ce prêtre? » Bientôt l'archevêque était égorgé dans son église de Cantorbéry, presque sur les marches de l'autel.

A cette nouvelle, Louis VII dit avec douleur : « Notre frère a-t-il oublié le conseil du prophète : « *Irascimini*, et *nolite peccare?* » Le meurtre sacrilége d'un archevêque qui avait été son hôte, l'affligea profondément; il en conserva toujours un triste souvenir : Philippe, le seul héritier de la couronne, étant tombé malade en 1179[2], le roi vit en songe saint Thomas[3], qui lui dit : « Si tu as une foi entière dans mon martyre, tes prières rendront la santé à ton fils. » Frappé de cette appari-

---

[1] Eodem anno, mediante Ludovico rege Francorum, pax inter regem Anglorum et Cantuariensem archiepiscopum composita est, magis ficta quam facta (Spicilegium).

[2] Le jour de l'Assomption 1179, le jeune prince étant en chasse dans la forêt de Compiègne, se laissa entraîner avec trop d'ardeur à la poursuite d'un sanglier; il s'égara, et fit la rencontre d'un charbonnier dont l'aspect était horrible. « La « fatigue et *une légière paor*, disent les chroniques de Saint-« Denis, causèrent sa maladie. » Les curieux détails de cet événement trouveront leur place dans les souvenirs du château de Compiègne.

[3] Thomas Becket fut canonisé en 1173, par le pape Alexandre III.

tion, qui se renouvela plusieurs nuits de suite[1], il partit pour Cantorbéry, déposa sur la tombe du glorieux martyr une coupe d'or, et fit à l'église donation de cent mesures de vin à prendre tous les ans dans ses vignobles de Poissy. Sa joie fut extrême d'apprendre au retour le rétablissement du jeune Philippe son fils : il allait à Saint-Denis en rendre grâce à Dieu, lorsqu'en route, le froid le saisit et détermina la paralysie dont il mourut. On l'inhuma dans l'abbaye

[1] Quâdam autem nocte, cum ipse anxietate animi jam devictus esset, somnus irrepsit. Cui in somnis apparuit sanctus Cantuariensis martyr, et his verbis eum aggressus est :

« Dominus noster Jhesus Christus misit me servum suum « Thomam Cantuariensem martyrem, ad te, ut scias quòd si « credideris, et animo contrito, servum suum Thomam Cantua- « riensem martyrem, filius tuus convalescet de infirmitate illâ « quâ tenetur, » et his dictis, nuntius ille divinus ab oculis regis evanuit...... Apparuit et secundò et tertiò in somnis præfatus martyr, eumdem sermonem dicens; et minas addidit, nisi celeriùs fierint hæc mandata Dei..... Rex ille Francorum fiduciam habens in Domino, contra multorum consilium, iter arripuit versùs Angliam..... Henricus rex Angliæ duxit eum Cantuariensem usque ad tumbam S. Thomæ martyris. Quò cum venisset, præfatus rex Francorum obtulit super tumbam martyris unam cuppam auri et centum modios vini in perpetuum, singulis annis recipiendos apud Poissi in Francia... Interim Philippus, filius suus, precibus et meritis beati Thomæ martyris pristinam adeptus est sanitatem. (Radulphus de Diceto, Gallicarum rerum scriptores, t. XIII, p. 180.)

de Barbeau, suivant ses dernières volontés [1].

Louis VII avait fondé cette abbaye dans le voisinage de Fontainebleau. Très-anciennement, elle existait sous le nom de Saint-Port (*Sacer Portus*), de l'ordre de Cîteaux, et était située entre Melun et Corbeil. « Du depuis,
« à cause que ce lieu sembla subject à plu-
« sieurs maladies et incommoditez, dit Rouillard
« dans son vieux et naïf langage, le roi Louis
« transféra ces religieux Bernardins Cisterciens
« en un aultre lieu proche de Samois, appellé
« Barbeau, à cause (dit la tradition vulgaire)
« qu'il y fut aultrefois pesché un barbeau, dans
« la bouche duquel fut trouvé l'anneau que saint
« Loup, archevesque de Sens, faisant la proces-
« sion sur le pont de Melun, jecta dans la ri-
« vière pour apaiser une grande tourmente, qui
« s'estoit excitée dessus, avec crainte pour plu-
« sieurs d'un horrible naufrage. » Quoi qu'il en

---

[1] Cum enim Ludovicus ab Angliâ rediret et Parisiis veniret, maximo fluctuans gaudio, ad Sanctum Dionysium iter arripuit; in quo itinere, subito percussus frigore, incidit in paralysim, ita quòd usum dexteræ partis corporis sui amisit.

Ludovicus, rex Francorum, gravi tactus infirmitate, quarto decimo Kalendas octobris diem clausit extremum; sepultus est in monasterio Cisterciensis ordinis, quod vocatur Barbellum, quod ipse propriis sumptibus ædificaverat (Radulphus de Diceto, t. XIII, p. 205.)

soit, ce fut longtemps après cette translation, arrivée en 1156, que la fondation de Saint-Port devint l'abbaye de Barbeau. Louis le Jeune enrichit ce monastère et lui accorda un grand nombre de priviléges, qui sont consignés dans des chartres datées de Fontainebleau [1]. Quatre ans avant sa mort, il avait placé les religieux de Barbeau sous la protection de son fils et de ses successeurs [2].

Ce vœu fut rempli. Philippe II ne se borna pas à maintenir les immunités de l'abbaye où reposaient les cendres de son père [3]; il confirma

[1] Chartres de 1176 et de 1177.

[2] La chartre de 1176 met les religieux de Barbeau sous la spéciale défense et sauvegarde royale.

[3] Les annales de France de Belleforest disent qu'en 1566, Charles IX fit ouvrir le tombeau de Louis VII. On trouva le corps parfaitement conservé; son cou était orné d'une chaîne d'or, et ses doigts de quelques anneaux que le roi distribua (dit Vély) aux courtisans qui l'accompagnaient. « Ne sait si Charles neuvième eut l'imagination que l'on y trou-
« veroit quelques rares joyaux (ajoute Rouillard, en racontant
« le même fait). Certainement Rigord qui ha descript la vie de
« Louis VII et de Philippes Auguste, son fils, sous lesquels il
« vivoit, rapporte en son histoire que la royne Adèle ou Alix,
« après la mort de ce roy Louys, son mary, luy fit ériger
« un magnifique mausolée, enrichy d'or et d'argent, et
« enjolivé d'une marqueterie de diverses chrysolithes et
« pierres précieuses. Toutes fois, j'ay ouy dire à un an-

et augmenta les autres fondations pieuses de Louis VII. La chapelle de Saint-Saturnin ne fut pas oubliée dans ses bienfaits : elle obtint une rente annuelle de vingt sols parisis [1] pour le luminaire, et à perpétuité, la dîme du vin récolté dans les vignes royales situées au village de Recloses, près Fontainebleau [2]; les chartres sont

« cien religieux de Barbeau, qui, lors de cette ouverture,
« estoit jeune novice et ayda à lever le couvercle, qu'avec le
« corps, la plus part résolu en pouldre, ne s'estoit trouvé
« qu'un sceptre d'un costé, et de l'aultre les sceaux du roy,
« qui n'estoient que d'argent. Quelques-uns m'ont dit du de-
« puis, que sur son estomach s'estoit aussi trouvée une belle
« croix d'argent doré, en laquelle il y avoit du bois de la vraye
« croix. D'aultres en ont parlé diversement. Mais le premier
« qui atteste ce qu'il ha veu me semble plus croyable. »

Barbeau fut détruit en 1793. L'abbé le Jeune, alors procureur de l'abbaye de Barbeau, et depuis curé du village de Chartrettes, près Fontainebleau, cacha les cendres de Louis VII. Elles ont été transportées à Saint-Denis en 1817. Nous avons visité la place occupée par Barbeau, ce couvent fameux aux douzième et treizième siècles, sans en découvrir aucun vestige.

[1] Vingt-cinq francs de notre monnaie.

[2] Donamus in perpetuum ecclesiæ Sacri Portus (de Saint-Port ou Barbeau) quidquid decimæ habemus apud Reclausas, exceptâ decimâ vini quam dedimus capellæ nostræ de fonte Blaaldi. Apud fontem Blaaldi, 1186. (Extrait d'une chartre tirée des archives de Barbeau.) Une chartre de Louis VII, de l'an 1160, appelle Saint-Port Sequanæ Portus (Seine-Port). C'est le nom que la mairie actuelle a inscrit sur son cachet.

de 1186. Dans la même année, Philippe II donna à l'Hôtel-Dieu de Nemours tout le pain qui resterait de sa table pendant les séjours de la cour à Fontainebleau[1]. Le don n'était pas alors sans importance; car le roi visitait souvent ce château, où l'attiraient la plus belle forêt des environs de Paris, et sa passion pour la chasse, que n'avait pas refroidie l'aventure de Compiègne. Aux jours de la chevalerie, l'exercice de la chasse était l'apprentissage des armes, le prélude des batailles; et les batailles ne manquèrent pas à Philippe, avant qu'aux champs de Bouvines il ait conquis le surnom d'*Auguste*.

Philippe-Auguste, qui avait hérité du courage de son père, aimait les tournois, où il brillait par son adresse, et les combats, où il se distinguait par sa vaillance. Aussi, dès que Richard fut monté sur le trône d'Angleterre, il lui rappela le serment d'aller délivrer ensemble la ville sainte. Ces deux princes partirent frères d'armes; ils devinrent rivaux de gloire en Palestine. Richard Cœur de Lion, dont le nom faisait tressaillir les

---

[1] Pendant un des derniers voyages de la cour à Fontainebleau (octobre 1839), l'Hôtel-Dieu de Nemours est venu réclamer le droit qui lui fut attribué par Philippe-Auguste. Sans se croire lié par la chartre de 1186, le roi a fait donner aux envoyés des pauvres des marques de sa munificence.

chevaux sarrasins[1], fut le héros de la croisade; ses prouesses excitèrent l'envie; les emportements de son despotisme provoquèrent des haines profondes. Ne pouvant supporter l'insolence de son vassal ni subir sa renommée, Philippe revint en France.

Il arriva à son palais de Fontainebleau vers les fêtes de Noël de l'année 1191[2], et y célébra cette solennité au milieu d'un grand concours de seigneurs accourus de toutes parts. Suivant l'usage de ses ancêtres[3], le roi donna des festins publics, et fit faire au peuple des distributions d'argent; puis alla à Saint-Denis[4], remercier Dieu de son heureux retour.

---

[1] Quant les enfants aux Sarrazins braioient, dit Joinville, les femmes les escrioient et leur disoient : « Taisiez-vous, vezci le roi Richard; » ce pour eulz faire taire; et quant les chevaus aus Sarrazins et aus Béduins avoient pooeur d'un bysson ils disoient à leurs chevaus : « Cuides-tu que ce soit le roy Richard? »

[2] In Franciam rediit, circa nativitatem Domini, quam apud fontem Eblaudi celebravit. (Favin, dans son *Théâtre d'honneur et de chevalerie*, et d'après Mathieu Pâris.)

[3] Mézerai, Histoire de France.

[4] Quant li rois Phelippe fu en France retornez, il fu receuz à grant joie et à grant sollempnité de gens de sa terre; la feste de la Nativité célébra à Fontaineblieaut; ne sai quanz jors après ala à Saint-Denys pour visiter les glorieus martyrs. (Grandes chroniques de Saint-Denis.) — Reverso

Pendant ce séjour à Fontainebleau, Philippe laissa éclater son ressentiment jusqu'à déclarer hautement l'intention de ravager les domaines du monarque anglais; mais il fallait un prétexte aux hostilités : il le trouva dans des lettres d'outre-mer, qui l'avertissaient que *le Vieux de la Montagne* avait envoyé des assassins pour le tuer, à la prière de Richard [1]. Afin de donner de la publicité et de la consistance à des craintes vraies ou supposées, Philippe créa *des gardes de son corps*, et ne marcha plus qu'entouré de sergents armés de masses de cuivre [2].

L'injuste agression du roi de France provoqua la fureur de Richard, et plus tard, sa vengeance. Une lutte longue et sanglante s'engagea; elle fut mêlée d'héroïsme et de barbarie, ainsi que le comportaient le caractère chevaleresque

---

igitur in Franciam Philippo, Francorum rege, nativitatem Domini apud fontem Eblaudi celebravit, et revolutis paucis diebus, ad ecclesiam beatissimi Dionysii, causâ orationis, quantociùs properavit. (Rigordus de gestis Philippi Augusti.)

[1] Grandes chroniques de Saint-Denis.

[2] Contra morem majorum suorum non nisi armatâ vallatus custodiâ procedebat; instituit custodes corporis sui clavas æreas vel ferreas in manibus portantes. (Scriptores rerum Francicarum, t. XVIII, p. 31.) — Grandes chroniques de Saint-Denis.

et la haine des deux rivaux. Pendant les trêves, nous voyons Philippe se reposer à Fontainebleau des fatigues de la guerre ; il y vient en 1197, et signe à Moret[1] une chartre[2] qui accorde aux religieux de Saint-Euverte d'Orléans l'ermitage de Franchard, situé dans la forêt de Bière[3], à la porte de son château.

Cet ermitage avait été antérieurement donné à un frère Guillaume, qui l'habita seul pendant longtemps. On trouve dans une lettre d'Étienne, abbé de Sainte-Geneviève, adressée au frère Guillaume, une description peu séduisante de la situation de Franchard au douzième siècle. La voici : « Je ne vous dissimulerai pas, dit le père Étienne, que j'étais frappé de terreur à la pensée d'une solitude si horrible que les hommes et les bêtes féroces elles-mêmes semblent craindre de l'habiter. L'herbe ne croît pas sur cette terre aride, et l'eau qui coule goutte à goutte de la roche[4] qui

---

[1] Petite ville à deux lieues de Fontainebleau.

[2] Chartre de 1197.

[3] Aujourd'hui forêt de Fontainebleau.

[4] Cette pierre, connue sous le nom *de la roche qui pleure*, est haute de dix pieds environ, sur une largeur à peu près semblable. Creuse à sa superficie, elle conserve l'eau des pluies, qui filtre et s'écoule goutte à goutte à travers les fentes de la roche. Autrefois, on venait de bien loin chercher de cette eau, qui passait pour avoir la vertu de guérir la fièvre.

est proche de votre cellule, n'est ni belle à voir ni bonne à boire. » Et il complète le tableau par la recommandation de ne quitter sa cellule que pour les motifs les plus impérieux, de peur d'avoir le sort de ses deux devanciers, assassinés par des voleurs[1].

Les craintes du bon abbé de Sainte-Geneviève ne détournèrent pas le courageux anachorète de sa vie contemplative dans la forêt de Fontainebleau. Seulement, il demanda à Philippe-Auguste de céder l'ermitage de Franchard aux religieux de l'abbaye de Saint-Euverte d'Orléans, dont il avait fait partie. Et la charte dont nous venons de parler fut octroyée, à condition que l'abbé de Saint-Euverte entretiendrait dans l'ermitage deux cénobites, obligés de prier pour le roi, et d'y observer le genre de vie du frère Guillaume, à moins qu'ils ne préférassent en adopter un plus austère[2]; ce qui, soit dit en passant,

---

[1] In ipsâ autem cellulâ tuâ asperitas vestium, ariditas ciborum, lectuli durities, somnum vix carptim admittens, prohibitus proposito tuo sine grandi causâ egressus, latronum timor, qui duos decessores tuos interfecerunt, ne te successorem eorum tertium eis adderent, ad dissuadendum tantæ perfectionis initium movebant. (Extrait de la lettre de l'abbé Étienne.)

[2] Ce sont les termes de la charte : « Nisi ibidem degere « voluerint vitâ arctiori. »

n'eût pas été très-facile [1]. Telle fut l'origine d'une communauté qui, plus tard, enrichie par la charité des fidèles, devint un monastère considérable [2]. Le père Guillaume était prieur de cette communauté naissante, quand il mourut tranquillement et saintement dans son lit.

Vers ces temps, on célébrait au château de Fontainebleau des fêtes royales. Agnès de Méranie, qui eut une fin si déplorable, y brillait, reine et épouse nouvelle, de l'éclat de la couronne et de la beauté; le prince Louis (depuis Louis VIII), à peine entré dans l'adolescence, s'y distinguait dans les tournois par un courage qui allait tout à l'heure causer à Phi-

---

[1] Voir l'extrait de la lettre de l'abbé Étienne.

[2] Ruiné par les guerres du quatorzième siècle, le monastère de Franchard fut, en 1676, donné par Louis XIV aux Mathurins de Fontainebleau, dont nous parlerons tout à l'heure. Jusqu'à l'entière destruction du couvent, ordonnée en 1712, les Mathurins allèrent tous les ans, le mardi de la Pentecôte, célébrer l'office divin à la chapelle de Notre-Dame de Franchard, qu'ils avaient fait rétablir.

Aujourd'hui, sur les ruines du monastère, est construite la maison de l'un des gardes de la forêt; et chaque année, le mardi de la Pentecôte, c'est fête à Franchard : la population de Fontainebleau et des environs y accourt, mais non plus comme autrefois pour y prier. Il y a bien encore quelques bonnes vieilles femmes qui vont y recueillir de l'eau de *la roche qui pleure*.

lippe-Auguste, son père, les plus vives alarmes [1]. Il fut blessé dans les joutes qui suivirent ses fiançailles avec Blanche de Castille au parlement d'Andely (1201), et renonça aux jeux chevaleresques, sur la défense expresse du roi, qui avait exigé de son fils ce serment écrit : « Nous
« jurons que nous n'irons plus à d'autres tour-
« nois qu'à ceux qui se tiendront près de Paris
« ou de Fontainebleau, et encore seulement pour
« y assister comme spectateur; nous n'y porterons
« jamais armes de chevalier pour combattre
« même à fer émoulu, mais seulement le petit
« haubert et le casque [2]. »

Le prince Louis était roi lorsqu'il marqua son passage à Fontainebleau par un acte de bienfaisance : il donna aux frères hospitaliers de Corbeil cinquante muids de blé en perpétuelle aumône [3], à la demande de la reine sa belle-mère.

---

[1] A l'occasion du courage qu'il déploya, on fit sur lui ce vers :

Parvulus iste leo lustrabit lustra parentis.

Depuis, le surnom de *Lion* lui resta, et il le porta sur le trône.

[2] Ancien cartulaire de Philippe-Auguste, f° 136.

[3] Ludovicus Francorum rex ad petitionem Ingeburgis reginæ, pro animâ Philippi regis, fratribus hospitalis Corboliensis quinquaginta modios bladi in perpetuam concedit

C'était Ingeburge[1], dont le mariage avec Philippe-Auguste avait été plus malheureux encore que celui d'Agnès de Méranie, et qui fut la cause involontaire de l'interdit lancé sur la France par Innocent III[2]. Retirée à Corbeil[3], qui formait son

eleemosynam..... Actum publicè apud fontem Bleaudi, 1224. (Scriptores rerum danicarum, vol. XIX. Script. rer. franc.)

[1] Les historiens appellent indistinctement cette reine Iseburge, Isemburge, ou Ingerburge. Le roi Louis VIII, dans la chartre de 1224, lui donne le nom d'Ingeburge, et il est présumable qu'il savait le nom de sa belle-mère.

[2] Pendant l'affaire du divorce, Philippe-Auguste dit à l'évêque de Paris, qui venait le supplier de se séparer d'Agnès de Méranie et de reprendre Ingeburge : « Par la joyeuse de « saint Charles le Grand, évêque, n'excitez pas ma colère..... « Prenez garde que je ne frappe à votre mangeoire, et que je « ne saisisse vos biens. » Un autre jour, après avoir lu une lettre d'Innocent III, qui refusait de lever l'interdit : « Eh bien, « s'écria-t-il, je me ferai mécréant : Saladin est bien heu- « reux de n'avoir pas de pape. »

[3] Cette ville compte parmi ses illustrations Pierre de Corbeil, l'un des plus fameux professeurs de son temps. Il eut pour élève celui qui, grâce à ses leçons, devint un théologien très-habile et monta au trône papal sous le nom d'Innocent III. Le souverain pontife se rappela son maître et lui donna l'archevêché de Sens. Dans la suite, une querelle étant survenue entre eux, le pape dit à l'archevêque avec colère : « Ego te episcopavi. » L'ancien professeur répondit sans s'émouvoir : « Ego te papavi. »

douaire, elle y construisit l'église de Saint-Jean où fut élevé son tombeau.

La femme de Louis VIII, Blanche de Castille, cette reine si digne du rang où le ciel l'avait placée et du rôle que lui imposèrent les circonstances, se plaisait à Fontainebleau[1] et dans son voisinage. Elle habitait quelquefois le vieux château de Grez[2] durant les longues absences du roi

---

[1] Il y a dans la forêt de Fontainebleau un vieux chêne dit *de la reine Blanche*. M. de Chateaubriand, à l'âge de quinze ans, assis sous son ombrage, improvisa ces jolis vers :

Forêt silencieuse, aimable solitude,
Que j'aime à parcourir votre ombrage ignoré !
Dans vos sombres détours en rêvant égaré,
J'éprouve un sentiment libre d'inquiétude.
Prestiges de mon cœur ! Je crois voir s'exhaler
Des arbres, des gazons une douce tristesse.
Cette onde que j'entends murmure avec mollesse,
Et dans le fond des bois semble me rappeler.
Oh ! que ne puis-je, heureux, passer ma vie entière
Ici, loin des humains ! Au bord des frais ruisseaux,
Sur un tapis de fleurs, dans ce lieu solitaire,
Qu'ignoré je sommeille à l'ombre des ormeaux !
Tout parle, tout me plaît sous ces voûtes tranquilles ;
Ces genêts, ornements d'un sauvage réduit,
Ce chèvrefeuille, atteint d'un vent léger qui fuit,
Balancent tour à tour leurs guirlandes mobiles ;
Forêts, agitez-vous doucement dans les airs ;
Moi, de vos charmes seuls j'entretiens vos déserts.

[2] On voit aujourd'hui les ruines remarquables de ce châ-

son fils, trop souvent entraîné vers la Palestine; et elle fonda, dans les environs de Fontainebleau, l'abbaye du *Lis*, que saint Louis enrichit de ses libéralités. Pendant sa première croisade, ce monarque donna à l'abbaye du *Lis* trois cents arpents dans la forêt, et l'autorisation d'y prendre tout le bois nécessaire à la construction des moulins, maisons et autres bâtiments du couvent [1].

Pour décider le roi à ce sacrifice, il ne fallait rien moins que les instances et les pieuses inspirations de sa mère, car il aimait beaucoup *ses chers déserts de Fontainebleau;* c'est ainsi que dans plusieurs lettres il nomme cette retraite,

---

teau sur les bords du Loing, près du petit château d'Ulay, sur la route de Nemours. L'église qui en dépendait a un portail et un clocher dignes d'attirer les regards du voyageur; dans une course que nous y avons faite, nous avons trouvé, chez le maire de la commune, plusieurs vieilles chartres, revêtues de la signature de nos anciens rois, pour droits de pacage et chauffage dans la forêt de Bière. Nous y avons vu aussi une chartre signée de Louis XIV à l'âge de neuf ans. C'est dans ce château que mourut, le 22 septembre 1531, Louise de Savoie, duchesse d'Angoulême, mère de François Ier.

[1] Par chartres de juin 1248, de juillet même année, et de juillet 1252.—Blanche de Castille avait légué son cœur à l'abbaye du Lis. Il y fut transféré le 13 mars 1253, au milieu d'une grande pompe religieuse, et inhumé dans une tombe en marbre blanc, surmontée de la statue de cette reine illustre. »

encore sauvage, où il venait, tantôt prendre le *déduit de la chasse*[1], tantôt s'entretenir, dans l'intimité, des affaires secrètes de l'État et de la religion.

Saint Louis marqua son séjour au château de Fontainebleau par plusieurs constructions. On voit encore debout le pavillon qui porte son nom, avec un petit escalier en spirale qui monte dans le donjon où il avait établi son cabinet de curiosités. C'est dans ce pavillon, dans la chambre nommée encore aujourd'hui *chambre de saint Louis*[2], qu'en 1259, ce monarque se croyant à la veille de mourir, fit au prince Louis, son fils aîné[3],

[1] Un jour, poursuivant un cerf dans la forêt de Fontainebleau, Louis IX perdit sa suite et tomba au milieu d'une bande de voleurs. Sans se déconcerter, il sonna d'un petit cor qu'il portait suspendu à son cou. Aussitôt ses gens accoururent et le délivrèrent. Cet événement arriva le 22 janvier 1264, jour de Saint-Vincent. Pour en perpétuer la mémoire, on éleva, à la place où le roi avait été arrêté, une chapelle qui d'abord reçut le nom de Saint-Vincent de *Montoüi*, que l'on remplaça par celui de Saint-Louis après la canonisation de Louis IX (1297). Cette chapelle fut détruite en 1701, parce que plusieurs ermites y avaient été tués.

[2] Le roi Louis-Philippe a fait décorer la chambre de saint Louis d'une manière convenable aux souvenirs qu'elle réveille.

[3] Presque tous les auteurs qui ont parlé de Fontainebleau

une de ces exhortations, que Bossuet appelle le plus bel héritage des enfants de saint Louis :

« Biau filtz, fist - il, je te pri que tu te faces amer au peuple de ton royaume; car vraiement je ameraie miex que un Escot venist d'Escosse et gouvernast le peuple du royaume bien et loialement, que tu le gouvernasse mal à poinct et à reprouche [1]. »

Le roi se rétablit; et le prince, qui atteignait sa seizième année, mourut peu de temps après. Il fut enterré en l'abbaye de Royaumont, le jour de l'octave des rois de 1259 [2], suivant Guillaume de Nangis. Le roi d'Angleterre, Henri III, revint à Paris, qu'il quittait à peine, et sa présence jeta un grand éclat sur les funérailles. Le corps du prince fut présenté à Saint-Denis; on le conduisit ensuite à Royaumont. Henri III et les premiers barons français et anglais le portèrent sur leurs épaules pendant toute la route. Le prince,

---

placent cet événement en 1239. C'est une erreur évidente, puisque le prince Louis, l'aîné des fils du roi, n'était pas né à cette époque. Il naquit le 22 septembre 1243.

[1] Joinville.

[2] En 1259, si l'on commence l'année à Pâques, d'après la coutume d'alors; et en 1260 en partant du 1er janvier, suivant notre usage.

couvert d'un drap d'or bordé d'une bande d'étoffe bleue semée de fleurs de lis d'or, avait la tête soutenue par le roi de France, et les pieds par le roi d'Angleterre.

Cette abbaye de Royaumont fut une des nombreuses[1] fondations de saint Louis. « Le roi fut si large aumosnier, dit Joinville, que partout là où il alloit en son royaume, il fesoit donner aus povres esglises, à maladeries, à mèsons-dieu, à hospitaulz, et à povres gentilz hommes et gentilz femmes. Tous les jours il donnoit à manger à grant foison de povres, sanz ceulz qui mangeoient en sa chambre; et maintes foitz il leur tailloit leur pain et donnoit à boire. »

Le château de Fontainebleau ne pouvait rester étranger à l'inépuisable charité de saint Louis. Ce prince y fonda un hôpital pour les malades des pays voisins[2], et il en confia la direction et

---

[1] «De son tens furent édefiées plusieurs abbaies; c'est à savoir, Royaumont, l'abbaie de Saint-Antoinne de lez Paris, l'abbaie du Liz, l'abbaie de Mal-Bisson (Maubuisson, où fut enterrée Blanche de Castille), et plusieurs autres religions de preescheurs et cordeliers. Il fist la mèson-dieu de Pontoise, la mèson-dieu de Brinon, la mèson des aveugles de Paris, l'abbaie des cordeliers de Saint-Clou, que sa sœur, madame Isabiau, fonda par son otròy.» (Joinville.)

[2] Hospitale pauperum infirmorum qui de circùm adjacentibus locis desertis et aridis confluant et trahantur ad illud.

le soin à des religieux de l'ordre de la Sainte-Trinité et de la rédemption des captifs, dits religieux Mathurins. La chapelle de Saint-Saturnin leur fut donnée en attendant l'achèvement de la nouvelle chapelle que le roi leur fit bâtir, et qui fut dédiée à la sainte Trinité[1]. En outre, il les combla de bienfaits en souvenir des services que les Mathurins rendaient aux armées chrétiennes dans la Palestine : Louis IX avait éprouvé lui-même leur zèle évangélique, alors que, captif, il reçut les secours du père Nicolas, général de l'ordre.

Quand le pieux monarque séjournait à Fontainebleau, il donnait à ces religieux des marques d'une considération particulière : souvent il suivit en chape leurs processions, souvent il assista à l'office divin, placé dans le chœur de la chapelle de la Sainte-Trinité, psalmodiant et remplissant les devoirs d'un simple frère. Aussi, la mémoire de saint Louis fut en grande vénération chez les Mathurins. Au dix-septième siècle, ils montraient encore une petite chape de soie à fleurons, et le chaperon parsemé de roses

(Ext. de la chartre de Louis IX, donnée à Fontainebleau en juillet 1259.)

[1] Nous reparlerons de cette chapelle, qui fut rebâtie par François Ier en 1529.

que le saint roi portait alors qu'il venait participer à leurs pieux exercices. D'un autre côté, ces pratiques de dévotion excitaient quelquefois les moqueries du peuple et même les épigrammes de la cour : on appelait Louis IX le *roi des frères prêcheurs*, le *roi des clercs*. Lorsque ces railleries parvinrent aux oreilles de Louis IX, il répondit avec douceur : « Si j'employais mon temps à la « chasse, au jeu, aux tournois, aux spectacles, on « ne dirait rien : je leur pardonne, parce qu'ils « n'offensent que moi¹. »

Ce monarque, qui fut à la fois un chrétien digne du ciel, un législateur ami de la justice, un guerrier intrépide dans les combats, méditait sa dernière croisade, où il devait mourir sur un lit de cendres, avec la ferveur d'un anachorète et le courage d'un héros, lorsqu'il eût le bonheur de voir naître à Fontainebleau son petit-fils, qui devint plus tard l'héritier de la couronne.

C'est le prince que ses grâces et sa noble

---

¹ Frère Thomas de Chantpré, qui vivait en ce temps-là, écrit dans son livre des Abeilles que le comte de Gueldres, Othon, ayant envoyé un courrier à Paris pour quelques affaires, le comte de Gueldres lui demanda, à son retour, s'il avait vu le roi de France. « Vidi, dixit, miserum papelar- « dum regem, capucium habentem capitis, super scapulam, « ex adverso suspensum. Hæc dicens, faciem contorsit ex « adverso, et sic facies contorta remansit. »

prestance ont fait surnommer *le Bel*, et que ses luttes avec la puissance papale, sa victoire de Mons en Puelle, et le supplice des templiers, ont diversement illustré. Il revint en 1314, mourir dans la même chambre où il était né, en 1268. « Vrai phénix de beauté, à qui même couche au-« roit servi de bers et de tombeau, » dit un vieil historien.

Les chroniques varient sur la cause de la mort de Philippe le Bel. Les Français l'attribuent à une maladie de langueur qui échappa à l'art médical. « Il ny avoit aucun médecin, tant fut il expert, qui sceut dire quelle estoit cette maladie du roy, et moins reconnoistre si elle estoit mortelle, ny ayant poux, ny autre signe qui menaçast ce prince de mort, bien qu'il sentist ses forces diminuer, et qu'il s'en alloit mourant[1]. » Les historiens étrangers affirment que Philippe le Bel périt d'une chute de cheval. Voici le récit des chroniques de Flandre :

« Après ce que le roy Philippe, à la prière de l'évesque d'Albanye, cardinal et légat du saint père, eust accordé les tresves aux Flamens, luy estant à Corbueil, ung jour luy prinst voulenté de aler chacier le cherf, et en ce point qu'il avoit levé ung grant cherf; ainsi que il vey venir acourant le cherf vers luy, il tira son espée et fery

[1] Le père Dan, d'après Guillaume de Nangis.

son cheval des esperons très aigrement; il cuida tantost ferir le cherf de son espée. Mais son cheval ainsi poinct, prinst le frain à bons dens, et s'eslancha et porta le roy encoutre ung gros arbre par si grant randon, que le noble roy en luy défaillant sens et povoir, se laissa verser sus du cheval par terre, et fut moult durement blechié jusques au cœur. Ses gens y accoururent, quy moult doulcement le prindrent et le leverent et sur une littière qu'ilz envoierent hastifvement quérir, le porterent droit à Corbueil. Il eut plusieurs bons medechins et cirurgiens, mais en la fin, ce fut pour neant, car sa douleur agravoit de jour en jour; et enfin fut de tous medechins habandonné, et quant il fut fort affoibly, et il congneu que la mort l'approchoit, il fist ses ordonnances et prist ses derreniers sacrements. Si voulu mourir à Fontainebeliaut. Dieu en aist l'ame. »

Quoi qu'il en soit de ces opinions contraires, tous les auteurs s'accordent pour faire naître et mourir Philippe le Bel à Fontainebleau. L'histoire parle encore des nombreuses constructions dont il décora cette résidence; mais elle n'en donne aucune description; seulement Jacques-Auguste de Thou prétend que le vieux château fut bâti par Philippe le Bel[1].

[1] Vol. XIV, p. 552 de l'hist. univers. de de Thou.

Le vieux château existait bien longtemps auparavant, comme le prouve le pavillon de saint Louis, dont nous avons parlé plus haut. Il se composait des bâtiments primitifs qui entouraient la cour *du donjon*, ainsi appelée, parce qu'on y remarquait, comme dans tous les châteaux qui avaient droit d'hommage, une haute tour surmontée d'une tourelle ou donjon. C'est là, c'est dans ce lieu fortifié et entouré de fossés dont on a retrouvé les traces sous le portique de Louis XIII, qu'habitèrent les rois, premiers possesseurs du domaine de Fontainebleau; c'est autour de cet antique manoir que se groupèrent et s'étendirent d'âge en âge tous ces nobles édifices qui font aujourd'hui de cette résidence un assemblage de palais.

Nous avons vu dans l'église d'Avon [1], village qui touche Fontainebleau, une tombe en pierre sur laquelle sont gravés un portrait d'homme et un portrait de femme, ornés des emblèmes du pouvoir royal, et entourés de l'inscription suivante : « Icy gist le kœur de notre sire le roy de « France et de Navarre, et le kœur de madame Jehanne, rene de France et de Navarre, qui tres-

---

[1] Paroisse du château jusqu'au règne de Louis XIII, qui bâtit à Fontainebleau l'église de Saint-Louis. La fondation de Saint-Pierre d'Avon remonte au dixième siècle.

« passa l'an de grace MCCCIV, lendemin de la
« sainct Eloy d'yver, mois de decembre. Priez
« pour ly. »

Cette inscription, trop effacée, et que nos soins n'ont pu faire revivre distinctement, a occupé et occupe encore les antiquaires. Cependant si la date de MCCCIV n'a pas été mutilée, comment croire que le cœur de Philippe le Bel ait été inhumé dans l'église d'Avon en 1304, quand on sait que ce monarque n'est mort qu'en 1314? On pourrait tout au plus admettre que le cœur de la reine Jeanne de Navarre[1] fut renfermé sous la pierre d'Avon, malgré l'erreur de date qui place la mort de cette princesse au 2 décembre 1304, tandis qu'elle était morte le 2 avril précédent.

Quant au cœur de Philippe le Bel, il paraît certain qu'il fut déposé dans l'église de Saint-Dominique de Poissy, qu'il avait fondée; car, suivant l'usage, le cœur des rois n'était pas inhumé dans la même sépulture que leur corps, mais dans un lieu de prédilection désigné par eux-mêmes. Lors de la réparation de l'église de Saint-Dominique de Poissy (1687), on trouva dans

---

[1] Par son mariage avec Philippe le Bel, le royaume de Navarre était entré dans la maison de France. Il en sortit sous le règne de ses fils, pour n'y rentrer que sous Henri IV.

un petit caveau une urne d'étain, dans laquelle étaient deux petits plats d'argent, enveloppés d'une étoffe rouge et or, et recouverts d'une lame de plomb, sur laquelle on lisait :

« Cy gist le cœur du roy Philippe le Bel, fon-
« dateur de cette église et abbaye, qui trépassa
« à Fontainebleau, le vingt-neuf novembre mil
« trois cent quatorze. »

Philippe le Bel avait laissé trois fils, comme lui remarquables par leur beauté; dans l'espace de treize ans, ils passèrent tous les trois sur le trône. Le règne de Louis X fut marqué par des événements sinistres. Celui de Philippe le Long offre peu d'intérêt historique, parce qu'il fut sans guerres [1] et sans intrigues; mais il servit à faire ressortir les heureuses qualités d'un monarque, dont l'esprit était orné, le caractère

---

[1] L'oisiveté où la paix laissait la jeunesse, donna naissance à une folle chevalerie, celle des *martyrs d'amour* : elle consistait à prouver son amour en bravant la rigueur des saisons. « Si dura cette vie et cette amourette grand-pièce jusqu'à ce temps que le plus de ceux en furent morts et péri de froid. Plusieurs transissoient de pur froid et mouroient tous roides de lès leurs amies, et aussi leurs amies de lès eux, en parlant de leurs amourettes, et bourdant de ceux qui étoient bien vêtus. Et aux autres, il convenoit desserer les dents de couteaux, et les chauffer et les frotter au feu comme angelés... Si ne doute que ceux et celles qui moururent en cet état ne soient *martyrs d'amour*. »

aimable, et qui se montra habile, prudent et dévot sans faiblesse. Le troisième frère, Charles le Bel, dont les courtisans disaient qu'il tenait plus du philosophe que du roi, joua un rôle dans une grande scène dont la première confidence eut lieu à Fontainebleau.

Charles le Bel était dans ce palais lorsqu'il y reçut, en 1325, sa sœur Isabelle, femme d'Édouard II, roi d'Angleterre. Elle venait, en apparence, pour pacifier des différends survenus entre son frère et son mari au sujet de l'hommage du Ponthieu et de la Guienne [1]; mais le véritable but de son voyage était d'obtenir le secours de Charles le Bel, afin de renverser les Spencers [2], ministres tout-puissants d'Édouard II.

[1] La chronique de Flandre, mise en lumière par Denys Sauvage, raconte ainsi son départ d'Angleterre. « Si fut conseillé au roy qu'il prît la reyne; tantost qu'elle le sceust, prit son fils Édouard* et se mit en un passager, et emporta moult grant trésor, et emmena le comte de Kent en sa compagnie, et arrivèrent à Boulogne, et de là alla tant par ses journées qu'elle trouva le roy son frère à Fontainebleau. Incontinent alla la reyne en la chambre du roy, et mena son fils par la main, et dit au roy : « Sire frère, je viens me plaindre à vous du roy « mon baron, qui, par le conseil d'un traître, m'a chassée « mauvaisement hors de sa terre. »

[2] Les Spencers, de la famille des comtes de Winchester.

* Isabelle ne quitta Londres que du consentement du roi, son mari, et n'emmena pas son fils Édouard : le jeune prince ne vint en France que plusieurs mois après l'arrivée de sa mère. (Actes de Rymer, pages 137, 138 et 148, deuxième partie.)

Les Spencers avaient succédé à Gaveston dans la faveur trop intime du monarque anglais; à Gaveston [1] qui paya de sa vie l'abus qu'il fit d'un pouvoir sans limites. Comme lui, les Spencers abusèrent de leur immense fortune; comme lui, ils soulevèrent les principaux de la noblesse, et la fureur du peuple s'allumant à la haine des grands, une nouvelle insurrection éclata. Cette révolte n'eut pas le succès de la première : elle fut vaincue, et les plus hautes têtes du royaume tombèrent sous la hache du bourreau [2]. L'insolence des Spencers s'en accrut; elle n'épargna pas même la reine, qui attendait avec impatience l'occasion de se venger, quand Édouard II lui demanda sa médiation auprès de la cour de France. Suivant Denis Sauvage, ce fut à Fontainebleau qu'Isabelle confia au roi ses projets.

Charles accueillit d'abord sa sœur avec bonté; mais, dans la crainte de troubler la paix entre les deux couronnes, il lui promit de ne l'aider que secrètement, « tant d'or que d'argent;

---

[1] Gaveston avait soulevé la noblesse par son despotisme. Il fut pris par le comte de Lancastre, et exécuté dans le château de Warvick.

[2] Le comte Thomas de Lancastre, oncle du roi, et vingt-deux seigneurs des familles les plus considérables, furent décapités.

car c'est le métal par quoi on acquiert l'amour des gentilshommes et des pauvres bacheliers, » dit Froissart. Les Spencers, instruits des complots de la reine Isabelle, firent, à leur tour, couler l'or de l'Angleterre dans les conseils de Charles le Bel. Rassurés de ce côté, ils se tournèrent vers Rome, et les esterlins [1] firent le même effet dans le sacré collége. Tandis que les conseillers du roi de France se refroidissaient pour la cause de la reine, les cardinaux décidaient le pape Jean XXII à écrire à Charles de renvoyer Isabelle à son mari, sous peine d'excommunication. Enfin le monarque, pressé de toutes parts, déclara qu'il ne pouvait soutenir sa sœur contre l'Église, et lui fit dire « qu'elle vuidast tost et hastivement le royaume, « ou il lui feroit vuider à honte[2]. »

Le triomphe des Spencers fut bientôt suivi de leur chute et de leur supplice; et l'un des drames les plus sanglants de l'histoire d'Angleterre, commencé à Pomfret[3], continué à Bristol

---

[1] Dix-neuf sous de notre monnaie.

[2] Froissart. On sait qu'Isabelle se retira auprès du comte Guillaume de Hainaut, et qu'avec le secours de ce prince, elle revint en Angleterre où elle se vengea d'une manière atroce des Spencers et du roi.

[3] Pris les armes à la main à Burgh, et conduit au château

et à Hereford [1], se dénoua d'une manière terrible à Berkley [2]. Enfermée au château de Rising, Isabelle y expia ses crimes et ses scandaleuses amours avec Mortimer, par une captivité de vingt-huit ans.

de Pomfret, le comte de Lancastre y fut jugé par une cour martiale, et décapité le 23 mars 1322, cinq jours après son arrestation. (Walsingham. — Rymer, t. II, part. 2.)

[1] Hugues Spencer, le père, fut pendu à Bristol en octobre 1326. L'exécution de son fils eut lieu le mois suivant à Hereford. (Voir les affreux détails de ce supplice dans Froissart.)

[2] Édouard II, roi d'Angleterre, fut pris avec Hugues Spencer, le Jeune, dans l'abbaye de Heath (pays de Galles). Après avoir été enfermé dans plusieurs prisons, il fut secrètement transféré au château de Berkley (comté de Glocester), par les chevaliers Maltravers et Gorney. Là, ces deux misérables accablèrent le roi des plus mauvais traitements. Comme il les supportait sans mourir, l'évêque d'Hereford, d'intelligence avec la reine, envoya aux geôliers du captif royal un ordre dont il leur laissa l'interprétation. Cet ordre est rapporté par Moor; le voici : « Edwardum occidere nolite timere bonum est. » Ce qui, suivant la ponctuation, veut dire : « Ne craignez pas de tuer Édouard, c'est une chose utile; ou, Ne tuez pas Édouard; il est utile que vous craigniez de le faire. » C'était un arrêt de mort; le crime n'hésita pas. Maltravers et Gorney surprennent Édouard dans son lit, et pendant que l'un étouffait les cris du roi sous des oreillers, l'autre lui enfonçait dans le fondement un fer rouge à travers un tuyau de corne, pour ne laisser aucune trace de l'assassinat.

Sous les deux premiers Valois [1], il ne se passa rien de remarquable à Fontainebleau. On trouve seulement que le roi Jean, n'étant encore que prince royal, vint dans cette résidence avec ses enfants, chercher un refuge contre la grande *peste noire* [2] qui désola Paris et la France vers 1350.

Après eux, arrive au trône un jeune prince souffrant comme le pays qu'il va gouverner. Son physique est grêle, sa complexion délicate; son bras peut à peine soutenir le poids d'une

---

[1] On a remarqué souvent à Fontainebleau l'inscription de *Rex Francorum*, au lieu de *Rex Franciæ*. Philippe de Valois, dans une entrevue qu'il eut à Amiens avec Édouard III, roi d'Angleterre, lui dit : « L'amour du peuple est la plus assurée garde du corps d'un roi : il vaut mieux être *roi des Français* que roi de la France. »

Philippe de Valois se rendant un jour à Fontainebleau s'arrêta, en 1328, dans le pavillon de Ris, au château de Fromont, près Corbeil, *apud Fontem-Montem suprà Sequanam*. Il y rendit plusieurs chartres, notamment *pour la chapelle de la chancellerie du palais*. Le château de Fromont fut depuis rebâti par le chevalier de Lorraine en 1695, et le Nôtre en dessina les jardins. Ces jardins ont acquis par les soins de M. de Soulange, leur propriétaire actuel, une réputation européenne.

[2] La *peste noire* se déclara en 1348. Parmi les célébrités qu'elle enleva, on cite cette belle Laure de Sade, immortalisée par Pétrarque.

épée; mais il est doué d'un grand sens, il possède une intelligence supérieure; son esprit s'est développé dans la retraite, son jugement a mûri avant l'âge à l'école de l'adversité, il a appris à connaitre les hommes au contact des passions humaines. Ce monarque, qui a lui-même tant de peine à vivre, rend la vie à la France en la délivrant des factions et de l'étranger. De son palais il répare avec une prudente lenteur, les fautes des deux règnes précédents; de son palais, il reprend pied à pied toutes les conquêtes de l'Angleterre [1], reconstitue le royaume; et la France et l'Europe proclament la sagesse de Charles V [2].

[1] Édouard III disait : « Il n'y eust oncques roy qui si peu s'armast et lui donnast tant d'affaires. »

[2] Si dis encore que, pour la grant renommée qui d'icelluy roy Charles par le monde couroit, par quoy, comme plusieurs princes de loingtains pays, comme le roy de Honguerie, qui maint beaulz arcz et aultres choses luy envoya; le roi d'Espaigne, d'Arragon et mains aultres, desiroyent son affinité, amour et aliances, par mariages ou aultrement.....

Le roy de Chipre et aultres mains roys, princes et seigneurs, par quoy plusieurs viendrent en France veoir sa sagece, noblece et Estat, et pluseurs leurs feaulx messagés y envoyerent; mesmement le soudan de Babiloine y envoya un de ses chevaliers avec plusieurs riches et beaulx présens, et, en lui cuidant faire grant honneur comme au solennel prince des Crestiens, lui manda « que, pour le bien et renommée

À ce prince encore échut la gloire de faire sortir les sciences et les lettres de la léthargie où elles étaient plongées depuis des siècles. Il suivit l'exemple de Charlemagne et de saint Louis [1]; mais ses efforts, mieux secondés par la marche de

qu'il avoit entendu de son sens et vertus, se il vouloit aler en son pays avec lui demourer, il le feroit *tout gouverneur de ses provinces et terres, et maistre de sa chevalerie, et lui donneroit royaume plus grand et plus riche trois foiz que cellui de France, et tendroit telle loy comme il lui plairoit.* » Et que nul mescroye ceste chose; certainement, je l'afferme pour vray; car, lorsque j'estoye enfant, je vi le chevalier sarrazin richement et estrangement vestus, et estoit notoire la cause de sa venue. Dont le sage roy, prudent en toutes choses, et qui, avec toutes nacions et diversitez de gens, se savoit avoir, et les honnorer selon leur estas, considérant le bon vousloir du souldan, qui, pour ce, si loing avoit envoyé son message, receupt le dit chevalier et ses présens à grant honneur, et luy et ses gens moult festoya et honora, et son drucheman, par qui entendoit ce qu'il disoit; et, merciant le souldan, lui renvoya de beauls présens des choses de par decà; toiles de Rains escarlates dont n'ont nulles par delà, et grant feste en font, donna largement aux messagés, s'offry à faire toutes choses loisibles qu'il pourroit pour le souldan. (Christine de Pisan.)

[1] Guillaume de Lorris, auteur du roman de *la Rose*, premier ouvrage dont s'honore la langue française, florissait sous saint Louis.

Jean de Meun, continuateur de ce roman, vivait sous Philippe le Bel.

l'esprit humain, laissèrent des traces plus profondes et plus durables. Charlemagne avait semé sur un sol infertile ; les lumières qu'il chercha à répandre ne devaient pas lui survivre longtemps ; il sembla le prévoir, en ordonnant de vendre sa bibliothèque quand il serait mort pour en distribuer le prix aux pauvres ¹. L'éclat jeté par les sciences et les lettres sous le premier empereur d'Occident, s'obscurcit pendant le règne de son successeur, et s'éteignit après Charles le Chauve ². La France retomba dans les ténèbres de la barbarie, et les lettres, chassées par l'ignorance publique, se réfugièrent dans les cloîtres.

Louis IX les tira de leur retraite ³ ; mais elles y

---

¹ Éginhard, vie de Charlemagne.

² Louis le Débonnaire et Charles le Chauve étaient très-savants pour leur temps. Ils eurent, dit-on, pour bibliothécaires deux personnages célèbres de l'époque, Ébon, archevêque de Reims, et Hilduin, abbé de Saint-Denis. La grande Bible de Charles le Chauve fut conservée dans l'abbaye de Saint-Denis. En 1595, un arrêt du parlement ordonna que ce précieux monument littéraire serait déposé à la bibliothèque royale, où il existe encore aujourd'hui.

Un flatteur de Charles le Chauve fit à la louange des *chauves* trois cents vers hexamètres, dont tous les mots commençaient par un *c*. Cette puérilité laborieuse donne une idée de l'esprit du poëte et du goût de l'époque.

³ Au retour de sa première croisade, Louis IX déterra dans

rentrèrent bientôt, effrayées du bruit des armes, et repoussées par cette chevalerie tumultueuse qui ne rêvait que batailles et croisades. Cependant la pensée du saint roi ne fut pas perdue ; elle prépara l'association de la science cléricale aux mœurs guerrières, comme l'attestent les travaux d'un homme éminent de l'époque, qui heureusement sont arrivés jusqu'à nous [1]. Les lettres reparurent sous le fils éclairé du roi Jean, et semblèrent recevoir une vie nouvelle de la protection de ce prince.

« Charles V, surnommé *le Sage*, qui s'arma si peu et triompha de tant d'ennemis, reconnaissant que la prudence à laquelle il devait ses heureux succès n'était pas moins un ouvrage des lettres que de la nature, les honora continuellement de son estime et de sa faveur, et par ses

divers monastères les manuscrits des saintes Écritures, des Pères de l'Église, et d'autres ouvrages ; il en fit faire des copies et en composa une bibliothèque publique, qu'il établit dans la Sainte-Chapelle de Paris, ouvrant ainsi au petit nombre des hommes studieux de son temps les sources les plus pures de la religion et de la science. Il y venait souvent lui-même étudier et méditer les livres saints, et particulièrement le psautier de David. Suivant son ordre, cette bibliothèque fut partagée après sa mort entre les jacobins, les cordeliers de Paris, les moines de Royaumont, et les jacobins de Compiègne.

[1] Joinville.

bienfaits égala ceux qu'il en avait reçus. Il fut le premier qui leur donna rang à la cour, et le premier qui dressa la somptueuse bibliothèque de Fontainebleau. Pour la rendre digne de lui, il envoya des hommes de lettres par toute la France et dans les pays étrangers pour rechercher les meilleurs livres ; et voulant qu'elle fût utile à toutes sortes de personnes, il l'enrichit de quantités de traductions qui furent faites par son ordre [1]. » Parmi les ouvrages qui prirent place dans la bibliothèque de Fontainebleau, on remarquait la Cité de Dieu, de saint Augustin, traduite par Raoul de Presle ; la Bible, la Politique d'Aristote, les Dialogues de Pétrarque, par Nicolas Bresme, grand maître du collége de Navarre, chanoine de la Sainte-Chapelle, et de plus, grand philosophe et théologien consommé. Il avait été le précepteur du roi, qui récompensa ses leçons et ses travaux en l'élevant à l'évêché de Bayeux.

Charles V ne possédait pas un savoir très-étendu, il s'en plaignait souvent [2]. Mais il y suppléait par

[1] Discours au roi (Louis XIV) sur le rétablissement de la bibliothèque royale de Fontainebleau, par Abel de Sainte-Marthe, conseiller du roi en ses conseils et en sa cour des aides, garde de la bibliothèque royale de Fontainebleau.

[2] Idque sagaciter olfaciens Carolus V, cum et infantiam atque adolescentiam sine eruditione altioris disciplinæ exegisse se doloret, summ'opere instituit plurimos in omni disci-

la sagacité de son esprit. Comme Charlemagne et saint Louis, il comprit l'influence des lettres, s'entoura de savants qu'on appelait alors les *clercs*, et gagna leur affection moins encore par sa munificence [1] que par l'exquise urbanité [2] avec laquelle il savait les accueillir et les écouter. « Les « clercs, où a sapience, disait-il, l'on ne peust trop « honorer; et tant que sapience sera honorée en « ce royaume il continuera à prospérité; mais « quant déboutée y sera, il décherra [3]. » Son goût et sa santé le portaient d'ailleurs vers la médita-

pliná libros in vernaculam linguam converti, ut quod a consiliariis hominibus latinè proferri audiret, id et legeret per se et nullo admonitore comprehenderet. (*Lettre de Robert Gaguin au chancelier Rochefort sur l'utilité des lettres.*)

[1] Quand tu te peux retraire de la cure et de la grand' pensée que tu prens pour ton peuple gouverner et la chose publique, tu te appliques en aucun retrait, et la secretement lis ou fais lire aucune bonne escripture ou doctrine, ou fais par clers mouvoir doubtes ou questions; car sur tous les princes Chrestiens tu veois et oys voulontiers bons clers, tu les advences et leurs portes honneur et révérence, et les a en remembrance en les promouvant de ton propre mouvement. (Charles de Louviers, préface du *Songe du verger.*)

[2] Nosse mihi videor adolescentis canum et senilem animum, ac præcipuam quandam urbanitatem, linguæque modestiam magnis mihi olim in rebus expertam. (Pétrarque, *Lettre au pape Urbain.*)

[3] Christine de Pisan.

tion et l'étude; et la retraite développa sa passion pour les livres à tel point, que le don d'un manuscrit était pour lui le plus agréable des présents.

Vers 1364, Charles V fonda à Paris une autre bibliothèque dont l'existence se lie à la bibliothèque de Fontainebleau. Il la plaça dans une des tours du Louvre, dite depuis tour de la librairie, et en confia la garde à son valet de chambre, Giles Malet, qui devint par la suite son maître d'hôtel. Composée d'abord de quelques volumes laissés par le roi Jean [1], cette bibliothèque s'accrut de nombreuses copies et traductions que le pinceau de Jean de Bruge, peintre du roi, orna de riches dessins et de brillantes enluminures. Elle comptait en 1373, d'après un catalogue de Giles Malet [2], neuf cent dix volumes, collection

---

[1] Le roi Jean n'était pas illettré; il avait étudié malgré la volonté de son père. A sa mort, on trouva une vingtaine de volumes, entre autres un Tite-Live que Pierre Berchore ou Berceure, prieur de Saint-Éloi, avait traduit par ses ordres, comme ce moine le dit lui-même : « Ego licet indignus Titum-Livium ad requisitionem domini Joannis, incliti Francorum regis, non sine labore et sudoribus, in linguam gallicam transtuli de latinâ. »

[2] On lit sur le premier feuillet de cet inventaire, dont l'original existe à la bibliothèque du roi : « Tour du Louvre, estagiée en chambres d'embas, du milieu et d'amont. Cy après

très-remarquable pour le temps. « Charles V, dit Sauval, voulut qu'on fermât de barreaux de fer, de fil de laiton et de vitres peintes toutes les fenêtres de sa bibliothèque : les lambris des murs étaient de bois d'Irlande, la voûte était lambrissée de bois de cyprès, et tous les lambris étaient embellis de sculptures en bas-relief. On y mit, par son ordre, trente petits chandeliers et une lampe d'argent qui étaient allumés toutes les nuits, afin de pouvoir y travailler à toute heure. »

Le catalogue de Giles Malet et un autre inventaire général attestent que le roi faisait mettre des livres dans les maisons royales, et notamment à Fontainebleau [1]. En multipliant, en dispersant ainsi les dépôts de la science, la pensée du roi fut de prévenir (ce qui était arrivé sous ses prédécesseurs) la ruine presque complète des bibliothèques et des lettres. Les événements se

---

sont escripts les livres de très souverain et très excellent prince Charles le Quint, par la grâce de Dieu roy de France; enrégistrés de son commandement, par moy Giles Malet, son valet de chambre, l'an de grâce 1373. »

[1] Je trouve que le roy Charles V a esté le premier qui a donné le fondement à la très magnifique bibliothèque royale qu'il érigea à Fontainebleau; car il fit rechercher avec un grand soin les meilleurs livres qui se pouvoient trouver de son temps pour l'enrichir. (*Traité des biblioth.*, par le P. Louis Jacob, chap. 82.)

4.

hâtèrent trop vite de justifier la sage prévoyance de Charles V. A peine était-il mort que déjà l'on attaquait, l'on sapait son ouvrage. Les oncles et les officiers de Charles VI établirent une coutume, qui s'est conservée dans sa pureté native jusqu'à nos jours : les oncles de Charles VI [1], et à leur exemple les particuliers, empruntaient des livres, les perdaient ou ne jugeaient pas à propos de les rendre, tandis que le roi s'efforçait de remplir les vides de ses librairies à l'aide de nouveaux achats ; il fit même transporter à Paris la bibliothèque de Fontainebleau, s'il faut croire le père Dubreuil [2] : « Il semble, dit Boivin [3], que la bibliothèque du roi était alors comme un magasin public ouvert à tout le monde, et une espèce de trésor royal d'où il sortait autant de richesses qu'il y en entrait. » Cependant les emprunts surpassèrent les acquisitions, puisqu'en 1423 la précieuse collection de Charles V ne s'élevait plus qu'à huit cent cinquante-trois volumes;

---

[1] Dans un inventaire des livres de Jean, duc de Berry, frère du roi Charles V, en 1416, on trouve des manuscrits qui avaient appartenu à la bibliothèque de Fontainebleau.

[2] Le P. Dubreuil, *Antiquités de Paris*, p. 780.

[3] Mémoires de l'Académie des inscriptions.

elle fut enlevée à la France pendant la domination des Anglais [1].

Des débris des bibliothèques de Fontainebleau et autres maisons royales, échappés aux pillages de l'occupation étrangère, Louis XI composa une nouvelle librairie [2] qui reçut un accroissement rapide de l'imprimerie, nouvellement introduite en France [3]. Charles VIII l'enrichit des collections grecques et latines des rois de Naples [4],

[1] En 1423, la librairie de Charles VI avait été estimée 2323 livres 4 sous parisis (environ 241,000 fr.). En 1429, le duc de Bedfort, qui prenait le titre de régent de France, l'acheta à vil prix, 1200 livres, qui furent comptées à Pierre Thiery, entrepreneur du mausolée de Charles VI et de la reine Isabeau.

[2] Le garde de la bibliothèque de ce prince était Laurent Palmier; son enlumineur en titre se nommait Jean Fouquet de Tours; et au dire de Dubreuil et de Naudé, « Robert Gaguin, par son vaste savoir, avait mérité la dignité de bibliothécaire du roi. » Laurent Palmier fut aussi le garde de la bibliothèque de Charles VIII. Louis XII eut pour garde de sa bibliothèque Jean de la Barre.

[3] L'imprimerie ne fut importée en France que sous le règne de Louis XI, par trois imprimeurs de Mayence, Martin Krants, Ulric Gering et Michel Friburger; ils se logèrent à Paris, rue Saint-Jacques, à l'auberge du Soleil-d'Or. Leur premier ouvrage, le *Speculum vitæ humanæ Roderici Zamorensis episcopi*, fut dédié au roi, et parut vers 1470.

[4] La bibliothèque de Naples, fondée par Robert de la

seul fruit de la conquête de ce royaume; et Louis XII[1], après l'avoir fait transporter à Blois, alors le séjour de la cour, lui donna une importance plus grande, en l'augmentant des livres de la bibliothèque de Pavie[2] qu'il avait rapportée de son expédition du Milanais.

Pendant une grande partie du quatorzième siècle, la vie historique de Fontainebleau est obscure. Les rois de France ont cessé d'y séjourner; s'ils y apparaissent encore, ce n'est plus qu'à de longs intervalles, et pour prendre le plaisir de la chasse. Charles VI, captif des Anglais et de sa famille, n'y vint que bien rarement pour distraire ses ennuis; cependant Isabeau de Bavière aimait cette résidence, et une lettre de Charles VII[3]

---

maison d'Anjou, s'était considérablement accrue sous les rois Alphonse et Ferdinand d'Aragon.

[1] Ce monarque appela en France Lascaris, Jérôme Aleandre et d'autres savants, et prépara ainsi le règne littéraire de François Ier.

[2] C'était la belle bibliothèque des Visconti et des Sforce, ducs de Milan. Louis XII enrichit encore sa librairie de Blois d'une des bibliothèques du célèbre Pétrarque, et de celle de Louis de la Gruthuse, seigneur flamand, qui tenait un rang élevé à la cour des derniers ducs de Bourgogne.

[3] Dans Saint-Yon, livre Ier, titre 21, article 117, des ordonnances des eaux et forêts, on trouve cette lettre de Charles VII sur Fontainebleau:

prouve qu'elle y fit des réparations importantes, et que même elle avait le dessein de réédifier entièrement le château, dont l'air salutaire avait préservé la famille royale de la grande mortalité de 1350; Charles VII, après avoir affranchi son royaume de la présence des étrangers, fit, dit-on, représenter ses victoires sur les murs de ce palais [1]. Plessis-lez-Tours, avec ses murailles, ses cages de fer, ses gibets, était plus dans les goûts de Louis XI; Charles VIII, à son retour d'Italie, n'enrichit que le château d'Amboise des travaux des artistes qu'il avait ramenés de Naples; et Louis XII préférait le château de Blois et les bords de la Loire.

« Sa très-chère dame et mère, dit le roi, avait employé les deniers du domaine et des aydes de Melun à la *réédification* d'un très-bel et très-notable hôtel, assis en la forêt de Bière, au lieu dit Fontainebleau, auquel ses prédécesseurs rois de France avaient souvent coutume de courre le cerf; lequel sadite dame et mère avait proposé faire *réédifier* tout à neuf, en considération de ce qu'il lui avait été rapporté que les feu rois Jean et Charles, son aïeul, et les comtes d'Anjou, de Berri et de Bourgogne, y avaient été préservés de la grande mortalité qui, au temps de leur jeunesse (vers l'année 1350), avait été très-grande partout le royaume, hors audit Fontainebleau. »

[1] L'auteur des *Délices de la France* dit que ces peintures dont il ne reste aucunes traces étaient dans la salle des gardes et la salle du buffet (ancien pavillon de saint Louis).

Si Fontainebleau a recommencé depuis 1364 à paraître dans l'histoire, il le doit à la fondation littéraire de Charles V; mais les souvenirs qui s'y rattachent sont eux-mêmes souvent confus : tantôt cette librairie est mêlée à l'existence de la librairie de la tour du Louvre, dont elle semble une annexe; tantôt elle la soutient de ses richesses, ou concourt à son rétablissement; enfin, elle survit à la ruine de sa rivale, et nous la verrons, au commencement du seizième siècle, occuper une position distincte et participer au caractère de grandeur et de magnificence que François Ier devait imprimer à tout le palais de Fontainebleau.

CHAPITRE II.

FRANÇOIS Ier.

François Ier offre un des exemples les plus remarquables de l'intérêt immense qu'il y a pour un prince à favoriser les lettres et les arts. En effet, celui qui a fait incendier la Provence, allumé des bûchers au nom de la religion, épuisé les trésors de l'État, et troublé, par le scandale de ses galanteries, l'honneur et le repos des familles [1], a été présenté, par les écrivains de son temps, comme l'émule de Léon X, le glorieux frère

---

[1] La cour de François Ier, dit Brantôme, était *gentiment corrompue*.

d'armes de Bayard, le digne rival de Charles-Quint; et cette opinion a été adoptée par la postérité. Il est vrai que le roi chevalier avait aussi des qualités éminentes, une de ces âmes qu'il ne tient pas à la fortune de dégrader; une loyauté extrême, un courage héroïque, un esprit cultivé, et une main toujours ouverte aux savants, aux poëtes, et aux artistes. Jeune et beau, il avait dit : « Une cour sans femmes est une année sans printemps, et un printemps sans roses; » et les femmes vinrent embellir sa cour. Vainqueur à Marignan, il fit appel aux grands artistes qui jetaient tant d'éclat sur l'Italie, et les artistes s'empressèrent d'accourir à sa voix.

Le premier qui vint en France vers la fin de 1515, fut le chef de l'école milanaise. Ce n'était plus le brillant Léonard de Vinci, dont Florence admirait autrefois l'élégance et la beauté : aujourd'hui, ses vêtements négligés, ses cheveux flottants et en désordre, sa barbe longue, lui donnent l'aspect d'un druide; il est brisé par l'âge et les ennuis; une renommée nouvelle s'élève et menace d'éclipser sa gloire; il ne se sent pas la force de lutter; il a fui Rome devant Michel-Ange. Cependant le génie, qui rayonne encore par intervalles sur ce front septuagénaire, acquittera largement l'hospitalité qu'on lui accorde. François Ier, qui avait vu les ouvrages de Léonard de Vinci à Milan, accueillit l'illustre maître à Fontainebleau avec les plus grands témoignages de joie, et le palais s'enrichit de plusieurs de ses peintures [1], entre autres, du fameux portrait de Mona Lissa, femme de Francisco del Giocondo, de Florence, que le roi acheta douze mille livres [2].

François Ier ne se borna pas à couvrir d'or les tableaux de Léonard; il lui donna une pension considérable, dans l'espoir de le fixer en France, et d'employer son talent aux embellissements de Fontainebleau. Mais bientôt celui qui avait honoré son pays devait mourir sur une terre étrangère. « S'apercevant que sa fin était proche, dit Vasari [3], Léonard ne songea plus qu'à s'occuper des vérités de notre bonne et sainte religion catholique. Plein de regrets pour ses fautes, il se

[1] La description de ces tableaux est dans le P. Dan, p. 135. C'est un enfant Jésus, un saint Jean-Baptiste au désert, un Christ, et le portrait de la demoiselle de Mantoue.

[2] Suivant Vasari, Léonard de Vinci mit quatre ans (d'autres disent quatre mois) à faire ce portrait; et pendant les séances que lui donnait Mona Lissa, il avait toujours auprès d'elle des chanteurs, des musiciens ou des bouffons, pour charmer l'ennui de la belle Florentine. Le portrait de Mona Lissa est aujourd'hui dans la galerie du Louvre.

[3] Vies des plus célèbres peintres, sculpteurs et architectes.

confessa avec humilité; et, se préparant à recevoir dévotement, hors de son lit, le saint sacrement, il se leva, quoique incapable de se tenir debout; ses amis et ses serviteurs le soutenaient. Le roi, qui le visitait souvent avec amitié, survint alors. Léonard, plein de respect pour le prince, se mit sur son lit; et, lui racontant les accidents de sa maladie, demanda pardon à Dieu et aux hommes de ne point avoir fait pour son art tout ce qu'il aurait pu. Tout à coup il fut saisi d'un de ces paroxismes avant-coureurs de la mort. Le roi se leva, et lui tint la tête pour alléger son mal; mais, comme si ce divin artiste eût senti qu'il ne pouvait espérer un plus grand honneur sur cette terre, il expira dans les bras du roi [1]. »

Après Léonard de Vinci, celui qui occupa le plus haut rang entre les peintres que François Ier appela en France, fut Andrea Vanucci, dit del Sarto, parce qu'il était fils d'un tailleur. Fontainebleau conserva longtemps deux tableaux de ce maître, l'un représentant la Vierge et l'enfant Jésus, l'autre la Charité sous les traits d'une

---

[1] D'après le P. Dan et Félibien, dans ses entretiens sur les plus excellents peintres, Léonard de Vinci mourut dans le palais de Fontainebleau; d'autres disent que ce grand peintre finit sa vie au château de Cloux, à Amboise. On nous a montré dans le haut de cette petite ville le château qu'il avait habité.

femme nourrissant trois petits enfants. André
del Sarto peignit cette Charité à Fontainebleau
pendant un séjour du roi; elle plut tellement à
François Ier qu'il augmenta la pension du peintre, et lui fit jurer de ne jamais quitter son
service, comptant sur lui comme il avait
compté sur Léonard pour la décoration de
Fontainebleau [1]. Mais André del Sarto regrettait
son pays, ou plutôt sa femme qu'il avait laissée
à Florence.

Afin de la revoir, il imagina de profiter de la
passion du roi pour les belles productions de
l'art; lui demanda la permission, qu'il obtint,
d'aller en Italie chercher des tableaux, des statues des meilleurs maîtres, et reçut les sommes
nécessaires à ces importantes acquisitions. Arrivé
à Florence, André del Sarto, cédant, dit-on, aux
suggestions de sa femme, dissipa en folles dépenses, et l'argent qu'il devait à la libéralité de
François Ier, et celui dont il était dépositaire.
Puis, méprisé de tous, il traîna une existence
misérable, et mourut de la peste en 1530.

Deux ans auparavant, le manoir féodal de
Louis VII subissait une métamorphose presque
complète; les bâtiments du vieux château étaient

---

[1] Pendant son séjour à Fontainebleau, ce grand peintre fit
le portrait du dauphin, depuis Henri II.

réédifiés ou transformés ; *la cour du donjon* prenait une forme nouvelle, et devenait *la cour ovale;* on réparait la chapelle de Saint-Saturnin; le pavillon de *saint Louis* était restauré ; *la grande galerie,* dite plus tard *galerie d'Ulysse,* s'élevait ; le château, sortant de ses anciennes limites, grandissait et s'élargissait de toutes parts; une colonie d'ouvriers, d'artistes, encombrait ses cours, envahissait ses abords; Italiens, Flamands, Français, mêlés, confondus, obéissaient à Serlio, peintre et architecte de Bologne[1], que François Ier venait d'enlever à l'Italie; Serlio commandait, et tout s'exécutait avec ordre, précision, rapidité, au milieu de la confusion apparente de cette vaste ruche dont Fontainebleau offrait l'image[2].

Bientôt l'espace manqua aux projets du roi. François Ier acheta le couvent des Mathurins, enclavé dans les murs du château, et plusieurs

---

[1] François Ier avait envoyé trois cents écus d'or à Sébastien Serlio, lorsque cet architecte fit paraître son ouvrage sur les cinq ordres d'architecture. Plein de reconnaissance, Serlio mit au jour, sous les auspices de son royal protecteur, un autre ouvrage contenant la description de quelques monuments romains. Le roi l'appela en France, et le nomma architecte des bâtiments de Fontainebleau.

[2] Voir, pour la description des travaux et des appartements, le chapitre consacré à l'*Itinéraire historique*.

maisons contiguës, comme on le voit par des lettres de décembre 1529, dont voici un extrait :

« Pour accroître, aggrandir et aiser le bâtiment que présentement nous faisons construire et édifier en notre châtel et maison de Fontainebleau, en la forêt de Bière, icelui embelir et décorer de place, jardin et pourpris convenables, ainsi qu'il appartient; attendu qu'avons intention et sommes délibéré y faire ci-après la plupart du tems notre résidence, pour le plaisir que prenons audit lieu et aux déduits de la chasse des bêtes rousses et noires qui sont en la forêt de Bière et aux environs; nous est convenu prendre et recouvrer de nos chers et bien amés les ministres et religieux de l'ordre de la Sainte-Trinité, étant audit lieu de Fontainebleau, la moitié du lieu où est de présent située la grande galerie faite pour aller dudit châtel en leur église et logis de l'abbaye, leur jardin et leur grand clos des prés, celui où est de présent notre écurie, avec leurs étangs et viviers, la maison du chapelain qui souloit être dans ledit château, et dix-sept maisons d'aucuns habitans dudit lieu qui étoient contiguës et joignant à notredit châtel..... pour les récompenser d'ycelles prises...... Nous avons donné et donnons la somme de deux cents livres tournois, à prendre et percevoir chacun an sur le revenu de notre terre et seigneurie de Moret[1]. »

Alors les constructions s'étendirent : elles entourèrent la *cour de la Fontaine;* elles entourèrent la grande cour, dite plus tard *cour du Cheval blanc;* l'église *de la Sainte-Trinité* fut reconstruite; la *chapelle haute*, dans la cour du donjon, s'éleva sur la chapelle de Saint-Saturnin; on construisit la *salle de bal* ou des cent Suisses, la *petite galerie*, dite de François Ier, le *pavillon de Pomone*, le *pavillon de l'Étang*, la *grotte du jardin des Pins*, les *pressoirs du roi*[2], et plus tard, le

---

[1] Voir les lettres de décembre 1529, aux pièces justificatives; lettre D.

[2] Les pressoirs du roi étaient situés à cinq quarts de lieue du château, sur les bords de la Seine, du côté de la Brie. Un cerf, poursuivi par François Ier, passa un jour la rivière en cet endroit. Le roi la traversa après lui. Mais retenu par une soif ardente, il envoya chercher du vin dans une habitation voisine, et le trouva si bon (du vin de Brie! *Quantùm mutatus!*) qu'il acheta cinquante arpents de terre dans ce canton, où le vin qu'il venait de boire avait été récolté. Dans la suite, François Ier y fit apporter et cultiver des plants des meilleurs vignobles de France et de l'étranger; il y fit en même temps construire des bâtiments et des caves qui reçurent le nom de *pressoirs du roi*. On conserva longtemps dans cette maison le lit de Gabrielle d'Estrées. Aujourd'hui, les pressoirs du roi n'existent plus.

La pièce ci-jointe, extraite des archives de la couronne, fait connaître l'origine des beaux raisins de Fontainebleau :

pavillon des Poêles [1]; on planta le *jardin des Buis* [2] et le *parterre du Tibre*; on creusa des

Extrait d'un registre des archives de la commune de Cahors, contenant la copie des priviléges de la ville et de plusieurs traités dans lesquels elle était intéressée, ainsi que la relation des événements remarquables qui se passèrent dans ses murs, etc., etc.

(TRADUCTION.)

L'an mil cinq cent trente et un, au mois de juin, il fut présenté certaines lettres missives du roi, notre souverain seigneur, adressées à M. le sénéchal, par lesquelles le seigneur-roi mandait qu'il lui fût envoyé un vigneron de Cahors, pour aviser et diriger l'établissement d'un enclos de vignes à Fontainebleau. La plupart des vignerons de la ville ayant été assemblés par les sieurs consuls, il fut arrêté de lui envoyer Jean Rival, dit Prince[*], vigneron de Cahors, qui se rendit auprès du roi. Et après, en novembre, un émissaire rassembla, pendant deux ans, un grand nombre de plants des vignes de Cahors pour le seigneur-roi; lesquels furent portés audit Fontainebleau, près Paris. Ledit Rival, dit Prince, qui était de retour, fit un autre voyage avec le délégué du roi, pour conduire ces plants. Ce délégué emmena vingt barriques de vin pour le seigneur-roi, et trente mulets chargés de plants, sous le consulat de MM. François Fabre, Pierre Beral, Pierre Lassoudrie, Jean Roques, François Picamil, notaire, Hugues Bruni, Pierre Gasq, Charles Lourmet, Antoine Fournié, Jean Roula, Géraud Pezet, et Pierre Gaillard.

[1] Ce pavillon fut ainsi nommé, parce que François Ier y fit construire de grands poêles à la mode allemande.

[2] Aujourd'hui jardin de l'Orangerie.

[*] Il existe à Cahors plusieurs familles de cultivateurs de ce nom.

bassins, on éleva des fontaines ; enfin, le château prit en quelques années un accroissement immense.

La grotte du jardin des Pins dont nous venons de parler est célèbre par une anecdote qui rappelle les mœurs de l'époque :

En 1536, Jacques V, roi d'Écosse, vint en France pour demander la main de madame Madeleine, fille de François Ier; l'impatience de Jacques le rendit coupable d'une grande indiscrétion, s'il faut en croire sa conversation avec Henri II :

« Madame Madeleine se baigna au commencement de cet été, comme vous pouvez vous en souvenir, dit le roi d'Écosse à Henri II (c'était en 1536), et choisit pour le lieu de son bain cette magnifique grotte que le roi votre père a fait faire à l'appartement de la duchesse d'Étampes. Je sais le secret de cette fausse niche, d'où, par le moyen d'un miroir à réflexion qui est enchâssé dans la rocaille, on peut voir les dames dans le bain. Le roi, votre père, m'avait confié cet essai de sa galante curiosité. Je fis gagner l'officier qui a soin de cette grotte; il me plaça dans la niche, un moment avant que madame se mît dans l'eau. Pardonnez-moi cette témérité, mon cher prince, la pureté de mes intentions l'excuse, et elle fut assez rigoureusement punie pour mériter plus de compassion que de colère. La seule mademoiselle de Vendôme eut le privilége d'entretenir madame dans son bain; et d'abord, elle me donna mille petits plaisirs qu'elle ne pensait pas me donner [1]..... »

Jusque-là, tout allait à merveille pour Jacques; mais sa situation dans la niche devint beaucoup moins agréable lorsqu'il entendit la princesse, dont il était très-amoureux, et qu'il allait épouser, avouer à mademoiselle de Vendôme qu'elle n'avait pu voir avec indifférence don Juan, fils de l'empereur Charles-Quint, et que si on la mariait au roi d'Écosse, elle se regarderait comme une victime immolée à la raison d'État.

Cependant ce mariage eut lieu le 1er janvier 1537. « Mais quand Madeleine fut en Écosse, dit Brantôme, elle en trouva le pays tout ainsi qu'on luy avoit dict, et bien différent de la douce France. Toutesfois, sans autre semblant de sa repentance, elle ne disoit autre chose, sinon : « Hélas! j'ay voulu estre reyne; » couvrant sa tristesse et le feu de son ambition d'une cendre de patience.

Madeleine mourut d'ennui, en Écosse, le

---

[1] Extrait du journal amoureux de madame Villedieu, t. X, p. 398, édition de 1781.

7 juillet 1537, c'est-à-dire, six mois et quelques jours après son mariage. Un de ses pages, qui plus tard devint le poëte Ronsard, fit sur la fin prématurée de cette princesse les vers suivants :

> La belle Magdeleine, honneur de chasteté,
> Une grâce en beauté, Junon en majesté,
> A peine de l'Écosse avait touché le bord,
> Quand, au lieu d'un royaume, elle y trouva la mort.
> Ni larmes du mari, ni beauté, ni jeunesse,
> Ni vœu, ni oraison ne fléchit la rudesse
> De la parque! O cruel et pitoyable sort!

La grotte du jardin des Pins est depuis longtemps détruite et le miroir indiscret a disparu; on entrevoit seulement sur les murailles quelques fresques non entièrement effacées.

Au milieu de tous ces travaux consacrés aux arts, le fondateur du collége de France ne pouvait oublier les lettres : la bibliothèque de Fontainebleau devait avoir son tour; mais qui chargera-t-il de seconder ses vues généreuses ? La réputation de Guillaume Budé lui avait ouvert le palais de Charles VIII[1], et mérité la

---

[1] A Carolo ego commodum in aulam accersitus fueram, cùm ille repentino casu sublatus est : exierat jam ramusculus

protection de Louis XII [1]. Elle lui attira la confiance de François Ier. Le monarque alla chercher le savant, qui vivait caché dans ses livres depuis la fin du dernier règne, et pour lui il créa la charge de bibliothécaire en chef et de maître de la librairie du roi [2]. Ce choix obtint l'approbation de tous [3]. Budé était l'un des

quidam studiorum meorum, qui ad eum permanaverat, nihil minus me agente. Et plus loin : Tametsi rex Carolus, humanitate singulari, liberalitateque memorabili præditus, et litterarum elegantium opinione quadam imbutus, earum me gratia, et Græcarum præcipuè quæ tum in Franciâ penè erant inauditæ evocandum judicarat.... (Budé, *Philologia*, liv. Ier.)

[1] Budé avait été envoyé en ambassade auprès de Léon X par François Ier, et Louis XII le nomma secrétaire du roi.

[2] Vers 1522.

[3] François Ier fut appelé le père et vrai restaurateur des arts et des lettres, car avant lui l'ignorance tenoit lieu quelque peu en France, encore qu'il y eust et peu auparavant quelques gens scavans ; mais ils estoient clair-semez, et ne produisoient de si belles moissons de scavoir, comme l'on vit après qu'il eut érigé ces doctes professeurs royaux, lesquels il fut très curieux de rechercher par toute l'Europe.... De sorte qu'il en fit et dressa une belle bibliothèque que nous avons veu à Fontainebleau, dont monsieur Budé, l'un des doctes personnages de la chrestienté, en fut quelque temps le premier gardien et rechercheur pour de jour en jour l'embellir de nouveaux volumes. (Brantôme, *Vie des hommes illustres françois*.)

hommes les plus érudits de son temps; ses travaux avaient embrassé toutes les sciences; mais il se distinguait principalement par un profond savoir dans la langue grecque.

Nommé dans la suite maître des requêtes et prévôt des marchands, il s'arrachait avec douleur à ses livres chéris pour remplir les différentes fonctions dont il était accablé. « La libéralité du « roi [1] et la confiance du peuple finiront, disait « Budé, par faire de moi un ignorant. » Son application à l'étude était singulière. Un jour qu'il travaillait dans son cabinet, rue Saint-Martin, le feu prit à la maison; on courut l'avertir : « Pré-« venez ma femme, répondit-il sans détourner « les yeux; vous savez que je ne me mêle pas du « ménage. »

C'est lui qui organisa la bibliothèque de Fontainebleau [2]; il s'acquitta de cette mission avec

[1] Inter omnes tanti principis laudes, quæ ex iis, quæ jam diximus intelligi possunt, meritò hæc primum locum obtinet, quòd litteras et litteratos impensè dilexerit. Cujus amoris magnum specimen edidit, Gulielmo Budæo, quem Erasmus, grande hujus sæculi decus, ob raram eruditionem portentum Galliæ appellare non dubitavit, ab umbrâ et pulvere litterario in quibus delitescebat, ad honores et splendorem aulæ evecto, et honorificè ad Leonem X, qui et ipse summo amore doctos prosequebatur, legatione ornato. (*Histoire de de Thou*, liv. III, p. 76.)

[2] Avec le secours du célèbre Lascaris.

talent, mais donna peut-être une trop large place aux manuscrits grecs, entraîné par son fanatisme pour la langue d'Homère, qu'il avait inspiré à son royal protecteur. Sous cette influence, François Ier fit acheter et copier à tout prix les ouvrages des célébrités d'Athènes. Les recherches ne s'arrêtèrent pas en France. « Il ordonna, en 1527, dit Sainte-Marthe, l'augmentation et l'embellissement de sa bibliothèque de Fontainebleau, et la fit placer au-dessus de la galerie qui porte encore son nom. L'histoire nous apprend que, pour la composer, il envoya les plus savants hommes de son temps dans la Grèce et dans l'Asie, avec ordre d'acheter les livres grecs qui n'estoient pas encore imprimez; ce qui leur procura, par l'entremise de ses ambassadeurs, la liberté de tirer des copies de ceux dont on refusa de vendre les originaux. »

La munificence de François Ier sollicitait ainsi la science, et la science répondit à cet appel avec tant d'empressement, que déjà l'ancien local de la bibliothèque de Fontainebleau ne pouvait plus la contenir [1]. Jérôme Fondule, parti pour la con-

---

[1] En 1527, par suite de la confiscation de tous les biens du connétable de Bourbon, la bibliothèque de Fontainebleau s'était enrichie de la précieuse collection formée par tous les princes de cette famille.

quête des manuscrits grecs, en rapporta soixante, qu'il avait payés 1,200 écus. Le roi lui fit présent de 4,000 écus d'or. Jean de Pins, évêque de Lavaur, George d'Armagnac et Guillaume Pelliciers, évêque de Montpellier, qui furent successivement ambassadeurs à Venise et à Rome, reçurent l'ordre d'acheter à grands frais tous les livres grecs qu'ils pourraient découvrir. La librairie de Fontainebleau commençait à disputer le premier rang à la librairie de Blois, lorsqu'en 1540 Budé mourut. Pierre Duchâtel ou Châtelain, évêque de Tulle, le remplaça.

Duchâtel, qui était alors sur le chemin des honneurs, avait eu longtemps la fortune contraire. Mais il traversa noblement son adversité. Admis auprès de François Ier, sous les auspices du cardinal Dubellay, le roi se l'attacha pour s'entretenir avec lui pendant ses repas [1]. Sans posséder la science de

---

[1] Circa se doctos homines semper habuit, quos dum cibum caperet, de rebus pulcherrimis disserentes avidissimè audiebat : præcipuèque naturalis historiæ enarratione delectabatur, in quâ tantum audiendo profecerat, ut quamvis à pueritiâ nullis litteris imbutus, quidquid de animalibus, plantis, metallis, gemmis ab antiquis et recentibus scriptoribus memoriæ proditum est, et meminisset et aptè edissereret. Usus ad hoc fuerat Jacobi Cholini primùm, dein Petri Castellani, viri probitate et morum gravitate et doctrinâ præstantissimi, quem episcopatu Matisconensi, magnique elec-

Budé, c'était cependant un homme extraordinaire. Il avait beaucoup vu, beaucoup étudié, beaucoup retenu. La variété prodigieuse de ses connaissances étonnait moins peut-être que le parti qu'il savait en tirer. Conteur habile, spirituel, inépuisable, il éblouissait par l'éclat d'une élocution qui devenait souvent de l'éloquence, ou charmait ses auditeurs par la vivacité d'une conversation pleine de saillies. François Ier s'amusait singulièrement à l'entendre : « C'est, disait-il, le « seul homme de lettres que je n'aie pas épuisé « en discours. »

Bientôt Duchâtel occupa la place de lecteur en titre. On l'accusa d'avoir supplanté Colin, et ses ennemis lui opposèrent Guillaume Bigot, dont ils exaltaient le mérite. Le roi, désirant savoir l'opinion de son lecteur sur ce savant : « Sire, répliqua Duchâtel, c'est un philoso- « phe, sectateur d'Aristote, qui préfère l'état dé- « mocratique à l'état monarchique. » Et il ne fut plus question de Bigot. On lui prête encore une repartie meilleure, sinon plus adroite, quand le

---

mosinarii dignitate propterea remuneravit, ac magistrum bibliothecæ post Budæi obitum constituit. Hanc, missis per Italiam, Græciam atque Asiam, qui undiquaque libros conquirerent et describerent, ingentibus sumptibus ad fontis Bellaquei ædes extruxerat. (*Histoire de de Thou*, p. 77, liv. III.)

roi, voulant l'élever à l'évêché de Tulle, lui demanda s'il était gentilhomme. « Sire, répondit-il, « Noé, dans l'arche, avait trois fils; je ne vous « dirai pas bien précisément duquel je suis des- « cendu. » François Ier le combla de bienfaits : il le nomma successivement lecteur du roi, évêque de Tulle, évêque de Mâcon, bibliothécaire en chef et maître de la librairie, enfin, grand aumônier de France [1].

Une faveur aussi éclatante, aussi soutenue, n'avait pas seulement pour base des qualités aimables; elle était justifiée par un mérite réel. A une érudition, à une mémoire surprenantes, Duchâtel joignait les sentiments généreux, les vertus d'un bon citoyen : il en fit preuve en s'opposant de tout son pouvoir au supplice des luthériens: « J'ai parlé en évêque, « vous agissez en bourreau, » répondit-il au cardinal de Tournon, qui lui reprochait son extrême indulgence pour les hérétiques; il en fit preuve, lorsque, entendant le chancelier Poyet, à l'occasion d'un nouvel impôt, dire au roi qu'il était le maître des biens de ses sujets, il exhala son indignation en ces courageuses paroles : « Portez aux « Caligula, aux Néron, des maximes tyranniques; « et si vous ne vous respectez pas vous-même, res-

---

[1] De Thou, *Histoire universelle*.

« pectez au moins un roi, ami de l'humanité,
« qui sait que le premier de ses devoirs est d'en
« consacrer les droits. »

François Ier délégua à Duchâtel une grande
autorité, et Duchâtel se montra digne de la confiance de son maître. Il imprima aux libéralités
royales la plus utile direction, protégea les l'Hôpital, les de Thou, les Sainte-Marthe, fit fleurir
les lettres, et renvoya au front du monarque
l'éclat dont elles brillèrent, lui préparant ainsi
cette couronne de gloire que lui a décernée la
reconnaissance des savants. C'est lui qui éleva
la bibliothèque de Fontainebleau à son plus
haut degré de splendeur. Il l'enrichit de quatre
cents volumes et de manuscrits orientaux, que
Pierre Gilles, Guillaume Postel, et Juste Tenelle,
rapportèrent des pays lointains et de leurs explorations scientifiques [1].

« [1] Je ne puis assez louer le roi François Ier du nom de père
des lettres, lequel s'est tellement estudié pour remettre les
arts et les sciences en leur première splendeur, qu'il a dépensé
des biens infinis à cette curieuse et non jamais assez louée
entreprise ; comme entre-autres ayant fait délivrer par une
fois à Guillaume Postel (l'honneur de la Normandie) la
somme de quatre mille escus pour enrichir sa bibliothèque
dressée à Fontainebleau, sans parler de maistre Juste Tenelle,
Pierre Gilles, Albigeois, et autres hommes doctes, ausquels il
avoit donné charge de recouvrer livres et amasser mémoires

C'est lui enfin qui décida le roi à ordonner la réunion de la librairie de Blois et de celle de Fontainebleau [1], et ces deux riches collections devinrent plus tard le fondement de la grande bibliothèque royale [2].

Duchâtel travailla encore à la conservation du précieux dépôt qui lui était confié : il fit dresser des catalogues et relier tous les livres, qui, avant lui, n'étaient défendus que par des couvertures légères en cuir ou en étoffes de velours et de soie. « Aussi l'amas de tant de livres et de tant de manuscrits, tous magnifiquement reliez, fut regardé comme l'ouvrage, non pas d'un seul roy, mais de plusieurs roys et de plusieurs siècles. Il attira les plus savants hommes du royaume et des États voisins, et même quelques princes étrangers, qui demeurèrent tous d'accord que cette bibliothèque estoit la plus superbe pièce de Fontainebleau [3]. »

de toutes parts à quelque prix qu'ils fussent. » (*Bibliothèque de la Croix du Maine.*)

[1] Les livres de Blois furent reçus à Fontainebleau, le 22 juin 1544, par Mathieu la Bisse, garde de la bibliothèque de ce palais. D'un inventaire que l'on fit à cette époque, il résulte que la librairie de Blois comptait alors environ dix-huit cent quatre-vingt-dix volumes.

[2] Nous parlerons plus loin de la translation à Paris de la bibliothèque royale de Fontainebleau.

[3] Sainte-Marthe. — La bibliothèque de Fontainebleau était

Maintenant que François Ier a installé les sciences et les lettres dans ce noble séjour, il va poursuivre, avec la même magnificence, les embellissements qu'il a demandés aux arts.

En 1528, l'espace manquait aux projets de François Ier; en 1530, les artistes manquèrent à l'espace[1]. Le roi sollicita l'Italie, et Florence lui envoya le Rosso[2], l'une des célébrités de la peinture; il arriva escorté d'une colonie nouvelle de peintres et de sculpteurs, et précédé d'une grande réputation. Le roi le mit à la tête de tous les travaux de peinture de Fontainebleau, et le Rosso introduisit en France la fresque et le goût florentin. Il devint ainsi l'un des fondateurs de l'école française. Parmi les artistes qui le suivirent ou qui vinrent se grouper autour de lui, attirés par le nom du maître et par le désir de se perfectionner à ses leçons, on citait, entre les peintres, le Flamand Léonardo, les Français Michel Samson et Louis Dubreuil, les Italiens Lucca Penni, Bartholoméo

au-dessus de la galerie de François Ier. Des distributions ultérieures ne permettent plus de reconnaître cette pièce.

[1] Fontainebleau s'était accru du couvent des **Mathurins** (voir page 62).

[2] Rosso ou maître Roux, comme l'appelèrent les Français. On lui avait donné ce surnom à cause de la couleur de ses cheveux.

Miniati, Francesco Caccianimici, Gio Battista da Bagnacavallo, Pellegrino; et parmi les sculpteurs et stucateurs, Domenico del Barbieri, Lorenzo Naldino, Paul Pontio, maître François d'Orléans, maître Simon, maître Claude de Paris, et maître Laurent le Picard [1].

Secondé de tous ces artistes, le Rosso décora de fresques, de stucs, et d'autres ouvrages, la petite galerie de Fontainebleau [2]; il l'orna surtout de treize compositions allégoriques [3], faisant allusion aux principaux événements de la vie de François Ier : le réveil des arts et des lettres, les victoires du prince, ses revers, sa piété filiale, ses amours. L'activité du Rosso et les œuvres qui sortaient chaque jour de ses mains ou de celles de ses élèves, lui gagnèrent

---

[1] Dans le livre des dépenses présenté au roi par le sieur de la Bourdaisière, surintendant des bâtiments de Fontainebleau, on trouve qu'un décorateur avait sept francs par mois, un maçon trois sous par jour. Nicolas Bellini, peintre, reçut vingt francs par mois depuis juillet jusqu'au mois de novembre 1533, pour travaux dans la grosse tour du château. Rosso lui-même est porté pour cinquante francs par mois, comme conducteur des travaux de stuc.

[2] Vasari dit que le Rosso, qui était à la fois peintre, sculpteur et architecte, construisit cette galerie.

[3] L'on prétend que l'un de ces tableaux, la Danaé, est du Primatice.

la faveur du roi. Une pluie de bienfaits tomba sur le maître : il eut maison à Paris et logement magnifique à Fontainebleau; il eut un canonicat de la Sainte-Chapelle, des pensions, des rentes, des appointements considérables; ses appartements étaient pleins d'argenterie, de riches tapis, de meubles précieux; ses écuries étaient pleines de chevaux, ses antichambres de valets; il tenait état de seigneur, avait table ouverte, et se montrait à son tour le bienfaiteur de ses compatriotes.

Cependant ses travaux ne se ralentissaient pas : il enrichit le palais de peintures sur émail, alors fort en vogue, et la *Porte dorée* de ces belles fresques que le pinceau de Picot vient de faire revivre [1]. Il donna des dessins d'orfévrerie, composa un buffet complet pour le roi, imagina une foule d'ornements grotesques, moresques, arabesques, pour le château, et jusqu'à des caparaçons pour couvrir les chevaux dans les mascarades et dans les fêtes. Tous ces ouvrages, empreints de l'esprit original, hardi, novateur du maître, enchantèrent François Ier, qui honora le Rosso de son affection. Souvent le monarque rechercha la conversation du peintre, qui, à la connaissance approfondie de son art, joignait

---

[1] On dit que sur les huit tableaux de la porte dorée, quatre sont l'ouvrage du Primatice.

une belle figure, une élocution brillante et un savoir très-étendu.

Cette haute fortune, que maître Roux avait vainement demandée à son pays [1], fut troublée à l'arrivée d'un peintre de Bologne, de Francesco Primaticcio, élève de Jules Romain. Le marquis de Mantoue l'envoyait au roi, qui lui commanda de peindre à fresque la grande galerie de Fontainebleau (dite depuis Galerie d'Ulysse). Dès lors naquit une rivalité que la mort n'éteignit pas. Le Primaticcio aurait succombé à la jalousie du Rosso sans l'appui de la duchesse d'Étampes, favorite du roi.

Pendant longues années, le bruit de leurs querelles importuna François Ier, qui, bien des fois, s'efforça de concilier ce qui est inconciliable, l'orgueil de deux grands artistes; cependant il leur ordonna de réunir leurs talents dans une circonstance importante, pour la réception de Charles-Quint à Fontainebleau, en 1539.

L'empereur, alors en Espagne, eut besoin de traverser la France, afin d'aller sans retard

---

[1] Malgré son talent connu, le Rosso avait été malheureux dans son pays. A la prise de Rome par les troupes du connétable de Bourbon (1527), le Rosso fut fait prisonnier et maltraité par les Allemands, qui le mirent tout nu, et l'employèrent comme une bête de somme à porter les fruits du pillage.

étouffer une sédition à Gand. Il demanda au roi le passage dans ses États, lui promettant, en reconnaissance de ce service, d'investir l'un de ses fils du duché de Milan [1]. « Si Charles-Quint osait « traverser la France, je lui donnerais mon bon- « net, dit le fou du roi. — Et si je le laissais pas- « ser? repartit le prince. — Alors, sire, répliqua «Triboulet, je reprendrais mon bonnet pour vous « en faire présent. » Cette saillie égaya François Ier. D'autres personnages plus graves lui conseillèrent de profiter de l'occasion pour forcer l'empereur à annuler le traité de Madrid. Il ne voulut pas même, pendant le séjour en France du monarque espagnol, exiger de lui la ratification de l'investiture promise du duché de Milan [2] ; et tandis que sa loyauté ne pouvait admettre la pensée d'une perfidie, ni descendre à suspecter la bonne foi de Charles-Quint, celui-ci riait en lui-même de la candeur chevaleresque de son rival, et se promettait bien d'oublier toutes ses belles paroles alors qu'il aurait passé la frontière. L'évé-

---

[1] L'empereur avait fait promettre l'investiture du duché de Milan par Granvelle, son chancelier. (Le président Hénault.)

[2] Le cardinal de Tournon avait conseillé au roi de tirer un écrit à ce sujet.... La reine Éléonore, sœur de Charles-Quint, et le connétable de Montmorency, furent d'avis de s'en rapporter à la parole de l'empereur. (Le président Hénault.)

nement prouva que le fou du roi avait parlé comme un sage, et que le roi avait peut-être agi comme un fou.

Ce n'est pas ici le lieu de décrire les fêtes qui accueillirent l'empereur depuis son entrée à Bayonne, ni de rapporter l'accident grave dont il fut victime au château d'Amboise; nous arriverons sans détour à la réception qu'une courtoisie fastueuse lui prépara dans le palais de Fontainebleau.

« François Ier envoya, dit un vieil historien, au-devant de Charles-Quint, hors de la forest, un nombre de princes, de seigneurs et de noblesse, tous avec le plus grand éclat d'habits qu'il se peut voir. En entrant dans la forest, il fut accueilly par une troupe de personnes déguisées en forme de dieux et de déesses boccagères, qui, au son des hautbois, s'estant assemblez et accourus, composèrent une danse rustique qui ne fut pas moins agréable en la bigearre façon dont ils étoient revestus, qu'en l'ordre et aux passages qu'ils tenoient; lesquels ayant ainsi dansé quelque temps, s'écartèrent promptement de part et d'autre dans la forest; et l'empereur, poursuivant son chemin, arriva au chasteau [1].

---

[1] Martin du Bellay dit que Charles-Quint vint à Bayonne en décembre 1539, et qu'il n'arriva à Fontainebleau que dans

« Son entrée fut par la grande allée de la chaussée. A la porte il y avoit un arc triomphal, orné de trophées et enrichy de peintures qui représentoient le roy et l'empereur, revestus à l'antique, accompagnez de la Paix et de la Concorde, pour faire voir à l'empereur avec quelle bienveillance et franchise le roy le recevoit. Là estoit encore un concert de musique, et après avoir entendu quelques airs, il fut conduit dans le chasteau au son des trompettes et des tambours; et entrant dans la petite galerie, il y rencontra le roy, où se firent les compliments entre leurs majestez; et de là fut conduit au pavillon des Poesles [1], qui lui avoit esté ordonné pour son logement. Le soupé étant préparé en la salle du bal, le roy, qui avoit laissé quelque temps l'empereur pour se reposer à loisir, l'alla prendre en sa chambre, et ils vindrent ensemble souper avec un témoignage de part et d'autre d'une grande réjouissance.

le commencement de l'année 1540. Il faut croire Martin du Bellay, qui était contemporain de l'événement rapporté dans ses mémoires.

[1] Le pavillon des Poêles était donc construit avant 1545, malgré l'assertion de l'abbé Guilbert. Comme nous l'avons dit plus haut, il reçut ce nom, sous François Ier, des grands poêles qui le chauffaient. Louis XIV le fit reconstruire presque entièrement.

« Le lendemain, et pendant plusieurs jours que Charles-Quint séjourna à Fontainebleau, le roy, dit Martin du Bellay, le festoya et luy donna tous les plaisirs qui se peuvent inventer, comme de chasses royalles, tournois, escarmouches, combats à pied et à cheval, et sommairement en toutes autres sortes d'esbattements. »

Les dispositions de ces fêtes, les arcs de triomphe, ornements, peintures, décorations de la salle du bal, du pavillon des Poêles, de la petite galerie, firent grand honneur au Rosso. Il occupait toujours à Fontainebleau le premier rang; et, malgré les insomnies que lui causait le talent du Primatice, sa position était très-brillante, lorsqu'une défiance excessive, qui ternissait en lui les plus belles qualités, amena d'une manière déplorable la ruine de cet homme éminent. On lui avait volé quelques centaines de ducats; ses soupçons tombèrent sur Francesco Pellegrino, peintre florentin, et l'un des compagnons de ses travaux : il eut le triste courage de livrer un ami à la justice. Pellegrino subit la torture, et fut reconnu innocent. Rendu à la liberté, ce malheureux publia un libelle où il flétrissait avec énergie l'action odieuse de son accusateur, et demandait réparation. N'ayant pas la force de s'avouer coupable, ni le pouvoir de répondre à l'attaque de Pellegrino, le Rosso perdit la tête et se résolut à mourir. « Un jour que le roi était à Fontainebleau, rapporte Vasari, le Rosso envoya chercher à Paris, par un paysan, du poison, sous prétexte qu'il en avait besoin pour composer des couleurs et des vernis. Il mit aussitôt fin à ses jours à l'aide de ce poison, dont les effets étaient si violents, que le paysan manqua perdre un doigt, pour l'avoir placé un instant sur l'ouverture de la fiole, qui s'était débouchée pendant le voyage. François Ier fut vivement affligé de la perte de l'artiste qu'il estimait le plus; mais pour que ses travaux n'en souffrissent pas, il en confia la direction à Francesco Primaticcio. »

Une fois maître, le Primatice montra une jalousie indigne de son talent : sous prétexte d'agrandissements ou d'embellissements, il fit détruire ou gratter les murs ornés des peintures de son rival, et, dans la galerie de François Ier, ne pouvant ou n'osant faire ce qu'il avait fait dans les autres parties du palais, il masqua ou écrasa quelques tableaux, en les surchargeant d'une profusion d'agréments sculptés. Mais il ne fut pas d'abord tranquille possesseur de l'héritage du Rosso.

Dans la foule des artistes convoqués en France par la libéralité royale, on remarquait le Florentin Benvenuto Cellini, graveur, sculpteur, et surtout excellent orfévre; homme d'une organisation rude et forte; dévoré de l'amour de son art, où il était sans égal, capricieux, original, parfois admirable dans ses conceptions, et surtout d'une persévérance étonnante dans l'exécution de ses œuvres; d'ailleurs irritable, ombrageux, adorateur de lui-même, et professant une foi immense pour son talent. Il y avait encore du soldat[1] et du bravo[2] dans cet artiste courageux, vindicatif, quelque peu traître, et toujours prêt à dénouer les difficultés par l'épée ou à punir les offenses par le poignard.

Ce fut à ce caractère violent et redoutable que le Primatice osa s'attaquer. Mais, avant d'arriver à cette rivalité nouvelle, il nous faut rap-

---

[1] Cellini montra des dispositions militaires au siége de Rome (1527), où il combattit avec valeur, et obtint, sans avoir jamais servi, le commandement de cinq pièces d'artillerie dans le château de Saint-Ange, où le pape Clément VII s'était renfermé avec ses trésors. S'il faut croire l'orfévre, il fit beaucoup de mal aux assiégeants et blessa le prince d'Orange. Il se vante même d'avoir tué le connétable de Bourbon d'un coup d'arquebuse!...

[2] La vie de Benvenuto Cellini, écrite par lui-même, est semée de rixes, de combats, de trahisons, de meurtres, qui peignent la violence du caractère italien à cette époque. « L'offensé, s'il ne se venge sur-le-champ, dit Goëthe, est atteint d'une fièvre qui le poursuit jusqu'à ce qu'il soit guéri par le sang de son adversaire. »

peler les causes qui la préparèrent. François Ier, qui faisait grand cas de l'orfévre florentin, lui avait ordonné des travaux importants [1], entre autres douze statues d'argent de grandeur naturelle, qui devaient servir de candélabres pour éclairer sa table. Un jour qu'il visitait l'atelier de Cellini avec la duchesse d'Étampes et quelques seigneurs de la cour, la duchesse dit au roi de demander à l'artiste quelque ouvrage pour Fontainebleau. Saisissant cette idée, François Ier commanda sur-le-champ à Cellini une composition à la fois riche et belle, en un mot, digne « de l'endroit de son royaume qui lui plaisait davantage [2], » et manifesta le désir d'en avoir le modèle dans quinze ou vingt jours, à son retour de Saint-Germain en Laye. Voici comment Cellini travailla à satisfaire le roi, et quels furent les remercîments qu'il reçut. Écoutons l'orfévre lui-même, non sans nous défier un peu de l'affection excessive qu'il portait à ses œuvres :

« J'avais fait d'abord, dit Cellini [3], la porte de Fontainebleau, en changeant le moins possible

---

[1] Cellini fit pour François Ier une magnifique salière d'or. Charles IX la donna à l'archiduc Ferdinand d'Autriche. Elle est aujourd'hui à Vienne.

[2] Vie de Benvenuto Cellini, écrite par lui-même.

[3] Idem.

l'ordre de cette porte, qui était large et basse, suivant leur mauvais style de France; l'ouverture avait la forme d'un carré presque régulier, surmonté d'un demi-cercle abaissé comme l'anse d'un panier. Le roi voulait que l'on fît dans ce demi-cercle une figure qui représentât la nymphe de Fontainebleau. Je donnai de très-belles proportions à l'ouverture de cette porte, puis j'élevai au-dessus un cintre en demi-cercle régulier, et je fis sur les côtés des saillies très-gracieuses, que j'appuyai sur un socle qui correspondait à un tailloir que j'avais établi dans le haut, et je remplaçai les deux colonnes que semblait exiger la disposition du bas de cette construction et de sa partie supérieure, par deux satyres presqu'en relief. D'un bras, le premier semblait soutenir la partie qui pose d'ordinaire sur les colonnes; il tenait de l'autre une massue. Sa physionomie hardie et menaçante semblait vouloir épouvanter les spectateurs. L'autre figure correspondait à celle-ci; son attitude était la même; mais elle différait par la tête et par plusieurs autres choses. Elle portait à la main une escourgée formée de trois boules retenues par des chaînes. Quoique je les aie appelées des satyres, cependant ces figures n'avaient de ces êtres fabuleux que les petites cornes, et leurs têtes, semblables à celles des chèvres; tout le reste du corps était de forme humaine. Dans le demi-cercle, j'avais représenté une femme assise dans une belle position; son bras gauche était appuyé sur le cou d'un cerf qui faisait partie des armes du roi. D'un côté, j'avais représenté en demi-relief des chiens braques, des lévriers de différentes espèces. Je plaçai de l'autre des chevreuils, des sangliers et divers animaux sauvages, productions de la superbe forêt d'où sort la fontaine[1]. J'avais encadré tout cela dans un carré oblong, et représenté une victoire dans chacun des angles qui se trouvaient en haut : elles tenaient à la main un flambeau, suivant l'usage des anciens. J'avais surmonté cet ouvrage d'une salamandre[2] (c'étaient les armes particulières du roi) et de plusieurs ornements fort gracieux, en harmonie avec ce morceau d'architecture d'ordre ionique[3]. La vue de ce modèle rendit la

[1] L'opinion générale était à cette époque que Fontainebleau tirait son nom de la fontaine de Bleau, dont le bassin était à l'extrémité du jardin de Pins.

[2] François 1er avait choisi pour emblème une salamandre au milieu des flammes, avec cette devise : « Nutrisco et extinguo. » Des salamandres peintes ou sculptées brillaient de toutes parts dans le palais de Fontainebleau.

[3] Des ornements faits par Cellini pour la porte de Fontainebleau, il ne reste aujourd'hui qu'un bas-relief, placé d'abord sur une des façades du château d'Anet, du côté des

bonne humeur au roi, et le reposa du fatigant entretien qu'il avait eu pendant plus de deux heures.

« Quand je vis qu'il était gai comme je le désirais, je lui découvris un autre modèle, que certainement il n'attendait pas, croyant que le travail du premier était bien assez. Le second avait plus de deux brasses. C'était le modèle d'une fontaine d'un carré parfait, entourée d'un escalier à révolution ; chose qu'on n'avait pas encore vue en France, et qui est même très-rare en Italie. J'avais établi au milieu de la fontaine une base qui s'élevait au-dessus du bassin. Sur cette base était une figure d'une belle proportion, tenant une lance brisée dans sa main droite, qui était élevée; la gauche était appuyée sur la poignée d'une épée d'une forme élégante. Tout le corps portait sur la jambe gauche; le pied droit était posé sur un cimier du plus riche travail imaginable. Chacun des quatre angles de la fontaine était orné d'une figure assise sur une élévation, et accompagné de différents attributs. Le roi commença par me demander le sens de cette belle allégorie, disant qu'il avait parfaitement

---

jardins. Ce bas-relief est aujourd'hui dans le Louvre, où il décore le fond de la salle des Cariatides, au-dessus de la belle tribune de Jean Goujon.

saisi l'ensemble de ma composition pour la porte de Fontainebleau, sans avoir besoin de mes explications. « Je trouve fort beau, ajouta-
« t-il, tout ce que vous avez fait pour la fontaine,
« mais je ne comprends pas à quoi cela a rapport;
« je sais bien que vous n'avez pas travaillé comme
« ces imbéciles qui, quoiqu'ils puissent faire
« quelque chose de gracieux, ne donnent pas de
« sens explicatif à leurs ouvrages. » Je me mis alors sur mes gardes, car ayant plu par mon travail, je voulais plaire encore par mes discours.
« Sire, Votre Majesté saura d'abord que le petit
« ouvrage est exactement mesuré dans toutes ses
« parties sur une échelle divisée par pieds, et que,
« par conséquent, quand on l'exécutera, il ne per-
« dra pas de la grâce que vous lui trouvez. Cette
« figure du milieu est de cinquante-quatre pieds. »
A ces mots, le roi fit un mouvement de surprise.
« Elle représente le dieu Mars, et les quatre au-
« tres figures, les talents que Votre Majesté aime et
« protége. Celle qui est à droite est la *science des*
« *lettres*. Vous voyez qu'elle a les attributs qui in-
« diquent la philosophie et les sciences qui s'y
« rapportent. Celle-ci est l'emblème des arts du
« dessin, c'est-à-dire, la sculpture, la peinture et
« l'architecture; cette autre est la musique, qui
« doit accompagner toutes les sciences. La der-
« nière, qui paraît si avenante et si douce, repré-

« sente la libéralité : sans elle, on ne peut faire
« preuve d'aucun de ces admirables talents qui
« nous viennent de Dieu. Cette grande statue du
« milieu représente Votre Majesté, c'est Mars ; car
« en vous est tout courage, et vous l'employez
« avec justice et pour la sainte défense de votre
« gloire. » Le roi entendit à peine la fin de mon
discours, qu'il s'écria : « J'ai donc trouvé un
« homme suivant mon cœur ! » Il fit ensuite appeler ses trésoriers, et leur ordonna de me fournir
tout ce dont j'aurais besoin, quelque grande que
fût la dépense. Puis, me frappant sur l'épaule, il
me dit : « Mon ami, je ne sais lequel de ces
« deux plaisirs est le plus grand : celui d'un prince
« qui trouve un homme suivant son cœur, ou ce-
« lui d'un artiste de talent trouvant un prince qui
« lui donne toutes les facilités pour exprimer ses
« brillantes inspirations. » Je lui répondis : « Sire,
« si je suis la personne dont vous parlez, mon
« bonheur est sans doute le plus grand que l'on
« puisse éprouver. — Disons, répondit Sa Majesté
« en riant, que les deux sont égaux. » Je partis au
comble de la joie. »

Mais Cellini oublia qu'il y avait à la cour
une femme qui exerçait un grand ascendant sur
l'esprit de François Ier ; avant de montrer ses
ouvrages au roi, il oublia de les soumettre à
la plus savante des belles, à la plus belle des

savantes [1] ; et lorsqu'il comprit sa faute, et voulut la réparer, il était trop tard ; on le repoussa insolemment ; l'altière duchesse d'Étampes ne lui pardonna jamais de s'être affranchi d'un hommage dont tous les artistes se reconnaissaient tributaires. L'orfévre florentin raconte, après longues années, avec un souvenir de colère très-plaisant, sa tentative malheureuse pour regagner les bonnes grâces de la favorite. Il alla chez elle [2] *avec un beau petit vase d'argent doré*, offrande assez brillante, au dire de l'orfévre, pour lui rendre propice la divinité du temple. Une des femmes de la duchesse lui répondit, d'un ton caressant, que sa maîtresse n'était pas encore habillée ; on le pria d'attendre. Cellini, l'homme le moins patient du monde, attendit une journée presque entière ; il attendit jusqu'à ce qu'il fût exténué de rage et de faim ; puis, il courut chez le cardinal de Lorraine [3], à qui il offrit le beau petit vase, et demanda quelques aliments, car il allait tomber de faiblesse.

Cette aventure parvint aux oreilles du roi, qui en plaisanta devant la duchesse d'Étampes, dont

---

[1] Surnom donné à la duchesse d'Étampes par ses flatteurs.

[2] Elle était alors au château de Saint-Germain en Laye.

[3] Jean, cardinal de Lorraine, sixième fils de René II, duc de Lorraine, et frère de Claude, duc de Guise.

les ressentiments contre le Florentin ne diminuèrent pas. La haine d'une femme puissante ne tarda pas à se manifester. Elle fit venir le Primatice, lui dit de demander le travail de la grande fontaine de Fontainebleau, commandée à Cellini, et lui donna l'assurance qu'il l'obtiendrait par sa protection. En effet, la favorite saisit un moment favorable et réussit. Le Primatice éprouva une joie très-vive, mais elle fut courte. Cellini n'était pas homme à supporter froidement un affront; et, nous le rappelons, il y avait du sang de bravo dans les veines de l'orfévre florentin. A la première nouvelle de l'injustice qui le frappe, il prend ses armes, court au palais de Fontainebleau, où logeait Bologno [1], et d'un ton bref et sévère réclame le travail qui lui a été commandé. Le Primatice refuse : il a l'ordre du roi ; son devoir est de l'exécuter. La figure de l'orfévre se contracte; elle inquiète le peintre qui veut appeler ses valets. Cellini l'en empêche : « Je veux bien, lui dit-il, abandonner
« mes droits, et je propose de concourir avec
« vous ; nous soumettrons deux modèles au roi,
« qui choisira le plus digne; à cette condition
« nous ne serons pas ennemis. » Le Primatice refuse encore ; il ne veut pas courir la chance de

[1] Surnom du Primatice, qui était de Bologne.

perdre ce qu'il a obtenu. Alors Cellini se lève brusquement, et fascinant du regard son interlocuteur qui tressaille, il lui jette cet adieu : « Puisque vous n'acceptez pas une proposition que « la justice et la raison approuvent, je vous indi- « querai un moyen qui, comme le vôtre, n'est ni « bon ni agréable ; je vous déclare donc que si « j'apprends qu'il vous arrive de parler en aucune « façon de l'ouvrage qui m'appartient, je vous « tue sur l'heure comme un chien. » Et il paraît que sa fureur était si grande, que peu s'en fallut qu'il ne tranchât la question à l'instant même. Les menaces d'un homme connu pour ne reculer jamais devant un acte de violence, firent faire des réflexions très-sérieuses au Primatice. Le surlendemain, il vint à Paris, manda son rival, et en présence de Mattia del Nasaro, le graveur, reconnut ses torts, pria Cellini de le regarder comme un frère, et renonça au travail de la grande fontaine.

Peu de temps après cette bourrasque, le peintre de Fontainebleau se rendit en Italie. La vanité de Cellini attribue ce départ à la peur que Bologno avait de son talent : il eût été plus juste peut-être de l'attribuer à la peur de son poignard. Quoi qu'il en soit, le Primatice partit avec l'ordre du roi pour acheter des marbres et mouler les plus belles statues antiques. Il revint en France, où il rapporta les moules du Laocoon, de la Vénus de Médicis, de l'Apollon Pythien, et d'autres chefs-d'œuvre qui furent jetés en bronze, et ornèrent plus tard les jardins de Fontainebleau.

Le résultat heureux de la mission du Primatice et le succès des travaux qui la suivirent, furent exaltés par la duchesse d'Étampes. Elle crut avoir trouvé l'occasion d'élever l'homme qu'elle protégeait, aux dépens de l'artiste qui, malgré la haine dont elle ne cachait plus la violence, se maintenait dans les bonnes grâces du roi. François Ier venait même, au grand déplaisir de la favorite, de confirmer [1] la donation du Petit-Nesle faite précédemment à Cellini.

De son côté, voulant exposer à la vue du roi, de la manière la plus avantageuse, toutes les statues que le Primatice avait rapportées d'Italie, ou qu'il avait coulées en bronze depuis son arrivée en France, la duchesse les fit placer dans la petite galerie de Fontainebleau; et, à l'extrémité de la salle, on relégua le Jupiter d'argent que l'orfévre florentin venait de terminer. La duchesse espérait bien que le roi n'aurait pas le temps de voir cette statue, ou qu'il ne la remarquerait pas à côté des chefs-d'œuvre de l'antiquité. Mais, à son tour, elle oublia dans ses

[1] Par lettres du 15 juillet 1544.

calculs l'adresse et la présence d'esprit de Benvenuto.

L'orfévre florentin raconte lui-même, et avec sa modestie ordinaire, cette journée, qui fit époque dans sa carrière artistique : « Je finis avec beaucoup d'ardeur, dit-il, mon beau Jupiter d'argent et sa base dorée que j'avais posée sur un socle peu apparent, garni de quatre petites boules de bois dur, dont plus de la moitié était renfermée dans une cavité, comme l'arête qui retient la corde d'une arbalète. Les choses étaient si bien disposées qu'un jeune enfant pouvait sans peine faire avancer ou reculer cette statue et la tourner dans tous les sens. L'ayant donc arrangée à ma fantaisie, je l'accompagnai à Fontainebleau, où était le roi. Pendant que j'achevais mon ouvrage, Bologno avait conduit de Rome les statues dont j'ai parlé; il les avait fait couler en bronze avec le plus grand soin. Je n'avais rien su de cela, parce qu'il avait achevé ce travail très-secrètement à Fontainebleau, qui est à quarante milles de Paris. Je demandai au roi où il voulait faire placer le Jupiter. Madame d'Étampes répondit que l'endroit le plus convenable était la belle galerie [1] (c'est ce qu'en Toscane nous appelons une *loggia*, ou salle d'en-

---

[1] La galerie de François 1ᵉʳ.

trée). Elle avait plus de cent pas de longueur sur douze pas environ de largeur, et était ornée et enrichie des peintures du célèbre Rosso, notre compatriote. Entre ces peintures on avait placé un grand nombre de morceaux de sculpture en ronde bosse et en bas-relief. Là étaient rangés tous les antiques de Bologno, coulés en bronze et parfaitement exécutés; il les avait très-bien exposés. Les statues, élevées sur des bases, étaient moulées sur les plus beaux modèles de Rome. Ce fut donc dans cette salle que je fis porter mon Jupiter; et je me dis, à la vue de préparatifs dont je devinai l'intention : « Il s'agit « ici de braver le danger; allons! que Dieu me « soit en aide! » Je plaçai le mieux possible mon Jupiter à l'endroit qui lui était réservé. Il tenait la foudre de la main droite, comme s'il eût voulu la lancer, et sa main gauche soutenait le globe du monde. J'avais caché avec beaucoup d'adresse, au milieu des flammes de la foudre, un morceau de bougie blanche. Madame d'Étampes retint Sa Majesté jusqu'à la nuit, afin de me jouer l'un de ces deux vilains tours, ou d'empêcher le roi de venir jusqu'à mon Jupiter, ou de ne le laisser arriver devant ma statue qu'à la nuit close, pour que l'ouvrage parût moins beau. Mais, comme Dieu protége ceux qui ont foi en lui, les choses se passèrent tout autrement : la nuit étant venue, j'allumai la bougie que Jupiter portait dans sa main élevée au-dessus de la tête, et les rayons de la lumière, tombant de hauteur, produisirent un effet beaucoup plus agréable que le jour. Le roi parut avec sa chère madame d'Étampes, le dauphin, la dauphine, le roi de Navarre, son beau-frère, madame Marguerite, sa fille, et plusieurs autres grands seigneurs que madame d'Étampes avait disposés à parler contre moi. Quand je vis le roi s'approcher, je donnai l'ordre à Ascanio de pousser lentement le Jupiter au-devant de Sa Majesté. Le mouvement que je fis donner à cette figure, qui du reste était très-bien exécutée, la faisait paraître animée. Je laissai en arrière les statues antiques, de façon que les yeux se portèrent d'abord avec plaisir sur mon Jupiter. Le roi dit aussitôt: « C'est le plus bel ouvrage que « jamais on ait vu. J'aime beaucoup les arts, et « je m'y connais; pourtant je n'aurais jamais « imaginé la centième partie du plaisir que j'é- « prouve. »

« Les gentilshommes qui étaient venus pour dire du mal de mon œuvre ne trouvaient pas assez de paroles pour le louer. Madame d'Étampes s'écria avec hardiesse : « On voit bien que vous n'avez pas d'yeux; regardez toutes les belles statues en bronze qui sont plus loin, voilà où est le vrai mérite, et non pas dans ces coli-

fichets modernes. » Alors le roi s'approcha des statues de Bologno, et les autres le suivirent. Il examina rapidement ces statues; mais comme elles recevaient le jour d'en bas, elles ne produisaient pas tout leur effet. « Celui, dit-il, qui a voulu jeter de la défaveur sur le travail de cet homme, lui a rendu un grand service; car ces ouvrages admirables font paraître le sien beaucoup plus beau, beaucoup plus merveilleux. Il faut donc faire grand cas de Benvenuto, puisque non-seulement ses travaux supportent la comparaison avec les antiques, mais même les surpassent. » Madame d'Étampes répondit que le jour, ma statue n'aurait pas la millième partie des beautés qu'elle semblait avoir la nuit; qu'en outre il fallait faire attention que je l'avais couverte d'un voile pour en cacher les défauts. (C'était une draperie très-légère, posée avec grâce sur le Jupiter, pour lui donner plus de majesté.) Aussitôt, j'enlevai la draperie, je la déchirai avec humeur. La duchesse s'offensa de mon action, et la fit remarquer au roi. De mon côté, poussé par la colère, j'allais parler, lorsque ce sage monarque me dit en sa langue : « Benvenuto, je vous dé-
« fends d'ouvrir la bouche; calmez-vous; je vous
« donnerai mille fois plus d'or que vous n'en dé-
« sirez. » Ne pouvant exhaler mon ressentiment, je m'agitais tout furieux; la duchesse s'irritait da-

vantage et murmurait contre moi. Sa Majesté partit plus tôt qu'elle n'aurait fait, en disant tout haut, pour m'encourager, qu'elle avait fait venir d'Italie le plus grand homme qui exerçât jamais tant de professions.

« Le lendemain, au moment où j'allais quitter Fontainebleau, le roi me fit donner mille écus d'or, dont une partie était pour mes appointements, l'autre pour les avances que j'avais faites. Je pris gaîment mon argent, et je partis très-satisfait pour Paris [1]. »

Cette victoire de l'artiste sur la favorite fut la dernière. La duchesse prit une revanche prompte et cruelle. Cellini tomba dans la disgrâce de François Ier; bientôt l'argent et les commandes lui manquèrent, et tandis qu'il regagnait tristement l'Italie, Bologno, comblé d'honneurs, était nommé valet de chambre du roi, abbé de Saint-Martin de Troyes, et restait, sans rival, maître de tous les travaux de peinture et de sculpture à Fontainebleau.

De ce jour, le Primatice, créateur avec le Rosso de l'école française, donna carrière à son talent, et sous quatre règnes, Fontainebleau se remplit de ses œuvres. Il orna la galerie d'Ulysse de cinquante-huit grands tableaux à fresque,

---

[1] Vie de Benvenuto Cellini, écrite par lui-même.

entourés de bordures en stuc, et représentant les travaux du roi d'Ithaque après le siége de Troie[1]. Quatre-vingts autres de ses tableaux ou médaillons peints à fresque, en camaïeu ou sur émail, la plupart empruntés à la mythologie, occupèrent les quatorze compartiments de la voûte de cette même galerie. Il décora la chambre de saint Louis de huit grands tableaux à fresque, enrichis de bordures en stuc par Paul Pontio, et dont les sujets étaient pris dans l'Iliade ou dans la vie d'Ulysse, avant le siége de Troie; la chambre de la duchesse d'Étampes[2] de huit tableaux à fresque, représentant les amours et quelques actions d'Alexandre le Grand; enfin, la salle du bal (galerie de Henri II) de huit grandes compositions à fresque et de cinquante autres plus petites, dont les sujets sont pour la plupart tirés de la mythologie. Et si l'on ajoute à tant de travaux ses peintures dans l'ancienne *salle du conseil*, dans le cabinet

---

[1] Le révérend P. Dan appelle le roi d'Ithaque le *duc Ulysse*... Cette grande galerie, qui occupait une des ailes de la cour du Cheval-Blanc, fut détruite sous Louis XV.

[2] Cette chambre est aujourd'hui convertie en escalier. Les tableaux y sont conservés. La duchesse d'Étampes avait eu d'abord un appartement près le cabinet du roi, en face de l'étang.

des curiosités, dans celui des empereurs et dans d'autres pièces de Fontainebleau [1], on trouvera que cette vaste et inépuisable intelligence composa quatre-vingt-dix-huit grandes pages et cent trente moins importantes, où il aborda tour à tour et avec succès tous les genres de la haute peinture.

Il serait impossible de croire que la vie d'un seul homme ait suffi à l'immensité de ces œuvres, si l'on ne savait que le Primatice [2] s'aidait du pinceau de plusieurs artistes très-recommandables, venus d'Italie à sa demande ou formés à l'école du Rosso, tels que Gio Battista Bagnacavallo, Ruggieri da Bologna, Prospero Fontana, Damiano del Barbieri, et surtout Nicolo dell'Abate da Modena, qui surpassait tous les autres.

C'est Nicolo qui peignit à fresque, sur les des-

[1] Sur les huit tableaux de la *Porte dorée*, on prétend que le Primatice en a composé quatre et Rosso les quatre autres.

[2] Le livre des dépenses du roi à Fontainebleau porte, en 1530 : « Donné la somme de *onze livres* à Francisque Primatice de Boulogne, le peintre, pour avoir vaqué durant le mois d'octobre à laver et nettoyer le vernis à quatre grands tableaux appartenant au roi, de la main de Raphaël d'Urbain, à sçavoir, le saint Michel, la sainte Marguerite, sainte Anne, et le portrait de la reine de Naples. » — Le Primatice avait douze cents livres par an pour la charge de surintendant des peintures et décors.

sins du maître, presque tous les tableaux qui ornaient ou qui ornent encore aujourd'hui le palais de Fontainebleau. Le Primatice dut au talent de cet excellent peintre une partie de sa renommée. Il est donc juste d'associer le nom de Nicolo à l'illustration du Primatice.

Tous ces grands artistes, tous les hommes éminents de l'époque entouraient François Ier à Fontainebleau; c'est de là que partirent les vives clartés qui signalèrent le réveil des arts, des sciences et des lettres; et Fontainebleau fut à la gloire de François Ier ce que Versailles devait être à la gloire de Louis XIV. La passion des deux monarques pour le faste se déployant dans ces deux belles résidences, contribua beaucoup elle-même au développement des arts : l'imagination et la reconnaissance des artistes saisissaient avidement les occasions de se produire et de briller devant des princes magnifiques dans leurs goûts et dans leurs libéralités. Entre les fêtes qui furent célébrées à Fontainebleau sous le règne de François Ier, les plus remarquables, après la réception de Charles-Quint, eurent lieu dans les deux circonstances suivantes :

Le dauphin, qui devint roi sous le nom de Henri II, avait épousé, depuis dix ans, la fille de Laurent II de Médicis, et cette union était encore stérile lorsque, le 20 janvier 1543, Catherine accoucha d'un fils dans le palais de Fontainebleau. Cet événement inespéré causa à la famille royale et à la France une grande joie, à laquelle se mêlèrent bientôt les plus vives craintes : l'enfant était si frêle, il promettait si peu de jours, qu'on se hâta de le baptiser. Cependant, cet enfant essaya la couronne; elle était trop lourde pour son front débile; au bout de quelques mois de règne elle l'écrasa : c'était François II.

Le baptême fut célébré à Fontainebleau, dans l'église des Mathurins, dite de la Sainte-Trinité, le dimanche 10 février 1543. Le roi François Ier avait ordonné cette cérémonie; elle commença ainsi, dit un vieil historien [1] :

« Trois cents torches furent données à autant de personnes des gardes du corps du roy et de monseigneur le dauphin et des Suisses du corps, lesquels furent rangez depuis la chambre de Sa Majesté jusques en l'église des Mathurins, passans par la petite galerie, où la clarté estoit si grande de ces lumières, qu'il sembloit que l'on fust en plein jour. Marchoient en après les deux cents gentils hommes de la maison du roy. Puis, les chevaliers de l'ordre. Là se trouvèrent aussi le roy de Navarre, messeigneurs les ducs d'Or-

---

[1] Guillaume Paradin.

léans, de Vendosme, d'Estouteville, de Guise, de Nevers, de Longueville, d'Estampes, et le comte d'Aumale [1]; comme aussi l'ambassadeur de Venise. Là parut encore monseigneur le légat [2], avec plusieurs cardinaux et autres prélats.

« Ensuite, venoient la reyne et toutes les princesses qui estoient pour lors en cour, scavoir : madame Marguerite, fille du roy, qui fut mariée au duc de Savoye, madame la princesse de Navarre, madame de Sainct-Pol, mesdames les deux duchesses de Nevers, madame de Montpensier, madame de Guise, madame la duchesse d'Estampes, et plusieurs autres dames qui estoient toutes revestues très-somptueusement de toile d'or et d'argent, avec une infinité de pierreries qui rendoient un merveilleux éclat; et parmy cette foule estoit l'enfant qu'on portoit baptiser.

« Dans cet appareil et magnificence, l'on alla en ladite église des Mathurins, où le roy se rendit aussitost. Elle estoit parée des plus riches tapisseries de la couronne, et autres divers ornemens.

---

[1] Claude de Lorraine, troisième fils de Claude, premier duc de Guise, épousa, à Fontainebleau, le 1er août 1547, Louise de Brezé, fille de Diane de Poitiers, et fut fait duc d'Aumale en cette occasion.

[2] Le cardinal Farnèse, neveu du pape Paul III, envoyé en France pour négocier un accommodement entre François Ier et Charles-Quint. Cette médiation de la cour de Rome échoua.

Au milieu, il y avoit un chef en rond, sur lequel on voyoit un grand drap de toile d'argent, qui estoit le lieu où se firent les cérémonies du baptesme, dont l'office fut célébré par monseigneur le cardinal de Bourbon.

« Les parrains furent le roy, qui luy donna son nom de François, avec monseigneur le duc d'Orléans, troisième fils de France, et oncle paternel de nostre petit prince; et la marraine fut madame Marguerite, de laquelle il a esté parlé cy-dessus.

« Toute cette cérémonie estant ainsi achevée, l'enfant fut rapporté en l'ordre et magnificence qu'il avoit esté porté; et aussitost on entra au festin que le roy avoit fait préparer en sa salle, qui est celle qui porte maintenant le nom de salle du bal; où, ensuitte de ce banquet, il y eut divers balets, danses et autres pareilles réjouissances, ce qui se continua plusieurs jours après.

« Or, l'on avoit dressé un beau et grand bastion près du chenil, où est maintenant l'allée solitaire et celle des meuriers blancs. Et sur l'étang il y avoit trois galères ornées de leurs banderoles. Le tout ainsi ordonné, le jeudy suivant, quatorzième dudit mois, il se fit diverses escarmouches en deux partis, de princes et de seigneurs, les uns qui défendoient ce bastion, et les autres qui l'attaquoient, et par terre et par eau, avec lesdites galères ; en cette sorte finirent ces magnificences. »

Deux ans après, le 2 avril 1545, naissait à Fontainebleau cette belle princesse qui fut saluée du surnom de *la Paix*, et qui devait allumer autour du trône d'Espagne une guerre de jalousie dont le dénoûment fut un crime : c'était Élisabeth, fille du dauphin et de Catherine de Médicis. Les fêtes que l'on célébra dans ce palais reçurent, d'une circonstance heureuse, un très-grand éclat. C'était au moment de la paix entre la France et l'Angleterre. Lord Dudley, grand amiral, et lord Chenay, grand trésorier de ce royaume, envoyés par Henri VIII, étaient à Paris pour régler les dernières conditions du traité, et le jurer solennellement ; ils furent en même temps les parrains d'Élisabeth, au nom de leur souverain.

Le roi voulut, dans une occasion aussi mémorable, déployer un faste inaccoutumé : il mit à contribution la foule des talents que Fontainebleau abritait, et le palais se revêtit comme par enchantement d'une éblouissante parure :

La cour du Donjon, choisie pour le lieu principal de la fête, était toute tendue de riches tapisseries : elle étincelait d'ornements d'or, d'argent ou de soie.

Au milieu de la cour on avait construit un théâtre avec plusieurs portiques d'une noble et élégante architecture, aux frises desquels on lisait ces mots en lettres d'or : *Audierunt reges verba oris ejus,* empruntés au premier livre des Rois, et faisant allusion aux grandes réjouissances du peuple d'Israël quand il reçut l'arche d'alliance. Le théâtre et ses portiques étaient ornés de feuillages et de nombreux écussons aux armes de France et d'Angleterre; au centre s'élevait un grand mât, entouré dans toute sa hauteur de lames d'or. Il était le principal soutien d'un ciel représenté par un immense voile en soie bleue, où brillaient mille étoiles d'or qui répandaient dans la cour du Donjon une douce et agréable clarté. Nous passerons une foule de détails pour nous arrêter devant la partie de cette décoration où François Ier avait surtout étalé son goût pour le faste, et qui excita l'admiration générale : au pied du grand mât on avait dressé un buffet à neuf étages, en forme de pyramide. Un dais de drap d'or frisé le recouvrait entièrement. Cette vaste et haute étagère était chargée de toute la vaisselle du roi en or massif, et de tous les vases, coupes et objets d'art en or, entassés depuis des siècles dans les demeures royales par le luxe des monarques français. Le spectacle de cet amas de richesses éblouissait les yeux; mais l'or en était le moindre prix : elles devaient à l'art, à la perfection du travail, à leur antiquité, une valeur beaucoup plus considérable; et pour que personne ne l'ignorât, François Ier avait fait placer, auprès du buffet, des officiers de sa maison qui expliquaient aux spectateurs, et surtout aux Anglais, l'origine, l'âge, les donateurs ou les artisans de ces œuvres merveilleuses. Parmi les raretés et antiquités, il y en avait qui remontaient à l'empereur Charlemagne [1].

Après avoir donné une idée sommaire des préparatifs de la fête, nous parlerons de la cérémonie religieuse qui l'occasionnait, du baptême d'Élisabeth.

Les princes et la noblesse, convoqués à Fontainebleau, sortirent des appartements du roi, précédés par Sa Majesté; après eux marchaient lord Dudley, grand amiral d'Angleterre, et lord Chenay, grand trésorier, ce dernier portant entre ses bras la royale enfant. Venaient ensuite la reine, les princesses, les dames et demoiselles de la cour, toutes magnifiquement parées. Le cortége traversa la petite galerie et entra dans l'église de la Sainte-Trinité. Le roi fut reçu à l'entrée de l'église par les cardinaux de France, accompagnés des ar-

---

[1] De Thou écrivait: « C'est aux soins et au goût de François Ier que nos rois doivent tout ce qu'ils ont de curieux en statues, tableaux, tapisseries, meubles, vases et pierres précieuses. »

chevêques, évêques et autres prélats étrangers, revêtus de leurs habits pontificaux. Comme prince du sang et archevêque de Sens, le cardinal de Bourbon fit le baptême.

Les marraines étaient Éléonore d'Autriche, seconde femme de François Ier, et Jeanne, princesse de Navarre, et le parrain Henri VIII, représenté, comme nous l'avons dit, par les deux envoyés anglais. L'enfant reçut le nom d'Élisabeth. Dès que ce nom fut proclamé par les hérauts d'armes de France et d'Angleterre, les trompettes et les clairons sonnèrent, et une grande décharge de boîtes et de mousqueterie se fit entendre. Un banquet splendide, auquel assista toute la cour, suivit la cérémonie religieuse.

« Mais, » ajoute le chroniqueur auquel nous empruntons ces détails, « si le festin fut exquis, l'issue n'en fut pas moins agréable par le bal qui commença aussi tost, où à diverses entrées parurent des hommes de figures prodigieuses, puis des bestes furieuses et estranges de toute sorte ; et en troisième lieu, divers oiseaux de rapine, griffons, aigles, vautours et autres semblables. »

La fête se continua le lendemain par un tournoi qui dura toute la journée ; il fut ouvert par le dauphin et le comte de Laval, qui commandaient chacun un parti de chevaliers. La troupe du dauphin était armée et habillée en blanc, avec des casques surmontés d'un croissant; les chevaux avaient aussi des caparaçons blancs avec un semé de croissants. Cet emblème faisait partie de la devise d'une autre Diane, qui, pour ne pas être tout à fait aussi chaste que la déesse des forêts, n'en était pas moins adorée du dauphin. La couleur incarnat distinguait les chevaliers de la troupe du comte de Laval. La joute fut des plus brillantes. Tous les combattants y déployèrent à l'envi leur adresse et leur vaillance; mais, d'un commun accord, on reconnut que le dauphin, depuis Henri II, avait surpassé tous ses rivaux; et l'honneur de la journée lui demeura[1].

[1] Le 13 avril 1559, la princesse Élisabeth fut l'un des gages de la paix conclue à Cateau-Cambresis. Le connétable de Montmorency négocia le mariage de Marguerite, fille de François Ier, avec le duc de Savoie, et celui de la fille aînée de Henri II avec Philippe II, roi d'Espagne. Élisabeth fut appelée *Élisabeth de la Paix*. Joachim du Bellay fit sur cette princesse les quatre vers suivants :

> Par elle, en paix sont la France et l'Espagne,
> Par elle, unis sont les deux plus grands roys;
> Du sang d'Autriche et du sang de Valois,
> Fille de l'un et de l'autre compagne.

Élisabeth avait d'abord été promise à don Carlos; elle était

Ainsi, l'importance des événements, l'illustration des hommes, la magnificence d'une hospitalité royale, tout concourait à donner un caractère de grandeur à Fontainebleau ; tandis que la restauration de ce palais se liant en France à la restauration des arts, des sciences et des lettres, fécondait l'esprit humain et lui imprimait ce mouvement extraordinaire, cette vie nouvelle, qui est le plus beau titre de gloire de François Ier.

Sur la fin de 1546, le roi tomba malade à Fontainebleau. Les courtisans le croyant dans un état désespéré, l'abandonnèrent suivant l'usage, et coururent se presser autour de celui qui devait être Henri II. Afin de punir ces hommes toujours prêts à se prosterner devant le soleil levant, le ciel permit la guérison de François Ier, qui se vengea ainsi de leur ingratitude : Quoique très-faible encore, il voulut assister à la solennité de la Fête-Dieu, mit du rouge pour cacher la pâleur de son visage, se para comme aux jours de sa jeunesse, suivit la procession, aida même à porter le dais du saint sacrement, et de retour dans ses appartements, épuisé de fatigue, il s'écria : « Je leur ferai peur du moins

---

fort belle. Le prince fut indigné de la perfidie de son père qui lui enlevait ainsi celle qu'il aimait. Cette passion fatale, partagée par Élisabeth, causa, dit-on, la mort prématurée de don Carlos et de la reine.

« encore une fois avant que de mourir. » Ce fut la dernière fois, en effet; François Ier mourut peu de temps après, au château de Rambouillet, le 31 mars 1547.

Un prince est toujours grand lorsqu'il s'entoure des hommes qui éclairent et illustrent leur siècle : c'est ainsi que François Ier se présente aux regards de la postérité. Les frères du Bellay, Pierre Duchâtel, le Grec Lascaris[1], Guillaume Budé et d'autres savants étaient admis dans son conseil littéraire; il consultait Cujas et Dumoulin sur la saine interprétation des lois; il encourageait les presses de Henri Étienne; il écoutait en bon frère les contes malins de la reine de Navarre; en rival sans jalousie les poésies légères de Marot; en prince indulgent et spirituel les bouffonneries dans lesquelles Rabelais enveloppait la raison; Serlio et Philibert Delorme élevaient ses palais; Léonard de Vinci, André del Sarto, le Rosso, le Primatice, Cellini, Jean Cousin, Germain Pilon, les décoraient des chefs-d'œuvre de la peinture et de la sculpture; et le collège de France, le Louvre, et Fontainebleau[2]

[1] Jean de Lascaris fut l'un des plus utiles instruments de François Ier pour la restauration des lettres. Il travailla avec Budé à la formation de la bibliothèque de Fontainebleau.

[2] Telle était la prédilection de François Ier pour Fontainebleau, que, lorsqu'il s'y rendait, il avait coutume de dire :

protégeront à jamais le nom de François Ier contre la sévérité de l'histoire.

« *Je vais chez moi.* » La beauté d'un palais, devenu son ouvrage, sa situation au milieu d'une forêt magnifique et très-abondante en gibier, justifiaient la préférence du roi, qui prenait beaucoup de plaisir à Fontainebleau « aux déduits de la chasse des bêtes rousses et noires » comme le prouvent ses lettres [*]. Cependant alors, tous les hôtes de cette forêt n'étaient pas également agréables à rencontrer, s'il faut ajouter foi au témoignage de l'historien du Gatinais : « En la forest de Fontainebleau, soubs le regne de François Ier, dit Guillaume Morin, estoit un prodigieux serpent de dix-huit pieds de longueur qui se cachoit dans les roches, qui dévora plusieurs hommes, et lors qu'en trouppe il estoit poursuivy, il se retiroit dans les roches, si bien qu'il falloit un homme seul pour le combattre, à cause du chemin difficile et estroit. Le grand roy François, d'un courage indomptable, se mit en délibération de combattre ce serpent; pour à quoy parvenir, il fit faire une paire d'armes complètes qui se fermoient sur les brassars, tassètes, cuissars et habillement de teste à ressort, qui se voient encore de présent parmy les armes du roy. Mais un gentilhomme luy en fit faire d'autres toutes couvertes de rasoirs en plusieurs endroits, si bien que le serpent venant à l'entortiller de sa queue et replys, il se trancha en pièce, et le combattant avec deux dagues de bon acier bien asserées et poinctues luy perça la gorge, et l'ayant tué, il revint victorieux avec l'estonnement de toute la cour, qu'un homme eût eu cette résolution de combattre un tant venimeux et effroyable monstre. » (Histoire générale des pays du Gastinois, page 530.)

[*] Voir la page 63.

CHAPITRE III.

DE HENRI II A HENRI IV.

Henri II avait le courage chevaleresque du roi son père; comme lui, il aimait à briller dans les tournois; mais François Ier ne lui avait légué ni les grâces de son esprit, ni son imagination, ni son goût pour les arts. Cependant, telle était la force de l'impulsion donnée à l'intelligence, que Henri II eût été entraîné à continuer l'œuvre de son père, si d'ailleurs il n'eût obéi à un empire encore plus irrésistible.

Une femme pour laquelle le temps semblait s'être arrêté; une femme qui était aussi belle à quarante ans [1] que le jour où, dans tout l'éclat de la jeunesse, elle était venue se jeter aux genoux de François Ier, pour obtenir la grâce de son père, Diane de Poitiers, duchesse de Valentinois, régnait en souveraine sur Henri, dont elle entretenait les goûts voluptueux. A la mort de François Ier, Diane triompha sans noblesse; elle fit redemander, par son royal amant, les diamants que la duchesse d'Étampes tenait de la générosité du feu roi, se para de cette honteuse dépouille, et vit avec une joie cruelle la femme qu'elle haïssait sortir de Fontainebleau par la porte Dorée, pour aller dans la retraite traîner une existence longue et obscure.

La jalousie de la duchesse de Valentinois n'était pas moins ardente contre Catherine de Médicis; elle laissait rarement échapper l'occasion d'humilier la reine et l'épouse. François Ier avait l'habitude de consulter Catherine sur les embellissements de ses palais et sur les fêtes qu'il y donnait; Diane s'empara de la direction de tous les travaux et de tous les plaisirs. Elle continua aux artistes les honneurs et les récompenses dont le règne précédent les avait comblés, et

---

[1] Brantôme dit qu'il ne vit pas Diane de Poitiers *sans émotion six mois avant sa mort.* Elle avait alors soixante-cinq ans!...

Fontainebleau se décora par ses ordres de fresques et de peintures nouvelles. Le Primatice acheva la grande galerie d'Ulysse, et prodigua dans la salle de bal, appelée aujourd'hui galerie de Henri II, les merveilles de son talent. La flatterie de l'artiste y épuisa aussi ses délicatesses : partout c'était la duchesse de Valentinois sous les traits de l'une des plus belles déesses; à côté du chiffre du roi brillait toujours le croissant de Diane, avec cette devise : *Donec totum impleat orbem!* Et si l'on songe que ces chiffres amoureux, ces emblèmes mythologiques, peints sur toutes les murailles, s'entrelaçaient et se mêlaient jusque sur les autels aux symboles sacrés [1]; que la favorite présidait à toutes les fêtes; qu'elle était l'héroïne de tous les tournois, la divinité de toutes les parties de chasse, on pouvait croire, sous Henri II, que Fontainebleau était le temple de Diane.

Les arts n'avaient pas seuls des droits à la protection de la duchesse de Valentinois : Pierre Duchâtel resta maître de la librairie du roi et bibliothécaire de Fontainebleau; la faveur dont il avait joui sous François Ier, ne fut pas moin-

---

[1] Des croissants et les chiffres de Henri II et de Diane de Poitiers entrelacés se voient encore dans l'ancienne chapelle haute, aujourd'hui la bibliothèque.

dre sous Henri II, qui le nomma à l'évêché d'Orléans. Après sa mort, en 1552, Pierre de Montdorré, conseiller au grand conseil, lui succéda dans sa charge littéraire. On dit qu'il dut cette partie de l'héritage de Duchâtel à une traduction du dixième livre d'Euclide, qu'il dédia au cardinal du Bellay, alors en crédit auprès de Henri II.

Ce fut pendant la maîtrise de Montdorré que le roi rendit cette ordonnance fameuse de 1556, qui obligeait les libraires de fournir aux bibliothèques royales un exemplaire en vélin, et relié, de tous les livres qu'ils imprimeraient par privilége. Ce tribut prélevé sur la pensée et sur les connaissances humaines procura rapidement de nouvelles richesses à la bibliothèque de Fontainebleau, en y apportant un nombre considérable d'ouvrages imprimés, dont François Ier avait trop méconnu l'importance, tout absorbé qu'il était par sa passion pour les manuscrits anciens. La bibliothèque de Fontainebleau, et l'ordonnance de 1556, renouvelée et modifiée dans la suite, sont les sources primitives du grand trésor littéraire amassé aujourd'hui dans la bibliothèque du roi.

Michel de l'Hôpital [1], Montaigne, Auguste de Thou, furent accueillis à la cour, et le poëte

[1] Avant d'être le modèle des magistrats et des hommes d'État, Michel de l'Hôpital cultiva les lettres avec succès ; il se distingua surtout dans la poésie latine.

Jodelle reçut cinq cents écus pour sa *Cléopâtre*.

La duchesse de Valentinois elle-même cultivait les lettres ; on conserve dans les manuscrits de la bibliothèque royale ces vers de Diane à Henri II [1], qui sont remplis de naturel et de grâce :

> « Voici vrayment qu'Amour un beau matin
> S'en vint m'offrir fleurette très-gentille ;
> Là se prit-il à orner votre teint,
> Et vistement marjelaine et jonquille
> Me rejetoit, à tant que ma mantille
> En estoit pleine et mon cœur se pasmoit ;
> Car, voyez-vous, fleurette si gentille
> Estoit garçon, frais, dispos et jeunet.
> Ains tremblottant et détournant les yeux :
> « Nenni, disois-je. — Ah ! ne serez déçue, »
> Reprit Amour ; et soudain à ma vue
> Va présentant un laurier merveilleux.
> « Mieux vaut, lui dis, être sage que reyne. »
> Ains me sentis et frémir et trembler...
> Et Diane faillit, et comprendrez sans peine
> Duquel matin je prétends reparler. »

Henri II essayait aussi d'être poëte pour chanter sa divinité. Voici des vers manuscrits de ce prince :

> Plus ferme foy ne fut onques iurée
> A nouveau prince, ô ma seule prinsese !
> Que mon amour quy vous sera sans cesse
> Contre le temps et la mort asseurée ;
> De fose creuse ou de tour byen murée
> N'a point besoing de ma foy la fortresse
> Dont ie vous fy dame, roine et maystresse,
> Pour ce que ele est d'éternelle durée.

Henri II aimait trop les fêtes pour ne point célébrer avec pompe la naissance de ses enfants. Quatre d'entre eux, un fils et trois filles, vinrent au monde à Fontainebleau : Claude [1], Édouard-Alexandre [2], Victoire et Jeanne [3]; ces deux dernières, sœurs jumelles, vécurent peu de jours. Édouard-Alexandre vécut trop pour sa gloire : après avoir été le vainqueur de Jarnac et Moncontour, il fut Henri III. Charles IX lui fit changer de nom, parce que Édouard VI, roi d'Angleterre, parrain d'Édouard-Alexandre, était hérétique et ennemi de la France. La princesse Claude, mariée à Charles III, duc de Lorraine et de Bar, ne fit que passer sur la terre. Les députés de tous les cantons de la Suisse la tinrent sur les fonts de baptême. Elle eut pour marraines la

> Thrésor ne peult sur elle estre vainqueur,
> Ung sy vil prix n'aquiert ung gentil cœur,
> Non point faveur ou grandeur de lignage
> Quy éblouissent les yeux du populaire,
> Non la beauté quy ung léger courage
> Peult émouvoir, font que vous me peult plaire.

[1] Le 12 novembre 1547. « C'était, dit un historien de la maison de Lorraine, la plus belle princesse de son siècle; le roi Henri II la proposait comme modèle aux princes ses enfants; et tous les princes de l'Europe voulaient avoir son portrait. Amurat III, empereur des Turcs, se le faisait apporter tous les ans. »

[2] Le 19 ou 21 septembre 1551.

[3] Le 24 juin 1556.

fille du roi de Navarre et Antoinette de Bourbon, duchesse de Guise. Les envoyés suisses présentèrent au roi une grande médaille d'or, sur laquelle on voyait une main céleste tenant treize cordons liés ensemble par un même nœud; au bout de chaque cordon étaient suspendues les armes et devises de l'un des treize cantons; au-dessus planait un ange soutenant une croix, et autour de la médaille on lisait : *Si Deus pro nobis, quis contra nos?* devise hautaine, mais depuis longtemps justifiée par l'indépendance, la foi et le courage de ces hardis montagnards.

Un tournoi fut donné en cette occasion à Fontainebleau; dans la cour du Cheval-Blanc, on avait préparé un amphithéâtre où Diane occupait la première place au milieu des plus belles femmes de la cour. Son royal chevalier y déploya la mâle vigueur dont il aimait à faire parade, et du moins ce triomphe ne lui fut pas fatal comme celui de la rue Saint-Antoine.

Le tournoi, où il perdit la vie, eut lieu le 29 juin 1559. Henri II avait vaincu tous ses rivaux, le duc de Guise, le prince de Ferrare et le duc de Nemours ; enivré de ses succès et des applaudissements d'une foule adulatrice, il ordonne à Montgomery, son capitaine des gardes, de saisir une lance et se précipite sur lui; blessé mortellement, le roi tombe, et on l'emporte expirant au palais des Tournelles [1].

Adieu Fontainebleau et ses magnificences! adieu ses chiffres amoureux et ses croissants entrelacés! Diane est encore auprès de Henri, mais Catherine, déjà toute-puissante par la mort prochaine du roi, lui a donné l'ordre de rendre les pierreries de la couronne, et de se retirer dans l'un de ses châteaux. « Si le roi respire, avait-elle répondu fièrement, je n'ai pas encore de maître [2]. » Mais Henri II ne passa pas la jour-

---

[1] (1559.) « L'exécution de la paix estoit hastée des uns pour vivre en volupté, et des autres pour utilité. En juin, le roy maria sa fille (Élisabeth) au roy d'Espagne par le duc d'Albe, procureur, assisté du duc de Savoye, comte d'Aiguemont et prince d'Orange; Sa Majesté, MM. de Guise et de Ferrare, soustenans à un tournoi; MM. le connestable et de Tavannes, juges à l'imitation des anciens tournois. Ces combats durèrent deux jours; le troisième, Montgomery, Escossois, après quelques refuz de courre contre le roy, brise sa lance en sa cuirasse; l'un des esclats lève la visière, l'autre perce l'œil de Sa Majesté, sort par l'oreille, et glace le cœur de M. le connestable, qui voit sa faveur perduë. L'un accuse l'armurier, l'autre l'impatience du roy, qui n'attendit que l'on mist le crochet de sa visière. » (Tavannes.)

[2] On conçoit aisément la haine qui devait animer les deux rivales. On lit à ce sujet une page remarquable dans les mémoires d'un personnage contemporain; la voici :

« La trefve pour cinq ans avec l'Espagne est publiée le quinziesme fevrier. Les factions de Montmorency et de Guise croissent : madame de Valentinois, liée d'amour au

née, et Diane alla le pleurer dans le beau château d'Anet, que Philibert Delorme avait élevé et décoré pour elle par ordre du roi.

Affranchie de l'empire de la duchesse de Valentinois, mère d'un jeune et débile monarque qui plie sous le poids de la couronne, Catherine de Médicis se flattait enfin de gouverner; elle ne fit que changer de domination. Avant de tomber dans ses mains le pouvoir devait passer par les mains des Guises. Le connétable de Montmorency était, pour les princes lorrains, un concurrent redoutable; on le chargea de la pompe fu-

connestable et d'alliance à M. d'Aumalle, tient le milieu, et esloigne la royne des affaires et de son mary, encore qu'elle n'eust rien de beau par-dessus elle non sans soupçon de sortilége*. La royne s'en plaint au sieur de Tavannes, qui offre couper le nez à madame de Valentinois; elle luy objecte sa perte; il respond qu'elle luy seroit agréable pour esteindre le vice, malheur du roy et de la France. La royne le remercie, mais se résout à patience. » (Gaspard de Saulx, seigneur de Tavannes, pag. 204.)

* L'anecdote de la bague enchantée racontée par Nicolas Pasquier, qui assure la tenir de la duchesse de Nemours elle-même, prouve que l'on croyait assez généralement alors que Diane de Poitiers avait eu recours à un sortilége pour obtenir et conserver si longtemps l'amour de Henri II. « Une Diane, dit Pasquier, possédoit le cœur de Henri II par la force d'une bague qu'elle lui avoit donnée et qu'il portoit toujours. Le roy étant tombé malade, la duchesse de Nemours fut priée par la reine de lui tirer cet anneau du doigt. Dès que la duchesse de Nemours fut sortie, le roy défendit de laisser entrer qui que ce fût. L'aventurière se présenta deux fois, et à la troisième entra par force et alla droit au lit du roy, se méfiant de ce qu'il en étoit; s'étant aperçue qu'il n'avoit plus sa bague, elle apprit de lui ce qu'elle étoit devenue, la renvoya chercher au nom du roy, la lui remit, et les amours continuèrent comme par le passé; ce qui fit croire, ajoute Nicolas Pasquier, que cet amour étoit plus superstitieux que sincère. »

nèbre de Henri II; et, suivant la coutume observée alors aux funérailles des rois de France, Montmorency fut obligé de rester pendant trente-trois jours enfermé dans le palais où le corps de Henri était exposé[1]; et tandis que le vieux courtisan rongeait son frein en remplissant ce pieux devoir aux Tournelles, les Guises circonvenaient François II au Louvre; et, secondés par les charmes de leur nièce, Marie Stuart, ils s'emparaient de l'esprit du jeune roi et des avenues du trône.

Tout fléchit devant la puissance de ces nouveaux maires du palais. Catherine de Médicis n'osa les attaquer en face : d'ailleurs une lutte ouverte n'était pas dans son caractère. Persuadée que la résistance serait sans succès, elle fit alliance avec la faction dominante, en attendant qu'elle trouvât l'occasion de la renverser. Ce rôle convenait à l'esprit artificieux de la nièce de Léon X : fine jusqu'à la duplicité, tour à tour impérieuse ou caressante, galante ou sanguinaire, Catherine de Médicis excella dans l'art funeste de prendre tous les masques et de changer de parti, suivant les besoins de l'insatiable ambition qui la dévorait. Partagée entre deux religions, elle fut fatale à toutes les deux, parce qu'elle n'eut d'autre foi religieuse

[1] Davila, Guerres civiles de France.

que son intérêt; placée entre plusieurs partis qui se disputaient le pouvoir, elle fit sa principale étude de les diviser et de les amener à s'entre-détruire; nourrissant sans cesse la haine des Condés et des Guises, armant les catholiques contre les protestants, elle fomentait elle-même les troubles, dans l'espoir d'anéantir par la guerre civile des forces dont elle redoutait l'ascendant. Cette politique entraîna Catherine de Médicis dans un labyrinthe de difficultés insurmontables, dont elle ne sortit pas toujours sans honte et sans grand dommage pour la France. C'est Médicis, ce sont ses intrigues qui jetèrent le prince de Condé et l'amiral de Coligny dans le parti calviniste. Elle voulait les opposer aux Guises. De là le dessein de surprendre la cour à Amboise, afin de se défaire des princes lorrains, sous prétexte d'affranchir le roi de leur tyrannie. La découverte de cette conjuration éleva de nouveau [1] le duc François de Guise à la lieutenance générale du royaume, en même temps qu'elle exalta la fureur des partis. Dans le but apparent de calmer les haines, mais réellement pour chercher à relever les calvinistes abattus, la reine mère parla de rapprochement, de réconcilia-

[1] François de Guise avait déjà été investi de cette espèce de dictature sous Henri II, après la bataille de Saint-Quentin (1557.)

tion; et, le 21 août 1560, une assemblée connue sous le nom de *l'assemblée des notables*, fut tenue au palais de Fontainebleau. Naguère, cette belle résidence retentissait du bruit des fêtes et des plaisirs ; maintenant la politique va l'envahir avec son noir cortége.

Avant d'entrer dans l'appartement de la reine mère (pavillon des Poêles)[1], où se tint cette assemblée, disons un mot des principaux personnages qui y figurèrent :

Le roi porte sur son front pâle et abattu la trace des terreurs d'Amboise[2]; la jeune reine, Marie Stuart, brille de tout l'éclat de la beauté ; la reine mère, la majestueuse Catherine, paraît armée de ses plus doux sourires ; près du roi, le lieutenant général, le vainqueur de Metz et de Calais, attire les regards ; il est au pied du trône, et semble le couvrir en entier de son ombre ; grand de la renommée de son frère, le cardinal de Lorraine, les mains teintes encore du sang des protestants, prend l'attitude de l'orgueil[3] et de la con-

---

[1] Le pavillon des Poêles, près du grand étang, avait pris depuis peu le nom d'Appartement des Reines mères.

[2] Le cardinal de Lorraine avait exigé que le roi et la jeune reine fussent témoins du supplice des conjurés à Amboise. (*Souvenirs historiques du château d'Eu.*)

[3] Après l'avénement de François II, la cour étant à Fontainebleau, le cardinal de Lorraine, qui avait l'administration

fiance. Ces deux ministres tout-puissants de François II avaient permis l'assemblée de Fontainebleau, l'un, en général habile, pour compter ses amis et connaître ses ennemis; le second, pour faire étalage de ses talents oratoires et de ses connaissances théologiques.

De l'autre côté du trône, on remarquait le connétable, l'illustre descendant de l'une des premières familles du royaume, qui a voulu faire oublier sa récente disgrâce en se présentant à Fontainebleau suivi d'une escorte royale [1]; le chancelier Michel de l'Hôpital : celui-là est enfant de ses œuvres; son mérite lui a ouvert le chemin de la cour; sa vertu le forcera à s'en exiler. Il a concerté avec la reine mère [2] l'assemblée de

---

des finances, s'avisa d'un moyen conforme à son humeur pour se débarrasser des demandes dont il était assailli : il fit publier à son de trompe que tous ceux qui étaient à la cour pour demander quelque chose, eussent à se retirer dans les vingt-quatre heures, *sous peine d'être pendus à un gibet* qui fut dressé devant le château. Cette urbanité envers les solliciteurs, race en tout temps féconde et vindicative, souleva de violentes inimitiés contre le cardinal et contre le duc de Guise. (*Esprit de la ligue.*)

[1] Lacretelle dit que Montmorency était accompagné de huit cents gentilshommes. L'escorte du roi ne devait pas être beaucoup plus nombreuse.

[2] Successivement conseiller au parlement, président de la chambre des comptes, maître des requêtes, conseiller d'État, Michel de l'Hôpital s'était fait connaître par son profond

Fontainebleau, elle, pour servir son ambition ; lui, son pays et l'humanité. Au milieu de ces grands personnages, on distinguait encore l'austère figure de l'amiral de Coligny ; nouvel élu de la foi protestante, dans quelques années il en sera le martyr [1], après en avoir été le soutien et la gloire.

Le reste de l'assemblée se composait ainsi : les ducs d'Anjou et d'Alençon, frères du roi ; le cardinal de Bourbon ; le duc d'Aumale ; les maréchaux de Saint-André et de Brissac ; Charles de Marillac, archevêque de Vienne ; Morvilliers, évêque d'Orléans ; Jean de Montluc, évêque de Valence ; du Mortier et Davanson, tous conseil-

savoir, sa prudence extraordinaire et son intégrité non moins rare. Jacqueline de Longwy, duchesse de Montpensier, l'avait présenté à la reine mère, dont elle était la favorite ; et, chose remarquable, Catherine de Médicis, qui corrompit tout, jusqu'à ses enfants, introduisit à la cour et dans le gouvernement le seul homme éminemment vertueux de ces temps de troubles. Mais il ne faut pas la louer sans restriction d'avoir élevé Michel de l'Hôpital au poste de chancelier, puisqu'en s'attachant par la reconnaissance un homme très-capable de l'aider à soutenir le fardeau des affaires, elle enlevait aux Guises, déjà trop puissants, des fonctions importantes qui allaient échoir à l'une de leurs créatures.

[1] Le dernier jour de l'assemblée de Fontainebleau fut le 24 août 1560 ; et douze ans après, jour pour jour, arriva la Saint-Barthélemy.

lers du conseil privé, et placés selon leur rang. Il y avait encore un grand nombre de chevaliers de l'ordre, et une foule de membres de l'Église et du tiers état, distingués par leurs lumières, et accourus des provinces sur l'ordre du roi [1]. Tous étaient assis, mais en dehors des chaires du conseil. On voyait deux siéges vacants près du trône, destinés aux deux premiers princes du sang. Le roi de Navarre et le prince de Condé s'abstinrent de venir à cette conférence, la regardant comme un piége [2]. Peu de temps après, aux états d'Orléans, ils n'auront pas la même prudence.

[1] Voir lettres originales du roi au connétable de Montmorency, du 31 juillet 1560 (*Manuscrits de Béthune*, cot. 8674, fol. 47), et le mandement du roi pour faire assembler certains personnages de chaque province. (Bibliothèque de Fontanieu. *Recueil de pièces fugitives*, in-4°, t. CLXXXIV, p. 1.)

[2] Les princes envoyèrent la Sague, gentilhomme gascon, en apparence pour faire leurs excuses au roi, et, en effet, pour observer ce qui se passerait à l'assemblée.

En arrivant à Fontainebleau, la Sague y avait trouvé un nommé Bonval, avec qui il avait servi dans les guerres du Piémont; ils eurent bientôt renoué connaissance. La Sague, instruit que Bonval avait à se plaindre des Guises, voulut l'attirer dans le parti du roi de Navarre et du prince de Condé. Il lui fit diverses confidences, dont Bonval profita pour regagner la confiance des Lorrains. La Sague fut arrêté et appliqué à la torture. Ses aveux compromirent gravement les princes et autres chefs du parti protestant. (De Thou, Histoire universelle.)

François II fit l'ouverture de l'assemblée. D'une voix tremblante, il résuma les motifs qui l'avaient déterminé à cette convocation, et exhorta les personnes présentes à donner librement leurs avis sur les moyens d'arrêter et de prévenir les troubles du royaume; s'en rapportant d'ailleurs à ses ministres, chargés de manifester sa volonté.

Après une invocation assez singulière de Catherine de Médicis à *la franchise* des conseillers du trône pour assurer la gloire de Dieu, le maintien de la couronne et le soulagement du peuple, le chancelier prit la parole. Son discours fut grave comme les circonstances. Michel de l'Hôpital ne se fit le champion ni l'antagoniste d'aucune secte, d'aucun parti; mais, appelant les hommes en masse à sa barre, il les montra préoccupés de leurs intérêts, de leurs ambitions, de leurs haines, et presque tous indignes du nom de chrétien qu'ils osaient se disputer; il montra le désordre et la corruption envahissant toutes les classes de la société; enfin, quand Michel de l'Hôpital eut arraché d'une main ferme le voile qui cachait les plaies du pays, il dit que, la maladie étant connue, sa guérison deviendrait moins difficile, si chacun, dans l'application des remèdes, apportait un esprit de modération et de douceur indispensable dans la situation de la France. Cet appel à la tolérance et à la concorde ne pouvait être entendu au milieu de l'effervescence des passions; et personne, excepté le jeune monarque peut-être, ne comprit le vertueux et patriotique langage du chancelier.

Les princes lorrains parlèrent ensuite. Le duc de Guise, lieutenant général et grand maître, rendit compte de l'état de la gendarmerie et des affaires de la guerre. Le cardinal de Lorraine exposa l'état des finances dont il avait le maniement, et prouva que les dépenses annuelles excédaient de deux millions cinq cent mille livres les revenus [1]. Tous deux firent un pompeux éloge de leur administration, avec cette différence que l'exposé de François de Guise fut net et péremptoire. Il n'avait pas besoin de justification devant une assemblée presque entièrement composée de ses créatures; tandis que le discours de son frère, rempli de formes et de mouvements oratoires, démontra aux assistants que si le prélat tenait à passer pour un excellent ministre, il n'avait pas moins de prétentions à la réputation d'orateur éloquent.

« Et après quelques autres propos de chacun

---

[1] En 1563, les revenus de l'État, dit Lacretelle, n'étaient que de neuf millions, et encore n'en touchait-on pas le tiers dans les années de troubles.

des assistans bien empechez à donner quelque bon remède au mal *qui se voyoit à l'œil*, dit un contemporain, l'on remit l'assemblée au vingt-troisième dudit mois d'août; et fut baillé à chacun un petit billet portant brièvement les articles sur lesquels le roy demandoit conseil au jour assigné. » Puis l'assemblée se sépara dans un calme apparent.

Le surlendemain, François II ayant ordonné aux conseillers d'opiner suivant leur rang, Jean de Montluc, évêque de Valence, se disposait à prendre la parole, quand l'amiral de Coligny, se levant de sa chaire, dit, avec la permission du roi, que, s'étant rendu en Normandie par le commandement de Sa Majesté, il avait reconnu que les persécutions dont on accablait les religionnaires étaient la cause des troubles; qu'un grand nombre de personnes de toutes les conditions de cette province l'avaient sollicité de faire parvenir leurs griefs au roi, et qu'il s'en était chargé, d'après les déclarations royales qui autorisaient chacun à adresser librement ses plaintes au souverain [1]. S'appro-

---

[1] Les lettres patentes du roi contenaient entre autres déclarations, « qu'afin de pourvoir avec son conseil aux pressantes nécessitez de l'Estat, il avoit résolu de mander les princes et tous les notables du royaume pour les assembler à Fontaine-

chant ensuite avec respect du roi, Coligny lui présenta deux requêtes; François II les reçut sans manifester le moindre mécontentement, et ordonna au secrétaire d'État, l'Aubepine, d'en donner lecture. Conçues en termes très-humbles, elles se plaignaient des cruautés exercées contre les calvinistes, et demandaient en substance des temples et la liberté du culte protestant. Ces requêtes n'étaient pas signées; l'amiral déclara avec hardiesse que, s'il en était requis, il trouverait en Normandie seulement plus de cinquante mille signatures.

Les murmures, comprimés jusque-là par la présence du roi, éclatèrent à cette proposition. L'emportement du cardinal de Lorraine ne lui permit pas de différer sa réponse; il s'écria: « Puisque l'amiral a eu assez d'audace pour « avancer qu'il obtiendrait cinquante mille signa- « tures à l'appui des requêtes qu'il présente, ce « qui tend à prouver que dans une province il y « a autant de personnes de la nouvelle et préten-

---

bleau, lieu voisin de Paris; qu'il donnoit à chacun permission et libre pouvoir de venir à l'assemblée en personne, ou d'y envoyer des agents avec mémoires touchant les griefs qu'on y auroit à produire; sur quoy il leur donneroit à tous une favorable audience, et les soulageroit en toutes choses qui seroient honnestes et justes. » (Davila, *Guerres civiles*.)

« due religion ; moi, cardinal de Lorraine, j'offre
« de faire signer le contraire, non par cinquante
« mille personnes, mais par un million d'hommes
« de bien, professant l'ancienne et vraie religion,
« qui est la catholique romaine. » Ajoutant, entre
autres considérations, que le roi ne pouvait acquiescer aux demandes contenues dans les requêtes sans blesser sa conscience et flétrir le beau titre de roi très-chrétien qu'il avait l'honneur de porter. Quant aux injures et calomnies dont ceux de la nouvelle religion le chargeaient, tant en leurs prêches que dans leurs placards et libelles diffamatoires, qu'il les tenait à gloire comme les devant à son zèle pour la défense de la religion et du roi, que les rebelles osaient menacer ouvertement.

Coligny commença une réplique qui n'était pas de nature à calmer l'irascibilité du cardinal. La querelle allait s'engager plus vivement, si François II n'eût commandé aux deux orateurs de se taire; et la délibération reprit son cours.

La majeure partie de l'assemblée paraissait alors entièrement favorable aux sentiments très-peu chrétiens du cardinal de Lorraine; cependant, deux hommes éminents dans l'Église catholique parvinrent à modifier ces dispositions. Leurs opinions, empreintes de cette tolérance que l'on invoquait du côté des protestants, les firent accuser, non sans raison, de pencher vers les nouvelles doctrines : c'étaient Marillac, archevêque de Vienne, et Jean de Montluc, évêque de Valence. Montluc aborda brusquement et résolument la réforme du clergé, dont les abus donnaient tant de force à la propagation du protestantisme.

« L'ordre ecclésiastique, dit-il, est tombé en si grand mépris, que l'homme d'église à peine osé-t-il confesser de quel estat il est..... Les évesques (j'entends pour la pluspart) ont été paresseux, n'ayans devant les yeux aucune crainte de rendre compte à Dieu du troupeau qu'ils avoyent en charge, et leur plus grand soulci a esté de conserver le revenu, en abuser en folles despences et scandaleuses; tellement qu'on en a veu quarante résider à Paris pendant que le feu s'allumoit en leurs diocèses..... Les curez, avares, ignorans, occupez à toute autre chose qu'à leur charge, et pour la pluspart estant pourveus de leurs bénéfices par moyens illicites; et en ce temps qu'il falloit appeler à nostre secours les gens de scavoir, de vertu et de bon zèle, autant de deux escus que les banquiers ont envoyez à Rome, autant de curez nous ont-ils envoyez. Les cardinaulx et les évesques n'ont fait difficulté de bailler les bénéfices à leurs maistres d'hostels, et, qui plus est, à leurs vallets de chambre, cuisiniers, barbiers et laquais. Les mêmes presbtres, par leur avarice, ignorance et vie dissolue, se sont rendus odieux et contemptibles à tout le monde. Voilà les bons remèdes dont l'on a usé pour procurer la paix et l'union de l'Église. Voilà l'occasion que le peuple a prins de se distraire de l'obéissance des magistrats temporels et spirituels. »

Après cette sortie vigoureuse contre les excès du clergé, Montluc n'épargna pas des vérités très-rudes au roi et aux deux reines, dans le but sans doute de couvrir les intelligences qu'il entretenait, dit-on, avec Catherine de Médicis, dont il servit les desseins en défendant à Fontainebleau la cause des protestants.

« Qu'en votre maison, dit-il à François II, il y ait sermon tous les jours, qui servira à clorre la bouche de ceux qui disent qu'on ne parle jamais de Dieu à l'entour de vous. Et vous, mesdames les reines, pardonnez-moy, s'il vous plaist, si j'ose entreprendre vous supplier qu'il vous plaise ordonner qu'au lieu de chansons folles, vos filles et toute votre suitte ne chantent que les psaumes de David et les chansons spirituelles qui contiennent la louange de Dieu [1]. »

---

[1] Extrait de la harangue faicte devant le roy François second, à l'assemblée des *trois estats* faicte à Fontainebleau, par monsieur l'évesque de Valence. (*Mémoires de Condé.*)

Après cette remontrance, qui ne flattait pas les goûts des deux reines, sans être plus agréable au roi, Montluc proposa, afin de mettre en paix la chrétienté, de se conformer aux anciennes coutumes en convoquant un concile général.

Marillac soutint, en cette conjoncture, sa réputation d'éloquence; il demanda un concile national et l'assemblée des états généraux. C'était beaucoup plus que Montluc; cependant, son discours, plein de talent, d'habileté et de véhémence tout à la fois, obtint faveur même parmi de zélés catholiques, nonobstant le parfum de tolérance qu'il exhalait. Voici quelques mots de l'opinion remarquable qu'il émit sur l'utilité des états généraux :

« Les états généraux sont le seul tribunal, dit-il, où se peuvent porter les plaintes des provinces. Dans ces assemblées, les sujets entrent, en quelque sorte, en conférence avec le souverain, et lui exposent leurs maux avec une respectueuse liberté; le prince, de son côté, fait entendre à tous les ordres du royaume ses raisons, souvent plus équitables que leurs plaintes. Alors, les peuples, satisfaits, supportent avec patience les impôts, qu'ils ne regardent plus comme un fardeau imposé par le monarque, mais comme une charge nécessitée par les besoins de l'État[1]. »

[1] J. A. de Thou.

Coligny appuya chaleureusement la harangue de l'archevêque de Vienne, et ne craignit pas de demander la suppression de la nouvelle garde du roi [1], qui ne servait qu'à faire du désordre, beaucoup de dépenses, et à mettre le roi en défiance et crainte de son peuple. Cette seconde attaque de l'amiral causa une explosion de murmures parmi les catholiques. Se dressant fièrement au milieu du tumulte, le duc de Guise répondit que la nouvelle garde n'existait que depuis la conjuration d'Amboise, dirigée contre la personne de Sa Majesté ; qu'il avait charge de pourvoir à ce que le roi ne fût plus à l'avenir exposé à voir ses sujets lui présenter des requêtes les armes à la main, et qu'il y veillerait. L'exaspération croissait de moment en moment.

[1] L'amiral parle ici de la compagnie d'arquebusiers dont la création eut lieu à l'occasion des troubles d'Amboise, et qui augmenta la garde du roi. Composée de deux cents hommes, elle était commandée par Antoine Duplessis Richelieu, surnommé le Moine, parce qu'il l'avait été effectivement. C'était l'âme damnée des Guises. J. A. de Thou a peint le capitaine apostat sous les plus odieuses couleurs. On a écrit que cette flétrissure au nom d'un membre de la famille du cardinal de Richelieu fut la cause de la condamnation de François de Thou, fils du célèbre historien. C'est une allégation sans preuves. Le grand ministre de Louis XIII n'a pas besoin qu'on prête des motifs à ses vengeances. François de Thou était l'ami de Cinq-Mars ; cela suffisait à Richelieu.

Des murmures on passa bientôt aux menaces, aux défis les plus violents [1]. Tout faisait craindre des scènes plus affligeantes encore, malgré la présence de François II, quand Michel de l'Hôpital voyant l'assemblée si bien disposée à seconder ses vues de conciliation et de tolérance, se hâta de prendre les ordres du roi, intervint au nom de Sa Majesté, et brusqua la fin de la délibération. On alla aux voix, et il fut décidé, à la majorité des suffrages, suivant l'opinion de l'archevêque de Vienne, partagée par le chancelier, que les états généraux seraient convoqués, et qu'un concile de la nation aurait lieu, si le pape refusait un concile général.

Ainsi se termina l'assemblée des notables; en refusant de s'y rendre, les deux chefs de la maison de Bourbon évitèrent peut-être le piége où les entraîna quelques mois après la perfidie des princes lorrains.

François II était encore à Fontainebleau, lorsque, le 30 août 1560 [2], il écrivit, sous la dictée

[1] On a prétendu que le duc de Guise lui-même perdit alors ce calme qui était le caractère distinctif de sa volonté puissante. Nous avons vainement cherché la preuve de cette allégation chez les contemporains.

[2] Lettre de François II au roi de Navarre, pour lui faire amener à Orléans M. le prince de Condé, son frère :

« Mon oncle, je crois que vous estes bien mémoratif des

des Guises, à Antoine de Bourbon, roi de Navarre, de lui amener le prince de Condé, pour

« lettres que vous escrivi d'Amboise, quand ceste dernière
« esmotion survint, et de ce que je vous manday de mon
« cousin le prince de Condé, vostre frère, qu'une infinité de
« prisonniers chargeoyent merveilleusement : chose qui ne
« me pouvoit entrer en l'entendement pour l'honneur du
« sang dont il est, et l'amour que je porte aux miens, espé-
« rant que le temps et ces déportemens feroyent cognoistre la
« menterie de tels malheureux, et me donneroyent parfaite
« asseurance de son innocence; mais j'ay eu depuis continuel-
« lement tant d'avertissemens conformes de tous les endroits
« du royaume, des pratiques et menées que on le charge avoir
« faictes et fait faire au préjudice de mon service et seureté de
« mon Estat, que je n'ay néantmoins jamais voulu croire jus-
« ques à ce que de fresche mémoire j'en ay veu si grande ap-
« parence, je me suis résolu m'en esclaircir et sçavoir ce qui
« en est, n'estant pas délibéré pour la folie d'aucun de mes
« subjets vivre toute ma vie en peine. Et pour ce, mon oncle,
« que je me suis tousjours asseuré de l'amitié et fidélité que
« me portez, et que vous m'en avez fait tant d'offres et de
« preuves, que je n'en puis ni ne veux doubter aucunement,
« je n'ai voulu faillir de vous avertir incontinent et escrire la
« présente, par laquelle je vous prie sur tout le service que
« désirez jamais me faire, et ordonne sur tant que vous avez
« chère ma bonne grâce, de me l'amener vous-même, dont je
« n'ay voulu charger autre que vous, non pour autre inten-
« tion que pour se justifier en votre présence de ce dont il est
« chargé : vous pouvant asseurer que je serois aussi aise et
« aussi content qu'il se trouve innocent et net d'une si infâme
« conspiration, comme je seroye très-déplaisant que au cœur

qu'il eût à se justifier des charges portées contre lui par les personnes détenues à l'occasion de la conjuration d'Amboise; il menaçait, en roi, de l'envoyer querir si le prince ne se rendait pas à ses ordres. Le roi de Navarre et son frère s'excusèrent en disant que, si la voie de la justice était ouverte, ils s'empresseraient d'obéir; mais qu'ils ne pouvaient le faire, puisque le roi était sous l'autorité des ennemis de la maison de Bourbon. François II répondit à son oncle et à son cousin « qu'ils pouvaient venir sans aucune crainte, et qu'ils ne sauraient être plus en sûreté en leurs propres maisons ni en autre lieu où ils pussent aller [1]. »

Il leur envoya même un sauf-conduit, s'il faut croire le témoignage d'un contemporain [2].

« d'une personne de si bonne race, et qui me touche de si
« près, sa mal-heureuse volonté fust entrée : vous pouvant
« asseurer que là où il refusera m'obéyr, le sauray fort bien
« faire cognoistre que je suis roy, ainsi que j'ay donné charge
« à M. de Cursol, vous faire entendre de ma part, ensemble
« plusieurs autres choses dont je vous prie le croire comme
« vous voudriez faire moy-mesme; priant Dieu, mon oncle,
« vous avoir en sa très-sainte et digne garde. Donné à Fon-
« tainebleau, ce xxxe jour d'avril mil cinq cens soixante. »
Signé, FRANÇOIS; et au-dessoubz, ROBERTET. (*Mémoires de Condé.*)

[1] Castelnau.
[2] Tavannes.

Condé n'hésita plus, et se laissa entraîner à une démarche notoirement imprudente [1], mais qui plaisait à son audace; malgré les nombreux avis qui l'en détournèrent, malgré les prières et les larmes d'Éléonore de Roye, sa femme [2], il vint à Orléans, où allaient s'ouvrir les états généraux, fut arrêté, jugé par une commission [3], et condamné à mort. François II, qui ne voulait pas

[1] La tentative de Maligny sur Lyon, les aveux de la Sague, les mouvements séditieux des protestants provoqués par d'autres agents du prince, devaient retenir Condé. Ces actes de rébellion motivèrent un jugement qui fut flétri à cause de l'illégalité des formes, et de la trahison dont on avait usé envers le prince, afin de l'attirer à Fontainebleau et à Orléans.

[2] La royne mère escrit au roy de Navarre qu'il vinst, y estant à demy forcée pour plaire à MM. de Guise; et craignant d'être descouverte, sans escrire, faisoit entendre secrettement à la princesse de Condé que c'estoit la mort de son mary s'il venoit à la cour. Le roy de Navarre et le prince de Condé adjoutent foy aux escrits de la main de la royne, non aux advertissements secrets qu'elle donnoit au contraire, les croyant procéder de la crainte de la princesse de Condé. (**Mémoires de Tavannes**.)

[3] Comme il en avait le droit, le prince de Condé demanda à être jugé par le parlement assisté des pairs, conformément aux lois de la monarchie. Les lenteurs et les chances d'un grand procès déterminèrent les Guises à préférer un mode de jugement plus expéditif, non aussi loyal, et une commission fut nommée à cet effet.

assister au supplice de l'un de ses proches parents, devait se rendre à Chambord. Il tomba subitement malade la veille de son départ. La maladie du roi, comme le procès du prince, marcha avec une rapidité effrayante; et la mort inattendue de François II (le 5 décembre 1560) arriva très à propos pour sauver la tête de Condé.

Un enfant de dix ans monte sur le trône. Catherine s'empare de l'autorité; elle devient régente de fait [1]. Antoine de Navarre est nommé lieutenant général; il a cédé ses droits à la régence, dominé par la crainte que sa position et celle de son frère lui inspirent encore. Condé est libre en vertu de ce traité [2]. Le connétable revient triomphant à la cour, et le duc de Guise résigne avec dignité le pouvoir. Sa retraite ressemble à une victoire; on lui conserve,

---

[1] Catherine de Médicis ne fut investie de la régence ni par le conseil ni par les états généraux; seulement un règlement du conseil, du 21 décembre 1560, dont les termes sont obscurs, lui en conféra presque tous les pouvoirs. Satisfaite d'en avoir l'autorité, elle ne brigua pas le titre de régente devant les états, de peur de mettre en question des droits qu'elle usurpait.

[2] Le 13 juin 1561, un arrêt du parlement de Paris déclara Condé « pur et innocent des cas à lui imputez, » arrêt aussi légal que la condamnation du prince, et dont MM. de Guise poursuivirent l'homologation.

sans qu'il les demande, les fonctions de grand maître et de grand chambellan; de concert avec la reine mère, il empêche que la régence ne tombe aux mains de ses ennemis; puis, après une réconciliation apparente avec les Bourbons[1], il se retire dans sa force, observant les partis, et comptant, pour ressaisir la puissance, sur l'ambition de Catherine et sur les fautes de son administration instable et tortueuse.

En effet, la révolution produite par l'avénement de Charles IX ne s'arrêta pas au seuil du palais. L'influence de la faction calviniste entraîna la régente, et blessa profondément les catholiques.

Le 28 janvier 1561, une amnistie est accordée, à Orléans, à tous ceux qui sont détenus pour fait de religion; la reine mère se rend ensuite à Fontainebleau avec le jeune roi[2]; de cette résidence, elle envoie au parlement de Paris, le sieur de

---

[1] La royne mère, délivrée de la craincte de MM. de Guise qui possédoient le feu roy, tomba en peur de MM. de Bourbon pour la régence qui leur appartenoit. (Tavannes.)

[2] Il existe, aux manuscrits de la bibliothèque du roi, un volume in-folio carré, orné d'écussons en couleur, contenant l'état des bijoux, armes, vaisselle, joyaux d'or et d'argent, laissés par François II. Cet inventaire a été fait à Fontainebleau, au commencement du règne de Charles IX, et il est revêtu de sa signature.

Villaines, conseiller et secrétaire d'État, afin de hâter la délivrance des prisonniers calvinistes [1]. Mais le parlement élève des difficultés; il résiste à cet ordre. La régente, craignant d'avoir été trop vite et trop loin, se rejette du côté des catholiques. Aussitôt de nouvelles lettres, modifiant l'amnistie d'Orléans, sont données à Fontainebleau [2] : « elles portent en substance que ceux des religionnaires qui, après leur mise en liberté, déclareront vouloir vivre dans leur culte autrement qu'il leur sera enjoint, sortiront du royaume, où leur présence deviendrait dommageable, dans un délai fixé par le parlement, sous peine de la hart. » Comme toujours, cette demi-mesure irrita les deux partis.

Ce fut encore pendant ce séjour à Fontainebleau que Charles IX, la reine mère et le roi de Navarre mandèrent au parlement qu'un accord pour l'administration du royaume venait d'être conclu et signé entre Catherine de Médicis et les princes du sang [3]. Et, vers la fin d'avril 1561, au moment de quitter le palais de Fontainebleau, et de se rendre à Saint-Germain, la cour apprit

---

[1] Lettres données à Fontainebleau, le 14 février 1561.

[2] Idem, 22 février 1561.

[3] Lettres du roi, de la reine mère, du roi de Navarre, datées de Fontainebleau, 25 et 30 mars 1561.

la sédition arrivée au Pré aux Clercs. La régente envoya le maréchal de Montmorency, et le sieur d'Auzances, gentilhomme de la chambre du roi, afin de connaître la cause de ce tumulte, et avec ordre au parlement de suspendre toute affaire pour juger les coupables, sans avoir égard à la qualité, condition et religion des personnes [1].

Il s'agissait de l'attaque des catholiques contre un protestant, le seigneur de Longjumeau, soupçonné de faire des conventicules et prêches illicites [2] en sa maison, située au Pré aux Clercs. Le sieur de Longjumeau, voyant sa demeure investie par une multitude furieuse, qui commençait à en briser les portes, tomba sur les assaillants à la tête de trois cents calvinistes bien armés, et tua plusieurs hommes de la commune, comme on disait alors. Un arrêt du parlement du 29 avril ordonna au sieur de Longjumeau de sortir sur-le-champ de Paris avec sa famille. L'effervescence populaire ne se calmant pas, la régente, au nom du roi, fit partir de Fontainebleau pour Paris le lieutenant général [3].

---

[1] Lettres du roi, de Fontainebleau, du 28 avril 1561.

[2] De récents arrêts défendaient à ceux de la nouvelle religion de faire des assemblées et conventicules.

[3] Le roi annonce au parlement l'arrivée de son lieutenant général par sa lettre datée de Fontainebleau, du 30 avril 1561.

Ce tumulte, prélude de troubles plus graves, n'était que le contre-coup des agitations de la cour. Il annonça au duc de Guise qu'il n'attendrait pas longtemps l'occasion de reprendre la première place dans le gouvernement. La discorde était déjà dans le conseil de la régente.

Stimulé par le prince de Condé, par Coligny et ses deux frères, les Châtillons, le roi de Navarre ne tarde pas à reconnaître la faute qu'il a faite en renonçant à la régence. Mécontent de la part d'autorité que la reine mère lui abandonne, il veut quitter la cour, et le connétable menace de le suivre. La reine mère sut les retenir tous deux : l'un, avec un ordre absolu du roi ; l'autre, en augmentant un peu son pouvoir et beaucoup ses plaisirs, grâce à la séduisante intervention de la demoiselle de Rouhet, l'une de ses filles d'honneur [1]. Mais les artifices de Catherine ne lui profitèrent pas longtemps. Une réconciliation s'opéra d'abord entre les Guises et Montmorency : le moyen fut l'attachement du premier baron

---

[1] Lorsque Catherine voulait séduire quelque chef de parti ou lui arracher un secret, elle avait recours aux charmes de ses filles d'honneur, qu'elle avait grand soin de choisir très-jolies et très-adroites. Cette école d'amour et d'espionnage fut plus d'une fois utile à sa politique.

chrétien pour la religion de ses pères; l'intermédiaire, le maréchal Saint-André, et le résultat, cette alliance fameuse connue sous le nom de triumvirat.

Une conquête plus importante vint bientôt accroitre l'influence renaissante de la maison de Lorraine, et la rendre de nouveau redoutable à Médicis. Le roi de Navarre, le lieutenant général du royaume, l'un des principaux chefs contre lesquels s'était formé le triumvirat, se ligua avec les triumvirs.

Le cardinal de Ferrare, Hippolyte d'Est[1], légat du pape, et don Juan Henriquez, ambassadeur d'Espagne, avaient été les négociateurs de ce traité. Ils promirent au prince, de la part de Philippe II, la restitution de la Navarre, usurpée par Ferdinand le Catholique, ou l'île de Sardaigne, en dédommagement, s'il voulait, comme c'était son devoir, soutenir la religion catholique en s'associant à ses défenseurs. En cas de refus, l'ambassadeur d'Espagne menaçait le roi de Navarre de la colère de son puissant voisin. Antoine céda.

---

[1] Ce prélat était venu en France pour publier les articles du concile de Trente, et s'opposer au concile national demandé par les protestants à Fontainebleau, comme attentatoire aux droits de l'Église romaine.

Tous ses amis essayèrent en vain de le détourner d'une alliance coupable avec ceux qui, peu de temps auparavant, avaient voulu le faire périr, ainsi que son frère. Leurs remontrances, leurs reproches furent inutiles ; ni le traité qui le liait à la régente, ni l'amour qu'il ressentait encore pour mademoiselle de Rouhet, ni l'amitié de son frère, et moins encore les supplications de sa femme, ne purent empêcher ce prince, qui, en janvier [1], avait participé à l'édit de Saint-Germain, très-favorable aux protestants, de s'associer, en mars suivant, aux chefs des catholiques.

Le roi de Navarre était sans doute un bon et vaillant prince ; mais rien n'égalait son inconstance et sa versatilité. Son caractère nous semble parfaitement saisi dans ces lignes d'un contemporain : « Le roy de Navarre estoit d'un naturel léger, fort irrésolu ; se portoit d'un côté et soudain d'un autre ; ainsi fluctuoit entre deux ; et l'opinion qu'il avoit abandonnée lui sembloit la meilleure, et la reprenant sans rapporter les raisons qui la luy avoient fait quitter, s'y remettoit ; et y estant, la crainte présente la lui

---

[1] L'édit de Saint-Germain, de janvier 1562, accorda aux religionnaires le libre exercice de leur culte ; il exaspéra les catholiques.

faisoit trouver plus périlleuse que celle qu'il venoit de laisser, et la changeoit soudain [1]. » Comme il arrive d'ordinaire dans ces conversions subites, le roi de Navarre « se montra le plus animé, échauffé, colère et prompt à faire pendre les huguenots, qui l'en haïssoient comme un beau diable. » Sa croyance religieuse ne fut jamais bien déterminée : il la réglait sur les circonstances. Jeanne d'Albret, sa femme, lui reprochait souvent cette incertitude. Un jour entre autres qu'Antoine de Bourbon lui avouait ingénument qu'il ne savait quelle religion était la meilleure : « C'est pour cela, répondit-elle, que « je vous veux beaucoup de mal; car, puisque « vous doutez aussi bien de l'une que de l'autre, « je m'étonne que vous ne preniez pas celle qui est « le plus utile à votre fortune. » Elle entendait la religion calviniste, dans laquelle le roi de Navarre eût tenu le premier rang [2].

En effet, le prince, depuis son accession au triumvirat, n'eut que l'ombre de la puissance.

---

[1] Tavannes.

[2] On se rappelle que, blessé au siége de Rouen par une balle calviniste, il mourut à son château des Andelys, au milieu des catholiques, et que peu d'instants avant d'expirer, il disait : « Si je puis en réchapper, je ferai encore prêcher l'É-« vangile en France. »

François de Guise dirigeait cette association sous l'influence secrète du roi d'Espagne, Philippe II. Mais son habileté dissimula l'ascendant qu'il exerçait. Il quitta même la cour, et se retira à Joinville, laissant en apparence le maniement des affaires au roi de Navarre, après toutefois avoir arrêté avec ses collègues de s'opposer vigoureusement aux huguenots, à la régente et à l'édit de Saint-Germain.

Catherine de Médicis, alarmée de cette alliance, qui menace d'absorber son pouvoir, s'unit plus intimement aux calvinistes; elle les appelle aux armes, et engage le prince de Condé à s'emparer de la capitale. Mais François de Guise revient de Joinville sur l'invitation pressante du roi de Navarre. Suivi d'une armée de gentilshommes, il fait une entrée presque royale dans Paris, où les catholiques l'accueillent avec transport. Condé est obligé de céder la place à un ennemi trop supérieur en forces. Il s'éloigne avec l'espérance de prendre bientôt une éclatante revanche : il a résolu, de concert avec Catherine de Médicis, de s'emparer de la personne du roi, d'accroître les forces de son parti de l'appui et du prestige de la royauté, et de faire déclarer les triumvirs rebelles et factieux [1].

[1] La prise du roy ou de Paris est la moitié de la victoire

Charles IX était alors au palais de Fontainebleau. Lorsqu'on y apprit qu'un gros de cavalerie menaçait cette résidence, le roi fut effrayé. Avertie par Condé, sa mère le rassure; mais, tandis qu'elle compte sur les protestants, ce sont les catholiques qui arrivent.

Le duc de Guise a pénétré le dessein du prince, et près de Fontainebleau les deux adversaires se sont rencontrés; mais là, comme à Paris, les catholiques sont plus forts que les protestants; une entrevue eut lieu entre leurs chefs, comme s'il se fût agi d'une querelle particulière; et le prince de Condé, obligé de se retirer une seconde fois devant son rival, court se jeter dans Orléans.

Cependant le palais de Fontainebleau s'emplissait des gens du duc de Guise[1]. Une petite

en guerre civile. L'on fait parler l'un comme on veut, et l'exemple de l'autre est suivy de grande partie des villes du royaume. Le saisissement des princes pupils et fols se peut colorer, non celuy des roys majeurs (qui est injuste et dangéreux), pour lesquels se porteroient tous les gens de bien de France, et ne sçauroient mieux faire pour leurs ennemis ceux qui y attenteroient. (Tavannes.)

[1] Les Guises avaient acheté le bel hôtel du cardinal de Ferrare, en face de la cour du Cheval-Blanc. On voyait dans le vestibule de cet hôtel, bâti, dit-on, par Serlio, une pein-

armée de deux mille hommes entoure le château. Les triumvirs sont présents; le roi de Navarre paraît les commander; le duc de Guise conduit tout. Il a décidé ses collègues à frapper un coup hardi et décisif.

« Il faut, leur a-t-il dit, enlever le roi à Fontainebleau, et le conduire à Paris. C'est un acte audacieux sans doute; mais la conservation de leur influence, le maintien du trône, l'existence de la religion catholique, sont à ce prix. Catherine de Médicis se lie tous les jours davantage avec les hérétiques, dans la crainte de voir diminuer son autorité. Elle a appelé le prince de Condé à Paris; elle vient de l'appeler à Fontainebleau. Ses intrigues ont lassé leur patience; ils ne peuvent pas se laisser abuser plus longtemps par une femme artificieuse qui fait de son pouvoir usurpé un usage si funeste. »

En voyant arriver les triumvirs à Fontainebleau, la régente ne s'est pas fait illusion sur le danger qui la menace : dans l'espoir de s'y dérober, elle eût embrassé les partis les plus extrêmes, et se serait livrée corps et âme aux

---

ture à fresque représentant l'histoire de deux cerfs, qui, en se battant, entrelacèrent tellement leurs bois qu'ils devinrent inséparables, et furent trouvés morts dans la forêt de Fontainebleau.

calvinistes [1]; elle tenta même de sortir de Fontainebleau pendant la nuit, pour aller, avec ses fils, se réfugier à Orléans. Sarlan, premier maître d'hôtel du roi, partit deux fois de ce palais, afin de concerter avec le prince de Condé la fuite de Charles IX. Mais le duc de Guise avait l'œil ouvert; sa vigilance déjoua le projet de la reine, et sur-le-champ il mit le sien à exécution.

Le roi de Navarre se présente à Catherine de Médicis, et lui démontre en termes embarrassés « que les hérétiques en armes tenant la campagne, le roi n'est pas en sûreté dans un château de plaisance qui n'a ni fossés ni murailles; qu'il est de son devoir, comme lieutenant général du royaume, de reconduire Leurs Majestés à Paris. » C'était lui proposer d'abdiquer le pouvoir; aussi, après un débat inutile, puisque la véritable question fut toujours éludée, la régente répondit que la volonté de son fils n'étant pas de quitter Fontainebleau, elle n'imaginait pas qu'on osât l'y contraindre en attentant à la liberté du roi et de sa mère; et tandis que, d'un pas majestueux, Catherine se rend auprès de Charles IX, dont elle veut fortifier la résistance, le royal envoyé des triumvirs, tout étourdi du succès de sa

---

[1] Catherine adressa plusieurs lettres au prince de Condé à cet effet.

mission, va rejoindre ses confédérés. Le duc de Guise était préparé à la résistance de la reine mère; il l'apprend avec le plus grand sang-froid. « Laissons, dit-il, Catherine crier aujourd'hui à la trahison; quand les triumvirs seront maîtres de la personne du roi et de la ville capitale du royaume, elle s'unira à ceux que la veille elle traitait de rebelles, et elle sera la première à appeler la proscription sur la tête des hérétiques. Quant à sa liberté, qui parle d'y attenter? Elle peut à son gré rester à Fontainebleau, entrer dans un couvent ou se retirer en Italie. A l'égard du roi, nous ne devons pas souffrir qu'on le livre aux ennemis de sa couronne et de sa religion. Les triumvirs sont entrés dans une voie où il n'est plus possible de reculer; la moindre hésitation serait leur ruine. »

Ayant retrempé son courage à l'énergie de ces paroles, le roi de Navarre retourna auprès de la régente, et cette fois lui déclara d'un ton ferme « que, pour le rang qu'il tenoit dans le royaume comme premier prince du sang, il ne pouvoit accorder ni consentir que le roy demeurast à Fontainebleau, la suppliant de condescendre, avec le conseil du connestable et autres principaux officiers de la couronne, à mener le roy à Paris [1]. » Et il ajouta que le séjour de la reine

[1] Mémoires de Castelnau.

mère à Fontainebleau, ou partout ailleurs, n'étant pas de nature à mettre en péril la tranquillité de l'État, Sa Majesté était complétement libre. Cette déclaration péremptoire n'admettait pas de réplique dans un moment où le palais de Fontainebleau était au pouvoir des triumvirs. Le jeune roi, que l'on avait effrayé des conséquences de ce voyage à Paris, pleura beaucoup en apprenant qu'il fallait partir, et Catherine, outrée de douleur, mêla ses larmes à celles de son fils.

Pendant que le roi de Navarre suivait les inspirations vigoureuses de son allié, les triumvirs ne restaient pas inactifs; l'ordre du départ était donné; mais les employés du service du roi hésitaient encore. Le connétable, dont le caractère brusque et emporté n'admettait ni résistance ni retard, trouva le moyen d'accélérer leur obéissance « en menaçant de coups de baston ceux qui ne vouloient destendre le lict du roy pour la crainte de la royne [1]. » Et aussitôt les équipages défilent et se dirigent vers Melun, où la reine

---

[1] Mémoires de Tavannes.—Le maréchal de Saint-André alla, dit-on, beaucoup plus loin que le connétable : dans un conseil tenu par les triumvirs, à Melun, il osa dire qu'il fallait jeter Catherine à la rivière, si elle s'opposait encore au retour du roi à Paris. (*Extrait d'une note de l'Abrégé de l'histoire universelle de J. A. de Thou.*)

mère, qui n'a nulle envie de se séparer de son fils, accompagne le roi. A Melun, la douleur ne l'absorbe pas au point de lui faire abandonner ses projets d'évasion. Elle essaye encore de remettre Charles IX en liberté par le dévouement de Rostain, gouverneur de la ville; mais elle n'est pas plus heureuse à Melun qu'à Fontainebleau. Le duc de Guise coupe court à ses machinations : indifférent aux larmes du roi et de la reine mère [1], il les place au milieu de sa petite armée, et, après trois jours de marche, rentre dans Paris aux acclamations du peuple.

Soumise, et non pas résignée, Catherine de Médicis eut recours à la dernière ressource des vaincus : elle protesta. De son côté, le chef des triumvirs usa modérément de sa victoire. La reine mère parut se réconcilier avec lui, tout en maintenant des intelligences avec le chef des religionnaires, et décidant, par ses lettres et commandements secrets, un grand nombre de villes à ouvrir leurs portes aux huguenots.

Les deux grands partis qui divisaient la France n'ont fait jusqu'ici que préluder à la guerre civile par des meurtres et des séditions. Mainte-

---

[1] Pendant la route, le duc de Guise dit tout haut : « Qu'un bien qui venoit d'amour ou de force, ne laissoit pas d'estre tousjours bien. » (Davila.)

nant, l'ambition des chefs et le fanatisme des masses vont attiser un incendie qui, pendant plus de trente années, dévorera le royaume, et dont les Cevennes entretiendront encore un siècle après le foyer mal éteint. Tous ceux qui auront allumé cet incendie y périront; Catherine seule sera épargnée : comme le génie du mal, elle planera sur des ruines; les discordes civiles grandiront son pouvoir, et ses ennemis seront frappés tour à tour : au siége de Rouen tombera le roi de Navarre; à Dreux, le maréchal de Saint-André; à Orléans, à Saint-Denis, à Jarnac, la mort la délivrera de ses plus redoutables adversaires; et plus tard, à la nuit de Saint-Barthélemy, l'étoile de Médicis brillera de tout son éclat funeste!

Après la fin noble et chrétienne du chef des catholiques, tous ceux qui avaient disputé ou enlevé la puissance à Catherine étant morts ou captifs, la reine mère reprit la place qu'elle occupait à l'avénement de Charles IX, et ne parut plus animée que d'un ardent désir de pacifier les troubles. L'édit d'Amboise vint bientôt [1] accorder une amnistie générale aux religion-

---

[1] L'édit de pacification d'Amboise fut signé le 19 mars 1563, c'est-à-dire, un mois et un jour après l'assassinat du duc François de Guise.

naires, et à leur culte une liberté plus large. Mais, fidèle à cette politique à bascule qui fit tant de maux à la France, elle protégea sous main les catholiques, alors moins à craindre que les calvinistes; et, pour empêcher le prince de Condé [1] d'aspirer désormais à la régence, et le protestantisme de pénétrer trop avant dans l'administration des affaires, elle fit déclarer la majorité de Charles IX par le parlement de Rouen [2].

Catherine était arrivée au faîte du pouvoir. Alors son ambition, satisfaite et tranquille, s'étudia à faire oublier aux Français le souvenir de leurs discordes. Sa cour devint le séjour des plaisirs; elle y paraissait entourée de cent cinquante filles d'honneur, ravissantes de grâces et de beauté. Ces nouvelles Armides exécutaient, avec un abandon rempli de volupté, des danses, des ballets, des pantomimes de la composition de la reine mère. Elles amollissaient tous les courages; tous les chefs, protestants ou catholiques, étaient vaincus et enchaînés par leurs charmes; et l'âpreté puritaine de l'amiral Coli-

---

[1] Condé était devenu premier prince du sang par la mort du roi de Navarre, son frère.

[2] Le 14 août 1563. Charles IX entrait à peine dans sa quatorzième année.

gny le défendit à peine de leurs séduisantes amorces.

Suivie de cette redoutable escorte, la reine mère se rendit à Fontainebleau avec le roi et la cour, au commencement de l'année 1564. C'était avant d'entreprendre le grand voyage qu'elle fit en ce temps-là pour montrer Charles IX à ses sujets, et étayer sa puissance de la popularité du jeune monarque.

La cour arriva au palais de Fontainebleau le 31 janvier. Charles IX y reçut d'abord les ambassadeurs du pape, de l'empereur, du roi d'Espagne, du duc de Savoie et d'autres princes catholiques amis ou alliés de la couronne, qui, d'un commun accord, prièrent Sa Majesté de faire observer en France les articles du concile de Trente, et l'exhortèrent à demeurer ferme en la religion catholique, à l'exemple de ses prédécesseurs *les rois très-chrétiens*. Ces ambassadeurs demandèrent encore au roi d'arrêter l'aliénation des biens du clergé, comme préjudiciable à l'État et contraire à la loi divine; de punir ceux qui avaient ruiné, saccagé et démoli les églises, ou porté les armes contre le roi et donné entrée aux étrangers dans le royaume; enfin, ils supplièrent Sa Majesté de poursuivre les auteurs de la mort du duc de Guise.

Ces propositions, qui tendaient à rompre

l'édit de pacification d'Amboise, déplurent à Catherine de Médicis. Reine absolue de fait, elle n'avait pas alors besoin de la guerre civile. Aussi Charles IX répondit très-gracieusement aux offres de ses alliés, qu'il était disposé à les satisfaire, mais qu'il ne pouvait toucher à un édit solennellement juré par les princes du sang et les plus sages du royaume. « Je ne veux « pas, ajouta-t-il, exposer la France à une rechute « plus dangereuse qu'une première maladie. » Puis tout fut dit pour la politique; et l'on ne s'occupa plus, à Fontainebleau, que de fêtes et de plaisirs.

L'éclat de ces fêtes surpassa tout ce qu'on avait vu de plus magnifique depuis François Ier. Catherine les avait ordonnées; les chefs catholiques et protestants, qui tout à l'heure s'entr'égorgeaient, y luttèrent de courtoisie et de prouesses; et les filles d'honneur de la reine mère s'y montrèrent animées d'un esprit d'union non moins aimable.

Voici deux descriptions des divertissements qui eurent lieu à Fontainebleau en 1564; elles nous ont paru assez curieuses pour être rapportées l'une et l'autre, en respectant la naïveté du récit des deux chroniqueurs :

« Charles IX, dit le P. Dan, arriva à Fontainebleau le dernier de janvier 1564; et comme c'estoit quelques jours avant caresme prenant, où l'on a coustume de se réjouir plus particulièrement qu'en une autre saison, parmy les bals, les balets, les festins et autres semblables divertissemens, ce fut aussi à quoi la cour passa icy le temps.

« Le connestable de Montmorency commença le premier à traiter le roy, la reyne et toute la cour en un souper qu'il dressa en son hostel avec une magnificence la plus grande qui se pouvoit voir, et ce fut le pénultième dimanche avant le caresme. Le jeudi suivant, le cardinal de Bourbon fit son festin en son logis, où, à l'issüe, il donna le plaisir d'un beau combat à cheval, qui fut fait en la cour dudit logis, laquelle estoit merveilleusement ornée avec un amphithéâtre qui régnoit tout autour.

« La reyne, contribuant à cette réjouissance, le dimanche gras traita à disné le roy et les principaux de la cour au logis de la My-Voye, autrement pour lors appellée vulgairement la Vacherie; et après disné on alla à la comédie, qui estoit préparée à la salle du bal de ce chasteau.

« Le lendemain, le duc d'Orléans fit son festin en son hostel, et à l'issüe fut représenté en la cour dudit hostel un combat de six seigneurs contre six autres, dont d'un costé estoit pour capitaine le comte de Rets, et de l'autre le comte de Ringrave; lesquels combattirent à pied, s'entredardans chacun deux dards l'un après l'autre, qu'ils recevoient dessus leurs escus, puis rompirent chacun une picque à la barrière, et se portèrent trois coups d'espée; le tout avec une merveilleuse grâce et dextérité non pareille; et ainsi firent tous les autres.

« Le roy ayant pris un extrême plaisir en ces esbats, voulut pareillement finir ces réjouissances de caresme prenant en régalant et traittant la reyne et les grands de la cour en un festin le mardy gras à souper; où avant ce banquet l'après-disnée il fit représenter un magnifique tournoy, hors la grande porte de ce chasteau devant le chenil, en cette sorte :

« L'on avoit dressé un camp clos de fossez, de barrières, au costé duquel estoient eslevez de grands théâtres richement ornez et destinez pour les seigneurs et les dames; au bout de ce camp paroissoit un hermitage, et estoit ce lieu par où les chevaliers entroient dans le camp pour combattre. Proche de là se voyoit un beau bastiment dressé exprès, que l'on appeloit le *chasteau enchanté*, duquel l'entrée estoit gardée par des diables, et par un géant et un nain, qui repoussoient ensemble les chevaliers, lesquels vouloient y entrer.

« Ce tournoy fut commencé par les quatre mareschaux de France, montez sur les plus beaux chevaux qui se pouvoient voir; et tous ces seigneurs estoient richement vestus d'une mesme parure. Hors du camp il y avoit six compagnies d'hommes d'armes, chacune de six hommes seulement, et toutes portans les couleurs des seigneurs qui les commandoient. La première estoit du prince Dauphin, fils du duc de Montpensier, la seconde du duc de Guise, la troisième du prince de Mantoue, la quatrième du duc de Nevers, la cinquième du duc de Longueville, et la sixième du comte de Ringrave; lesquelles firent leurs entrées l'une après l'autre dedans ledit camp ; puis, après y avoir fait monstre, en sortirent aussitost.

« Ensuite desquels y entrèrent six dames à cheval, toutes vestues en nymphes, qui par les traits de leurs beautez et par l'éclat de leurs riches parures, remplies d'un nombre presque infini de pierres précieuses, attirèrent facilement la veüe des spectateurs pour les admirer; lesquelles, après avoir fait le tour du camp, se mirent de rang au-devant du théâtre du roy.

« Dans ce mesme chasteau enchanté, il y avoit six chevaliers dont le prince de Condé estoit le chef, lesquels combattoient pour lesdites dames ; et aussitost qu'il paraissoit un des chevaliers de dehors à la porte de ce camp, ledit hermite sonnoit sa clochette pour avertir ceux du chasteau, l'un desquels sortoit promptement et venoit au combat courant l'un contre l'autre ; et, après avoir rompu leurs lances, mettant la main à l'espée, ils se portoient chacun trois coups, si adroitement et avec tant de bonne grâce, qu'il ne se pouvoit mieux; et ainsi tous les chevaliers ayant combattu l'un après l'autre, le tournoy finit, et on alla au souper que le roy avoit fait préparer dans la salle du bal.

« Après que Sa Majesté eut séjourné à Fontainebleau quarante-trois jours, voyant l'appareil de son voyage en estat, en partit le lundi treizième jour de mars. »

Nous avons entendu le P. Dan. Écoutons maintenant le grave Castelnau, qui fut l'un des acteurs dans les fêtes données à Fontainebleau en 1564.

« Or, quittant ce discours plus sérieux, puisque j'ai commencé à parler du lieu et du séjour de Fontainebleau, je parleray en passant des festins magnifiques, courses de bague et combats de barrière qui s'y firent, où le roy et le duc d'Anjou, son frère, depuis roy, firent plusieurs parties esquelles le prince de Condé fut des tenans, lequel fit tout ce qui se peut désirer, non-seulement d'un prince vaillant et courageux, mais du plus adroit cavalier du monde, ne s'épargnant en aucune chose pour donner plaisir au roy, et faire cognoistre à Leurs Ma-

jestez et à toute la cour qu'il ne luy demeuroit
point d'aigreur dans le cœur.

« La reyne mère du roy, qui n'en voulut pas
être exempte, fit aussi de très-rares et excellents
festins, accompagnez d'une parfaite musique,
par des syrènes fort bien représentées ès canaux
du jardin, avec plusieurs autres gentilles et agréables inventions pour l'amour et pour les armes.

« Il y eut aussi un fort beau combat de douze
Grecs et de douze Troyens, lesquels avoient de
longtemps une grande dispute pour l'amour et
sur la beauté d'une dame : n'ayans encore pu
trouver l'occasion de combattre pour cette querelle, laquelle ils désiroient terminer en présence de grands princes, seigneurs, chevaliers
et de belles dames, pour estre témoins et juges
de la victoire, et scachans qu'en ce festin il y
avoit des personnes de ces qualitez pour décider
ce point dignement, ils envoyerent demander
le combat au roy par hérauts d'armes, accompagnez aussi de très-excellentes voix, qui présenterent et reciterent les cartels et plusieurs
belles poësies avec les noms et actes belliqueux
des Grecs et des Troyens, qui devoient combattre avec des dards et grands pavois, où estoient dépeintes les devises de chaque combattant : j'estois de ce combat sous le nom d'un
chevalier nommé *Glaucus*, comme aussi des

autres tournois et parties qui se firent à Fontainebleau, et semblablement d'une tragi-comédie que la reyne, mère du roy, fit jouer en son festin, la plus belle et aussi bien et artistement représentée que l'on pourroit imaginer, et de laquelle le duc d'Anjou, à présent roy, voulut estre, et avec luy Marguerite de France, sa sœur, à présent reyne de Navarre, et plusieurs princes et princesses, comme le prince de Condé, Henri de Lorraine, duc de Guise, la duchesse de Nevers, la duchesse d'Uzès, le duc de Rets, aujourd'hui mareschal de France, Villequier et quelques autres seigneurs de la cour.

« Et après la comédie, qui fut admirée d'un chacun, je fus choisi pour réciter en la grande salle, devant le roy, le fruit qui se peut tirer des tragedies, èsquelles sont représentées les actions des empereurs, rois, princes, bergers, et toutes sortes de gens qui vivent en la terre, le théâtre commun du monde, où les hommes sont les acteurs, et la fortune est bien souvent maîtresse de la scène et de la vie; car tel aujourd'huy représente le personnage d'un grand prince, demain joue celuy d'un bouffon, aussi bien sur le grand théâtre que sur le petit.

« Le lendemain, pour clorre le pas à tous ces plaisirs, le roy et le duc son frère, se promenans au jardin, aperçurent une grande tour enchantée, en laquelle estoient détenues plusieurs belles dames gardées par des furies infernales, de laquelle deux géans d'admirable grandeur estoient les portiers, qui ne pouvoient estre vaincus ny les enchantemens défaits que par deux grands princes de la plus noble et illustre maison du monde. Lors le roy et le duc son frère, après s'estre armez secretement, allerent combattre les deux géans, qu'ils vainquirent, et de là entrerent en la tour, où ils firent quelques autres combats dont ils remporterent aussi la victoire, et mirent fin aux enchantemens; au moyen de quoy ils delivrerent les dames et les tirerent de là, et au même temps, la tour, artificiellement faite, devint tout en feu. »

Le récit que l'on vient de lire diffère de celui du P. Dan en ce que Charles IX et son frère y jouent les principaux personnages, et qu'il donne aux filles d'honneur de la reine mère les rôles allégoriques des sirènes : rôles gracieux, costumes légers, tout à fait convenables aux vues de Catherine et aux goûts de sa cour.

Lorsque cette princesse séjournait à Fontainebleau, elle habitait le pavillon des Poêles, qui prit depuis le nom d'*Appartement des reines mères*. D'autres souvenirs ont perpétué sa mémoire dans ce palais : elle enrichit Fontainebleau de tableaux, de bronzes, de statues; fit construire l'escalier auquel a succédé l'escalier du Fer à cheval; revêtit de pierres de taille les cinq pavillons de la cour du Cheval-Blanc et les bâtiments de la cour de la Fontaine. Ces travaux sont constatés par l'inscription [1] en lettres d'or que l'on voit gravée sur une table de marbre noir au frontispice du pavillon du milieu, dit *Pavillon des Peintres,* parce que François Ier, Henri II et Catherine de Médicis y avaient rassemblé des ouvrages originaux de Raphaël, de Michel-Ange, du Titien et autres excellents maîtres. Tous ces chefs-d'œuvre ont été dispersés.

L'amour des arts et des artistes était inné dans la fille des Médicis. Aussi, le Primatice, dont elle appréciait le talent, eut une grande part dans ses bienfaits : il fut nommé surintendant des bâtiments à la mort de Philibert de Lorme (1559). Cette nouvelle charge ne l'empêcha pas de poursuivre les travaux de Fontainebleau et de mettre la dernière main aux peintures de la galerie d'Ulysse, comme le prouvaient les chiffres de Charles IX que l'on remarquait parmi ceux de François Ier, de Henri II, de la duchesse de Valentinois, avant

[1] Voici cette inscription :
D. O. M.
Karolus. Dei gratiâ. Francorum rex.
Ann. Dom. M.D.LXV.

la destruction de cette salle ¹. D'après l'ordre de Catherine², le Primatice fit mouler par Vignolle, très-célèbre architecte, le cheval de Marc-Aurèle que l'on voit à Rome devant la porte du Capitole. Cette figure en plâtre fut placée sous un dôme au milieu de la grande cour, qui prit depuis lors le nom de *cour du Cheval-Blanc*, qu'elle a toujours conservé, quoique le cheval ait été détruit en 1626.

Les lettres ne furent pas non plus oubliées par la reine mère : elle décora Montaigne du cordon de Saint-Michel, admira Ronsard, protégea Brantôme, et combla de biens et d'honneurs Jacques Amyot, qui avait été le précepteur de ses enfants. En 1567, lorsque Pierre de Montdorré, accusé d'hérésie, se sauva de Paris pour aller se cacher à Sancerre, Amyot le remplaça dans sa charge de maître de la librairie du roi et de bibliothécaire en chef de Fontainebleau ³. Le traducteur de Plutarque était estimé de Charles IX.

---

¹ Un écrivain du dix-huitième siècle trouve une autre preuve de ces travaux dans les dindons qui étaient peints sur les murs de la galerie d'Ulysse, parce que le premier de ces oiseaux, que l'on apporta du Mexique en France, fut servi aux noces de Charles IX, le 26 novembre 1570.

² Pendant la minorité de Charles IX.

³ Lorsque le savant Ramus, le doyen des professeurs royaux, embrassant le calvinisme, fut obligé de fuir Paris,

Le roi de la Saint-Barthélemy, par un contraste remarquable, aimait la musique [1], la peinture, les lettres, et cultivait la poésie, non sans succès, si les vers suivants, adressés à Ronsard, et qu'on lui attribue, sont bien réellement de ce prince :

> L'art de faire des vers, deût-on s'en indigner,
> Doit estre à plus haut prix que celui de régner.
> Tous deux également nous portons des couronnes,
> Mais roy, je les reçois ; poëte, tu les donnes.
> Ton esprit enflammé d'une céleste ardeur
> Esclate par soy-même, et moy par ma grandeur.
> Si du costé des dieux je cherche l'avantage,
> Ronsard est leur mignon et je suis leur image ;
> Ta lyre qui ravit par de si doux accords
> T'asservit les esprits dont je n'ai que les corps ;
> Elle t'en rend le maître, et te sçait introduire
> Où le plus fier tyran ne peut avoir d'empire.

A son avénement, Henri III confirma son ancien précepteur Amyot dans toutes ses places et dignités ; il fit plus : lors de la fondation du Saint-Esprit (1578), il le nomma commandeur de l'ordre. Après cette distinction, accordée aussi

---

Charles IX lui donna asile à Fontainebleau dans la bibliothèque royale. Ramus fut tué à la Saint-Barthélemy, par des assassins envoyés par ses ennemis, Charpentier et Campestre, deux professeurs ignorants qu'il avait démasqués. Ambroise Paré fut sauvé par le roi.

[1] Il existe de la musique composée par Charles IX dans la bibliothèque particulière du roi.

au bibliothécaire de Fontainebleau, Henri III ne donna peut-être pas une seule marque de souvenir à un palais où il était né [1], et qu'il affectionnait, s'il faut en croire Desportes, poëte célèbre de ce temps. Henri III, par la bouche de Desportes, parle ainsi de Fontainebleau :

> Lieux de moy tant aimez, si doux à ma naissance,
> Rochers qui des saisons dédaignez l'inconstance,
>   Francs de tout changement.
> Effroyables déserts, et vous, bois solitaires,
> Pour la dernière fois soyez les secrétaires
>   De mon deüil véhément.
> Nymphes de ces forests, mes fidelles nourrices,
> Tout ainsi qu'en naissant vous me fûtes propices,
>   Ne m'abandonnés pas,
> Quand j'achève le cours de ma triste aventure;
> Vous fistes mon berceau, faites ma sépulture,
>   Et pleurez mon trespas.

Amyot survécut quelques années à son royal disciple [2]. Quand il mourut, la direction de la librairie de Fontainebleau fut donnée à Jacques-

---

[1] Il y reçut, en 1578, les remontrances du parlement de Paris, au sujet de quelques édits bursaux.

[2] Le 1er août 1589, jour de l'assassinat de Henri III, un événement singulier arriva au château de Bourbon l'Archambault, berceau des premiers princes de la famille de Bourbon. Le tonnerre tomba sur l'église de ce château, appelée la Sainte-Chapelle, et brisa la barre qui séparait les fleurs de lis dans l'écusson de ces princes, et sembla annoncer l'élévation au trône de leur maison.

Auguste de Thou; et, pour mettre ce précieux dépôt littéraire à l'abri des déprédations de la guerre civile, Henri IV après l'avoir enrichi[1] des huit cents manuscrits confisqués par Catherine de Médicis sur le maréchal Strozzi[2], le fit transporter, vers 1595, à Paris, où il fut placé dans le collége de Clermont[3].

[1] Par lettres patentes du 14 juin 1595. Mais l'ordre du roi ne fut exécuté que cinq ans après.

[2] Ces manuscrits provenaient de la bibliothèque des Médicis; ils inspirèrent ces vers à Ronsard :

Pour ne dégénérer de ses premiers ayeux,
La reine a fait servir les livres les plus vieux,
Hébreux, grecs et latins, traduits et à traduire,
Et par noble dépense elle en a fait reluire
Le haut palais du Louvre, afin que sans danger
Le François fût vainqueur du savoir étranger.

Henri IV fit payer et magnifiquement relier cette collection, l'une des plus précieuses de la bibliothèque du roi, avec l'argent provenant de la vente des biens des jésuites qui n'étaient pas encore rentrés en France. Le catalogue des livres de Catherine existe à la bibliothèque royale, à côté des catalogues des livres de Blois et de Fontainebleau, à la section des manuscrits, dont nous remercions ici le savant conservateur, pour son obligeance éclairée et constante.

[3] Après diverses vicissitudes, la bibliothèque royale fut établie, en 1721, à l'hôtel de Nevers, rue de Richelieu, où elle est aujourd'hui. Le gouvernement s'occupe de la transporter dans un local plus vaste, plus commode et plus favorable à l'étude.

CHAPITRE IV.

HENRI IV.

La paix de Vervins avait mis un terme aux guerres de religion, rendu le repos à l'Europe, et permis à Henri IV de se délasser de ses fatigues et de jouir de ses victoires. Le soldat d'Ivry, *au pourpoint usé jusqu'au coude*, avait fait place au roi de France et de Navarre; entouré d'une cour guerrière et brillante, il charmait par les plaisirs, il ennoblissait par les arts, les loisirs qu'il avait conquis avec son épée. Parmi les résidences royales qu'il aimait à visiter, Fontainebleau [1] avait la préférence, comme l'attestent les

---

[1] Lorsque le duc de Mayenne se faisait haranguer sous un

longs séjours et les nombreux embellissements qu'il a faits à ce château ; mais là, comme ailleurs, il n'était jamais complétement heureux s'il n'avait auprès de lui *sa charmante Gabrielle*. « Que « voulez-vous ? disait-il à ses amis ; après tant de « traverses j'ai besoin de quelques bons jours ; je « ne respire jamais mieux qu'auprès de mon fils et « de la mère de mon fils. » Sully, qui dans cette faiblesse entrevoyait un danger pour la couronne de France, essayait, mais vainement, d'éloigner les rendez-vous. « Je veux l'appeler auprès de moi, « lui répondait le roi, comme une personne con- « fidente, pour pouvoir lui communiquer mes « secrets, et sur iceux recevoir une douce et fami- « lière consolation. » Et au commencement de l'automne de 1599, il écrivit ce billet [1] :

« De nos délicieux déserts de Fontaine-Belle-Eau.

« Mes chères amours, ce courrier est arrivé ce soir ; je vous l'ai soudain dépêché, parce qu'il

---

dais, créait des maréchaux de France, exerçait enfin toutes les prérogatives de la couronne, il avait donné le château de Fontainebleau à l'un de ses partisans. « M. de Mayenne, dit Gonzague de Mantoue, duc de Nevers, dans ses mémoires, allait jusqu'à régler à son gré le domaine et les finances, et même à disposer des maisons royales, comme il le fit *en donnant celle de Fontainebleau au sieur de Grammont*. (Édition in-folio de 1665, p. 94.)

[1] Lettres de Henri IV. Manuscrits de la bibliothèque du roi.

m'a dit que vous lui aviez commandé d'être demain de retour auprès de vous, et qu'il vous rapportât de mes nouvelles. Je me porte bien, Dieu merci ; je ne suis malade que d'un violent désir de vous voir. »

Le lendemain, Gabrielle était à Fontainebleau.

Comme toutes les femmes qui se sentent aimées, elle se montra d'autant plus exigeante qu'elle se croyait plus nécessaire au bonheur de Henri ; et cette fois, comme à Saint-Germain [1] en

---

[1] Sully avait combattu ce projet avec une énergie qui lui avait attiré la haine de Gabrielle. Le roi chercha à les réconcilier. Il conduisit Sully chez Gabrielle, à Saint-Germain ; mais au lieu de *trouver* en elle cette *dame douce, gracieuse* et *d'humeur complaisante, sans être testüe ni acariâtre*, il vit une femme pâle de colère, qui, en s'arrachant ses beaux cheveux, s'écria : « qu'elle aimoit plutôt mourir que de vivre avec cette « vergogne de voir soutenir un valet contre elle, qui portoit « le titre de maîtresse. » A ces mots, Henri, plus fort que sa passion : « Pardieu ! madame, lui répondit-il, c'est trop, et vois bien qu'on vous a dressée à ce badinage, pour essayer de de me faire chasser un serviteur duquel je ne puis me passer ; mais, par Dieu ! je n'en ferai rien. Afin que vous teniez votre cœur en repos, et ne fassiez pas l'acariâtre contre ma volonté, je vous déclare que si j'étois réduit en cette nécessité de perdre l'un ou l'autre, je me passerois mieux cent fois de vous que d'un serviteur comme lui. » Gabrielle, interdite, se jeta aux pieds du roi, qui lui pardonna. (*Mémoires de Sully.*)

1598, elle éleva ses prétentions jusqu'au trône. Telle était la faiblesse du roi pour sa maîtresse, qu'il souriait à l'idée de légitimer solennellement des nœuds qui lui étaient si doux; mais comment faire agréer ce projet à Sully, qui était pour lui une seconde conscience? Un jour qu'il se promenait dans le parc, il entre dans le pavillon habité par le surintendant [1]. Il fait tomber la conversation sur le mariage, et trace un tableau merveilleux des vertus qu'il désirerait trouver dans une épouse. Sully paraît douter que le roi puisse jamais rencontrer tant de perfections. « Et que direz-vous, reprit le roi, si je vous en nomme une? — Je dirai, répondit le confident, qu'il faut que vous ayez de grandes familiarités avec elle pour être sûr de ne point vous tromper. — Ce sera ce que vous voudrez, dit le roi; mais si vous ne pouvez vous aviser d'une, je la nommerai. — Nommez-la donc, sire, répliqua Sully, car je n'ai pas assez d'esprit pour cela. — Oh! la fine bête que vous êtes! dit Henri d'un air insinuant. Oh! que si vous vouliez, vous la nommeriez bien, voire celle-là même que je pense; car vous m'avouerez que

---

[1] Le pavillon existe encore, mais nu et en ruine. Il communiquait au château de Fontainebleau par une terrasse soutenue de longues arcades, dont on voit les restes. Ce pavillon s'appelle encore le *pavillon de Sully*.

toutes ces conditions se trouvent dans ma maîtresse; non pour cela, ajouta-t-il comme en se promenant, que je veuille dire que j'ai pensé à l'épouser, mais seulement pour savoir ce que vous en diriez si, faute d'autre, cela me venoit quelque jour en fantaisie. — Je dirois, sire, répondit gravement le ministre, que, comme les filles de Loth, n'estimant plus qu'il y eût homme en terre, sinon leur propre père, par lequel il leur fût possible de réparer le genre humain qu'elles croyoient péri entièrement, passèrent par-dessus toute pudeur et bienséance; ainsi Votre Majesté, pour ne connoître de femme propre à lui donner des enfants autre que madame la marquise, de crainte de priver l'État et nous tous d'un si grand bien, n'auroit pas apporté toutes les considérations requises à l'égard de votre personne et de votre dignité. »

Cette ouverture n'eut pas de suite; mais Gabrielle ne se découragea point. Elle savait tout son empire sur celui qui avait dit : « J'ai le cœur « trop tendre pour refuser une courtoisie aux « larmes et supplications de ce que j'aime; » et elle pleura, et elle supplia pour obtenir le renvoi de l'austère conseiller qui mettait obstacle à sa grandeur. Larmes, prières, tout fut inutile, et elle revint tristement à Paris pour y passer les fêtes de Pâques. Jamais elle ne s'était séparée du roi avec plus de regrets; comme accablée de douloureux pressentiments, elle ne pouvait s'arracher de ses bras, et elle lui recommanda ses enfants plus tendrement encore que de coutume. Henri la conduisit jusqu'à Melun; il l'embarqua, et dit à Bassompierre de l'accompagner. « Ma maîtresse vous veut mener avec elle dans « son bateau, ajouta-t-il, jusqu'à Paris; vous « jouerez ensemble sur le chemin. »

Arrivée à Paris, Gabrielle d'Estrées va descendre chez Zamet, riche banquier [1], qui avait toute

---

[1] Sébastien Zamet, originaire de Lucques en Italie, était fils, dit-on, du cordonnier de Henri III. Son humeur enjouée et ses complaisances le rendirent très-agréable à Henri IV. C'est chez lui que ce prince faisait ses parties de plaisir; c'est chez lui qu'il allait jouer avec Lesdiguières, Biron et Bassompierre. Le roi avait fait arranger dans sa maison un fort bel appartement pour Gabrielle d'Estrées. Marie de Médicis, ayant passé cinq ou six jours à Fontainebleau, après son mariage, occupa cet appartement à son arrivée à Paris, en attendant que celui qu'on lui préparait au Louvre fût achevé.

On voit à Fontainebleau le portrait de Zamet dans un des tableaux de la chambre de saint Louis, par Ambroise Dubois. Il est représenté avec un manteau rouge.

On lui demandait un jour sa qualité. « Seigneur de dix-« sept cent mille écus, » répondit-il. Ce n'était pas le moins beau de ses titres; mais il pouvait y ajouter celui de conseiller du roi en ses conseils, et surintendant de la maison de Marie de Médicis.

la confiance du roi; elle y dîne, et tout à coup, saisie d'affreuses convulsions, elle accouche d'un enfant mort, et expire elle-même, après vingt-quatre heures de souffrances et de tortures. Les yeux qui l'avaient tant aimée auraient vainement cherché sur son visage ces grâces, cette beauté qui les avaient séduits : l'infortunée était tellement défigurée, que ses domestiques eux-mêmes ne pouvaient la reconnaître [1] !

Henri donna des larmes sincères à sa mort [2]; mais son cœur, impatient de sa liberté, ne tarda point à tomber dans de nouveaux fers. Marie Touchet, avant son mariage, avait eu de Charles IX un fils, le comte d'Auvergne; depuis son mariage

[1] « Sur le bruit de sa maladie, le roi venait de Fontainebleau à toute bride. Il était près de Villejuif, lorsque le colonel Ornano le rencontra, et lui dit la nouvelle ; ce qui lui fit faire de grandes lamentations. On le fit descendre à l'abbaye de la Saussaye, où on le mit sur un lit. Enfin, étant venu un carrosse de Paris, on le mit dedans pour s'en retourner à Fontainebleau. Nous allâmes donc avec lui à Fontainebleau ; et comme il fut en cette grande salle de la Cheminée où il monta d'abord, il pria toute la compagnie de s'en retourner à Paris, prier Dieu pour sa consolation. » (*Mémoires de Bassompierre.*)

[2] Henri IV fit porter le deuil à toute sa cour pour la mort de la duchesse de Beaufort. Il le porta lui-même en noir les huit premiers jours, et ensuite en violet. (*Mémoires de Chiverny.*)

avec le comte d'Entragues, elle avait eu une fille, Henriette, qui joignait à l'éclat de la beauté tous les artifices de la coquetterie. Le roi ne vit pas impunément tant de jeunesse et tant de charmes; mais cette nouvelle faiblesse[1] compromit son repos, son honneur et sa vie. Fière, jalouse, vindicative, dévorée d'ambition, forte d'une promesse arrachée à l'impatience du roi, Henriette d'Entragues, marquise de Verneuil, devenue mère, aspirait à mettre la couronne sur sa tête. Rosny, effrayé de tant d'audace, pressait les négociations entamées pour le mariage du roi avec Marie de Médicis. A cette nouvelle,

---

[1] La correspondance de Henri IV avec la marquise de Verneuil révèle à chaque ligne l'amour qu'il avait pour elle; nous citons au hasard une de ces lettres : elle est bien d'un *vert-galant* :

« Mon menon, ie uyens de prandre medecyne, afyn destre
« plus guaylart pour exeecuter toutes uos volontès, cest mon
« plus grant soyn, car ie ne songe qua uous playre et a afer-
« myr une amour, estant le comble de mes felycytès. Je sauré
« aujourduy bien amplament des nouuelles de Parys, car M. de
« Bouyllon quy partyt hyer man doyt mander. Yl fayt beau
« ycy, mays partout hors daupres de uous il manuye sy fort,
« que ie ny puys durer. Treuvès un moyen que je uous uoye
« an partyculyer, et que devant que les feuylles tombent, je
« les uous face uoyr....... Bonjour, mon cher cœur; ie bese uous
« un mylyon de foys. Ce 6me octobre. »   H.

Henriette ne mit plus de frein à ses emportements; et son hôtel devint le foyer des intrigues et le rendez-vous des mécontents.

Plusieurs grands seigneurs, qui sur les champs de bataille avaient aidé Henri à conquérir son royaume, ne se croyaient pas assez récompensés par les plus grandes charges de la cour, lorsque leur chef avait deux couronnes sur la tête; ils aspiraient à se déclarer indépendants, par la création de grands fiefs où ils auraient exercé une autorité souveraine. A leur tête se trouvaient le duc de Montpensier, le duc de Bouillon, le duc de la Trémouille, le duc de Biron. Le roi, informé de leurs secrets desseins, *rabroua* si vertement le duc de Montpensier, que ce prince abjura ses folles prétentions [1]; la Trémouille et Bouillon se renfermèrent dans une réserve inoffensive; Biron seul persista dans sa coupable opposition. Mais avant d'entamer le récit des intrigues et des infortunes de Biron, nous ne pouvons laisser en arrière la célèbre conférence qui eut lieu à Fontainebleau entre le cardinal

---

[1] Le duc de Montpensier, en qui s'éteignit la branche de Bourbon-Montpensier, mourut à l'âge de trente-cinq ans. Henri IV apprenant sa mort, dit tout haut, « qu'il fallait prier Dieu pour avoir du temps à le reconnaître, comme ce prince en avait eu. » (Mathieu.)

Duperron, alors évêque d'Évreux, et Duplessis Mornay, le *pape des protestants.*

Homme d'État, guerrier et philosophe, Duplessis Mornay avait au plus haut degré l'estime et l'affection de Henri IV. C'est à lui qu'il écrivait : « Tenez pour constant qu'en « toute circonstance je vous rendrai office de « roi, de maître et d'ami. » Il n'avait pas, comme Henri, abjuré sa religion, et même depuis cette époque, Mornay vivait moins à la cour que dans son gouvernement de Saumur. Là, pour soutenir les droits de la religion réformée, il avait composé contre la messe un livre intitulé : *Instruction de la sainte Eucharistie.* Sully envoya cet ouvrage à l'abbé Duperron, évêque d'Évreux, l'un des plus habiles théologiens de son temps; l'évêque s'empressa de lui répondre : « Je plains l'auteur de s'être fié aux « rapsodies des compilateurs. Il a été mal servi; « ses citations sont fausses; c'est un livre qu'il « faudrait censurer d'un bout à l'autre. Quant au « grand maître de l'artillerie, je serais heureux « si je le voyais obéir aux canons de l'Église « comme il commande aux canons de la France[1]. » Blessé de ces attaques, dont Sully ne garda point le secret, Duplessis Mornay pria le roi de vou-

[1] *Mémoires de Sully*, livre XI.

loir bien être son juge dans un débat solennel où il plaiderait lui-même sa cause contre l'évêque d'Évreux. Rosny chercha à le détourner de cette imprudente résolution ; mais Duplessis lui dit avec humeur : « Monsieur, mon livre est mon « enfant, je le défendrai bien ; je vous prie de « me laisser faire et de ne vous en mêler point ; « car vous ne l'avez pas nourri [1]. »

Henri, charmé de trouver cette occasion de dissiper quelques soupçons qui s'étaient élevés sur la sincérité de sa conversion [2], se rendit aux désirs de son ancien compagnon d'armes, et

[1] Mathieu.
[2] On avait recueilli quelques propos que dans sa gaîté Henri IV ne s'était pas épargnés, et on avait parlé de certaines expressions peu orthodoxes de la lettre écrite par le prince à Gabrielle, la veille du jour où il devait abjurer à Saint-Denis. Voici cette lettre :
« Jariyuè av soyr de bonneure et fus jnportuné jus-
« ques à mon coucher. Nous croyons la treue, ... quelle se
« doyt conclure ce jourduy pour moy. Je siys a landroyt des
« lygueurs de Saint-Thomas. Ie commance ce matyn a parler
« aus euesques. Outre ceus que uous mande hyer pour es-
« corte, ie uous anvoye cynquante arquebusyers quy vallent
« bien des cuyraces. Lesperance que ie de uous uoir demayn
« retyent ma mayn de uous fayre plus long dyscours. *Ce cera*
« *dymanche que ie fere le saulx perylleux.* A lheure que ie
« uous escrys, jay cent jmportuns sur les espaulles quy me
« feront hayr Saynt-Denys comme uous faytes Mantes[*]. Bon-

[*] Gabrielle était en ce moment dans cette ville.

permit ce cartel religieux. La conférence eut lieu à midi, le 4 mai 1600, au palais de Fontainebleau, dans la *salle du conseil* [1].

« Ceux qui ont veu cette maison royale sçavent qu'il y a dans cette salle une table de porphyre; on l'avoit mise au milieu, où à l'un des bouts le roy estoit assis, et à la main droite de Sa Majesté l'estoit aussi l'évesque d'Évreux, et à la gauche, vis-à-vis de luy le sieur du Plessis; au bout d'en bas de la mesme table estoient les sieurs Pasquier et Vassaut, commis de MM. de Villeroy et de Fresnes, secrétaires d'Estat, nommez par le roy pour secrétaires de la conférence; et au lieu des sieurs de Lomenie et Vissouse, nommez aussi par Sa Majesté à mesme fin pour le sieur du Plessis, estoit le susdit sieur de Bordes Mercier.

« Plus haut, à main droite du roy, estoient assis monseigneur le chancelier, et MM. les députez et commissaires ci-dessus nommez.

« Derrière Sa Majesté avoient place M. l'archevesque de Lion et MM. les évesques de Nevers, de Beauvais et Castres.

« jour mon cœur. Uenes demayn de boneure, car yl me « semble desya quyl y a un an que ie ne uous ay ueue. Ie bese « un mylyon de foys les belles mayns de mon ange et la bou- « che de ma chere metresse. Ce xxiii juillet 1594. »   H.

[1] Cette grande salle était près des bains, au-dessous de la galerie de François Ier.

« Et à main gauche MM. les quatre secrétaires d'Estat.

« Comme aussi estoient assis de part et d'autre derrière les conférens plusieurs princes, à sçavoir messeigneurs les ducs de Vaudemont, de Nemours, de Mercœur, de Mayenne, de Nevers, d'Elbeuf, d'Aiguillon, le prince Jainville, quelques officiers de la couronne, des conseillers d'Estat, et autres personnes catholiques et religionnaires; et derrière eux divers auditeurs et spectateurs, parmy lesquels il y en avoit beaucoup de la religion prétendüe; le tout revenant à près de deux cens personnes, qui toutes néantmoins rendirent un grand silence, à cause de la présence du roy, et des gardes du corps qui y mettoient ordre.

« L'assemblée ainsi bien rangée, l'on mit d'un costé sur la table le livre de du Plessis, imprimé in-4° à la Rochelle par Hierosme Hautin, et de l'autre estoit une liste de soixante passages tirez de cinq cens que luy avoit envoyez M. d'Évreux pour cette première séance, faisant estat de luy donner les autres poursuivant ès-jours suivans; sur lesquels le sieur du Plessis s'estant préparé, et de ces soixante n'en ayant choisi toutefois que dix-neuf, il fit entendre au roi qu'il n'avoit eu le loisir que d'en justifier ce nombre, pour lors, et feignant estre fort satisfait, adjousta ces paroles : « Sire, je veux perdre l'honneur et la vie, « si de ceux-cy il s'en trouve un faux; je feray « voir aujourd'huy à Vostre Majesté que je suis « autre que l'on ne m'estime [1]. »

Nous ne suivrons pas les deux interlocuteurs dans cette longue dispute théologique, où l'on interpréta tour à tour les textes de saint Chrysostôme, de saint Cyrille, de saint Bernard. Le prélat n'eut pas de peine à l'emporter sur l'homme de guerre, et Henri IV dit à Sully : « Que vous « semble de votre pape? — Il me semble, sire, « qu'il est plus *pape* que vous ne pensez, puisque « dans ce moment il donne le bonnet rouge à « M. d'Évreux. Si notre religion n'avoit pas de « meilleurs fondemens que ses jambes et ses « bras en croix, je la quitterois dans l'instant. » Le lendemain, la conférence devait continuer, mais Duplessis fit dire qu'il était malade; il quitta Fontainebleau, et alla cacher à Saumur et son dépit et sa défaite. Duperron eut, comme l'avait prédit Rosny, le chapeau de cardinal. Plusieurs protestants, notamment le président Canaye, se convertirent à la religion catholique; et l'évêque de Seez, Bertaud, qui donnait aux muses le temps que ne réclamait pas l'Église, adressa ces vers à Henri IV :

[1] P. Dan.

Ah! sire, vous avez par la sage conduite
De ce petit combat mis plusieurs camps en fuite,
Gagné plusieurs lauriers non sanglamment vainqueurs,
Et conquis tout d'un coup cent millions de cœurs,
Qui maintenant pour vous brûlent d'amour extrême,
Et qui pour votre vie iroient à la mort même.

Certes, Henri était digne de cet hommage; mais il ne suffit point à un roi, pour être aimé, de se montrer bon, clément, généreux; il y a certaines âmes qui ne sont point assez fortes pour supporter la reconnaissance, et dont l'orgueil s'offense d'un bienfait comme d'une injure. Tel était Biron, fils de l'illustre maréchal, tué au siége d'Épernay, en 1592. Il avait hérité de son père un grand courage, de l'habileté dans les combats [1], de la prudence dans le conseil. Honoré tout à la fois de l'estime des troupes et de l'affection particulière du roi [2], maréchal de France à quarante ans, gouverneur de Bourgogne, maître d'une grande fortune, il possédait tout ce qui peut flatter l'ambition et l'orgueil des hommes; et cependant il était mécon-

---

[1] « Nul, disait Henri IV, n'a l'œil plus clair à reconnaître l'ennemi, et la main plus prompte pour disperser une armée. »

[2] « C'est un brave, disait le roi, que je puis présenter à mes amis et à mes ennemis. »

tent de son sort : trop vain pour n'être pas ingrat, il accusait le roi de méconnaître ses services ; il lui reprochait d'être avare, parce que, après l'avoir comblé de richesses, Henri ne lui sacrifiait pas les trésors de l'État pour assouvir la passion du jeu qui le dévorait depuis sa jeunesse. Son père, effrayé de ses excès, lui avait dit : « Biron, je te conseille, quand la paix sera « faite, que tu ailles planter tes choux en ta « maison ; autrement *il te faudra porter ta tête* « *en Grève*[1]. »

Cette terrible prédiction ne devait que trop tôt s'accomplir !

Il se rencontre trop souvent dans les cours des flatteurs subalternes qui, pour un sordide intérêt, épient, caressent, exploitent les mauvaises passions des grands. De ce nombre était Beauvais la Nocle, sieur de la Fin, ancien agent secret du duc d'Alençon auprès des Espagnols. Il avait entendu plus d'une fois Biron exhaler sa mauvaise humeur contre le roi ; plus d'une fois il s'était trouvé comme le confident involontaire de ses plaintes sur l'oubli où le laissait un prince au front duquel il se vantait d'avoir attaché la

---

[1] Biron lui-même disait, quand il avait perdu au jeu : « Je « ne sais pas si je mourrai sur un échafaud, mais bien certai- « nement je mourrai à l'hôpital. »

couronne [1]; et, par ses artifices autant que par ses adulations, il s'était bientôt emparé de l'esprit présomptueux du maréchal; il le flattait de l'appui de l'Espagne; il lui promettait le rôle et la fortune des Guises.

Le voyage en France d'Emmanuel, duc de Savoie, acheva de tourner la tête de Biron. Emmanuel était un peu contrefait; mais il avait de la finesse et de la grâce dans sa manière de s'exprimer, la franchise sur les lèvres, la dissimulation dans le cœur; tromper, pour lui, c'était régner; et, confiant dans les ressources de son esprit et dans le succès de quelques négociations, il se hasarda à venir lui-même, à l'improviste, traiter directement avec Henri IV de la restitution du marquisat de Saluces; affaire laissée, par la paix de Vervins, à l'arbitrage du pape Clément VIII.

Le roi envoya le duc de Nemours à Orléans pour recevoir le duc de Savoie; ce prince partit immédiatement pour Fontainebleau, où se trou-

---

[1] Henri IV connaissait les propos de Biron. « Je crois bien, disait-il, tous ces langages du maréchal; mais il ne faut pas toujours prendre au pied de la lettre ses rodomontades. Il faut en supporter comme d'un homme qui ne sait pas plus s'empêcher de mal dire d'autrui, que de bien faire lorsqu'il se trouve dans une occasion, à cheval et l'épée à la main. »

vait la cour; il y arriva le 13 décembre 1599.
« Ce ne furent alors que caresses et embras-
« sades entre Sa Majesté et Son Altesse; en
« suite de quoi plusieurs jours après, il ne se
« parla que de festins et de réjouissances. »
« Le lendemain, le roy luy mesme fit voir à
Son Altesse toutes les singularitez des bastimens, des peintures et des jardins de cette maison royale; et quelques jours suivans, estant
bien aise de lui faire voir encore la splendeur
de sa cour, et quant et quant luy monstrer à
dessein que combien qu'il s'employast fort icy
après ses bastimens, il avoit tousiours neantmoins le cœur aux armes, commanda à ses compagnies des régimens de ses gardes de se tenir
en bon ordre; il les fit mettre en haye le long
de l'allée de la chaussée par où Sa Majesté et Son
Altesse devoient passer; et de là leur commanda
de faire montre en la grande esplanade, qui est
devant la porte du chasteau et du chenil; où le
duc ne put qu'il n'admirast l'adresse de ces compagnies et de leurs chefs et capitaines, lesquelles
estoient toutes distinguées par leur livrée et couleur. Parurent de suitte les compagnies d'ordonnance, les gensdarmes et chevau-légers,
tous armez, avec leurs chevaux bien harnachez,
et chacun un panache sur la teste, qui par la
montre qu'ils firent témoignerent tous leur

adresse en tirant le coup de pistolet, puis aussi tost mettant chacun la main à l'espée.

« Les autres jours se passerent à courre la bague, et rompre au Faquin dans la cour du Cheval-Blanc, et à la chasse; où parmy ces réjoüyssances et divertissemens, quoyque Son Altesse témoignast en apparence estre fort satisfaite, si ne l'estoit-elle gueres, apprenant de ceux de son intelligence, qu'elle avoit pratiquée en cour, que le roy estoit tousiours en la mesme resolution de r'avoir son marquisat, et que très difficilement pourroit on luy faire changer de volonté; neantmoins le duc ne laissa pas de cacher adroitement son déplaisir; et apres avoir demeuré sept jours à Fontainebleau, Sa Majesté s'en alla à Paris et y emmena Son Altesse [1]. »

Le duc de Savoie, blessé du peu d'empire qu'il avait sur le roi [2], malgré l'admiration sans mesure qu'il affectait pour sa gloire, pour ses goûts [3], pour ses amours, essaya par

---

[1] Trésor des merveilles de Fontainebleau.

[2] « Cet homme, disait Henri IV, pense être si éloquent, subtil, fin et rusé, qu'il est capable de circonvenir et abuser tout le monde. Or, il y a longtemps qu'il m'amuse de belles paroles; je lui ferai voir que je ne suis pas de ces oiseaux niais propres à se laisser duper. »

[3] Le duc de Savoie jouant à la *prime* avec Henri IV, sur un

l'intrigue ce qu'il n'avait pu obtenir par la séduction ; il vit les mécontents, et devint un des hôtes assidus de l'hôtel d'Entragues. Là, il entretenait l'orgueil de la favorite de l'espoir de monter sur le trône; il menaçait en même temps le comte d'Auvergne, son frère, du prochain mariage du roi avec la nièce du grand-duc de Toscane; s'il s'adressait au duc de Bouillon : « Ne voyez-vous pas, lui disait-il, que l'autorité royale se fortifie à vos dépens? Qui empêche, si elle continue à s'agrandir, que les vieux compagnons du roi ne soient traités en rebelles? On vous laisse quelques villes de sûreté; mais moi je ne vois point de sûreté pour les protestants en France, si le gouvernement suit chaque jour une marche plus ferme et plus régulière. »

Avec le duc d'Épernon, c'était un autre langage : « Votre existence à la cour du Louvre, lui répétait Emmanuel, me paraît un chef-d'œuvre d'adresse. Vous savez, sans flatter un roi qui ne vous aime pas, vous en faire respecter; cependant il faudra bientôt, ou démentir votre fierté, ou la soutenir par de plus fortes mesures. »

coup de quatre mille pistoles, Henri abattit son jeu croyant avoir gagné. Le duc, qui avait gagné en main, se contenta de montrer son jeu au duc de Guise et à d'Aubigné, et brouilla ses cartes. (*Mémoires de d'Aubigné.*)

Mais le duc réservait ses meilleurs artifices pour Biron : « N'est-ce pas vous, lui disait-il, qui avez tout fait à Fontaine-Française, à la prise de Laon, au siége d'Amiens? Et cependant nous voyons votre crédit baisser. Recherché dans le moment où vous êtes nécessaire, une sombre défiance vous a toujours puni de vos victoires..... Vous a-t-on confié une seule des citadelles que vous avez conquises? Est-ce ainsi que d'autres rois de France traitaient du Guesclin et Dunois? Ici même j'ai vu le duc de Bouillon, le duc d'Épernon, s'étonner de votre patience à dévorer des outrages. Ils ont des projets étendus que leur a suggérés l'honneur de la noblesse de France; le roi d'Espagne et moi nous les appuierons de nos armes, mais ils ne peuvent réussir sans le concours du plus grand capitaine de l'Europe. Moi qui suis près de me voir attaqué dans mes États après tant de démarches et d'ouvertures pacifiques, je n'ai qu'une crainte : c'est de vous voir commander une armée que vous seul rendez invincible; mais cette crainte pourrait se convertir dans l'espoir le plus brillant; je pourrais voir en vous mon ami, mon allié, mon gendre..... Qui mieux que vous est digne de rétablir la puissance et le nom des anciens ducs de Bourgogne! Gouverneur de cette province, vous n'y ferez pas un mouvement que les Espagnols ne secondent par la Franche-Comté, et moi par la Bresse. Mais si vous acceptez mes offres et mon alliance, gardez-vous d'éclater trop tôt; obtenez le commandement de l'armée du roi, et prévenez, par de secrets services, un souverain qui se dispose à vous en rendre d'éclatants [1]. »

L'espoir de recommencer, à l'ombre d'un illustre hyménée, la puissance des anciens ducs de Bourgogne, exalta jusqu'au crime le nouveau *Téméraire;* et lorsque le roi, fatigué des intrigues d'Emmanuel, eut prononcé ces paroles significatives : « Je sais tout; mais j'aime mieux « le duc de Savoie à Montmélian [2] qu'à Paris, » Biron fit dire à Emmanuel de retourner dans ses États. « Que Votre Altesse, d'ailleurs, ne s'a-
« larme point de la guerre, ajouta-t-il : j'aurai le
« commandement de l'armée destinée à recon-
« quérir le marquisat de Saluces. » Mais le roi fit la campagne en personne, accompagné de Biron et de ses fidèles lieutenants, Lesdiguières et Rosny.

---

[1] Guerres de religion, (Lacretelle.)

[2] C'était la plus forte place de la Savoie. Lorsque le duc de Savoie visita l'arsenal de Paris, il dit à Sully, avec un air de légèreté : « Ah ! mon Dieu ! que voulez-vous donc faire avec « tant de canons ? — Le siége de Montmélian, » répondit en riant le grand maître d'artillerie.

Jaloux de ces deux rivaux, devenus ses surveillants, le maréchal tenta tous les moyens de s'en défaire; il leur tendit des piéges, les exposa au feu des ennemis avertis de leur présence[1], et compromit même, par ses trahisons, les jours du roi[2]. La fortune de Henri l'emporta; il dicta le traité par lequel le marquisat de Saluces restait à la Savoie, mais en échange du Bugey et du bailliage de Gex, qui seraient réunis à la France; enfin, le mariage du roi avec Marie de Médicis vint ajouter à l'éclat de la victoire un gage de sécurité pour le royaume.

Le roi était à Lyon. Malheureux des soupçons

---

[1] Au siége du fort de Sainte-Catherine, il entraînait Rosny sous la place. « Allons, comme vous voudrez, dit Rosny; s'il « pleut sur moi, il dégouttera sur vous. » Il ne fut tiré qu'une douzaine de coups d'arquebuse. Le lendemain, Rosny s'y rendit seul; il fut assailli par une grêle de boulets. « N'im- « porte, dit-il au roi qui s'affligeait du danger qu'il avait « couru, j'ai vu ce que je voulais voir! » (*Mémoires de Sully.*)

[2] Ce fut un des chefs du procès intenté contre lui devant le parlement; mais Biron protesta contre cette accusation. On sait seulement qu'il ne repoussa point avec assez d'indignation ces imprudentes paroles du comte de Fuentes: « M. de Biron « n'a qu'à arrêter le roi quand il viendra dans son armée; nous « l'enverrons en Espagne, où il sera bien traité, et nous l'amu- « serons à baller et festoyer avec les dames. »

qu'il avait conçus sur la fidélité de Biron, il l'appelle auprès de lui, dans le cloître des Cordeliers, où il se promenait, et lui demande, d'un ton paternel, pour quelle cause, dans quel but, il a eu des intelligences avec l'ennemi. Honteux de se voir deviné, mais rassuré par l'indulgente bonté de Henri, Biron avoue seulement qu'il avait été trop séduit par l'idée d'épouser une princesse de Savoie; que cependant, si le roi ne lui avait pas refusé le gouvernement de Bourg en Bresse, il n'aurait jamais eu de mauvaises pensées. Le roi, qui n'attendait que l'apparence d'un aveu pour embrasser Biron, lui dit : « Bien, « maréchal ; ne te souvienne jamais de Bourg, et « je ne me souviendrai jamais du passé. »

Comment tant de bonté ne décida-t-elle pas Biron à verser tout son secret dans le cœur d'un royal ami? Mais la fierté du maréchal s'indignait d'un pardon, et sa haine devait avoir son cours. Comme il n'a fait au roi qu'une demi-confidence, il se croit encore lié par un faux point d'honneur envers ceux à qui il a promis de trahir son maître et son pays, et il reprend sourdement le fil de ses premières intrigues avec Emmanuel, duc de Savoie, le comte de Fuentes, vice-roi de Milan, et la marquise de Verneuil, dont la naissance du dauphin a exalté la fureur.

En effet, Marie de Médicis était accouchée à Fontainebleau [1] du prince qui fut depuis Louis XIII. On avait préparé pour les couches de la reine la grand'chambre ovale, près de la chambre du roi ; on y avait dressé un grand lit de velours cramoisi, près duquel était le *lit de travail*. Le roi, *Madame*, sœur du roi, la duchesse de Nemours, le prince de Conti, le comte de Soissons, le duc de Montpensier étaient dans l'appartement ; on avait apporté les reliques de sainte Marguerite sur une table. Enfin, à minuit, la reine accoucha. « Je mis monsieur le dauphin dans mon giron, raconte Louise Boursier, sage-femme de la reine [2], sans que personne sût, que moi, quel enfant c'étoit ; il étoit faible, je lui soufflai du vin dans la bouche, il revint aussitôt. Le roi, triste et changé, s'écartoit de moi. Je criai alors à la Gratienne, femme de chambre de la reine : « Chauffe-moi un linge, » c'étoit le signal convenu. A ces mots, je la vis courir au roi qui, ne pouvant la croire, la repoussa. — « Si c'étoit un fils, dit-il, je l'aurois « bien vu à la mine de la Boursier. » — « C'en

---

[1] 27 septembre 1601.

[2] Lettre à M. le marquis D***. — Récit véritable de la naissance de monseigneur le dauphin : à Paris, chez Mondier, 1625.

« est pourtant un, sire. » — « Est-il vrai, sage-
« femme, est-ce bien un fils? me dit-il avec
« beaucoup d'émotion : ne me trompe pas, ce
« seroit me faire mourir. » — Je pris alors le
parti de découvrir un petit le nouveau né, et de
faire voir au roi la vérité. Ce digne père, au
comble de la joie, levant avec transport les
mains au ciel, je vis son visage inondé de larmes *aussi grosses que des petits pois*.

« Et il baisait le dauphin, et lui donnant sa bénédiction, il lui mettoit quant et quant son épée
en main; puis, après toutes ces caresses et ten-
dresses d'amitié, l'ayant fait voir à tous ceux qui
étoient présents : « Ma mie, disoit-il à la reine,
« réjouissez-vous : Dieu nous a donné ce que
« nous désirions; nous avons un beau fils [1]. »
Aussi ne voulut-il pas différer de remercier le
ciel; et sur-le-champ, il fit chanter un *Te Deum*
dans l'église de la Sainte-Trinité. Telle était l'af-
fluence qui se pressait dans les cours, sur les
escaliers, dans l'église, que le roi eut grand'peine
à se frayer un passage, et que même il perdit
son chapeau dans la foule.

Les poëtes du temps se mirent en frais d'imagination. Parmi le déluge de vers qui inonda le
berceau de l'enfant royal, on remarqua ceux

---

[1] Mathieu.

du sr des Yveteaux, rival de l'évêque de Séez :

Cependant le démon qui sur Arno réside,
Et cil qui sur les flots de la Seine préside,
Oyant de cet enfant la future grandeur,
Après avoir baisé le berceau de leur prince,
Hors se jettent soudain, et parmy sa province
Chacun court curieux annonçant ce bonheur.
Mais passant les forests, qui le palais entournent,
Et qui comme un théâtre en un rond l'environnent,
Ces anges au sortir animèrent les bois ;
Si comme on veid iadis és forests prophétiques,
De Dodone parler les chesnes fatidiques,
De Bierre ainsi parloient les arbres cette fois :
« Jeune fleuron du lys qui portes en ta face,
« Peinte au vif en naissant de tes maieurs la grace,
« Et qui ia sur ton front charges la maiesté,
« Puisses-tu désormais avec autant d'heur croistre
« Qu'en ses benings aspects le ciel en fait paroistre,
« Qui faussent de la nuict l'espaisse obscurité ! »

Pour jouir de son bonheur, Henri avait besoin de la présence de son ami : aussi lui écrivit-il de venir sur-le-champ auprès de lui.

« Je ne pus séjourner longtemps à Fontainebleau, dit Sully ; mais le roi continua à me donner, avec la même affection, des nouvelles de tout ce qui s'y passoit. « Vous ne sauriez croire, me man-
« doit-il, combien ma femme se porte bien, vu
« le mal qu'elle a eu : elle se coëffe elle-même,

« et parle déjà de se lever ; elle a un tempéra-
« ment terriblement robuste et fort. Mon fils se
« porte bien aussi, Dieu merci ! Ce sont les meil-
« leures nouvelles que je puis mander à un ser-
« viteur fidèle et affectionné, et que j'aime. »
Il l'envoya nourrir à Saint-Germain, à cause de
la bonté de l'air, et, par une de ces attentions qui
justifient quelquefois mieux le fond des véritables sentiments que les démarches d'éclat, il
voulut qu'on le montrât à tout Paris. Pour cela,
il le fit porter à découvert au travers de cette
grande ville. Les Parisiens marquèrent, par leurs
acclamations redoublées, combien ils étaient
charmés de cette popularité.

« Le roi étoit convenu avec la reine que si elle
lui faisoit un enfant mâle, il lui donneroit Monceaux en propre [1]. « Ma femme a gagné Mon-
« ceaux, m'écrivit-il encore dans le même temps,
« puisqu'elle a fait un fils ; c'est pourquoi je vous
« prie d'envoyer quérir le président Forget, de
« conférer avec lui sur cette affaire-là, et d'aviser
« à la sûreté qu'il faut observer pour mes en-

---

[1] Monceaux, situé dans la Brie, était l'habitation favorite de Gabrielle d'Estrées. Pendant le siége de Paris, elle y avait organisé un télégraphe de nuit, dont le feu avertissait Henri IV de l'heure des rendez-vous. Ce château a eu le sort de bien d'autres en France.

« fants, donnant ordre que la somme, pour la-
« quelle je le prends, soit bien assurée. » La ville
de Paris avoit aussi promis à la reine une ten-
ture de tapisserie, pour présent de couche; Sa
Majesté me fait songer dans cette lettre à la demander [1]. »

Henri IV prit en affection la grand'chambre
ovale où la reine avait donné le jour au dauphin : il la fit orner de paysages par Paul Bril [2], et
de quinze grands tableaux par Ambroise Dubois [3],
représentant les amours de Théagène et Chariclée. On y remarque aussi divers emblèmes,
où le souvenir de Gabrielle d'Estrées [4] se

---

[1] *Mémoires de Sully*, t. III.

[2] Paul Bril, né à Anvers, mort à Rome en 1626. Un de ses tableaux, placé à l'endroit même où était le lit de Marie de Médicis, le jour de la naissance de Louis XIII, offre les proportions de la première glace apportée en France au roi François Ier.

[3] Né à Anvers, naturalisé Français en 1601, il devint le peintre ordinaire de la reine Marie de Médicis. Mort à l'âge de soixante et douze ans.

[4] C'est ce chiffre mystique d'une *S* traversée par un *trait*, comme allusion au nom de d'*Estrées*. La mode du temps peut justifier cette interprétation. Ce qu'il y a de certain, c'est que dans toutes les lettres de Henri IV, qu'elles soient écrites à Gabrielle d'Estrées, à Henriette d'Entragues, à Marie de Médicis, ce signe symbolique se retrouve, tantôt au commen-

trouve mêlé au chiffre de Marie de Médicis [1].

Tout faisait présumer que la naissance du dauphin, en consolidant l'avenir de la France, imposerait aux mécontents plus de circonspection; mais rien ne pouvait calmer l'ambitieuse effervescence de Biron. Henri le voit, le suit d'un œil inquiet, affectueux; il sait tout le danger de laisser un tel esprit inoccupé; pour l'arracher aux intrigues qui l'environnent, il l'envoie tour à tour en ambassade auprès de la reine Élisabeth [2] et auprès des Cantons Suisses; mais de brillantes distractions ne peuvent satisfaire cette âme turbulente; la fatalité l'en-

cement des lignes, tantôt à la fin, et que la signature est entourée de quatre *S* barrées, comme celles qui sont sur les lambris de Fontainebleau.

Nous avons également remarqué que Henri II avait pour signature deux *D* adossés et partagés par une barre qui formait une *H* : Henri et Diane. Cette tendre communauté s'étendait jusqu'aux lettres qu'ils écrivaient. Nous en avons vu une, adressée au connétable de Montmorency, dont les trois premières lignes sont de la main de Henri II, les trois suivantes de la main de Diane, et alternativement ainsi jusqu'à la fin de la lettre, qui est signée *Henri-Diane*.

[1] Voir au chapitre de l'Itinéraire historique, la description de cette belle pièce, qui a subi sous Louis XV de regrettables modifications.

[2] Un jour, Biron déplorait devant cette reine le sort du

traînera dans tous les complots contre le repos de la France et la puissance du roi ; dans tous les rêves qui annonceront sa propre élévation.

Lafin était toujours le confident de ses intrigues et l'intermédiaire de ses intelligences avec l'Espagne et le duc de Savoie; toutefois, depuis le jour où il avait appris que le roi avait dit à Biron : « Prends garde à toi, *Lafin t'affinera,* » cet homme mettait plus de réserve dans ses rapports avec le maréchal ; il redoutait sa faiblesse et son indiscrétion, et savait, d'ailleurs, que, dans l'expédition de Savoie, Biron avait plus d'une fois employé un sieur Renazé pour porter des avis secrets aux capitaines de l'armée ennemie, et que tout récemment encore, il avait chargé d'une importante négociation un certain baron de Lux, qui avait figuré dans la conspiration *du sou pour livre* [1] : Tremblant pour ses jours, Lafin songe à se rendre le maître de celui qui paraît se défier de ses services. Un jour, sous

---

comte d'Essex : « Personne plus que moi, répondit Élisabeth,
« n'applaudit à la clémence magnanime de votre maître ;
« mais s'il avait un jour à éprouver le malheur de trouver
« un rebelle dans un de ses amis, recommandez bien au roi
« d'être inflexible, quand même son cœur devrait en être déchiré. » (*Vie d'Élisabeth.*)

[1] Les *mécontents*, le duc d'Épernon, le duc de Bouillon, le

prétexte de quelques perquisitions politiques, il conjure le maréchal de brûler le traité qu'il avait fait avec le duc de Savoie (ce traité était écrit tout entier de la main de Biron). « Une copie, ajouta-t-il, sera moins dangereuse. » A peine cette copie est-elle achevée, que le maréchal jette au feu l'original, et sort de son cabinet. Lafin s'empare de cette pièce capitale; elle va lui servir à négocier sa grâce. Il fait demander au roi une entrevue, en promettant les plus graves révélations. Henri IV, qui était à Fontainebleau, consentit à l'entendre; mais il ordonna qu'il fût logé à la *Mi-Voie* [1], dans le but de moins ébruiter sa présence. Lafin arriva au mois de mars 1602, se jeta aux genoux du roi, et lui déroula tout le plan de la conspiration : il ne s'agissait de rien moins que de livrer la France à l'Espagne, et de substituer le fils de la marquise de Verneuil aux droits du dauphin. Pour preuves, Lafin re-

---

comte d'Auvergne, avaient essayé de soulever le midi de la France à l'occasion d'un nouvel impôt d'*un sou pour livre* que le roi voulait établir. Leurs projets furent déjoués par la fermeté du roi. (Mémoires du temps.)

[1] Maison de plaisance au milieu du parc. « La reyne Catherine de Médicis acheta ce bien, où elle fit dresser une ménagerie avec quelque bétail et une belle laiterie, pour là quelquefois se divertir, et prendre du frais et du laictage. »

mit entre les mains de Henri les lettres de Biron et son traité avec le duc de Savoie.

Henri, trop convaincu, écrivit à Sully : « Mon « ami, venez me trouver en diligence pour chose « qui importe à mon service, à votre honneur et « au commun contentement de tous deux. » Le ministre vole à Fontainebleau; il trouve le roi à cheval, partant pour la chasse, où il allait chercher une distraction à ses chagrins. Henri se penche vers Sully, et, lui serrant la tête contre son cœur, lui dit en soupirant : « Mon ami, il y « a bien des nouvelles : toutes les conspirations « contre moi et mon État sont découvertes. Le « principal négociateur est venu me demander « pardon et confesser tout; mais il enveloppe « dans sa déposition beaucoup de gens, même « des plus grands; or, devinez.—Jésus, sire, ré- « pondit Sully, deviner un homme qui soit « traître! c'est ce que je ne ferai jamais! » Henri presse de nouveau Sully, qui résiste toujours; enfin, il lui dit en souriant : « M. de Rosny en « est, le connaissez-vous ? — Les autres n'en « sont-ils pas plus que moi? répondit Sully « en riant. Si cela est, Votre Majesté ne doit pas « s'en mettre beaucoup en peine. — Aussi n'en « ai-je rien cru, reprit le monarque; car j'ai « commandé à Bellièvre et à Villeroy d'aller en- « tendre avec vous ces accusations. Lafin est ca-

« ché à la Mi-Voie; il ira vous trouver sur le
« chemin de Moret; je désire qu'il vous parle
« librement [1]. »

Les trois ministres, après avoir pris connaissance de tous les papiers remis par Lafin, furent d'accord qu'il y avait lieu d'arrêter Biron. Le roi le manda à Fontainebleau : « Je ne voudrais
« pas, disait-il les larmes aux yeux, que le ma-
« réchal de Biron fût le premier exemple de la
« sévérité de ma justice, et que mon règne, jus-
« qu'ici calme et serein, se chargeât tout sou-
« dain de foudres et d'éclairs. » Biron hésitait à venir. Henri lui envoie le sieur d'Escures, ami du maréchal, et le président Jeannin. Rassuré par les bonnes paroles qu'on lui apporte de la part du roi, enhardi surtout par une lettre du baron de Lux, son homme de confiance, devant qui le roi avait « à dessein proclamé l'innocence de Biron, » il se décide à partir de Dijon. C'est en vain qu'à Montargis il reçoit de sa sœur, la comtesse de Roussi, un avis ainsi conçu : « Si vous
« allez plus loin, vous êtes perdu; » persuadé, comme le Balafré aux états de Blois, *qu'ils n'oseraient*, il poursuit sa route, et arrive à Fontainebleau, le 13 juin 1602, à six heures du matin.

« Le roi entroit dans le grand jardin, et di-

---

[1] Sully entretint Lafin, seul, dans la forêt de Fontainebleau.

soit : *Non, il ne viendra point;* mais à l'instant le maréchal parut avec six ou sept qui étoient avec lui ; et d'assez loin qu'il vit Sa Majesté, il fit trois révérences ; puis le roi s'advançant, l'embrassa et lui dit : « Vous avez bien fait de venir, « car autrement je vous allois quérir. » Le maréchal lui dit plusieurs excuses sur son retardement ; puis le roi le print par la main en se pourmenant, lui monstrant le dessin de ses bâtimens, et passèrent ainsi d'un jardin en l'autre, où Sa Majesté lui parla des avis qu'il avoit eus de quelques mauvaises intentions qu'il avoit contre son État, ce qui ne lui apporteroit qu'un repentir s'il ne lui en dysoit la vérité. Le mareschal lui répondit quelques paroles hautaines, entr'autres, *qu'il n'étoit venu pour se justifier, mais pour sçavoir qui estoient ses accusateurs; qu'il n'avoit point besoin de pardon, puisqu'il n'avoit offencé* [1].

« En ces devis, l'heure de disner s'approcha : au lieu d'aller disner à la table du grand maistre, il alla disner avec le duc d'Épernon [2], pource

---

[1] « J'étois allé faire un tour à Moret, lorsque Biron arriva à la cour. Le roi m'en donna avis par ce billet : « Notre homme « est venu ; il affecte beaucoup de retenüe et de sagesse. Venez. « Je vous aime bien. » (*Mémoires de Sully,* livre XIII.)

[2] Le duc d'Épernon était venu à Fontainebleau protester

que son train n'estoit pas encore venu[1]. »

Après le dîner, le roi se promenait dans la salle dite de la *Grande Cheminée*[2]. Biron vint l'y trouver. Henri s'arrêta devant sa statue de marbre blanc sculptée en relief sur la cheminée, et entourée de trophées, et dit à Biron : « Eh bien, cousin, si le roi d'Espagne me voyait « comme cela, que dirait-il ? — Il ne vous crain- « drait guère, » répondit Biron, avec une sorte de dédain. Le roi lui lança un regard qui fit rentrer le maréchal en lui-même. « J'entends, sire, re- « prit-il aussitôt, en cette statue, mais non pas en « votre personne. — Bien, M. le maréchal, » répliqua le roi avec un sourire amer, et il rentra dans son cabinet avec Rosny. « Mon ami, lui « dit tristement le monarque, voilà un malheu- « reux homme! J'ai envie de lui pardonner, « d'oublier tout ce qui s'est passé, et de lui faire « autant de bien que jamais. Il me fait pitié; « mon cœur ne se peut porter à faire du mal à « un homme qui a du courage, duquel je me « suis longtemps servi, et qui m'a été si familier.

---

auprès de Sully contre toute participation de sa part aux intrigues des *mécontents*.

[1] Pierre Mathieu, *Histoire des troubles arrivez en France.*

[2] Cette grande pièce a pris son nom de la belle cheminée que Jaquet, sculpteur célèbre, y éleva par ordre de Henri IV. On l'a appelée depuis la *salle de la Comédie.*

« Mais toute mon appréhension est que, quand
« je lui aurai pardonné, il ne pardonne ni à moi,
« ni à mon enfant, ni à mon État. »

Rosny engagea Henri à ne point désespérer encore de cette âme superbe et inflexible; et, voulant lui-même tenter un dernier effort, il vint chercher Biron, qui était resté dans la chambre du roi. Le maréchal le salua très-froidement : « Qu'est ceci, lui dit Sully en « l'embrassant, vous me saluez en sénateur ; « embrassez-moi encore une fois, et allons cau- « ser. »

Lorsqu'ils furent assis au chevet du lit du roi, loin de tous ceux qui auraient pu les entendre : « Ça, reprit Sully, vous connaissez la bonté du cœur du roi ; ouvrez-lui le vôtre, et lui dites tout, ou à moi si vous l'aimez mieux, et je vous réponds qu'avant qu'il soit nuit, vous demeurerez contents l'un de l'autre. — Je n'ai rien à dire au roi ni à vous de plus que je n'ai fait ; je n'ai à confesser ni péché ni peccadille ; je sens ma conscience fort nette depuis ce que j'ai avoué au roi à Lyon. » Ces réponses furent les seules que Rosny put arracher au maréchal. Il le quitta pour aller redire au roi et cette conversation et ses regrets. « Vous avez été un peu bien avant, « lui dit Henri IV, et même assez pour le mettre « en soupçon qu'il s'en aille. »

Cependant le roi s'adresse encore au cœur de Biron; il l'appelle, prend avec lui ce ton paternel qui aurait désarmé une âme moins orgueilleuse, moins endurcie dans la haine; mais, trompé par Lafin, qui lui avait dit, à son arrivée à Fontainebleau: *Bon courage et bon bec, mon maître, ils ne savent rien!* Biron persiste dans un système hautain de dénégations. « Je sais tout, lui disait « le roi en l'embrassant : parle, Biron, c'est ton « ami qui t'en prie; personne autre que moi ne le « saura. » Biron reste impassible, ou repousse comme autant de calomnies les bruits répandus contre lui; il fait plus, il demande audacieusement le nom de ses accusateurs. Fatigué de tant d'exhortations inutiles, Henri sort de son cabinet pour se rendre au jeu de paume, et là il invite le duc d'Épernon et le maréchal à jouer contre lui et le comte de Soissons. Tous les regards étaient fixés sur Biron; toutes les oreilles étaient attentives à recueillir et ses propres paroles et celles qui lui étaient adressées; aussi ne laissa-t-on pas tomber ce mot de d'Épernon, où l'on crut voir une allusion : « Vous jouez bien, « maréchal, mais vous faites mal vos parties. »

Le roi, pour s'épargner la douleur qu'il redoutait, espéra que d'autres auraient peut-être plus d'empire sur Biron; il chargea le comte de Soissons de le voir. Cette mission n'eut pas plus de succès que la tentative de Sully : le comte de Soissons ne trouva dans Biron qu'un homme offensé des soupçons dont le roi payait ses services et sa fidélité...

« Le lendemain, le roi se lève de bon matin, et s'en va promener au petit jardin près la volière [1]; il fait appeler le mareschal, et lui parla assez longtemps. L'on voyoit le mareschal teste nue, frappant sa poitrine en parlant au roi ; l'on tient que ce n'estoient que menaces contre ceux qui l'avoient accusé [2]. »

Tant d'opiniâtreté triomphe enfin de la clémence du roi ; il mande la reine et Sully, les enferme avec lui dans la galerie, et leur déclare que, comme père et comme roi, ses devoirs lui commandent de faire arrêter le maréchal de Biron et le comte d'Auvergne. Marie de Médicis, qui tremblait pour son fils, propose de les faire arrêter, la nuit même, dans leurs appartements ; Sully pense qu'il serait mieux de *les amuser fort tard dans le cabinet du roi*, et de les saisir à l'instant où ils se retireraient.

« Je ne vois point d'apparence à ce que vous
« dites, reprit Henri, si je ne veux voir ma cham-

---

[1] Cette volière, construite par Henri IV, près de la galerie des Chevreuils, n'existe plus.

[2] Pierre Mathieu.

« bre et mon cabinet remplis de sang; car ils ne
« manqueront pas de mettre l'épée à la main et de
« se défendre; je ne veux point, si cela doit arri-
« ver, que ce soit en ma présence, ni dans mon
« appartement, mais dans le leur. Allez-vous-en
« souper chez vous, mon cher Rosny; bottez-vous,
« et faites botter tous vos gens sur les neuf heures. »

En même temps, le roi fait mander Vitry [1] et
Praslin [2], capitaines des gardes, et leur dit de se
tenir prêts à exécuter ses ordres.

Le maréchal avait soupé chez M. de Monti-
gny, où, dans une intention malveillante pour
Henri IV, il avait fait un pompeux éloge de Philippe II, roi d'Espagne. « Mais vous ne dites pas,
« monsieur le maréchal, répondit M. de Monti-
« gny, que ce monarque ne pardonne jamais une
« offense, pas même à son propre fils. » Après le
souper, tous les convives se rendirent chez le
roi. Un domestique de la comtesse de Roussi
remit au maréchal une petite lettre renfermant
cet avis : *Si vous ne vous retirez, dans deux heures vous serez arrêté.* Il montra le billet à l'un
de ses familiers, le sieur de Varennes, qui, jus-

---

[1] Ce fut lui qui, plus tard, tua le maréchal d'Ancre sur le pont du Louvre.

[2] Charles de Choiseul, marquis de Praslin, depuis maréchal de France.

tement effrayé, lui dit : « Monsieur, je voudrais
« avoir un coup de poignard dedans le sein, et
« que vous fussiez en Bourgogne. — Si j'y étais,
« répondit le maréchal, et que je dusse en avoir
« quatre, le roi m'ayant mandé, j'y viendrais. »
Et il entra dans la chambre du roi, et joua à la
prime avec la reine.

Pendant qu'il jouait, M. de Margé, gentilhomme bourguignon, se pencha à son oreille et
lui dit à la dérobée quelques paroles qu'il n'entendit pas; mais le comte d'Auvergne, lui frappant sur l'épaule, ajouta tout bas : *Il ne fait pas
bon ici pour nous.*

Minuit allait sonner; le roi va tenter la dernière épreuve. « Il veut du moins que Biron
sache bien que s'il se laisse mener en justice, il
ne s'attende pas à grâce quelconque de lui. » Il
l'attire dans l'embrasure d'une croisée, et là :
« Maréchal, lui dit-il, c'est de votre bouche que
« je veux enfin savoir ce dont, à mon regret, je
« suis trop éclairci. Je vous assure votre grâce,
« quoi que vous ayez commis contre moi. Le
« confessant librement, je vous couvrirai du
« manteau de ma protection, et l'oublierai pour
« jamais. — Oh ! c'est trop presser un homme
« de bien, répondit Biron avec arrogance; c'est
« moi qui vous demande justice de mes enne-
« mis, sinon je me la ferai moi-même. — Bien,

« maréchal, je vois que je n'apprendrai rien de
« vous; je m'en vais voir le comte d'Auvergne,
« pour essayer d'en apprendre davantage. »

Le roi passe dans son cabinet, où Vitry et Praslin l'attendaient; il leur commande d'arrêter Biron et le comte d'Auvergne, en ajoutant : « N'y faillez pas, sur vos têtes. » Et il rentre dans sa chambre, congédie tout le monde, et dit au maréchal : « Adieu, *baron* de Biron, vous sa-
« vez ce que je vous ai dit. »

A peine Biron était-il dans l'antichambre [1] que Vitry lui demanda son épée au nom du roi. « Tu te railles, répondit le maréchal. — Le roi
« m'a commandé, répliqua Vitry, de lui rendre
« compte de votre personne. — Fais, je te prie,
« que je parle au roi. — Non, Monsieur, le roi
« est retiré; votre épée? — Mon épée! mon épée,
« qui a fait tant de bons services! — Oui, Mon-
« sieur, baillez votre épée. » Toute résistance était inutile; le maréchal remit son épée au capitaine des gardes, en s'écriant, devant quelques courtisans témoins de cette scène : « Vous voyez,
« Messieurs, comme on traite les bons catho-
« liques! ».

---

[1] Les distributions ultérieures ont modifié cette antichambre, mais on retrouve le passage où fut arrêté le maréchal, entre la chambre du roi et la chambre dite de Saint-Louis.

Dans le même moment, Praslin arrêtait le comte d'Auvergne..... « Moi! moi! s'écria le « comte. — Oui, Monsieur; le roi veut que je « vous fasse prisonnier. — Eh bien, voilà mon « épée; elle n'a jamais tué que des sangliers; si « tu m'avais averti de ceci, il y a deux heures « que je serais couché et que je dormirais. »

On conçoit cette insouciance dans le frère de la favorite du roi; mais Biron était loin de partager la sécurité du comte d'Auvergne. Enfermé dans le pavillon des Armes [1], livré à la plus affreuse agitation, il se promenait à grands pas dans sa chambre, dont il frappait avec fureur les murailles, laissant éclater devant ses gardes des plaintes, des regrets, des reproches, où le nom du roi n'était pas épargné. Que n'a-t-il écouté les avis de sa sœur! Pourquoi venir à Fontainebleau? Pourquoi avoir mis tant de roideur dans ses entretiens avec le roi? Mais aussi comment s'imaginer que son compagnon d'armes, son ami, celui près de qui il avait couché tout san-

---

[1] Le *pavillon des Armes*, l'un des cinq qui forment la façade principale du château sur la cour du Cheval-Blanc, était ainsi nommé parce que François Ier y avait rassemblé des armes de tous les temps et de tous les pays. La plupart de ces armes ont été transportées au musée d'artillerie, à Paris. On voit aussi à la bibliothèque royale une de ces armures, celle de Henri II encore très-jeune.

glant sur les champs de bataille; celui dont il avait partagé la bonne et la mauvaise fortune, à la guerre, au jeu, dans les plaisirs, dans les grandeurs, partout, Henri IV enfin serait assez cruel, assez ingrat pour le faire arrêter? Ces réflexions, que rembrunissaient les souvenirs du passé et les craintes de l'avenir, torturent son esprit..... Biron n'avait point assez compris la nuance qui sépare la familiarité dans laquelle on vivait avec un prince, de l'affection respectueuse qu'on lui doit lorsqu'il est monté sur le trône; la royauté impose des devoirs qui modifient l'amitié sans l'altérer; mais il faut savoir apprécier que ce qui était pour un ami, pour un compagnon d'armes, une vivacité, devient une offense pour un roi; il faut surtout se garder d'abuser de certains souvenirs, pour embarrasser ou humilier celui qui est devenu le maître; car une humiliation est ce qu'il pardonne le moins. N'y a-t-il pas aussi quelque lâcheté à se servir de la faveur royale pour conspirer contre son pays, dans l'espoir de l'impunité? L'ancien ami disparaît alors pour faire place au souverain; et le coupable ne trouve plus qu'un juge..... Voilà ce que le maréchal se serait dit avec plus de tact et moins de présomption; mais l'insensé aima mieux blesser l'amitié, méconnaître les droits de la couronne, lasser la clémence et provoquer la justice.

Après l'arrestation du maréchal, le roi avait envoyé la Varenne à Sully pour l'inviter à se rendre dans son cabinet. « Nos gens sont pris, « lui dit-il; montez à cheval, allez leur préparer « leur logis à la Bastille. Je les enverrai par bateau « à la porte de l'Arsenal qui est du côté de l'eau; « faites-les-y descendre; qu'il ne s'y trouve per- « sonne, et les menez où il faut, sans bruit, au « travers de vos cours et de vos jardins. Lorsque « vous aurez tout disposé de cette manière à l'Ar- « senal, avant qu'ils arrivent, ce qu'ils feront peu « de temps après vous, allez au parlement et à « l'hôtel de ville; faites-leur entendre ce qui « s'est passé; dites-leur qu'ils en sauront les rai- « sons à mon arrivée, et qu'ils les trouveront « justes. »

Les ordres du roi furent ponctuellement remplis; les deux prisonniers furent transférés de Fontainebleau à la Bastille pendant la nuit du 15 juin; le procès s'instruisit devant le parlement, présidé par Achille de Harlay; et, le 21 juillet 1602, le maréchal duc de Biron fut exécuté, *par faveur*, dans la cour de la Bastille, au lieu d'avoir la tête tranchée en place de Grève. Ce fut la seule grâce qu'il obtint de celui qui, naguère encore, l'embrassait en l'appelant son ami!

Ah! sans doute Biron était coupable, et il a été justement condamné; mais, s'il était vrai qu'à l'époque de sa mort le repos de la France n'avait reçu aucune atteinte sérieuse de sa trahison; s'il était vrai que la sûreté de l'État n'exigeait ni un grand exemple ni le sacrifice d'une tête illustre, puisque Henri n'attendait qu'un aveu pour pardonner; s'il était vrai enfin que les frayeurs de Marie de Médicis, et peut-être aussi ces secrètes misères du cœur humain, dont les plus grands princes ne sont pas exempts, eussent exercé une influence en dehors des intérêts du royaume, combien ne devrait-on pas regretter que Henri n'ait point fait usage du plus beau droit de la royauté, au moins pour adoucir la rigueur de la loi! Une tache de sang ne se mêlerait pas à l'éclat de sa couronne, d'ailleurs si belle et si pure!

Si ce monarque avait espéré intimider les conspirateurs en livrant la tête de Biron au bourreau, il ne tarda pas à éprouver un cruel mécompte. Ignorait-il donc jusqu'où peut aller la vengeance d'une femme jalouse et l'audace des ambitieux? N'avait-il pas prévu qu'ils coloreraient leurs complots du prétexte de venger la mort d'un ami?

Avant son mariage, Henri IV avait fait une promesse écrite à la marquise de Verneuil de l'épouser si elle lui donnait un fils. Sully, à qui le roi avait communiqué ce papier dans la galerie de Fontainebleau, l'avait déchiré; mais après s'être emporté contre son ministre [1], Henri avait tracé une autre promesse qu'il s'était empressé de porter à Malesherbes [2], où résidait la marquise. Depuis ce jour, malgré la naissance du dauphin, cette favorite, devenue mère elle-même, n'avait pas renoncé à ses rêves ambitieux; seulement, ils avaient changé de cours. Forcée d'abandonner l'espoir d'épouser le roi, elle voulait du moins que la couronne, à laquelle elle n'avait pu atteindre elle-même, fût placée sur la tête de son fils. En vain Henri lui prodiguait honneurs, trésors, caresses; son ingratitude semblait s'accroître avec les bontés du roi; son impertinence n'avait plus de bornes [3]; ses intrigues se multi-

[1] « Comment, morbleu! dit Henri extrêmement surpris de tant de hardiesse, que prétendez-vous faire? je crois que vous êtes fou. — Il est vrai, sire, lui répondis-je, je suis un fou, et plût à Dieu que je le fusse tout seul en France! » (*Mémoires de Sully*, année 1599.)

[2] Malesherbes, château qui appartenait au comte d'Entragues, à peu de distance de Fontainebleau.

[3] Un jour que Marie de Médicis se promenait aux Tuileries avec le dauphin, Henriette vint aussi dans le jardin avec son fils, et dit à la reine : « Voilà nos deux dauphins qui se promènent; mais le mien est plus beau que le vôtre. » La reine lui appliqua un soufflet, en disant : « Qu'on m'ôte cette insolente! » (*Mémoires d'Élisabeth-Charlotte d'Orléans.*)

Cette aventure n'ajouta pas à la tendresse que la favorite

pliaient et enveloppaient le trône [1]; les jésuites les encourageaient sourdement; l'Espagne promettait de les appuyer; le comte d'Entragues et le comte d'Auvergne les dirigeaient.

Tant d'audace ne pouvait rester impunie. Henri IV livra les coupables au parlement, qui condamna le comte d'Entragues et le comte d'Auvergne à avoir la tête tranchée, et la marquise de Verneuil à être renfermée pour le reste de sa vie dans l'abbaye des religieuses de Beaumont, près Tours [2].

Mais cette fois l'amour plaidait pour les coupables; il fut plus puissant que l'amitié. Ce que le roi n'avait pas fait pour Biron, il le fit pour le père et le frère de sa maîtresse; l'amour commua leur peine: le comte d'Entragues fut exilé à Ma-

---

avait pour la reine; aussi ne laissait-elle échapper aucune occasion de la tourner en ridicule : elle parodiait sa voix, ses manières, ne l'appelait que la *grosse banquière;* enfin, elle s'emporta à ce point devant le roi, qu'elle lui dit : « En vérité, « je m'étonne qu'une Médicis n'ait pas employé contre sa ri- « vale les breuvages à la mode dans son pays. »

[1] Un soir que le roi était parti déguisé de Fontainebleau pour aller à Verneuil, il pensa tomber entre les mains de quinze ou seize parents de d'Entragues qui l'attendaient dans la campagne pour l'assassiner, et il n'échappa que par un insigne bonheur. (Vittorio Siri.)

[2] Année 1605.

lesherbes, le comte d'Auvergne enfermé à la Bastille, et la marquise obtint sa grâce, « dont elle « dicta même les conditions. »

Mais tous les trois ne conservèrent la vie que pour l'employer à se venger de celui qu'ils regardaient comme le véritable auteur de leur disgrâce : de Sully! La marquise de Verneuil recrute tous ceux de la cour que la juste sévérité du grand maître a mécontentés; elle appelle à son aide les jésuites, qui, à peine rétablis dans le royaume, conspiraient contre un roi dont la conversion leur était suspecte ; elle soudoie des libellistes qui empoisonnent toutes les actions de Sully, sa réconciliation avec le duc d'Épernon, comme son empire sur la maison de Lorraine. On le représente comme l'âme secrète des complots dirigés contre le roi; et tel était l'art perfide avec lequel on avait ourdi les trames, falsifié les papiers, accrédité les rumeurs, supposé les intelligences, que la foi de Henri lui-même avait été ébranlée. La conduite de Biron l'avait rendu soupçonneux. « Faut-il donc avoir à craindre de « tout ce que j'aime! » s'écriait-il avec désespoir.

Il est des symptômes qui ne trompent pas l'œil d'un ami. Rosny avait remarqué dans le roi une froideur, un embarras dont il ignorait la cause : incapable de vivre dans cette contrainte, il crut devoir lui écrire une lettre empreinte de toute la loyauté de son caractère. A cette lecture, Henri rougit de ses soupçons; mais il avait besoin d'un entretien avec son ami pour dégager entièrement son cœur. Le roi était à Fontainebleau; Sully va prendre ses ordres comme à l'ordinaire. « Je le trouvai, dit-il dans ses Mémoires [1], au milieu des courtisans qui étoient venus à son lever, se faisant botter dans son cabinet pour aller à la chasse. Sitôt qu'il me vit entrer, il se leva à demi de dessus sa chaise, ayant un pied chaussé, m'ôta le chapeau et me dit bonjour, en m'appelant *monsieur*, tous signes équivoques d'un esprit fâché et embarrassé; ses termes ordinaires étoient *mon ami Rosny* ou *grand maître*; mais la distraction avec laquelle je lui vis frapper l'un contre l'autre ses petits rouleaux d'ivoire, fit que je ne me mépris point lorsque je jugeai qu'il n'y avoit nulle colère dans son action. Je lui fis, de mon côté, une inclination beaucoup plus profonde que de coutume; ce qu'il m'a dit depuis l'avoir si fort attendri qu'il s'en étoit peu fallu qu'il ne vînt dans le moment même se jeter à mon cou. Il demeura quelques instants dans la même rêverie, puis dit à Beringhen qu'il ne faisoit pas assez beau pour aller à la chasse, et qu'il le débottât. Beringhen, sur-

---

[1] Tome IV, année 1605.

pris de ce changement si prompt, lui ayant répondu un peu imprudemment qu'il faisoit fort beau : « Non fait, répliqua Henri avec un mou-
« vement d'impatience, il ne fait pas beau temps,
« et je ne veux pas monter à cheval; débottez-
« vous. » Après que cela eut été fait, ce prince se mit à discourir, en portant la parole, tantôt aux uns, tantôt aux autres, de choses qu'il croyoit devoir me donner occasion de parler. Voyant que je n'en faisois rien, il prit Bellegarde par la main, et lui dit : « Monsieur le Grand, allons
« nous promener, je veux parler à vous, afin
« que vous partiez dès aujourd'hui pour vous en
« aller en Bourgogne. » Il y avoit eu aussi entre eux je ne sais quel petit débat où il entroit beaucoup de rapports et de tracasseries de femmes.

« Étant sur la porte du petit degré qui descend au jardin de la Reine, le roi appela l'Oserai, et lui dit, comme je l'ai su de l'Oserai lui-même, qu'il prît garde si je le suivois, et que si je tournois d'un autre côté, il ne manquât pas de l'en avertir. Je restai en ma même place pendant tout le temps que Sa Majesté entretint M. le Grand sur le chemin qui mène au jardin de la Conciergerie; mais je remarquai bien qu'elle jeta de fois à autre les yeux sur moi.

« Après que Bellegarde eut pris congé du roi, je m'avançai, et lui demandai si Sa Majesté n'avoit

rien à m'ordonner. « Et où allez-vous ? me dit ce
« prince. — A Paris, sire, lui répondis-je, pour
« les affaires dont Votre Majesté me parla il y a
« deux jours. — Eh bien, allez, me dit-il, c'est
« bien fait ; je vous recommande toujours mes
« affaires, et que vous m'aimiez bien. » Je fis la
révérence, il m'embrassa comme à l'ordinaire,
et je repris le chemin de chez moi. Je n'étois pas
à plus de trois cents pas que je m'entendis appeler, et m'étant retourné, je vis la Varenne qui
couroit après en me criant : « Monsieur, le
« roi vous demande. » Ce prince, me voyant
revenir, tourna sur le chemin du chenil, et
m'appelant avant que je fusse proche de lui :
« Venez çà, me dit-il. N'avez-vous rien du tout
« à me dire ? — Non, sire, pour le présent, lui
« répondis-je. — Oh ! si ai-je bien moi à vous, »
reprit-il précipitamment. Il me prit la main en
me disant ces paroles, et me mena dans les allées
des mûriers blancs [1], où il fit mettre, à l'entrée
des canaux qui environnent ces mûriers, des
Suisses qui n'entendoient point le françois. »

Le roi commence par embrasser Sully par
deux fois avec effusion : « Tenez, mon ami, lui
dit-il, des personnes accoutumées depuis vingt-

---

[1] Au bout du jardin des Pins. Cette allée était entourée de
canaux ; on n'y arrivait que par deux petits ponts.

trois ans à ne se rien cacher, ne peuvent rester plus longtemps dans la réserve et dans la froideur. Je veux que nous sortions d'ici vous et moi le cœur net de tous soupçons, et satisfaits l'un de l'autre ; mais, encore un coup, comme je veux vous ouvrir mon cœur, je vous prie de ne me rien déguiser de ce qui est dans le vôtre. » Rosny lui en donna sa parole d'honneur. Alors le roi lui nomma ses accusateurs [1], dévoila leurs artifices, tira de sa poche et fit lire à Rosny plusieurs papiers, entre autres un libelle [2] où il était accusé de vouloir, à l'exemple de Coligny, soulever les huguenots et appeler les reîtres et les lansquenets pour faire naître la guerre civile et livrer la France à l'étranger. Après cette lecture, pendant laquelle Rosny ne laissa pas apercevoir trace d'émotion, le roi lui dit : « Eh bien, que vous en semble ? — Mais vous-même, sire, répondit Rosny, quelle opinion en avez-vous,

---

[1] Sully les divise en sept classes :

1° Princes et officiers de la couronne ;

2° Maîtresses du roi ;

3° Les partisans de l'Espagne et les jésuites ;

4° Les favoris et petits-maîtres ;

5° Les séditieux ;

6° Les financiers, gens de plume et d'affaires ;

7° Les flatteurs de cour.

[2] Le *Discours d'État*, attribué à Juvigny.

vous qui avez lu et relu, et si longtemps gardé toutes ces belles pièces? Pour moi, je ne suis pas si surpris de ces niaiseries de gens sots et méchants, comme je le suis de voir qu'un aussi grand roi, si rempli de jugement, de courage et de bonté, et qui m'a si bien connu, ait pu avoir la patience de les lire et de les garder si longtemps, de me les faire lire tout au long et en sa présence, et d'entendre tenir tous les mêmes discours qu'ils renferment sans du moins témoigner par la colère la violence qu'il se faisait en les entendant, et faire rechercher les auteurs pour les châtier sévèrement. »

Henri était un peu confus. Sully veut effacer de son cœur jusqu'à la dernière trace de soupçon. « Quoi! reprit-il, mon amour pour ma patrie, mon attachement à votre personne, le soin de mon honneur et de ma réputation, ne vous ont pas rassuré contre ces entreprises chimériques? Moi, vous détrôner! Suis-je donc à ce point dépourvu de jugement? Moi, transporter la couronne hors la famille royale! Mais quand il aurait été en mon pouvoir d'en disposer, de qui aurais-je pu faire choix que de la personne même de celui à qui j'ai consacré tout mon travail et tout mon service, et sacrifié depuis trente ans mon sang et ma vie? »

Et Rosny, dans son émotion, allait tomber

aux genoux du roi. Henri s'en aperçoit : «Rosny, « dit-il avec précipitation, prenez garde, on « nous observe; ils croiraient que je vous par- « donne! » Après ce mot sublime, il embrasse son ami, et, le prenant par la main, rentre avec lui dans le palais. « Quelle heure est-il? demanda-t-il aux courtisans qui attendaient avec impatience l'issue de cet entretien. — Une heure après midi; votre entretien, sire, a duré fort longtemps. — Oui, je vois ce que c'est, répondit le roi d'un ton significatif; il y en a auxquels il en a plus ennuyé qu'à moi. Afin de les consoler, je veux bien vous dire à tous que j'aime Rosny plus que jamais, et qu'entre lui et moi, c'est à la vie et à la mort. Et vous, mon ami, ajouta-t-il en serrant la main de Rosny, allez dîner, et m'aimez et servez comme vous avez toujours fait; car j'en suis content. »

L'année suivante, le palais de Fontainebleau fut témoin d'une brillante cérémonie.

Depuis la naissance du dauphin, Marie de Médicis avait mis au jour deux princesses, Élisabeth de France [1], qui devint reine d'Espagne;

[1] Cette princesse, née à Fontainebleau le 22 novembre 1602, épousa Philippe IV, roi d'Espagne. Malherbe, dans ses vers, lui avait promis une longue félicité. La prédiction du poëte ne se réalisa pas; la fille de Henri IV ne fut pas heureuse, mais elle montra dans les circonstances orageuses de la constance et de la fermeté.

Christine de France, qui devint duchesse de Savoie [1].

Le roi voulut que ses trois enfants fussent baptisés le même jour. « La peste qui régnoit à Paris (disent des mémoires du temps) avoit obligé

[1] Née au Louvre, au mois de février 1606. « Les astrologues avoient prédit (dit le journal de *l'Estoile*) que la reine couroit risque de la vie. Elle accoucha heureusement d'une fille. Henri IV, en la consolant (car elle souhaitoit un garçon), lui dit avec sa gaieté ordinaire : « que si cette fille demeuroit sans établissement, il y en auroit bien d'autres, et que si sa mère n'avoit point fait de fille, elle n'auroit jamais été reine. »

C'est au sujet de son mariage avec cette princesse que Victor-Amédée, duc de Savoie, donna à Turin ce célèbre tournoi, où il fit publier son cartel en ces termes :

« La beauté que je sers nous représente par le *bleu* ses
« pensées célestes, par l'*incarnat* ses chastes et honnêtes incli-
« nations, par le *blanc* la candeur et la pureté de sa foi, et par
« l'*amarante* sa constance..... S'il se trouve quelqu'un qui ose
« soutenir le contraire, qu'il s'assure que de l'orgueil du *jaune*,
« du désespoir du *gris*, de la frénésie du *noir*, du peu d'assu-
« rance du *rouge*, de la tromperie du *vert*, il passera du
« *vermeil* de la vie au *pâle* de la mort. »

Un chevalier répliqua : « Je vous ferai bientôt apercevoir
« que l'ambition de votre *bleu* vous portant à la témérité de
« l'*amarante*, parmi les délicatesses de l'*incarnat*, vous con-
« duira au *blanc* de la mort; tandis que la force de mon *noir*,
« réjoui par la compagnie du *jaune*, espère avec le *vert* d'im-
« primer le *violet* sur vos joues, et d'arroser abondamment ce
« champ avec le *rouge* de votre sang. »

de transporter tous les préparatifs à Fontainebleau. » Cette cérémonie eut lieu le 14 septembre 1606, à quatre heures après midi.

« La cour du Donjon, autrement dite de l'Ovale, ayant été ordonnée pour cette pompe royale, étoit couverte par le milieu d'une grande toile peinte, ouverte et taillée en certains endroits, représentant la figure d'un dauphin, les chiffres du roy et de la reyne, et des fleurs de lys en or.

« Il y avoit un grand pont de bois avec des balustres bien enrichies, et prenoit ce pont depuis une fenêtre que l'on avoit ouverte et dressée en forme de porte, tenant au pavillon de Saint-Louis, laquelle répondoit à la terrasse de la cour de la Fontaine.

« A l'un des bouts de ce pont, joignant le dôme ou porte des Dauphins [1], il y avoit un grand eschaffaut sur lequel estoit dressé un autel fort enrichi de précieux ornemens avec un grand dais de broderies.

« Les fonts qui servent pour le baptême de nos rois avoient été apportés de la sainte chapelle du château du bois de Vincennes, où ils sont curieusement gardés : c'est un grand bassin

---

[1] Il existe un ancien tableau qui représente fidèlement cette cérémonie, pour laquelle Henri IV fit construire la partie supérieure de ce grand portail.

de cuivre rouge, couvert de plaques d'argent avec de petites figures artistement travaillées; le tout fort antique, ayant été fait l'an huit cens nonant-sept.

« Et tout le long de la cour il y avoit des degrés en forme d'amphithéâtre et de colisée, lesquels alloient jusqu'aux barreaux qui servent de parapet, où paroissoit un grand nombre de peuple.

« Monseigneur le dauphin estant couché dans un lict de parade, et madame sa sœur en un autre au pavillon des Poêles, on vint les lever et les prendre; puis on commença de marcher.

« Alloient premièrement les cent-suisses, portant chacun un flambeau de cire blanche;

« Suivoient les cens gentilshommes servans;

« Puis les gentilshommes de la chambre, un flambeau à la main;

« Marchoient après les trompettes, les tambours, les fifres et les hautbois, qui faisoient résonner l'air de fanfares et d'allégresse;

« Les neuf héraults, avec leurs cotes d'armes, paroissoient en cinquième lieu;

« Ensuite marchoient les chevaliers des ordres de S. M.

« Cependant le roy et la reyne étoient en une fenêtre de la cour du Donjon, considérant toute cette magnificence [1]. »

[1] Trésor de Fontainebleau.

Dès que le baptême fut terminé, le premier héraut d'armes cria : *Vive monseigneur le dauphin de France!* Ce cri fut suivi de longues acclamations. Un splendide souper fut servi dans la salle du bal. Le roi avait à sa droite le cardinal de Joyeuse, légat du pape Paul IV, parrain du dauphin, et Éléonore de Médicis, duchesse de Mantoue, la marraine ; à sa gauche, la reine et la princesse de Condé. « Jamais, dit l'Estoile, on n'avoit vu pareille richesse : l'épée du duc d'Épernon avoit dix-huit cens diamans ; l'habit du maréchal de Bassompierre, dont la façon lui coûta six cents écus, étoit de toile d'or violette ; le brodeur y avoit employé cinquante livres pesant de perles. »

Après le souper, on tira un feu d'artifice devant la porte de la Chaussée, car, depuis un temps immémorial le même programme subsiste pour les réjouissances publiques ; « et les soldats du régiment des gardes n'épargnèrent ni leur poudre ni leurs mousquets. »

De vieux historiens prétendent avoir entendu des témoins oculaires raconter que pendant la soirée on avait aperçu dans les cieux des rayons lumineux sous des formes fantastiques : c'étaient des chariots de feu traînés par des chevaux ailés ; c'était un combat de chevaliers armés de lances ! La crédulité aura donné à un météore telle ou telle figure merveilleuse; ou une curiosité ignorante se sera méprise sur quelques pièces du feu d'artifice, qui représentait le château des fées attaqué par une troupe de sauvages, et réduit en cendres par un dragon aux ailes enflammées [1].

Les mêmes prodiges signalèrent la naissance du duc d'Orléans, second fils du roi, qui vint au monde dans le palais de Fontainebleau, le 16 avril 1607. Trois jours après le *Te Deum* en musique qui fut chanté dans la chapelle haute du château, deux sentinelles affirmèrent, par serment, qu'à deux heures du matin, elles avaient vu dans l'air, au-dessus de la chambre de la reine, « un aigle environné d'une grande lumière, qui avoit passé sur le jardin près de l'horloge avec un grand éclat comme d'un coup de tonnerre ou de canon. »

Malherbe célébra la naissance de ce prince dans le sonnet suivant, qu'il adressa au roi :

---

[1] La continuation du *Mercure français*, ou suite de l'histoire de l'auguste régence de la reine Marie de Médicis, parle aussi de ce miracle. « Après le baptême, dit-il, apparut en l'air un nuage de feu qui éclaira tout le ciel de sa splendeur, et se dissipa comme par un éclat de tonnerre. — Le prince, ajoute-t-il, en son enfance, étoit doué de toutes sortes de perfections : une beauté qui ne se pouvoit regarder qu'avec admiration; l'œil, la parole et la grâce plus qu'humaines, et toute la personne angélique. »

« Je le connais, destins : vous avez arrêté
Qu'aux deux fils de mon roi se partage la terre,
Et qu'après le trépas ce miracle de guerre
Soit encore effroyable en sa postérité.

Leur courage aussi grand que leur prospérité
Tous les forts orgueilleux brisera comme verre;
Et qui de leurs combats attendra le tonnerre,
Aura le châtiment de sa témérité.

Le cercle imaginé, qui de même intervalle
Du nord et du midi les distances égale,
De pareille grandeur bornera leur pouvoir :

Mais étant fils d'un père où tant de gloire abonde,
Pardonnez-moi, destins, quoi qu'ils puissent avoir,
Vous ne leur donnez rien, s'ils n'ont chacun un monde. »

Les courtisans ne manquèrent pas de tirer de ces phénomènes l'augure d'un long avenir de gloire et de prospérité pour le jeune duc d'Orléans; le canon annonçait un héros; le tonnerre, un demi-dieu!... Les poëtes et les flatteurs se trompèrent : le prince mourut à l'âge de quatre ans[1];

---

[1] Après sa mort, le nom d'Orléans passa au troisième fils de Henri IV, Gaston, duc d'Anjou, également né à Fontainebleau. « La reine fut plus indisposée de cette couche que des autres; elle fut saignée du pied, et elle guérit bientôt totalement. Le roi en eut toute la joie possible. » (*Mémoires de Sully*, livre xxv.)

et Malherbe, qui avait salué son berceau, composa pour sa tombe cette épitaphe :

> Plus Mars que Mars de la Thrace,
> Mon père victorieux
> Aux rois les plus glorieux
> Ota la première place.
>
> Ma mère vient d'une race
> Si fertile en demi-dieux,
> Que son éclat radieux
> Toutes lumières efface.
>
> Je suis poudre toutefois,
> Tant la Parque a fait ses lois
> Égales et nécessaires.
>
> Rien ne m'en a su parer :
> Apprenez, âmes vulgaires,
> A mourir sans murmurer.

Le royaume jouissait d'une profonde tranquillité. Maître d'un État florissant, il ne manquait rien à la gloire de Henri. L'Europe rendait hommage à sa puissance, à sa valeur, à la sagesse de son administration. Déjà il avait reçu à Fontainebleau, en 1601, des ambassadeurs vénitiens qui étaient venus le complimenter sur la paix; il les avait fait conduire dans ses carrosses, servir avec sa propre vaisselle d'argent, et combler de présents. Il n'accueillit pas avec moins de distinction dans le même séjour, en

1607, un ambassadeur du sultan qui vint solliciter son alliance.

Le roi était dans sa grande chambre, entouré de sa cour, et assis sous un dais. L'ambassadeur mit un genou en terre, baisa le bas du manteau du roi, et lui remit la lettre du sultan, dont la suscription mérite d'être rapportée : « Au plus glorieux, au plus magnanime et grand seigneur de la créance en Jésus-Christ, l'élu entre les princes de la nation du Messie, seigneur de majesté, de grandeur, de richesses, de vertus; à l'illustre guide des plus grands! »

Curieuse de voir cette cérémonie sans être vue, la reine s'était placée dans la ruelle du lit; un éclat de rire, que lui arracha le cérémonial d'Orient, révéla sa présence.

Une ambassade plus importante devait bientôt amener, à Paris, le connétable de Castille; à Fontainebleau, don Pèdre de Tolède.

Henri IV avait conçu le dessein célèbre de partager l'Europe en quinze grandes dominations, dont les limites auraient été tracées de manière à pouvoir se servir réciproquement de contre-poids, et mettre les peuples à l'abri des vicissitudes et des horreurs de la guerre. Le juste ascendant dont il jouissait en Europe lui faisait espérer de devenir le chef de cette vaste confédération.

Rome et Venise, le duc de Savoie, les rois d'Angleterre et de Danemark, le roi de Suède, les protestants de Hongrie, de Bohême, de la haute Autriche, les Provinces-Unies, presque toute l'Europe s'était engagée à favoriser les projets de Henri; mais l'Espagne, encouragée par les jésuites et soutenue par l'empereur Rodolphe, opposait une résistance perfide. Henri IV fit des préparatifs de guerre. L'Espagne envoya près de ce prince un ambassadeur extraordinaire, don Pèdre de Tolède, seigneur magnifique, allié de la reine de France, et tout gonflé de l'orgueil castillan.

Don Pèdre vint trouver le roi à Fontainebleau dans l'année 1608[1], accompagné d'une suite nombreuse et brillante[2]. Le roi lui donna sa première audience dans la chambre de l'Ovale, entouré de toute sa cour : on remarquait près du trône le prince de Condé, le comte de Soissons, le duc de Vendôme, le duc de Guise, le prince

---

[1] « En l'année 1608, M. de Mantoue, beau-frère du roi, vint aussi à Fontainebleau. Après l'avoir tenu avec grande compagnie de dames, chasses, jeux et autres divertissemens, il prit congé du roi, qui le fit conduire jusqu'à Nemours, et qui me commanda de l'accompagner jusqu'à Montargis. » (*Mémoires de Bassompierre.*)

[2] « Comtes, marquis, gentilshommes, pages, tous richement vêtus, et couverts de pierreries et de chaînes d'or. »

de Joinville, le duc de Sully, le duc d'Épernon, le maréchal de Brissac, les ministres et le chancelier.

L'ambassadeur espagnol, son chapelet à la main, après avoir mis un genou en terre, adressa au roi une longue harangue pour l'engager à contracter une alliance avec son souverain, une alliance dont le but serait la *ruine et la conversion des hérétiques;* puis il alla saluer tour à tour la reine, qui était dans sa chambre, au milieu de ses dames, et le dauphin, qui avait auprès de lui le duc d'Orléans et le duc d'Anjou, ses frères. Après la cérémonie, don Pèdre fut reconduit aux flambeaux au département de l'Hôtel et de la Conciergerie, où il était logé [1].

Dans ses entretiens avec le roi, l'ambassadeur n'observait pas toujours le respect et la mesure qu'avait droit d'attendre son auguste interlocuteur. Un jour que don Pèdre vantait avec arrogance la grandeur et la force de la monarchie espagnole, le roi, fatigué de tant d'orgueil, lui dit : « Votre monarchie ressemble à la statue de Nabuchodonosor, formée des métaux les plus précieux, mais dont les pieds étaient d'argile.

---

[1] Ces bâtiments, qu'on a depuis appelés la cour des Princes, ont été construits par Henri IV.

Au surplus, si votre maître me force à monter à cheval, je serai bientôt à Madrid. — C'est possible, répliqua don Pèdre, nous y avons bien vu le roi François Ier. — Monsieur l'ambassadeur, reprit Henri, vous êtes Espagnol et moi Gascon; ne nous échauffons pas davantage. » Une autre fois, don Pèdre essayait de faire sentir au roi que s'il continuait à accorder sa protection aux Provinces-Unies, son maître pourrait moins souhaiter le mariage des enfants de France et d'Espagne. « A votre aise, répondit le roi; lorsque « mes enfants seront en âge d'être mariés, ils « sont d'assez bonne maison pour que je n'en « sois pas embarrassé. »

Avant son départ de Fontainebleau, le roi voulut lui montrer le palais dans tous ses détails, ainsi que les nombreux travaux dont il l'avait embelli. « Qu'en pensez-vous, monsieur l'ambassadeur? lui demanda-t-il à la fin de la promenade. — Cette maison serait plus belle, sire, répondit don Pèdre, si Dieu y était logé aussi bien que Votre Majesté. »

Ce mot ne fut point perdu, et nous lui devons la restauration générale de la grande chapelle de la Sainte-Trinité, plus digne, en effet, de la majesté de Dieu que la chapelle basse de Saint-Saturnin, abandonnée par François Ier aux officiers de sa maison, et que la chapelle haute, élégante dans sa forme, mais loin de toute proportion avec la grandeur du palais.

Le palais de Fontainebleau dut bien d'autres embellissements à ce prince, qui y fit travailler depuis 1593 jusqu'en 1609 [1]. C'est lui qui fit construire :

Dans la cour ovale, les bâtiments terminés par deux grands pavillons, l'un au bout de l'appartement de la reine, l'autre appelé le pavillon du Dauphin, élevé pour Louis XIII ;

Le balcon qui règne autour de la cour de la Fontaine ;

La grande et belle galerie de la Reine, ou galerie de Diane [2] ;

La volière auprès de la galerie des Chevreuils, qui n'existe plus ;

Le pavillon qui s'élève au milieu du grand étang [3] ;

---

[1] Dupleix, in Henrico IV.

[2] Marie de Médicis y était représentée sous les traits de Diane. Malherbe mit ces vers au bas de son portrait :

> Oui, quand j'aurai peint ton image,
> Quiconque verra cet ouvrage,
> Advoûra que Fontainebleau,
> Le Louvre ni les Tuileries,
> N'ont point un si riche tableau.

[3] « Pour prendre le frais l'été et se récréer gentiment au « milieu des eaux. »

La belle cheminée qui avait donné son nom à la salle dont Louis XV a fait la salle de spectacle ;

La capitainerie, à l'extrémité du jardin du Roi ;

Le pavillon du surintendant des finances ;

Enfin, dans l'année 1609, la belle cour des offices : on y remarque en lettres d'or sur une table de marbre, au-dessus du grand portail, une inscription où la flatterie se trouve par hasard d'accord avec la vérité ;

C'est lui qui enrichit de tableaux ou d'ornements, de dorures, chiffres et devises :

La chapelle de la Sainte-Trinité [1],
La chapelle de Saint-Saturnin [2],
La salle de la Conférence,
La chambre où naquit Louis XIII,
Les appartements du pavillon des Poêles,
La grande galerie d'Ulysse ;

C'est lui enfin qui embellit de cinq fontaines

---

[1] Tableaux de Freminet, peintre alors en réputation.

[2] Comme l'attestent les trois vers latins écrits en lettres d'or au-dessus de la porte de cette chapelle, devenue la bibliothèque :

Imperio natis que potens et conjuge felix
Altâ pace, sacram decorat rex inclytus ædem,
Æternùm ut pietas augustâ splendeat aulâ.

le jardin du Roi, et qui dessina le jardin de l'Étang, où il fit placer une statue d'Hercule par Michel-Ange; ainsi que le parc, dont il fit creuser le canal [1];

> « Beaux et grands bâtiments d'éternelle structure,
> Superbes de matière et d'ouvrages divers,
> Où le plus digne roy qui soit en l'univers,
> Aux miracles de l'art fait céder la nature.
> Beau parc et beaux jardins, qui dans votre clôture
> Avés toûjours des fleurs et des ombrages verts,
> Non sans quelque démon qui défend aux hyvers
> D'en effacer jamais l'agréable peinture [2]. »

[1] Voir, pour la description de ces divers travaux, le chapitre spécialement consacré à l'itinéraire du palais.

[2] Palma Cayet partage l'admiration de Malherbe; voici comment il s'exprime dans sa *Chronologie septenaire :*

« Les bastiments superbes, tant au corps du logis qu'aux
« jardins et fontaines que Sa Majesté a fait faire à Fontaine-
« bleau, et mesmes en la grand' salle neufve où Sa Majesté
« triomphante est eslevée en une statuë sur le manteau d'une
« cheminée, œuvre qui mériteroit un livre tout entier, pour
« en faire la description entière, et ne pourroit estre bien
« descrite que par les maistres mesmes en cet art excellent
« d'architecture, qui emporte en soy toutes les spéculations
« des mathématiques. »

Mais Gaspard de Saulx, seigneur de Tavannes, n'en parle pas avec le même éloge dans ses Mémoires: « Fontainebleau, dit-il, est une confusion, et n'y a que la grande cour qui soit belle, la seconde sans architecture, la troisième partie ovale, triangle et carrée, du tout imparfaite. » (P. 381, édit. in-folio.)

Henri IV aimait les arts et les artistes, se plaisait au milieu des ouvriers, et *courait avec joie*, comme il le disait lui-même, *d'atelier en atelier*. C'était, avec la chasse et le jeu, sa distraction favorite. « Dans un voyage que je fis à Fontainebleau en 1599, dit Bassompierre[1], j'avois de belles portugalaises et autres belles pièces d'or; il me demanda si je voulois les jouer à cent contre sa maîtresse; à quoi m'étant accordé, il me faisoit demeurer auprès d'elle à jouer pendant qu'il étoit à la chasse, et le soir il prenoit toujours son jeu. »

« La chasse, dit Sully, tenoit un des premiers rangs dans ses divertissemens. Le même jour, Sa Majesté, après avoir chassé l'oiseau, fit une chasse au loup, et finit sa journée par une troisième chasse du cerf, qui dura jusqu'à la nuit, malgré une pluie de trois ou quatre heures. On étoit alors à six lieues du gîte, c'est de là qu'il fallut faire retraite; le roi arriva un peu fatigué, mais avec cela gai et content, parce qu'il avoit pris ce jour-là tout ce qu'il avoit attaqué. Voilà ce que les princes appellent s'amuser: il ne faut disputer ni des goûts ni des plaisirs. »

Rosny le grondait parfois sur sa passion effrénée pour la chasse. Une fois surtout il lui avait

---

[1] *Mémoires*, vol. I.

écrit à ce sujet une lettre un peu rigide; c'était à la veille de la grande campagne de 1610, que méditait Henri IV : « Ne croyez pas, lui répondit le roi, que ce plaisir me détourne du soin de pourvoir aux soins de l'État, à notre voyage et à la composition de mon armée; donnez seulement ordre à l'artillerie et à l'argent, mais surtout aux vivres. Adieu, mon ami [1]. »

Les historiens du temps prétendent qu'il arriva à ce prince, dans la forêt de Fontainebleau, une aventure merveilleuse dont la tradition s'est perpétuée sous le nom du *grand veneur* :

« Le roy, accompagné de plusieurs seigneurs, étant à la chasse dans la forêt, entendit un grand bruit de plusieurs personnes qui donnoient du cor assez loin de lui, les jappemens des chiens et les cris des chasseurs bien différens des siens, et éloignés d'une demi-lieue, et en un instant tout ce bruit se fit entendre près de lui; Sa Majesté, surprise et étonnée, envoya le comte de Soissons et quelques autres pour découvrir ce que c'étoit, et aussitôt ils entendirent ce bruit près d'eux sans voir d'où il venoit, ni qui c'étoit, sinon qu'ils aperçurent, dans l'épaisseur de quelques broussailles, un

---

[1] Lettre de Henri IV, écrite de Fontainebleau, le 15 mars 1610.

grand homme noir et fort hideux, qui leva la tête et leur dit: *M'entendés-vous*, ou *qu'attendés-vous?* ou, selon d'autres, *amendés-vous;* ce qu'ils ne purent distinguer, étant saisis de frayeur, et qu'aussitôt ce spectre étoit disparu ; ce qui ayant été rapporté au roy, Sa Majesté s'informa des charbonniers, bergers, bucherons et autres, qui sont ordinairement dans cette forêt, s'ils avoient déjà vu de tels fantômes et entendu de tels bruits, et qu'ils répondirent qu'assez souvent il leur apparoissoit un grand homme noir avec l'équipage d'un chasseur, et qu'on l'appeloit le *grand veneur.* A quoi Matthieu ajoute que le duc de Sully [1], étant en son cabinet au pavillon du grand jardin de ce château, et l'ayant entendu un soir, étoit venu pour voir le roy, le croyant de retour, quoiqu'il fût à trois lieues de là [2]. »

Henri IV aimait aussi Fontainebleau à cause du bon air qu'on y respire. Cependant cette réputation de salubrité fit plus d'une fois défaut au

---

[1] On cherche encore de quelle nature pouvoit être ce prestige vu si souvent et par tant d'yeux dans la forêt de Fontainebleau. C'étoit un fantôme environné d'une meute de chiens dont on entendoit les cris et qu'on voyoit de loin, mais qui disparoissoit dès qu'on approchoit. (Sully, livre x, t. II.)

[2] Matthieu. — P. Cayet, *Chronologie septenaire.* — Péréfixe.

roi et à sa famille. En 1603, Henri, gravement malade, écrivit à Sully : « Venez, mon ami, je me sens si mal, qu'il y a apparence que Dieu veut disposer de moi. » Sully se rendit à Fontainebleau. Le roi était dans son lit [1], la reine assise à son chevet. « Je me sens mieux, venez m'embrasser, je suis soulagé de mes grandes douleurs [2]. Voilà, dit-il ensuite en se tournant vers la reine, celui de mes serviteurs qui a le plus de soin et d'intelligence des affaires de mon royaume, et qui vous eût le mieux servi et mes enfants aussi, si je vous avais manqué. »

C'était l'illusion reconnaissante d'un malade qui venait de recevoir des soins empressés; mais l'avenir prouva qu'avec son esprit étroit et sa politique tracassière, Marie de Médicis était incapable de comprendre la loyauté habile, le caractère élevé du ministre de Henri IV. Heureusement pour la France, le roi se rétablit.

Tranquille sur sa santé, il eut à craindre sur celle de ses enfants [3]. « Je ne suis pas sans

---

[1] *Mémoires de Sully.*

[2] C'était une rétention. Les médecins s'étant assemblés, donnèrent cette consultation : « *Abstineat a quâvis muliere, etiam reginâ.* » On ne sait si Henri IV fut fidèle à la prescription, mais il fut bientôt hors de danger. (Bassompierre, l'Estoile.)

[3] Les enfants du roi étaient élevés au château de Fleury, à

beaucoup d'inquiétudes, écrivait-il à Sully, ayant ici tous mes enfans malades : ma fille de Verneuil a la rougeole; mon fils le dauphin eut hier deux vomissemens; hier au soir, ma fille commença; mon fils d'Orléans a toujours la fièvre continue; jugez si avec tout cela je suis en peine. Je vous donnerai tous les jours avis de la santé de mes enfans [1]. »

Il les aimait tous tendrement, enfants naturels comme enfants légitimes [2]. Il fit évêque de Metz le fils de la marquise de Verneuil; il maria le fils de Gabrielle d'Estrées, César de Vendôme, avec la duchesse de Mercœur [3].

Après une longue négociation pendant laquelle le roi fut plus d'une fois obligé d'employer la

---

deux lieues de Fontainebleau, sur la route de Paris. Ce château jouera un rôle sous Louis XIII, dans la conspiration de Chalais contre le cardinal de Richelieu.

[1] Lettre de Henri IV, datée de Fontainebleau, le 16 mai.

[2] On sait sa réponse au connétable de Castille, qui le surprit étendu sur un tapis avec le jeune dauphin sur son dos. « Il ne voulait pas, dit Péréfixe, que ses enfants l'appelassent *monsieur*, nom qui semble rendre les enfants étrangers à leur père, mais qu'ils l'appelassent *papa*, nom de tendresse et d'amour. »

[3] Françoise de Lorraine, fille de Philippe Emmanuel de Lorraine, duc de Mercœur.

menace [1], ce mariage fut célébré par l'évêque de Paris à Fontainebleau, le 7 juillet 1609, dans la chapelle haute du palais.

« Les noces, disent les mémoires du temps, furent *triomphantes et magnifiques*. Le roy, la reine, toute la cour, ne parurent jamais avoir un plus grand éclat. Le roy avoit au cordon de son chapeau et sur son cordon bleu tant de diamans et pierreries, qu'on les estimoit à plus de 600 mille écus. C'étoit une merveille de voir tant de pompe et de splendeur. »

Le jeu de bague, où le roi, selon l'usage, fut presque toujours vainqueur; un souper splendide animé par un concert; un bal que le roi ouvrit avec la mariée; et un ballet qui fut représenté dans la salle de la grande cheminée, furent les réjouissances qui accompagnèrent la cérémonie.

La protection de Henri IV n'était pas assurée seulement aux artistes; les lettres eurent part à sa faveur. « Jeanne d'Albret n'avoit pas voulu qu'il fût un illustre ignorant, » et sa cor-

---

[1] Lorsqu'il trouvait de la résistance, Henri menaçait la duchesse douairière de Mercœur de lui faire payer deux cent mille écus de dédit. La duchesse, de son côté, faisait dire au roi qu'il prît non-seulement les cent mille écus, mais encore tout son bien, s'il en avait affaire. La fille voulait se faire religieuse. (*Mémoires historiques de France.*)

respondance se faisait remarquer par la grâce et le naturel du style, et quelques-unes de ses chansons étaient déjà populaires; aussi, tandis que Paul Bril, Freminet, Ambroise Dubois, décoraient son palais de Fontainebleau, ce prince y appelait le savant Casaubon [1], et le nommait son bibliothécaire; le cardinal Duperron était admis dans son intimité, et Malherbe, son poëte de circonstance, célébrait tour à tour ses exploits [2], sa goutte [3] et ses amours [4].

[1] Le roi entendit parler de Casaubon, et, sur la réputation de ce savant homme, il le fit convier de venir s'établir en France avec sa famille, où il le fixa par une pension qui lui donna les moyens de vivre comme il convient à un homme de son caractère, qui n'est pas appelé, disoit Henri, pour gouverner l'État. (*Mémoires de Sully*, livre x.)

[2] ODE AU ROI HENRI LE GRAND SUR SON VOYAGE DE SEDAN.

(1606.)

O roi qui du rang des hommes
T'exceptes par ta bonté,
Roi qui de l'âge où nous sommes
Tout le mal as surmonté;
Si tes labeurs d'où la France
A tiré sa délivrance
Sont écrits avecque foi,
Qui sera si ridicule
Qu'il ne confesse qu'Hercule
Fut moins Hercule que toi.

Fontainebleau redira longtemps avec reconnaissance le nom de Henri IV, dont la gloire et

[3] Sonnet a l'occasion de la goutte dont Henri le Grand fut attaqué a Fontainebleau, au mois de janvier 1609.

Quoi donc! c'est un arrêt qui n'épargne personne,
Que rien n'est ici-bas heureux parfaitement,
Et qu'on ne peut au monde avoir contentement,
Qu'un funeste malheur aussitôt n'empoisonne?

La santé de mon prince en la guerre étoit bonne,
Il vivoit aux combats comme en son élément;
Depuis que dans la paix il règne absolument,
Tous les jours la douleur quelque atteinte lui donne.

Dieux, à qui nous devons ce miracle des rois,
Qui du bruit de sa gloire et de ses justes loix
Invite à l'adorer tous les yeux de la terre;

Puisque seul après vous il est notre soutien,
Quelques malheureux fruits que produise la guerre,
N'ayons jamais la paix, et qu'il se porte bien!

[4] Stances pour Alcandre (Henri IV) au retour d'Oranthe (princesse de Condé) a Fontainebleau.

(1609.)

Revenez, mes plaisirs, ma dame est revenüe;
Et les vœux que j'ai faits pour revoir ses beaux yeux,
Rendant par mes soupirs ma douleur reconnue,
  Ont eu grâce des cieux.

Les voici de retour ces astres adorables,
Où prend mon Océan son flus et son reflus;
Soucis, retirez-vous, cherchez les misérables,
  Je ne vous connois plus.

les travaux semblent résumés dans une inscription latine gravée sur l'une des portes du palais, et dont voici le sens :

« Henri dans les combats signala son grand cœur ;
Dans la paix, sa clémence égala sa valeur ;
Et ce brillant séjour atteste sa puissance,
Son amour pour les arts et sa magnificence. »

CHAPITRE V.

LOUIS XIII. LOUIS XIV.

Le poignard de Ravaillac avait précipité le royaume dans les embarras d'une régence. Marie de Médicis tenait les rênes de l'État, ou plutôt ses trop faciles mains les laissaient flotter au gré de deux étrangers dont la faveur scandaleuse avait irrité les grands, et livré la cour aux désordres des factions. Mais les intrigues de cette régence orageuse et tracassière, et les premières années du règne de Louis XIII, n'appartiennent pas à l'histoire du palais de Fontainebleau. C'est à Reims que ce monarque fut sacré, le 14 octobre 1610; c'est au Louvre que Sully reçut l'accueil ironique qui le décida à quitter une cour où sa présence était devenue pour les uns un remords, pour les autres un embarras; c'est à Sainte-Menehould que fut signée la paix appelée *Malautrüe*, qui ne fut qu'une halte aux querelles des grands; c'est à Paris que se tinrent les fameux états de 1614, où le peuple fit entendre de si énergiques remontrances par l'organe de Miron, prévôt des marchands [1]; c'est à Bordeaux que fut célébré, en 1615, le mariage du roi avec Anne d'Autriche; c'est au Louvre que le prince de Condé fut arrêté en 1616, et que le maréchal d'Ancre fut assassiné en 1617; c'est à Blois que Marie de Médicis, exilée, alla pleurer la mort de son favori, jusqu'au jour où le roi lui dit en l'embrassant au château de Brissac, le 13 août 1620: « Je vous tiens, et vous ne m'é-« chapperez plus; » c'est dans Paris enfin que ce prince, après avoir soumis le Béarn en 1620, fit une si joyeuse entrée, suivi de cinquante jeunes seigneurs courant à bride abattue, et précédé de quatre maîtres de poste qui donnaient du cor.

Fontainebleau ne prend place qu'en 1621 dans les fastes du règne de Louis XIII [2].

---

[1] Au retour au Louvre, les courtisans proposèrent gracieusement de le faire pendre.

[2] Nous ne mettons pas au rang des événements la céré-

Les huguenots, depuis la mort de Henri IV, se plaignaient du peu de fidélité que la cour mettait à observer l'édit de Nantes. De la plainte, passant à la défense, ils organisèrent à la Rochelle un conseil général chargé de soutenir les intérêts de la religion réformée. Le roi s'en émut, et, pour aviser aux moyens de faire face à cette grave circonstance, il assembla son conseil au palais de Fontainebleau. Là se trouvaient le prince de Condé, le duc de Guise, le duc de Chevreuse, le cardinal de Guise, le connétable

monie de la cène que fit Louis XIII encore dauphin à Fontainebleau, en 1607, à l'âge de six ans :

« D'abord, dit le P. Dan, le dauphin fit quelque difficulté de laver et baiser les pieds des pauvres ; mais voyant monseigneur le comte de Soissons avec son bâton de grand maître, suivi de tous les maîtres d'hôtel du roi qui précédoient les mets à servir à ces pauvres, il commença à sourire et se porta d'affection à faire cette action célèbre de piété.

« Les services de chaque pauvre estant de treize plats, furent tous portés par des princes ou seigneurs de marque, entre lesquels étoient monseigneur le prince de Condé, monseigneur le prince de Conti, monseigneur le duc de Vendosme et monseigneur le duc de Guise ; et quand il fallut donner à chacun de ces pauvres treize écus d'or, ce fut où monseigneur le dauphin témoigna une grande allégresse ; et icy finit cette cérémonie que l'on ne lit point avoir été jamais faite auparavant par aucun dauphin ou autre enfant de France. »

(de Luynes), les ducs de Mayenne, d'Elbeuf et de Brissac, plusieurs maréchaux de France et plusieurs conseillers d'État. La discussion fut longue et approfondie; enfin, le 19 avril 1621, il fut résolu, à la pluralité des voix, « que pour aller au-devant d'une si prodigieuse rébellion, contraindre les factions à rentrer sous l'obéissance du roi, rétablir l'autorité de Sa Majesté ès lieux où la révolte avoit prévalu, fût faict le département de quarante et un mille hommes de pied et six mille chevaux [1] ». En même temps, le roi, s'adressant aux divers chefs qui assistaient au conseil : « Vous, prince de Condé, dit-il, vous lèverez des troupes dans le Berry et dans le Bourbonnois pour la conservation des places et passages de la Loire; vous, duc de Guise, je vous permets d'aller dans votre gouvernement pour donner à la flotte de Marseille l'ordre de s'avancer vers la Rochelle; vous, duc de Mayenne, rendez-vous en personne à Bordeaux. Je vais faire écrire au duc de Montmorency et au maréchal de Thémines d'arrêter les désordres du Languedoc. Vous, duc de Lesdiguières et duc de Brissac, vous me suivrez : je désire faire usage de vos conseils; et vous, ducs de Longueville, de Vendôme et d'Épernon, veillez sur vos gou-

[1] P. Matthieu.

vernements ; vous me répondez de la Normandie, de la Bretagne et de la Guyenne. » Cela dit, il fit rédiger une proclamation pour annoncer qu'il allait marcher contre les réformés, non dans le but d'altérer le repos et la liberté de leur conscience, ou de troubler dans l'exercice de leur religion ceux qui demeureraient dans l'obéissance royale sous la protection des édits, mais seulement pour étouffer la rébellion. » Et il ordonna au grand maître de l'artillerie de diriger sur Orléans les munitions de guerre.

Alors commença contre les huguenots, commandés par Henri de Rohan et par Soubise, cette lutte qui fut mêlée de succès et de revers [1]; que suspendit, après le malheureux siége de Montauban, le traité du 19 octobre 1622, et que Richelieu devait terminer, à sa gloire, quelques

---

[1] Malherbe, qui ne laissait pas échapper une occasion de louer Louis XIII, comme il avait loué Henri IV, fit sur cette guerre un sonnet qui se termine ainsi :

Il arrivoit à peine à l'âge de vingt ans,
Quand sa juste colère assaillant nos Titans,
Nous donna de nos maux l'heureuse délivrance.
Certes, ou ce miracle a mes sens éblouis,
Ou Mars s'est mis lui-même au trône de la France,
Et s'est fait notre roi sous le nom de Louis.

(Poésies, livre III.)

années plus tard, sous les murs de la Rochelle.

C'est à la suite de cette guerre qu'à Lyon, où Marie de Médicis et Anne d'Autriche étaient venues trouver Louis XIII, ce monarque donna la barrette à l'évêque de Luçon, qui entra au conseil cardinal de Richelieu, héritier de toute la faveur de Luynes! Sa puissance, son orgueil, son ambition de gouverner seul et l'État et le roi, soulevèrent bientôt contre lui les plus vives inimitiés. A la tête de cette cabale se trouvait le frère du roi, Gaston, duc d'Orléans. Ce prince, faible, irrésolu, mais jaloux de ses droits, ne pouvait pardonner au premier ministre l'isolement politique auquel il le condamnait; sa mauvaise humeur s'exhalait tantôt en plaintes qu'il confiait à la reine mère plutôt qu'au roi lui-même [1], tantôt en propos peu mesurés que recueillaient les jeunes étourdis attachés à sa cour; il allait jusqu'à laisser croire que celui qui le délivrerait du cardinal lui donnerait la plus grande marque d'affection et de dévouement.

Ces paroles imprudentes ne tombèrent pas impunément dans l'oreille ambitieuse d'un jeune

---

[1] Louis XIII était jaloux de son frère, de sa figure, de sa santé et même de ses chiens de chasse, qui prenaient quelquefois mieux le cerf que les chiens du roi. (*Mémoires de Richelieu.*)

seigneur, qui, mécontent d'une position dont bien d'autres vanités eussent été satisfaites, « souhaitoit un maître plus libéral. » Épris d'ailleurs d'une illustre coquette qui haïssait Richelieu, il partageait tous ses ressentiments : c'était Henri de Talleyrand, comte de Chalais, maître de la garde-robe du roi, et amant de la duchesse de Chevreuse. Il offrit ses services à Gaston, flatta sa passion, devint un de ses favoris, et, pour justifier ses bonnes grâces, il accepta, dit-on, dans un conseil secret tenu chez ce prince à Fontainebleau, la mission d'enlever, de tuer même[1] le cardinal de Richelieu, qui se trouvait alors au château de Fleury, à deux lieues de cette résidence. Les officiers de la maison de Monsieur devaient occuper le château, sous prétexte que leur maître y viendrait dîner le lendemain. Au moment de tenter ce coup hardi, Chalais, comme écrasé sous le poids de son secret, en fait confidence au commandeur de Valençay. « Eh quoi ! lui dit le commandeur, « vous, un des domestiques du roi, vous oseriez « commettre un tel attentat contre son premier « ministre ? Mais c'est une trahison, et j'avertirai M. le cardinal, si mieux n'aimez le faire « vous-même. » Chalais, intimidé, se rendit à la

---

[1] *Mémoires de Bassompierre*, année 1626.

proposition de Valençay, et, changeant de rôle, voulut se faire un mérite auprès du cardinal de l'avis que la peur allait lui dicter. Il partit avec Valençay de Fontainebleau pour Fleury. Richelieu les reçut, les remercia, et les pria de porter la même nouvelle au roi. Il était onze heures du soir. Le roi fit partir pour Fleury trente gendarmes et trente chevau-légers; la reine mère y envoya ses gardes. Cependant le cardinal avait peine encore à croire à ce guet-apens, lorsque, vers les trois heures du matin, il vit arriver à Fleury [1] les officiers de Monsieur, chargés, dirent-ils, de préparer le dîner de son Altesse Royale. La chose devenait sérieuse. Richelieu leur céda le logis, et se rendit à Fontainebleau auprès de Monsieur, qui se levait, et qui ne fut pas peu surpris de le voir. « Je viens
« d'apprendre, lui dit-il, que Votre Altesse Royale
« voulait prendre chez moi un divertissement;
« j'aurais été flatté qu'Elle m'eût accordé la satis-
« faction de faire moi-même les honneurs de ma
« maison; mais puisqu'Elle veut y être libre, je

[1] Plusieurs historiens prétendent que ce fut à Limours, près Rambouillet, que se tenta cet enlèvement. Guilbert et Bassompierre, parent du comte de Chalais, disent que c'est à Fleury; les détails sur ce qui se passa quelques heures après à Fontainebleau, et surtout le procès de Chalais, confirment leur témoignage.

« la cède tout entière à Votre Altesse. » Il donna ensuite la chemise à Monsieur, alla trouver Louis XIII, le remercia de son attention, et se retira à la Maison-Rouge jusqu'au moment où le roi revint à Paris [1].

Anne d'Autriche et la duchesse de Chevreuse ne pouvaient comprendre comment Richelieu avait eu si à propos connaissance de ce complot, lorsque Chalais avoua son indiscrétion et sa faiblesse, et fit supplier la reine, par la duchesse, « de voir dans la libre reconnaissance « de sa faute une marque de sa sincérité et un « engagement pour l'avenir d'être plus discret « et plus fidèle. »

L'infortuné eût mieux fait de renoncer aux intrigues, et d'abdiquer une folle ambition, que de poursuivre une lutte inégale dans laquelle il avait pour adversaire un homme tout-puissant qui ne pardonnait jamais, et versait sans pitié le sang nécessaire au maintien de son pouvoir; et pour appui, un prince aimable, spirituel, mais sans caractère, et toujours prêt à sacrifier ceux qui avaient exposé leurs jours pour lui : tel

---

[1] « L'année précédente (1625), le roi avoit fait sa Nativité, qui est la fête de saint Côme, à Fontainebleau, auquel il y eut force feux d'artifices. Le marquis de Mirabel, ambassadeur d'Espagne, les vit avec moi de chez la reine mère. » (Bassompierre.)

était Gaston. Sans doute l'inquiète jalousie de Louis XIII, et la nullité politique à laquelle il était réduit, devaient irriter son impatience ; mais s'il n'était pas en lui d'opposer aux tracasseries du trône et aux malveillances du ministre, ce calme, cette dignité qui vont si bien à un prince persécuté ; si enfin une malheureuse destinée le poussait à la révolte, il fallait savoir tirer l'épée comme Guise, ne pas la remettre dans le fourreau au moment du danger, et périr les armes à la main plutôt que de laisser rougir les échafauds du sang de ses amis [1]. C'est le sort qui attendait Chalais.

Conspirateur, timide selon les uns, à double rôle selon les autres, brouillon plutôt que factieux, il servait tour à tour Gaston et Richelieu, et les trahissait tour à tour ; semant la division entre le roi et le duc d'Orléans par de fausses confidences ; tantôt conseillant à Monsieur d'épouser Marie de Bourbon-Montpensier, comme le désirait le cardinal ; tantôt le détournant de ce mariage pour une princesse étrangère, comme le désirait le maréchal Ornano ; quelquefois,

---

[1] « Il fit un jour changer de place toutes les personnes de la cour, à une fête qu'il donnait, et prenant le duc de Montbazon par la main pour le faire descendre d'un gradin, le duc de Montbazon dit : « Je suis le premier de ses amis qu'il ait aidé « à descendre de l'échafaud. » (Voltaire, Siècle de Louis XIV.)

faisant intervenir dans ses propos indiscrets le nom de la reine Anne d'Autriche; répétant à Louis XIII quelques railleries vraies ou supposées sur la stérilité de la couche royale; de l'autre côté, exaltant les regrets du duc d'Orléans, le faisant rougir de la honteuse tutelle où le tenaient le roi et son ministre; enfin, ligué en apparence avec tous les amis de Gaston contre Richelieu, il faisait à Richelieu les confidences les plus funestes aux amis de Gaston. C'est d'après ses aveux que le maréchal Ornano, accusé d'employer toute son influence sur son ancien élève [1] pour l'empêcher d'épouser mademoiselle de Montpensier, perdit sa liberté.

C'était au printemps de 1625: la cour était à

---

[1] Gaston fut confié dès sa plus tendre enfance à M. de Brèves, qui joignait à des lumières politiques une haute probité. Il s'appliqua à faire germer dans son cœur l'amour de la vertu, et le goût des sciences et des arts. Les progrès de Gaston donnèrent de l'ombrage à Louis XIII; de Brèves fut congédié. On lui substitua le comte de Ludes. Déjà vieux, mais toujours ami des plaisirs, il remit à des subalternes les soins de l'éducation dont il était chargé. Leur pernicieuse complaisance commençait à corrompre les bonnes impressions que l'âme du jeune prince avait reçues, lorsque le colonel Ornano, dont les principes étaient plus sévères, succéda au comte de Ludes.

C'est sans doute à l'influence de M. le comte de Ludes qu'il

Fontainebleau. Gaston, selon son usage, avait donné un grand dîner pour célébrer le jour de sa naissance. Le roi, pressé par son frère de lui ouvrir l'entrée du conseil, profita de cet anniversaire pour lui accorder sa demande; la joie du prince ne fut pas de longue durée : il fallait une victime au cardinal; Louis XIII fut chargé de la faire tomber dans ses mains. Le maréchal Ornano était dans la plus profonde sécurité; le roi l'accable de prévenances, court la bague avec lui, veut monter son cheval, et, mêlant l'ironie à ces fausses caresses, lui montre avec intérêt une fenêtre grillée du Pavillon des Armes, et lui dit en souriant : « C'est la chambre où fut enfermé

---

faut rapporter ce que raconte Tallemant des Réaux : « M. d'Orléans étoit fort joli en son enfance, et on lui faisoit dire, il y a sept ou huit ans, en voyant le roi et M. d'Anjou : « Ne vous étonnez de rien ; j'étois aussi joli que cela. » Il fit pourtant une chose fort ridicule à Fontainebleau, où il fit jeter dans un canal un gentilhomme qui, à son avis, ne lui avoit pas assez porté de respect. Il y eut du bruit pour cela; il ne vouloit point demander pardon à ce gentilhomme, quoiqu'on lui rapportât l'exemple de Charles IX, qui, étant roi, et ayant su qu'un homme, auquel dans l'ardeur de la chasse il avoit donné un coup de houssine (l'autre s'étant mis mal à propos dans son chemin), étoit gentilhomme, dit : « Je ne suis que cela, » et lui en fit satisfaction. L'autre pourtant ne voulut jamais paroître à la cour. La reine mère vouloit qu'il eût le fouet, et cela l'y fit résoudre. » (T. II, p. 88.)

« le maréchal de Biron. » Ni ce souvenir si étrangement rappelé, ni l'exercice que le roi fit faire à son régiment des gardes dans la cour du Cheval Blanc, ni les chevau-légers qui se rangèrent le soir sur les avenues du château, ni un mouvement inaccoutumé qui régnait dans les appartements du roi, n'avaient éveillé le moindre soupçon dans l'âme du maréchal. Il est un degré de dissimulation que l'on s'honore de ne pas atteindre, même par la pensée! Ornano soupait tranquillement dans sa chambre avec le cardinal de Lavalette, lorsqu'un valet de chambre du roi vint lui dire qu'il était attendu chez Sa Majesté. Il s'y rendait, lorsque le capitaine des gardes du Haillier l'arrêta, lui demanda son épée, et le conduisit, par un escalier dérobé, dans une salle basse où il passa la nuit. C'est alors que le souvenir de Biron dut frapper sa mémoire!

Averti par Puylaurens de cette arrestation, Gaston court chez le roi : larmes, prières, menaces, il met tout en usage pour obtenir la liberté du maréchal; Louis XIII reste inflexible: Richelieu avait ordonné. Un carrosse du roi, escorté par des chevau-légers, conduisit le prisonnier à Melun, d'où il fut transféré au château de Vincennes [1].

---

[1] *Mémoires d'un favori du duc d'Orléans*, que Talle-

Ornano n'était pas le seul que les coupables indiscrétions de Chalais eussent compromis : César, duc de Vendôme, gouverneur de la Bretagne, et le grand prieur, son frère [1], furent également signalés à la vengeance du cardinal; l'un comme étant entré dans la conspiration, avec les partisans de Gaston, l'autre comme leur ayant promis son appui; mais il n'était point facile de s'en emparer. Louis XIII, enhardi par le succès de l'arrestation du maréchal, se chargea encore du premier rôle dans cette nouvelle intrigue, non moins indigne de la majesté royale. Il se transporta avec sa cour à Blois. On y attira sans peine le grand prieur, ami du comte de Chalais; il ambitionnait ardemment la charge d'amiral; on lui fit entendre qu'on était disposé à la lui accorder; mais en même temps son frère, le duc de Vendôme, devait, à cette occasion, venir faire sa cour au roi. Trop crédule ou trop séduit par de brillantes promesses, le grand prieur se chargea de déterminer le duc de Vendôme à cette démarche. Mais César ne partageait pas la sécurité de son frère; il se souvenait de Guise et des états de Blois. Instruit de ces

---

mant des Réaux attribue à Bois-d'Almays, l'un des familiers de Gaston qui furent compromis dans le procès de Chalais.

[1] Tous deux étaient fils de Henri IV et de Gabrielle d'Estrées.

craintes, Louis XIII dit au chevalier de Vendôme :
« Je vous donne ma parole que M. de Vendôme
« peut venir me trouver à Blois, et qu'il n'aura
« non plus de mal que vous [1]. » Et, sur la foi de
ces paroles, dont il aurait rougi pour le roi de
deviner l'équivoque, le grand prieur partit pour
la Bretagne, et décida le duc de Vendôme à
l'accompagner à la cour. « Mon frère, lui dit
« Louis XIII en lui mettant le bras sur l'épaule,
« j'étais en impatience de vous voir. Voulez-vous
« venir demain à la chasse avec moi du côté d'Am-
« boise? — Sire, repartit le duc de Vendôme, je
« ferai ce que Votre Majesté me commandera;
« mais je suis venu en poste, et suis fatigué. —
« Je vois bien, répliqua le roi, que vous voulez
« voir vos amis; eh bien, je vous laisserai faire
« vos visites. »

Le surlendemain, à deux heures après minuit, le sort des deux frères était égal..... Comme Louis XIII l'avait garanti : ils étaient prisonniers tous les deux! « Eh bien, dit le duc de Vendôme « au grand prieur, n'avais-je pas raison de vous « avertir que l'on nous arrêterait? — Je voudrais « être mort et que vous fussiez encore en Breta- « gne, répondit le grand prieur. — Je vous avais

---

[1] *Nouveaux mémoires d'histoire et de critique*, par l'abbé d'Artigny.

« bien dit, reprit le duc, que le château de Blois « était un lieu fatal pour les princes [1] ! »

Richelieu tenait sous les verrous ses principaux ennemis; mais il lui fallait de plus illustres victimes : c'était la reine Anne d'Autriche qu'il voulait compromettre; c'était Gaston, duc d'Orléans, qu'il voulait perdre, afin de rester sans rival, sans obstacles, maître absolu du roi. Chalais devait encore servir d'instrument à ce double piége; il fut chargé par le cardinal de dire à Gaston qu'à tel jour, à telle heure, on devait l'arrêter, dans l'espoir que, sur cet avis, le prince se sauverait en pays étranger, ou chercherait à susciter une guerre civile; mais Chalais recula devant les conséquences de ce mensonge : il avoua tout à Gaston. Richelieu, trop habile pour se laisser tromper, trop vindicatif pour pardonner la nuit du château de Fleury, résolut de punir la trahison de Chalais. La jalousie vint au secours de sa colère.

Le comte de Louvigny, fils du comte de Gram-

---

[1] Le lendemain de cette arrestation, Louis XIII disait à M. de Liancourt : « Eussiez-vous jamais cru cela? — Non sire, répondit M. de Liancourt, car vous avez trop bien joué votre personnage. » Cette réponse ne fut pas très-agréable au roi; cependant il voulait qu'on le louât d'avoir si bien dissimulé. (Tallemant des Réaux.)

mont, partageait avec Chalais les bonnes grâces de madame de Chevreuse; les deux rivaux n'en vivaient pas moins en bonne intelligence; mais il arriva que Louvigny porta ses hommages aux pieds de la duchesse de Rohan [1]. Le duc de Candale [2], qui en était amoureux, appela en duel Louvigny. Chalais s'offrit pour second à Candale. Indigné de cette préférence, Louvigny, pour se venger, voulut défendre à la duchesse de Chevreuse de recevoir Chalais; mais la duchesse était trop fière pour accepter un ordre, trop tendre pour sacrifier Chalais. Alors Louvigny donna un autre cours à ses fureurs jalouses : il accusa Chalais « de lui avoir dit en « confidence qu'il avait conçu le projet d'atten- « ter à la vie du roi, et que Monsieur devait se « trouver à la porte du cabinet de Sa Majesté « pour soutenir et autoriser par sa présence cet « horrible parricide. » Richelieu, qui n'attendait qu'un prétexte, s'empara de cette dénonciation pour faire arrêter Chalais. Il fut jeté dans

[1] Madame de Rohan étoit très-jolie et avoit quelque chose de mignon; d'ailleurs née à l'amour plus que personne du monde et qui disoit les choses fort plaisamment. (Tallemant, t. III.)

[2] Fils du duc d'Épernon; homme de beaucoup d'esprit et très à la mode.

les prisons de Nantes, où le roi avait convoqué les états de Bretagne.

Gaston demanda sa grâce avec toute l'ardeur de son âge; il pria, conjura, menaça. Désespéré des inexorables refus de Richelieu, « il résolut de quitter la cour; il monta à cheval, lui huitième, s'enfuit d'une vitesse incroyable; mais avec trois conserves et deux prunes de Gênes, le cardinal chassa toute l'amertume de son âme; et son Altesse Royale revint à Nantes, où elle épousa enfin, le 6 août 1626, Marie de Bourbon, duchesse de Montpensier [1]. »

Chalais, du fond de son cachot, entendant tirer le canon, s'écria: « O cardinal! quel est donc ton pouvoir! » Et l'appareil d'un jugement criminel succéda aux fêtes de l'hymen.

Le 8 juillet 1626, le roi nomma une commission présidée par Marillac, garde des sceaux, *afin d'informer sur plusieurs menées et factions très-importantes à la dignité de la couronne et au repos de l'État.*

Le 9 juillet 1626, le garde des sceaux reçut la déposition du marquis d'Effiat, surintendant des finances, et du commandeur de Valençay, qui avaient été chargés par le roi d'entendre les choses importantes que Chalais devait leur révé-

---

[1] *Mémoires d'un favori du duc d'Orléans*, édition de 1658.

ler; mais cette déposition se borna à l'assurance « donnée par Chalais qu'il n'avait jamais manqué « au service du roi. »

Le même jour, le comte de Louvigny déclare « que Chalais, ayant des intrigues en tête, a voulu vendre sa charge; qu'il a consulté les astrologues; qu'il se relevait la nuit pour aller causer avec Puylaurens et Bois-d'Esnemets[1] de ce que devait faire Monsieur, frère de Sa Majesté; qu'il se vantait d'avoir les bonnes grâces de Monsieur, et qu'il avait eu à Blois avec lui des conférences secrètes; qu'après la prise du grand prieur, il avait écrit une lettre au comte de Soissons pour l'engager à ne point venir à la cour, et plusieurs lettres au marquis de la Valette sans y mettre son nom. »

Le 10 juillet, Chalais, interrogé, répond « qu'il ne s'est porté à voir Monsieur que par le commandement de Sa Majesté, transmis par monseigneur le cardinal, et qu'il s'est employé à adoucir son esprit; que le grand prieur a été fâché de ne point obtenir l'amirauté; mais qu'il n'a donné aucuns conseils à Monsieur; qu'il n'a eu d'autres intrigues que de faire semblant de servir Monsieur, et près de lui les sieurs Puylau-

---

[1] C'est le même que Tallemant des Réaux appelle Bois-d'Almays, et auquel il attribue les *Mémoires d'un favori*.

rens et Bois-d'Esnemets ; que, s'il leur a parlé la nuit à Blois, c'est pour un service que le roi désirait de lui, et non pour former une ligue entre Monsieur, M. le prince et M. de Montmorency ; qu'il n'a jamais fait tirer son horoscope. » Il avoue qu'il a mandé à M. le comte de Soissons l'arrestation du grand prieur, mais il nie avoir prié ses amis de ne point abandonner MM. de Vendôme.

Le 17 juillet, le sieur Lamont, exempt des gardes du roi, qu'on avait préposé à la garde de Chalais, afin de transformer en motifs d'accusation jusqu'aux exclamations que le dépit ou la douleur pourrait arracher au prisonnier, fut entendu, et déclara que Chalais avait blasphémé et tenu des propos libertins et profanes. Le 27 du même mois, le même Lamont déclara que Chalais avait dit « qu'il fallait entreprendre hautement la délivrance du maréchal Ornano, faire violence à M. le cardinal, s'en aller de la cour avec Monsieur, et choisir Metz pour retraite ; qu'il comptait sur le duc de Bouillon, le duc d'Épernon, le comte de Soissons et le grand prieur ; que Monsieur était d'un esprit petit, et le plus léger des hommes. »

Le même jour, Lamont dépose encore que M. le cardinal de Richelieu et le duc de Bellegarde étant venus dans la prison de Chalais à sa prière (le 14 juillet 1626), Chalais leur avait dit « que le grand prieur avait donné à Monsieur le conseil de se retirer à Sedan ou au Havre, et d'user de menaces et violences envers le cardinal s'il ne voulait faire délivrer le colonel (Ornano); qu'il avait offert de faire prendre Bois d'Almays ou Puylaurens portant des lettres de Monsieur aux gouverneurs de ces places; que si on voulait le remettre en liberté il ferait prendre un courrier chargé de paquets de Monsieur; sur quoi il avait pressé le cardinal de l'assurer de la grâce du roi, mais que ledit seigneur cardinal avait répondu qu'il n'avait nul pouvoir de lui donner cette assurance, mais qu'il s'emploierait auprès du roi pour obtenir sa grâce, à cette condition toutefois qu'il parlerait plus franchement; qu'alors Chalais avait raconté que Monsieur avait envoyé vers le duc d'Épernon, à Metz, l'abbé d'Aubazine, qui pourrait dire bien des choses s'il était arrêté; qu'il attendait que les parties fussent nouées pour donner avis au roi que le prince de Piémont promettait dix mille hommes, et qu'il y avait de belles espérances du côté de l'Angleterre. » *L'honnête* exempt ajoute que, le 16 juillet suivant, le cardinal de Richelieu et le duc de Bellegarde étant revenus dans la prison de Chalais, le prisonnier avait confirmé ses premiers aveux, s'était déclaré coupable, avait imploré sa grâce, et offert, pour prix de cette faveur, de découvrir tout ce qui se passerait chez Monsieur.

Les jours suivants, on lut cinq lettres énigmatiques écrites partie en français, partie en basque, que Martin, serviteur du sieur de Chalais, avait écrites à Joannès, frère de ce même Martin, et que le laquais du sieur Lamont avait portées dans des tablettes le 30 juillet 1626; ces lettres [1] parlent, en mots ambigus, *de la dame que Monsieur aime*, et des intrigues sur lesquelles on avait interrogé le comte de Chalais.

Le 28 juillet, on fait subir au prisonnier un second interrogatoire qui roule sur les mêmes intrigues que le premier; il fait sur certains points les mêmes dénégations, sur certains autres les mêmes aveux; il demande de nouveau sa grâce.

Le 5 août, une ordonnance du roi forme à Nantes une chambre de justice criminelle pour instruire le procès [2].

Le 6 août, Lamont raconta, sous la foi du serment, une nouvelle conversation que Chalais avait eue dans la prison avec le cardinal de Ri-

---

[1] Les cinq lettres se trouvent, avec leur explication, parmi les pièces du procès de Chalais. Ces pièces originales, qui existaient dans la bibliothèque de M. le maréchal de Richelieu, furent publiées à Londres en 1781, par Laborde.

[2] Voir les registres du parlement de Rennes.

chelieu. Cette fois il avait accusé les *dames* [1] d'avoir eu des relations avec Ornano pour empêcher le mariage de Gaston avec mademoiselle de Montpensier.

Le 8 août, ce même Lamont, chargé par le cardinal d'épier l'effet que produirait sur Chalais la nouvelle du mariage de Monsieur, qui venait d'être célébré à Nantes, déclara qu'à cette nouvelle le prisonnier s'était écrié : « O grand roi! et « trois fois heureux de se servir d'un si grand « ministre! ô grand ministre, digne d'un très- « grand roi! »

Le 10 août, le laquais de Lamont expliqua comment les tablettes, qui renfermaient les lettres écrites en langue basque, avaient passé de ses mains dans celles de son maître, pour être ensuite remises à Joannès.

Le 11, c'est encore une déposition de l'exempt des gardes du corps sur les propos tenus par Chalais contre madame de Chevreuse, qu'il aurait accusée de corrompre la reine [2].

Le 11 août, Chalais, en présence du cardinal

---

[1] Par ce mot *dames*, il désignait la reine Anne d'Autriche et madame de Chevreuse, « à qui, dit-il, Ornano avait donné de belles jupes. »

[2] Cette accusation s'accorde mal avec le ton si tendre qui règne dans les lettres que Chalais écrivit du fond de sa prison à la duchesse de Chevreuse. Voici une de ces lettres :

de Richelieu, déclara que madame de Chevreuse était du premier complot qui se devait faire à Fleury [1]; il ajouta contre elle tout ce que la colère ou la lâcheté pouvait inspirer de plus odieux.

Le 12, Chalais fut confronté avec les témoins; il ne démentit point leurs déclarations.

Le 18, il parut sur la sellette; il confessa devant la chambre de justice ce qu'il avait déclaré dans ses premiers interrogatoires : la confidence que Monsieur lui avait faite à Fontainebleau de sa colère contre le cardinal; le désir apparent qu'il avait eu de vendre sa charge de maître de la garde-robe du roi; ses liaisons avec le grand prieur, Puylaurens et Bois-d'Enemets [2];

Sa lettre au comte de Soissons;

Le courrier qu'il avait envoyé à M. de Lavalette;

« Puisque ma vie dépend de vous, je ne crains pas de l'ha-« sarder pour vous faire savoir que je vous aime. Si les beaux « yeux que j'adore regardent cette lettre, j'augure bien de ma « fortune; mais s'il advient le contraire, je ne souhaite plus « ma liberté, puisque j'y trouverais mon supplice. »

« La duchesse avait répondu au pauvre Chalais, et lui avait fait tenir la lettre dans une fraise. Cette lettre avait été vue par M. le cardinal qui, après l'avoir recachetée, l'avait envoyée au prisonnier après en avoir pris copie. » (Mémoires d'un favori du duc d'Orléans, p. 96, édition de Leyde, 1668.)

[1] C'est donc bien à Fleury, et non à Limours.

[2] C'est l'auteur des Mémoires *d'un favori du duc d'Orléans.*

La connaissance qu'il avait du désir de Monsieur de se sauver à Metz; des dix mille hommes que le Piémont devait fournir; de l'appui promis par l'Angleterre et du traité fait par Ornano avec les étrangers;

Enfin il s'avoue l'auteur des lettres basques saisies sur un de ses domestiques; mais il nie formellement « avoir jamais parlé ou entendu « parler ou su qu'il y eût aucun dessein contre « la personne du roi, » comme aussi tous les bruits répandus par Louvigny.

A cet égard, le duc de Retz, le duc de Bellegarde et le duc de la Rochefoucauld déposèrent qu'ils avaient entendu dire que Chalais « devait « tuer le roi avec un couteau fort large, le soir, « en tirant son rideau, après lui avoir dit que « Monsieur voulait parler à Sa Majesté; » mais ces déclarations avaient leur source dans les mauvais propos de Louvigny; on le pressa de s'expliquer et de fournir des preuves. « Il y a environ dix ou douze jours, répondit Louvigny en balbutiant, qu'étant à la chasse du renard avec le roi, je sentis deux épines qui étaient entrées dans ma botte, et me piquaient; je mis pied à terre, j'attachai mon cheval à un arbre, et j'allai trouver le roi, qui faisait *bécher* le renard; sentant les épines qui me faisaient grand mal, je m'arrêtai au pied d'un gros buisson pour abattre ma botte. Là j'entendis trois ou quatre hommes qui étaient de l'autre côté du buisson, couchés, et parlant ensemble; l'un disait : « Il « faudrait inventer de nouveaux supplices pour « tyranniser Chalais, car j'ai ouï dire qu'il avait « dessein de tuer le roi avec un couteau, en ti- « rant le rideau, quand il serait dans son lit, et « de crier après *Vive le roi!* » En ce moment, on sonna du cor, lesdits hommes se levèrent et s'en allèrent, et je ne pus les reconnaître. Je rencontrai plus loin un *soldat* ou un *laquais* habillé de gris, à qui je demandai s'il les connaissait; il me répondit négativement. *Je crois* avoir dit quelque chose de cette aventure au duc d'Alluin. »

Malgré le vague des dépositions et des interrogatoires dont nous avons donné la fidèle analyse, malgré la pauvreté de la déclaration pâle et mensongère du comte de Louvigny, malgré le rôle infâme que Lamont avait joué dans ce procès ; enfin, malgré trois lettres écrites à Louis XIII et douze lettres écrites au cardinal de Richelieu[1] par Chalais, soit pour implorer sa grâce comme coupable, soit pour dénier le crime dont il était accusé, la chambre de justice

---

[1] Ces lettres ont été imprimées à la suite des pièces du procès de Chalais. (Londres, 1781. *Recueil de pièces intéressantes.*)

criminelle condamna, le 19 août, Chalais à la peine de mort.

L'arrêt portait « que sa tête, après l'exécution, « serait mise sur une pique, son corps en quatre « quartiers sur quatre potences aux quatre princi- « pales avenües de la ville de Nantes ; sa postérité « ignoble et roturière, et déchüe de tous priviléges « et noblesse; et lui, appliqué à la question avant « qu'être exécuté [1]. »

Lorsque cet arrêt fut lu à Chalais, indigné d'avoir été trompé par le cardinal, qui ne lui avait laissé entrevoir sa grâce que pour lui arracher des aveux nécessaires à sa politique, il s'écria « que tout ce qu'il avait dit concernant les *dames*[2] dans le dernier interrogatoire, comme aussi ce qu'il avait dit au sieur Lamont, n'était point véritable, mais une pure invention, se voyant comme désespéré de la grâce du roi, et *croyant contenter et satisfaire ceux qui lui disaient en savoir davantage.* » Il persista à déclarer qu'il était complétement étranger à tous projets contre la vie du roi.

---

[1] Relations manuscrites et imprimées de ce qui s'est passé au procès de Chalais.

[2] Madame de Motteville s'est emparée de ce désaveu pour disculper Anne d'Autriche de toute participation aux intrigues dirigées par Gaston contre Richelieu.

La tête du maître de la garde-robe était peu de chose pour le cardinal : ses coups visaient plus haut.

Dans la nuit qui suivit le jugement, on dit que Richelieu descendit seul dans le cachot de Chalais, et lui fit entrevoir sa grâce s'il voulait avouer que la reine, Anne d'Autriche, était complice de tous ses projets contre le roi[1]. L'espoir de conserver la vie arracha au condamné quelques déclarations que le cardinal transforma aussitôt en accusations contre la reine; le crédule Louis XIII eut le courage de la mander dans un conseil qui fut tenu chez Marie de Médicis, et de lui reprocher d'avoir eu la coupable pensée de souhaiter sa mort, afin d'épouser Gaston. « Je n'aurais pas assez « gagné au change, » répondit dédaigneusement Anne d'Autriche.

Si Chalais avait cru à la bonne foi et aux promesses du cardinal, il ne tarda point à être cruellement détrompé; en vain sa mère[2] écrivit-elle au roi la lettre la plus touchante[3]; en vain

---

[1] Madame de Motteville, t. Ier.

[2] Madame de Chalais était fille du maréchal de Montluc.

[3] Manuscrits de la bibliothèque royale, collection de Béthume, 9328.

On remarque dans cette lettre ces passages : « Sire, puisque les larmes changent les arrêts du ciel, les miennes n'auront-elles

alla-t-elle se jeter aux pieds de la reine mère [1], tout ce que les larmes purent obtenir, ce furent *des lettres patentes portant modération de l'arrêt de mort*, c'est-à-dire, la remise de la question et des peines infamantes qui devaient suivre le supplice.

Trop convaincu qu'il n'y avait plus d'espoir pour lui, Chalais appela à son secours la religion, et se résigna à son sort; il alla même jusqu'à dire : « Ne suis-je pas bien malheureux d'a- « voir desservi le meilleur prince qui soit au « monde! » Il pria ensuite l'archer des gardes du corps, Sainte-Marie, d'aller auprès de sa mère, et de l'assurer qu'il trouverait dans la miséricorde de Dieu le courage de bien mourir. « Dites- « lui bien, ajouta-t-il, que je la supplie de se con-

---

point le pouvoir d'émouvoir votre pitié? La justice est un moindre effet de la puissance des rois que la miséricorde. Sire, je vous demande les genoux en terre la vie de mon fils, et de ne permettre point que celui que j'ai nourri pour votre service meure pour celui d'un autre ; que cet enfant que j'ai élevé si chèrement soit la désolation de ce peu de jours qui me restent, et enfin que celui que j'ai mis au monde me mette au tombeau. Hélas! sire, que ne mourut-il en naissant, ou du coup qu'il reçut à Saint-Jean pour le service du roi!..... »

[1] « Je suis mère aussi bien que vous, lui dit Marie de Médicis, mais vous êtes mère d'un fils qui a voulu me faire perdre les miens : il est en justice; le roi mon fils me la doit et à son État; » et elle lui tourna le dos. (*Mémoires de d'Artigny.*)

« soler. » Madame de Chalais était alors dans l'église de Sainte-Claire avec Bellegarde et la Rochefoucauld. « Pensez-vous, dit-elle à Sainte-Marie, trouver encore mon fils en vie? — Oui, madame. — Dites-lui donc que je suis très-contente de l'assurance qu'il me donne de mourir en Dieu. Ah! si je pensais que ma vue ne l'attendrît point trop, je l'irais trouver, et je ne l'abandonnerais pas que sa tête ne fût séparée de son corps; dites-lui que du moins je m'en vais bien prier Dieu pour lui [1]. » Ces dernières paroles soutinrent le courage de Chalais, et il marcha d'un front calme vers la place du Bouté, où l'échafaud était dressé pour son supplice. Là il pria son confesseur, le père Durozier, d'aller trouver le roi pour lui dire la vérité sur les aveux qu'on lui avait arrachés dans sa prison; il le chargea également de demander de sa part pardon à la reine « de ce que le désir de la « vie et la crainte de la mort l'avaient persuadé « avec raison qu'il pouvait dire ce qu'il savait, « puisqu'il ne savait rien d'elle qui pût déplaire « au roi [2]. »

---

[1] Extrait d'*une lettre touchant la mort de M. de Chalais*, Nantes, 19 août 1626, à sept heures du soir.

[2] « Comme le ressentiment de la reine ne l'avoit pas entièrement justifiée à l'égard du roi et du public, Dieu permit que Chalais se voyant sur l'échafaud et trompé par le minis-

Les amis de Chalais, espérant le sauver s'ils pouvaient gagner du temps, avaient fait évader de Nantes, à force d'argent, l'exécuteur du grand prévôt; mais les bourreaux ne manquaient pas à Richelieu! « On n'eut pas la patience d'en envoyer querir à Rennes : on tira deux hommes destinés au gibet des prisons de cette ville[1], dont l'un fut l'exécuteur et l'autre l'assista; mais ça fut avec si peu d'adresse, qu'outre les deux premiers coups d'une espée de Suisse qu'on avoit achetée sur-le-champ, il lui en donna *trente-quatre* d'une doloire dont se servent les tonneliers, et fut contraint de le retourner de l'autre côté pour l'achever de couper; le patient criant jusqu'au vingtième coup : « *Jesus, Maria* et *Regina cœli* [2]! »

tre, se repentît d'avoir laissé entendre des choses qui, mal expliquées, pouvoient devenir dangereuses..... Longtemps après tant de douloureuses aventures, la reine me dit de quelle manière elle s'étoit servie du maréchal Ornano pour empêcher le mariage de Monsieur avec mademoiselle de Montpensier : elle me protesta qu'elle lui en avoit fait parler par une tierce personne sans qu'il parût que ce fût de sa part, seulement pour lui montrer qu'il lui feroit plaisir d'y mettre obstacle, et que c'étoit la seule intelligence qu'elle eût eue avec les gens de Monsieur. » (*Mémoires de madame de Motteville.*)

[1] Lettres écrites de Nantes, le 19 août 1626.

[2] « Il est mort avec une résolution inespérée de lui, et avec

Lorsque enfin la tête eut été détachée, elle fut mise avec le corps dans un cercueil sur l'échafaud même; et ces tristes restes, déposés dans un carrosse, furent transportés dans l'église des Cordeliers, où la mère de Chalais les attendait; elle les couvrit de larmes, et les fit ensevelir pieusement dans la nef, devant la chapelle des Espagnols [1].

Richelieu menait de front ses vengeances et les affaires de l'État. A son entrée au conseil, d'où il avait évincé la Vieuville [2], il n'avait pas vu sans ombrage les prétentions de la maison d'Autriche sur l'Italie, l'envahissement de la Valteline par les Espagnols sous les ordres du comte de Fuentès [3]; l'appui que le pape Urbain VIII prêtait aux Valtelins révoltés contre

---

une conversion à Dieu qui promet beaucoup pour son salut. »
(*Relation de la mort de M. de Chalais.*)

[1] Consulter les manuscrits de Dupuy, de Colbert, les mémoires de d'Artigny, de Bois-d'Almays, et les pièces du procès de Henri de Talleyrand, Londres et Paris, 1781.

[2] Richelieu le fit arrêter et conduire prisonnier au château d'Amboise.

[3] Ce gouverneur de Milan, qui avait fait éclater tant de haine contre Henri IV, y avait bâti, pour dominer la vallée, un fort qui portait son nom. Henri IV avait dit à cette occasion : « Il veut du même nœud serrer la gorge à l'Italie et les « pieds aux Grisons. »

les Grisons, leurs souverains, et il avait écrit à l'ambassadeur de France à Rome : « Le roi ne « veut plus être amusé; vous direz au pape « qu'on enverra une armée dans la Valteline; » et il avait tenu parole. Déjà le marquis de Cœuvres, parti d'abord avec la qualité de ministre plénipotentiaire, avait dépouillé ce caractère pour prendre le commandement de l'armée française; déjà il s'était emparé de plusieurs forts, que, par ruse, les Espagnols avaient voulu remettre en dépôt entre les mains du pape; et il avait battu les troupes d'Urbain VIII, sous les ordres du marquis de Basin, lorsque ce pontife, effrayé de ces succès, envoya auprès de Louis XIII le cardinal Barberin, son neveu, avec mission d'apaiser le courroux de Richelieu, et d'arranger les affaires de la Valteline.

Le cardinal arriva dans l'été de 1625 au palais de Fontainebleau, où Louis XIII le reçut avec la plus grande distinction. Il fut logé « dans « un très-beau département, tout proche de celui « du roy et de la reyne, entre l'un des pavillons « et le grand escalier de la cour du Donjon. » Le roi, les reines, le duc d'Orléans, les princes et les princesses, reçurent de sa main la communion dans la chapelle de la Sainte-Trinité; quelques jours après, le roi lui donna un festin magnifique dans la salle du bal; le légat et le roi étaient à la même table; le roi but à la santé du pape; le légat à la santé du roi. La reine mère lui offrit à son tour une collation dans la grande galerie d'Ulysse; Anne d'Autriche lui fit le même honneur dans la galerie de Diane.

En un mot, pendant les trois mois que le cardinal Barberin passa à Fontainebleau, on l'entoura de plaisirs, on le combla de caresses, mais Richelieu ne relâcha rien de la fermeté de sa politique. Le légat essaya plus d'une fois de l'amener à des volontés plus modérées; il lui représenta les droits de la religion, le respect que tous ses enfants devaient au pape. « Sa Sainteté, lui disait-il, a lieu d'être surprise de cette brusque expédition d'un prince catholique, conseillée par un cardinal contre le pape lui-même en faveur d'un peuple hérétique; et vous devez être bien embarrassé dans le conseil quand il s'agit de délibérer sur la guerre. — Point du tout, répondit le cardinal-ministre : quand j'ai été fait secrétaire d'État, le pape m'a donné un bref qui me permet de dire et de faire en sûreté de conscience tout ce qui est utile à l'État. — Mais s'il s'agissait d'aider les hérétiques ? reprit le légat. — Je pense, repartit tranquillement Richelieu, que le bref s'étend jusque-là. » Tous les brefs, en effet, avaient, pour Richelieu, la mesure de ses intérêts et la grandeur de la France; et la Valteline devint le théâtre de la gloire du duc de Rohan [1].

Si le cardinal de Richelieu prenait à l'extérieur le parti des hérétiques en soutenant les Grisons, il poursuivait les huguenots dans l'intérieur de la France avec une ardeur infatigable; son génie se montra avec éclat au siége de la Rochelle, défendue par Rohan et secourue par la flotte anglaise, sous les ordres de Buckingham. L'habileté de Toiras, qui défit les Anglais descendus dans l'île de Ré; la valeur de Schomberg, qui les força à lever le siége du fort Saint-Martin; l'intrépidité du roi, qui se battit comme le plus brave de ses soldats; enfin, la fameuse digue construite par ordre de Richelieu, à l'instar de celle que jadis Alexandre avait fait élever devant Tyr, décidèrent la victoire; et, le 28 octobre 1628, le roi entra en triomphe dans cette cité, qui depuis Louis XI était restée armée contre ses souverains [2].

Cette victoire avait donné en Europe un grand

[1] Voir les mémoires du duc Henri de Rohan, Guerre de la Valteline, t. II.

[2] « Enfin mon roi les a mis bas
Ces murs qui de tant de combats
Furent les tragiques matières;
La Rochelle est en poudre, et les champs désertés
N'ont face que de cimetières
Où gisent les Titans qui les ont habités. »

(Malherbe.)

ascendant à Richelieu [1]; et le roi d'Angleterre, qui se repentait d'avoir cédé aux instances de Buckingham dans l'expédition de la Rochelle [2], se hâta de conclure la paix, et envoya pour ambassadeur auprès du roi de France lord Edmond, qui arriva à Fontainebleau le 15 septembre 1629, avec une suite de trente gentilshommes des premières familles d'Angleterre. La cérémonie où l'envoyé de Sa Majesté Britannique devait jurer la paix, eut lieu le lendemain 16, dans la nouvelle église du bourg de Fontainebleau, récemment construite par Louis XIII.

[1] Les vainqueurs eux-mêmes redoutaient un triomphe qui allait accroître l'orgueil et la puissance du cardinal. « Vous « verrez, disait Bassompierre, que nous serons assez fous « pour prendre la Rochelle. »

[2] Buckingham n'avait poussé Charles 1er à la guerre que pour avoir l'occasion de revoir Anne d'Autriche dont il était amoureux. On connaît ces vers de Voiture, « que la reine a trouvés si jolis, » dit madame de Motteville, « qu'elle les a tenus « longtemps dans son cabinet : »

> Je pensois, car nous autres poëtes
> Nous pensons extravagamment,
> Ce que dans l'humeur où vous êtes
> Vous feriez si, dans ce moment,
> Vous avisiez en cette place
> Venir le duc de Buckingham,
> Et lequel seroit en disgrâce
> Du duc ou du père Vincent.

Ce prince, que sa piété a fait surnommer *le Juste*, s'était empressé de donner l'ordre à J. de Noyers [1], surintendant des bâtiments, capitaine et concierge du château de Fontainebleau [2], de faire continuer tous les travaux de sculpture et de peinture [3] entrepris par

« [1] Ce petit homme vouloit tout faire et étoit jaloux de tout le monde. Il a nui en tout ce qu'il a pu à Desmarets, qui s'entend à tout, et qui a beaucoup d'inclination pour l'architecture, de peur que cet homme ne lui ôtât quelque chose ; car il s'est assez tourmenté de faire sa charge de surintendant des bâtiments, et il avoit bonne envie d'achever le Louvre, et de faire dorer la galerie tout du long, comme il y en a un bout : ce fut lui qui le fit faire. Sa cagoterie parut en ce qu'il brûla quelques nudités de grand prix qui étoient à Fontainebleau. En récompense, il entretenoit assez bien les maisons du roi. » (Tallemant des Réaux.)

[2] En vertu de l'ordonnance rendue à Fontainebleau par François Ier, en 1534, qui réunit les fonctions de capitaine des chasses et de concierge du château de Fontainebleau.

[3] Dans la chapelle de la Sainte-Trinité rebâtie par François Ier, agrandie par Henri IV et embellie par Louis XIII, il y avait un tableau représentant la chute des anges, par Spinello. L'imagination du peintre avait créé au démon une figure si épouvantable, que lui-même il en fut effrayé. Une nuit, il rêva que le diable se présentait à lui et lui demandait où il l'avait vu si laid. Ce songe le réveilla en sursaut, et laissa une impression tellement profonde dans l'esprit faible de Spinello, que, jusqu'à sa mort, il crut voir dans ses rêves

Henri IV dans la chapelle de la Sainte-Trinité [1] ; mais le bourg de Fontainebleau devenait plus considérable; les habitants, plus nombreux, désiraient une église plus rapprochée que celle d'Avon, qui jusqu'alors avait été la paroisse du château. Louis XIII céda à leurs vœux, et, dans l'année 1624, il fit élever à Fontainebleau l'église de Saint-Louis sur l'emplacement de l'hôtel Martigues, cédé en pur don par la duchesse de Mercœur, « sous la condition d'y bâtir une chapelle dépendante de la paroisse d'Avon, et une maison pour deux religieux Mathurins à la nomination du roi, pour la desservir, avec un traitement annuel de cinquante écus [2]. »

le démon qui lui criait : « Que t'ai-je fait ? Pourquoi m'as-tu donné une figure si hideuse ? »

[1] Louis XIII fit ajouter à cette chapelle un grand autel en marbre blanc, et un pavé de marbre à compartiments.

[2] Cela fut ainsi jusqu'en 1661, que la reine Anne d'Autriche dépouilla les religieux d'Avon de toutes fonctions sur le bourg et château de Fontainebleau, établit dix prêtres de la maison de Saint-Lazare avec une pension annuelle de six mille livres, dont l'un jouirait du titre de curé des château, chapelle et paroisse de Fontainebleau. Les Mathurins conservaient le titre de desservants de la chapelle du roi; ils avaient toujours la droite sur le curé dans le château, et recevaient pour indemnité un revenu de onze cents livres. (P. Guilbert, 1731.)

C'est dans cette église, d'une architecture vulgaire, et qui n'offre plus aujourd'hui que des murs nus et délabrés [1], que lord Edmond jura la paix entre la France et l'Angleterre, le 16 septembre 1629.

Pour cette solennité, on avait tendu l'église des plus belles tapisseries de la couronne, et paré l'autel d'un velours violet émaillé de fleurs de lis en or. A trois heures, après un grand dîner servi dans la salle du bal, et où les vingt-quatre violons de la chambre du roi avaient fait de la musique [2], Louis XIII, accompagné des deux reines, du cardinal de Richelieu, du comte de Soissons, du duc de Longueville, du maréchal de la Force et de Saint-Simon, premier écuyer, se rendit à Saint-Louis. L'ambassadeur, conduit par le duc d'Angoulême, monta sur une estrade et présenta au roi la ratification de la paix scellée du grand sceau d'Angleterre. Au même moment, le cardinal de Richelieu, qui représentait le grand aumônier, prenant les saints Évangiles, couverts d'un riche voile d'or et d'argent, s'ap-

---

[1] Son maître-autel était autrefois paré d'un tableau de Varin représentant le paralytique guéri par le Seigneur.

[2] Cet usage des vingt-quatre violons de la musique du roi a commencé sous Louis XIII et s'est maintenu sous ses successeurs.

procha du roi, et, soulevant ce voile, lui donna les saints Évangiles à baiser; Bouthillier, secrétaire d'État, lut à haute voix le serment, et Sa Majesté dit : « Je le jure et promets de bon cœur. » On signa l'acte; Louis XIII embrassa l'ambassadeur, et les cris de Vive le roi! retentirent dans toute l'église.

Un mois après cette cérémonie, en octobre 1629, il se passa à Fontainebleau une aventure qui témoigne de la douceur, de la justice du règne de Louis XIII.

Quelques personnes de la suite du roi trouvèrent un jour, dans le passage qui conduisait de la chapelle haute à la salle des Gardes du corps, un homme étendu à terre, et couvert de sang. D'Hoquincourt, grand prévôt de France, vient, l'interroge dans la salle du bal, où on le transporte. Il répond qu'il a été blessé d'un coup de pistolet par un étranger qu'il soupçonnait de vouloir attenter aux jours du roi. Legrand, premier chirurgien du roi, sonde la plaie, la trouve très-légère, et, sur son rapport, Louis XIII nomme une commission pour interroger cet homme suspect, qui prétend être un prince géorgien. De plus amples renseignements font connaître qu'il a acheté à Paris un instrument pointu à l'aide duquel il s'est fait cette blessure; il avoue lui-même que tout ce qu'il a dit n'était qu'une fable inventée dans l'espoir d'obtenir une récompense; abdique sa principauté de Géorgie, et déclare qu'il n'est qu'un pauvre Calabrais; cet aventurier maladroit, qu'on devait se contenter de chasser, *est rompu vif sur une roue,* au milieu du grand marché de Fontainebleau..... C'était sous Louis *le Juste!*

Cependant la cour était toujours en proie aux mêmes intrigues: c'était une conspiration permanente sous le nom de Gaston contre Richelieu; les deux reines l'encourageaient : Anne d'Autriche pour venger l'affront de Nantes, Marie de Médicis pour punir le cardinal d'avoir osé conseiller son exil. La journée des Dupes, dont la grande scène se joua à Versailles, affermit le pouvoir du premier ministre; Gaston se sauve en Lorraine, la reine mère en Flandre; le duc de Guise, mandé à la cour, juge prudent de voyager en Italie; Bassompierre est arrêté; le maréchal de Marillac condamné à mort, et le maréchal duc de Montmorency, vaincu à Castelnaudary, a la tête tranchée sur un échafaud [1].

C'était bien là le cardinal, disant de lui-même :

---

[1] On dit que Louis XIII voulait lui faire grâce, mais qu'ayant appris qu'on avait trouvé au bras de Montmorency, lorsqu'il fut fait prisonnier, le portrait d'Anne d'Autriche, la jalousie l'avait emporté sur la clémence...

« Je renverse tout, je fauche tout, et je couvre
« tout de ma soutane rouge! » Mais si d'une main
Richelieu prodiguait les supplices, de l'autre il
va répandre des grâces; sa politique ne peut
laisser sans récompense ceux qui ont lutté pour
lui contre Gaston, et combattu à Castelnaudary.

Après avoir élevé le président Séguier à la dignité de garde des sceaux, le roi était allé à Chantilly, dans l'intention d'y faire une promotion de chevaliers de l'ordre du Saint-Esprit. Richelieu avait vu la liste, et plusieurs noms, inscrits de la main même du roi, ne lui convenaient pas; il craignit qu'il n'y eût point assez de place pour ses parents, pour ses créatures, particulièrement pour ceux qui avaient servi contre le maréchal de Montmorency, et il persuada au roi de différer la cérémonie, et de la faire à Fontainebleau le jour de la Pentecôte [1].

Louis XIII partit de Chantilly le 28 avril 1633, coucha le même jour à Livry, le 30 à Crosne, le 1er mai à Essone, le 2 au château de Fleury,

---

[1] *Mémoires du comte de Brienne*, 1633. Brienne ajoute à cette occasion : « Sa Majesté avoit donné parole à plusieurs personnes, du nombre desquelles j'étois; mais, à Fontainebleau, Sa Majesté déclara que je ne serois que de la promotion suivante. M. le prince et M. le comte de Soissons me témoignèrent du chagrin de celui que je devois avoir. »

chez le cardinal de Richelieu; le 3 à Fontainebleau. La reine n'y arriva de Paris que le lendemain. Le 5 mai, le roi convoqua le chapitre général de l'ordre du Saint-Esprit dans la chambre de l'Ovale; le duc d'Elbeuf et le marquis de la Vieuville furent dégradés [1], et on appela les noms de tous ceux qui devaient faire partie de la promotion du 14 mai suivant [2].

Cette cérémonie avait attiré à Fontainebleau une foule immense [3].

« Voicy comme se passèrent les trois jours employez à la réception des chevaliers de l'ordre du Saint-Esprit, que désignoit desja le jour de la Pentecoste, auquel il fit voir autrefois les plus merveilleux effets de sa descente sur les apostres. La veille, le jour et le lendemain de cette auguste feste ayant donc esté choisis pour éle-

---

[1] On sent encore là la main de Richelieu.

[2] Le jour de la Fête-Dieu de cette même année 1633, le roi toucha dans l'allée royale, le long de l'étang, près le jardin des Pins, les malades des écrouelles, au nombre de douze cent soixante-neuf. (Abbé Guilbert, t. 1er.)

[3] De Fontainebleau, le 13 may 1633.

« Cette semaine est icy arrivé du païs de Tréves le mareschal d'Estrez, et de tous endroits tant d'autres seigneurs et dames, que jamais ce lieu ne parut si petit pour une si grande cérémonie. » (Extrait de la *Gazette de France*.)

ver le mérite au faiste d'honneur, dont la noblesse de l'extraction est la porte : la fidélité, le champ et la carrière : le courage, la valeur, le zele et la persévérance, les coursiers : l'obeïssance, les bornes : et cet ordre la recompense.

« Le samedy 14. Sur le midy s'assemblerent dans le departement de la Reine, les chevaliers novices vestus en habits blancs de toile d'argent, avec des toques et capes noires brillantes de pierreries, et les anciens chevaliers pareillement vestus des manteaux et colliers de l'ordre : d'où ils marchérent deux à deux par dessus la terrace. Les officiers de l'ordre alloyent devant, dont le sieur de Bourneuf, leur huissier, marchoit le premier, le sieur du Pont, leur heraut, suivoit après : puis alloient ensemble le baron d'Achéres comme prevost et maistre de ceremonies, et les sieurs Bouthillier, sur-intendant des finances, comme grand trésorier, et de Chevri, comme greffier de l'ordre. Le sieur de Bullion, sur-intendant des finances, alloit apres seul, comme chancelier du mesme ordre. Suivoyent les chevaliers novices, dont les derniers proclamez alloyent les premiers, et apres eux les anciens chevaliers de mesme. Après le roy, suivoient les deux cardinaux et les trois archevesques. Le cardinal de Lyon, comme grand aumosnier, les attendoit dans la grande salle destinée aux ceremonies [1], où les novices se mirent tous du costé gauche sur les bas sieges à ce preparez; les anciens s'assirent des deux costez sur des bancs plus élevez, et les cardinaux et archevesques à main droite de l'autel; Sa Majesté se plaça à l'entrée, du mesme costé droict. Et apres les reverences faites à Dieu, au roy, à la reine qui estoit aussi à main droite de l'autel, mais sur des eschafaux : aux ambassadeurs qui estoient sur d'autres comme tout le reste des assistans, et la musique : se fit l'execution de l'arrest de dégradation de l'ordre qui avoit esté donné contre le duc d'Elbeuf et le marquis de la Vieville, et les tableaux de leurs armes en presence de l'assemblée ostez de leurs lieux, brisez et foulez aux pieds, et en leurs places mis des tableaux noirs contenant ledit arrest, dont voici la teneur :

Extrait des registres de l'ordre du Benoist Saint-Esprit.

« Le roy chef et souverain grand maistre de l'ordre, séant au chapitre : de l'avis de tous les cardinaux, prelats, commandeurs et officiers y assistans, a déclaré et déclare le duc d'Elbeuf

---

[1] La salle de la belle cheminée avait été disposée en chapelle et magnifiquement ornée.

dégradé dudit ordre, sans qu'à l'avenir il en puisse porter les marques ni tenir les honneurs, authoritez et priviléges y appartenans. Et pour faire cognoistre à la posterité sa felonie et ingratitude, a ordonné et ordonne que le tableau de ses armes, cy devant mis en l'église des Augustins de Paris, en sera levé, et au lieu où la ceremonie se fait seront lesdites armes détachées d'avec celles des autres commandeurs, et en sa place sera mis un tableau noir, dans lequel le dispositif du present arrest sera inseré, et demeurera attaché dans ladite église des Augustins de Paris au mesme lieu où estoient les armes dudit duc d'Elbeuf. Enjoint Sa Majesté au heraut dudit ordre de tenir la main à l'exécution dudit arrest.

Donné à Fontainebleau, le 5 may 1633.

« On en fit autant à celuy du marquis de la Vieville, où il n'y a rien de changé que le nom. Pendant ces executions, le comte d'Arcour, frère du duc d'Elbeuf et l'un des futurs chevaliers, sortit dehors par la permission du roy, et estant rappellé par le commandement de Sa Majesté, vespres commencérent; lesquelles finies les officiers de l'ordre menérent le roy en la place qui lui estoit preparée près de l'autel sous un riche daiz : pres duquel assistoient le chancelier, pour presenter l'Évangile, sur lequel le nouveau chevalier fait son serment : le greffier, pour donner la forme de ce serment, et le trésorier pour offrir les colliers au roy. Le serment ayant esté leu tout haut, l'huissier, le heraut et le maistre des ceremonies allèrent querir tous ceux qui devoient recevoir l'ordre, commençant par le cardinal duc de Richelieu : lequel, encore que ses services jurent assez pour luy, presta au roy le serment accoustumé, ensuitte de quoy il reçut l'ordre des mains de Sa Majesté, et le cardinal de la Vallette apres luy, estant debout. Puis les trois archevesques ensemble à genoux : le duc de Longueville et les comtes d'Arcour et d'Alais, qui furent conduits vers Sa Majesté par le prince de Condé et le comte de Soissons deux desdits anciens chevaliers, et prestèrent le serment aussi à genoux, lequel ayant esté leu pour tous trois, par le duc de Longueville, ils receurent le manteau et collier de l'ordre. Comme fit aussi le duc de la Trémouille qui leut le serment pour les ducs de Ventadour, d'Halwin, de Brissac, de Candale et de la Valette, qui furent menez au roy par les ducs de Retz et de Chaune. Les autres anciens chevaliers conduisirent le reste des novices six à six, l'un d'eux lisant le serment pour tous, pareillement à genoux : du nombre desquels furent aussi les sieurs de Liancourt et de Saint-Simon l'aisné, et receurent tous le collier de l'ordre, changeant leurs capes noires ès longs manteaux dudit ordre, dont le fond de velours noir estoit tout couvert de flammes en broderie d'or et d'argent : au dessus desquels ils avoient chacun le mantelet de toile d'or à fond vert, brodé de colombes d'argent, le tout doublé de satin jaune orangé, dont ils furent revestus, et reprenoient leurs places à mesure que chacun d'eux avoit presté le serment. Ainsi finit la cérémonie de ce premier jour.

« Le lendemain jour de la Pentecoste, sur les neuf heures du matin, tous les anciens et nouveaux chevaliers partirent comme le jour précédent (mais ayant tous leurs manteaux et colliers de l'ordre) du premier lieu vers la grand' sale, où ayant esté quelque temps dans les hauts sieges, chacun ses armes au dessus de soy, ils firent la procession en mesme ordre, descendant par l'un des degrez de la cour du grand escalier et remontans par l'autre : le cardinal de Lyon, precedant tous les chevaliers, avant que d'officier, la crosse en main et deux abbez mitrez à ses costez, l'un le servant de diacre et l'autre de sous-diacre, alla presenter l'eau benite au roy seulement. Puis l'Évangile estant leu, le diacre le donna au cardinal duc de Richelieu, qui l'alla porter au roy pour baiser,

estant conduit par les officiers de l'ordre. Ensuitte, ces mesmes officiers furent querir l'offrande du roy; et le chancelier presenta le
cierge à Sa Majesté avec autant d'escus d'or qu'elle
a d'années, à sçavoir trente-deux : et furent distribués les cierges à tous les chevaliers, du costé
droict par le maistre des ceremonies, et du
gauche par le heraut. Puis les officiers de l'ordre
conduisirent le roi à l'offrande, ayant du costé
droict le prince de Condé qui portoit l'argent,
et de l'autre le comte de Soissons assistant. Puis
ayant ramené le roy et chacun pris sa place, le
prince de Condé alla presenter son offrande, le
comte de Soissons la sienne, le duc de Longueville et les comtes d'Arcour et d'Alais la leur, ensuite les ducs selon la dignité de leur rang et tous
les autres chevaliers selon l'ordre de leur proclamation. La messe continuant, les officiers
furent conduire jusques auprés du roy le cardinal duc de Richelieu, auquel le diacre donnant
la paix pour la porter à Sa Majesté, chacun prit
cette ceremonie pour un avant goust du repos
que le roy, par ses divins conseils, prepare un
jour à toute l'Europe. Apres cela, le roy fut à la
communion sur un banc à part devant l'autel,
ayant d'un costé le prince de Condé, et de l'autre
le comte de Soissons, qui luy tenoient la serviette. Ensuite les princes, ducs, chevaliers et

officiers communiérent sur un autre grand banc, à deux fois. Cela fait, tous les chevaliers furent conduire Sa Majesté en une autre sale, où sa magnificence leur avoit fait preparer un festin digne d'une si grande feste. Le roy estoit seul à une table devant la cheminée, ayant deux autres grandes tables à ses costez, où estoient tous les chevaliers en un seul rang. En celle du costé droit estoient les cardinaux, archevesques et quelques chevaliers, en celle du costé gauche, les princes, ducs et autres chevaliers avec les quatre plus grands officiers de l'ordre, qui disnérent tous avec leurs grands manteaux et colliers. Toutes ces tables furent servies par huict maistres d'hostel, et ces services conduits par les cent Suisses de la garde, interessez en cette conduite pource que le débris leur en appartenoit : le tout avec trompettes, tambours et haut-bois; au commencement du dessert, le roy envoya un rocher de confitures, qui avoit esté servi devant Sa Majesté, et d'où sourdoit une fontaine d'eau de naphe, au cardinal duc de Richelieu, qui arrosa de cette eau tous ceux qui estoient près de luy. Tous les ambassadeurs furent aussi traitez magnifiquement en une autre sale. Apres le festin, les chevaliers furent changer d'habit, et se vestir en dueïl, puis allérent trouver Sa Majesté au lieu accoustumé, d'où ils furent celebrer les vespres des defuncts chevaliers : lesquelles finies le roy fut conduit en sa chambre par tous les chevaliers : le cardinal duc de Richelieu, apres avoir conduit le roy, fut aussi en son département, accompagné des ecclesiastiques et officiers de l'ordre.

« Le lundy 16, tous les chevaliers, vestus encore en deuïl, se rendirent par la mesme route dans la sale des ceremonies tendue de mesme, ayant à l'un des bouts une chapelle ardente, autour de laquelle pendoient sur des carreaux de velours noir, devant leurs heritiers à genoux, les armes des chevaliers morts depuis la dernière promotion, pour lesquels fut celebrée la messe par l'archevesque de Narbonne. Durant icelle, les officiers conduisirent à l'offrande le roy accompagné du prince de Condé, et ramenerent Sa Majesté en sa place ordinaire. Tous les chevaliers furent ainsi à l'offrande, puis ayant reconduit le roy au mesme ordre jusques en sa chambre, se retirerent chacun chez soy, resolus, par leurs genereux exploicts, de faire servir cet honneur, tout grand qu'il est, d'arres et de pierre d'attente à plusieurs autres [1]. »

Ces faveurs accrurent encore la puissance du cardinal; il n'hésita plus à demander compte

[1] *Gazette de France* du 18 mai 1633.

au duc Charles de Lorraine de l'appui qu'il avait prêté à Gaston, lorsque ce prince était allé lui demander asile pour échapper aux persécutions de la cour. C'était en 1632. A cette époque, la princesse Marguerite, fille de François, comte de Vaudemont, duc de Lorraine, faisait avec sa sœur, la princesse de Phalsbourg, l'ornement de la cour de Nancy. Les jeunes seigneurs français qui avaient suivi le duc d'Orléans, charmés de la galanterie qui régnait dans cette cour, se consolèrent, dans les plaisirs, de l'édit du roi qui les avait déclarés criminels de lèse-majesté. De ce nombre était Puylaurens, favori de Monsieur; il eut l'art de se faire aimer de la princesse de Phalsbourg, et employa tous ses soins auprès de Gaston pour lui persuader d'épouser la princesse Marguerite. Elle était jeune et belle : Gaston l'épousa à l'insu du roi son frère ; le mariage fut célébré dans un couvent de Nancy, et n'eut pour témoins que François de Lorraine, l'abbesse de Remiremont, le comte de Moret et madame de Neufvillette, gouvernante de la jeune princesse.

Louis XIII, informé de cette union, fit prononcer, par arrêt du parlement du 24 mars 1634, « ajournement personnel contre la princesse Marguerite, le duc Charles de Lorraine et la princesse de Phalsbourg, et déclarer, par arrêt du 5 septembre 1634, le mariage non valablement contracté; le duc Charles criminel de lèse-majesté; les biens féodaux de la Lorraine réunis à la couronne de France; et qu'il serait érigé, pour mémoire, une pyramide dans la principale ville de Bar, pour éterniser ledit arrêt sur cuivre ou sur marbre. » Précédé de ces foudres parlementaires, Louis XIII marcha en personne sur la Lorraine, s'empara du duché de Bar, obligea Gaston à se retirer à Bruxelles; et le maréchal de la Force vint mettre le siége devant Nancy. Marguerite de Lorraine, qui craignait de tomber en son pouvoir, prit la résolution de passer pour l'un des gentilshommes qui devaient accompagner les équipages du cardinal François, son frère, depuis duc de Lorraine. Elle s'habilla en homme, prit une perruque noire, et se barbouilla le visage avec de la suie. A cinq heures du matin, elle alla dans le couvent où elle s'était mariée, dire adieu à l'abbesse de Remiremont; et l'on peut se figurer la terreur des religieuses, qui chantaient l'office, lorsqu'elles virent au milieu d'elles un homme armé de toutes pièces. Ayant bientôt reconnu la princesse, elles firent des vœux pour le succès de son voyage, et Marguerite partit en se recommandant à leurs prières.

Le carrosse où elle était fut visité dans le quartier du maréchal de camp Duchâtelier, qui la connaissait; elle eût été infailliblement arrêtée s'il fût venu lui-même vérifier ses passe-ports; mais Duchâtelier était encore au lit, et l'officier qui le remplaçait laissa passer la princesse. Après avoir traversé l'armée royale, elle monta à cheval, et, accompagnée de deux domestiques, elle alla d'une seule traite à Thionville, qui appartenait aux Espagnols. Elle n'osa y entrer avant d'avoir fait avertir le comte de Whiltz, gouverneur, à qui elle envoya un de ses domestiques. Accablée de lassitude, elle se coucha sur l'herbe à la porte de la ville. « Voilà, dit la sentinelle, « un jeune cadet qui n'est guère accoutumé à la « fatigue. » Le gouverneur s'empressa de l'envoyer chercher. Madame de Whiltz lui donna des habits de femme, et quelques jours après, la duchesse d'Orléans partit pour Bruxelles, où elle arriva heureusement auprès de son époux, qui la reçut avec des transports de joie [1].

[1] Ce ne fut qu'en 1643 que Louis XIII consentit à reconnaître le mariage de son frère : il y mit pour condition qu'il serait célébré de nouveau en France. La princesse Marguerite était encore à Cambrai lorsque cette proposition fut faite. Sa première réponse fut que : « Lorsqu'il y va de l'honneur, on « ne doit avoir de complaisance pour qui que ce soit. » Mais enfin on triompha de sa résistance. Elle arriva à Paris quelques heures avant la mort du roi; et douze jours après, le 26 mai 1643, la cérémonie se fit à Meudon. L'archevêque,

Cependant Nancy était tombé au pouvoir de l'armée française; le duc Charles s'était retiré à Besançon; et pour soustraire la Lorraine à l'ambition de Louis XIII et à la colère de Richelieu, il avait imaginé de rétrocéder son duché au cardinal François, son frère. « François, duc « de Lorraine! s'écria Richelieu; cette qualité se « prend pour tromper le roi; mais on ne don- « nera pas dans le panneau. » Il semblait pressentir qu'une des conséquences de cet arrangement serait le mariage du nouveau duc avec la princesse Claude, sa cousine germaine. En effet, ce prince, pour affermir ses droits, quitta l'état ecclésiastique, et se hâta d'épouser la princesse Claude [1]. Louis XIII, offensé de cette brusque union, espérant d'ailleurs que le mariage n'était pas encore légalement conclu, envoya vingt compagnies de cavalerie française à Nancy pour

---

J. F. de Gondy, dit en les mariant : « *Ego vos conjungo in matrimonium in quantùm opus est.* » C'est elle qui, dans la nuit où mademoiselle de Chevreuse vint avec le coadjuteur avertir *Monsieur,* au Luxembourg, que la régente Anne d'Autriche voulait enlever le roi de Paris, traça ce billet célèbre dans les fastes de la fronde : « Il est ordonné à M. le coadjuteur de prendre les armes, et d'empêcher que les créatures du cardinal Mazarin, condamné par le parlement, ne fassent sortir le roi de Paris. »

[1] *Histoire de Lorraine.*

arrêter le duc ; on arriva trop tard : les deux époux étaient dans le lit nuptial. Quelques jours après, trompant la vigilance de la garde qu'on leur avait donnée, ils sortirent tous deux de la ville, déguisés en villageois, et se rendirent à Besançon auprès de Charles de Lorraine [1].

La duchesse de Lorraine [2] se trouvait aussi dans cette ville. Louis XIII, informé des mauvais traitements que lui faisait subir Charles IV, son époux [3], lui fit dire que, si la guerre et ses dangers rendaient ce séjour trop désagréable, il lui offrait en France un asile « et tout ce qui « seroit nécessaire à son entretènement. » La duchesse accepta avec joie. « Elle vint à Paris, le 7 mai 1634, avec quatre cents chevaux que le roi lui avait donnés pour l'accompagner. Sa Majesté lui fit meubler l'hôtel de Lorraine, et la traita pendant qu'elle y demeura, jusqu'à ce qu'elle vint à Fontainebleau trouver Leurs Majestés [4]. »

Cette princesse y arriva le lendemain d'un

---

[1] Ce duc de Lorraine est connu sous le nom de Charles IV.

[2] Nicole, fille de Henri le Bon, duc de Lorraine, et de Marguerite de Gonzague, parente du roi par les Médicis, mariée, avec dispense, en 1621, à Charles IV, son cousin germain, duc de Lorraine et de Bar ; morte à Paris le 20 février 1657.

[3] *Mémoires du cardinal de Richelieu*, t. VIII.

[4] Idem.

jour célèbre dans les fastes de la science : c'est celui où la Brosse, médecin du roi, présenta à Louis XIII, dans son cabinet, à Fontainebleau, le plan du jardin qui depuis, sous le nom de *Jardin du Roi,* et par les soins des Buffon, des Cuvier, des Jussieu et de leurs illustres successeurs, s'est élevé à un si haut degré de renommée [1].

Nous empruntons aux mémoires du temps le récit exact et détaillé de la réception de la duchesse de Lorraine à Fontainebleau [2] :

« La duchesse de Lorraine estant partie de Paris le dimanche 28 mai, vint coucher à Corbeil, accompagnée du sieur de Bulsi, sous-lieutenant de la compagnie de gensdarmes du roy, et qua-

---

[1] « La semaine passée fut présenté au roy, par le sieur de « la Brosse, l'un de ses médecins, le plan du jardin que Sa « Majesté fait construire au fauxbourg Saint-Victor à Paris, « pour la culture des plantes médecinales, dont elle lui a « donné l'intendance et la démonstration extérieure, sous la « conduite de son premier médecin : lequel va commettre trois « autres docteurs en médecine pour la démonstration des « facultez de ces simples, qui passent dès cette année le nom-« bre de quinze cens. » (Extrait du Recueil dédié au roy, par Théophraste Renaudot, conseiller et médecin de Sa Majesté. Fontainebleau, mai 1634.)

[2] Particularités de la réception de la duchesse de Lorraine en cour. (Extraordinaire du 9 juin 1634.)

rante maistres de la mesme compagnie. Elle en partit sur le midi pour Fontainebleau. En mesme temps le comte de Bruslon estant venu en poste avertir le roy de l'heure que la duchesse pourroit arriver, Leurs Majestez montérent ensemble en carrosse, dans lequel estoient les duchesses de Rohan et de Chaune, mademoiselle de Rohan, la dame de Senecey, dame d'honneur de la reine, et la dame de la Flotte, dame d'atour : et allérent au rencontre de la duchesse de Lorraine à près d'une lieuë de Fontainebleau.

« Les carrosses de Leurs Majestez et celui de la duchesse de Lorraine estans à vingt pas l'un de l'autre, la duchesse mit pied à terre. Ce que voyans Leurs Majestez firent de mesme, et allérent sept ou huit pas au-devant d'elle, la saluérent, et ensuite les dames descenduës du carosse de Leurs Majestez. Cela fait, Leurs Majestez et la duchesse montérent dans le carosse de la reine. Le roy se mit à la portiére, la duchesse de Lorraine auprés de lui, la reine au devant avec mademoiselle de Rohan. A l'autre portiére estoient les duchesses de Rohan et de Chaune ; derriére, les dames de Senecey et de la Flotte : et tournérent teste vers Fontainebleau, dont tout le chemin estoit bordé de carosses et de peuple. Estans arrivez au chasteau, Leurs Majestez allèrent au cabinet de la reine, où la duchesse de Lorraine les ayant accompagnées, après quelque entretien, la duchesse se retira en son appartement, richement préparé des meubles du roy [1], où elle fut conduite par la duchesse de Rohan et plusieurs autres dames.

« Le lendemain 29, elle se fut promener avec la reine dans le parc, et le soir du mesme jour, le roy lui fit entendre dans la galerie de la reine la musique de sa chambre.

« Le 30, le roy lui envoya, par le duc d'Alluin, la musique de sa chapelle, pour chanter à sa messe. Son traitement respond à cette magnificence. Bref, elle a receu depuis son arrivée tant d'honneur et de courtoisie de la part de Leurs Majestez, qu'il ne se peut davantage. Ce qui lui fait voir la différence qu'il y a entre la cholére et les bonnes graces du roy [2]. »

Le duc François de Lorraine s'était rendu de Besançon à Florence, où le cardinal-infant lui avait fait la plus brillante réception. Il était dans cette ville lorsqu'il apprit le voyage de la princesse Nicole; il lui fit aussitôt écrire par sa femme

[1] Du côté du grand parterre.

[2] Le 14 du même mois de juin, le roi fit à Fontainebleau son jubilé, et, le 15, Sa Majesté assista à la procession. (*Gazette* du 17 juin 1634.)

une lettre sévère pour lui reprocher sa conduite comme une chose honteuse, et la convier de quitter la France; mais la princesse répondit « qu'elle avait la conscience trop bonne et le « courage trop bien assis pour rien faire d'in- « digne de sa naissance; » et, sans écouter les remontrances de son beau-frère, elle alla prendre les eaux à Forges [1].

Cependant Louis XIII, non par tendresse, mais par politique, souffrait de voir son frère, jusqu'alors l'héritier de la couronne, au milieu des étrangers; Gaston, de son côté, s'ennuyait de son exil. Richelieu alla au-devant de cette double impression : il gagna Puylaurens, favori de Monsieur, en lui donnant en mariage mademoiselle de Pontchâteau, sa cousine, avec six cent mille écus de rente et la duché-pairie; et Puylaurens décida Gaston à déposer tous ses ressentiments, et à revenir à la cour. Ce prince, en effet, arriva à Saint-Germain le 27 octobre 1634. Le roi l'embrassa, et lui dit en lui présentant Richelieu : « Mon frère, je vous prie d'aimer « M. le cardinal.—Je l'aimerai comme moi-même, » répondit le trop facile Gaston; et le lendemain, le cardinal lui donna une fête magnifique à son château de Ruel [2].

[1] *Mémoires de Richelieu.*
[2] Jay.

Rien ne manquait à la grandeur de Louis XIII : ses armées, commandées par Schomberg, Créqui, d'Harcourt, Châtillon, étaient partout victorieuses; et il se consolait de l'asservissement où le tenait Richelieu, qu'il n'aimait point, par la persuasion où il était que le génie de ce grand ministre était nécessaire à la gloire de la France; mais il regrettait amèrement d'être sans héritiers. D'un tempérament faible, d'un caractère sauvage et morose, jaloux[1] et mélancolique, il accueillit avec un déplorable empressement les soupçons que Richelieu, par vengeance[2], ou par désir de régner seul sur le roi, avait suscités dans son esprit contre la reine.

Anne d'Autriche avait de la beauté, de la grâce et de la dignité[3] : élevée dans les idées

---

[1] Sa galanterie se bornait à confier à ses maîtresses ses chagrins domestiques. Il proposa un jour à mademoiselle de la Fayette de l'établir à Versailles; mais effrayé lui-même de cette proposition, il vit sans regret sa maîtresse se retirer dans un couvent. Mademoiselle d'Hautefort eut part aussi à ses distinctions, et il composa plusieurs romances, paroles et musique, en son honneur; mais sa tendresse s'évaporait dans des conversations métaphysiques dont Louis XIII tenait procès-verbal. (*Mémoires de mademoiselle de Montpensier.*)

[2] Voir dans l'Histoire du Palais-Royal la scène où Richelieu dansa la sarabande devant la reine.

[3] *Mémoires de madame de Motteville.*

d'une galanterie alors permise en Espagne, elle avait quelque penchant à la coquetterie; elle ne regarda les vœux du maréchal de Montmorency et les brillantes témérités du duc de Buckingham [1] que comme un légitime hommage à ses charmes; mais sa complaisance à les accueillir, envenimée par Richelieu, fut mise par Louis XIII au rang des infidélités, et les deux époux vivaient comme dans un divorce continuel, qui ne fut interrompu que par quelques réunions passagères, dues plutôt à des circonstances fortuites qu'à la tendresse.

Cependant la reine désirait beaucoup devenir mère, et elle mêlait ce vœu à toutes ses prières. Pendant un voyage du roi à Paris, Monsieur ayant rencontré cette princesse qui venait de faire une neuvaine pour avoir des enfants, dit en souriant à Sa Majesté : « Madame, vous venez de solliciter « vos juges contre moi; je consens que vous

---

[1] *Mémoires de madame de Motteville :* scène où Buckingham se mit à genoux devant le lit de la reine.

Brienne raconte qu'Anne d'Autriche voulut certainement donner de l'amour à Buckingham, mais que sa vertu la contint elle-même. Une seule chose échappa à la reine, qui fut de lui envoyer secrètement, la veille de son départ, par madame de Chevreuse, les ferrets d'aiguillettes de diamants dont elle était parée le jour de sa première audience; galanterie dont Buckingham fut charmé. (*Mémoires de Brienne.*)

« gagniez votre procès, si le roi a assez de cré-
« dit pour cela. » Anne d'Autriche doutait d'elle-
même, car, au mois de novembre 1637, elle eut
recours à des eaux dont la vertu fécondante était
en grande renommée.

A deux lieues de Fontainebleau, du côté de
la Brie, près de l'emplacement où existait l'antique abbaye de Barbeau, s'élève une modeste
église où d'anciens vitraux attirent l'attention
du voyageur : c'est l'église de Féricy. Ses registres attestent la vénération qu'on avait dans
les pays d'alentour pour la fontaine de Sainte-
Osmane : «Les femmes qui désiraient devenir
« mères, ou celles dont le lait avait tari, recou-
« raient à la vertu de ses eaux. »

La reine entendit parler des merveilles de cette
fontaine; elle fit venir de ses eaux pour en boire
et pour s'y baigner, pendant qu'on célébrait une
neuvaine dans l'église de Féricy, pour obtenir
du ciel le fils qu'elle demandait inutilement depuis vingt-deux ans de mariage [1].

Quelques jours après, un orage vint en aide
à la puissance des eaux de Féricy.

---

[1] Cette particularité nous a été racontée à Fontainebleau
par M. le supérieur du séminaire d'Avon, qui nous a également remis l'extrait des registres de Féricy constatant le fait
en ces termes : « L'an 1637, le 25 novembre, madame l'ab-

Louis XIII était revenu à Versailles; Anne d'Autriche, au Louvre. « Au commencement de décembre 1637, le roi, dit Bussy-Rabutin [1], partit de Versailles pour aller coucher à Sainte-Maure, et en passant par Paris il s'arrêta au couvent de la Visitation pour y voir mademoiselle de la Fayette [2]. Pendant qu'ils s'entretenaient ensemble, il survint un orage si considérable qu'il ne lui fut pas possible de s'en retourner à Versailles, ni d'aller à Sainte-Maure, où sa chambre, son lit et ses officiers de bouche étaient arrivés. Il attendit que l'orage cessât; mais voyant qu'il augmentait, et que la nuit approchait, il parut embarrassé; son appartement au Louvre n'était pas tendu, et il ne savait où se retirer. Guitaut,

besse de Poissy a fait et accompli le vœu de la reine, suivant l'ordre de Sa Majesté, et accompagnée de M. Bouvot, chanoine de Sainte-Osmane, religieux de Saint-Denis et prieur de Kérial, qui a célébré la messe pendant neuf jours: ils ont fait la neuvaine avec solennité. Après la cérémonie religieuse, les dames ont signé.

« MONDAY, curé de Féricy en Brie. »

[1] *Mémoires*, t. III, p. 374.

[2] « La reine devint grosse. On crut que ce fut un jour que le roi étant demeuré tard au couvent de Chaillot, auprès de mademoiselle de la Fayette, il fit un si mauvais temps, qu'il fut obligé de demeurer au Louvre, où il n'y avoit point d'autre lit que celui de la reine. » (*Mémoires de madame de Motteville.*)

capitaine des gardes de la reine Anne d'Autriche, qui était dans l'habitude de lui parler avec assez de liberté, lui dit que la reine était au Louvre, qu'il trouverait chez elle un souper et un logement tout préparé. Il rejeta cette proposition en disant que le temps changerait; on attendit; l'orage devint plus violent; Guitaut lui proposa derechef d'aller au Louvre. Il répondit que la reine soupait et se couchait trop tard pour lui. Guitaut l'assura qu'elle se conformerait volontiers à la manière de vivre du roi. Sa Majesté consentit enfin d'aller chez la reine. Guitaut y courut à toute bride pour avertir cette princesse de l'heure à laquelle le roi voulait souper; elle donna ses ordres pour le faire servir selon ses goûts. Ils soupèrent ensemble; le roi passa la nuit au Louvre, et, *neuf mois après* [1], Anne d'Autriche mit au monde un fils, dont la naissance inespérée causa une joie universelle à toute la France. »

Ainsi furent exaucées les prières de la neuvaine de Féricy!

L'année 1638 fut également heureuse pour le roi sur les champs de bataille : le duc de Weimar, qui commandait ses armées, remporta une victoire complète sur les Impériaux. Mais le

---

[1] 5 septembre 1638.

cardinal de Richelieu vit encore sa puissance et sa vie menacées. Le comte de Soissons, tué *à propos,* lorsque, vainqueur à la Marfée, il visitait les blessés, le délivra d'un ennemi redoutable les armes à la main ; l'échafaud se chargea d'en punir un autre qui avait ourdi contre lui une intrigue de cour : c'était Henri-Rusé Coiffier, marquis de Cinq-Mars.

Ce gentilhomme, paré de tous les dons de la nature, était devenu le favori de Louis XIII. « Tout conspirait à l'enivrer, dit Anne de Gonzague : son lever était comme celui du roi ou du cardinal. Les femmes se jetaient à sa tête ; les ministres étaient à ses ordres. Comment résister à tant de séduction? » La raison de Cinq-Mars se perdit en effet dans le nuage d'encens que la flatterie élevait autour de lui. Il ne pouvait se condamner à subir aucune de ces compensations dont il faut payer la faveur des cours; il ne savait pas s'ennuyer. Son impatience s'irritait des heures fastidieuses qu'il fallait passer à Saint-Germain auprès de Louis XIII ; son orgueil s'indignait de la toute-puissance du cardinal ; il rêva la fortune du connétable de Luynes ; mais Richelieu était un autre adversaire que le maréchal d'Ancre.

Cependant Cinq-Mars ose former le projet de renverser le colosse; tout semble l'enhardir; le duc d'Orléans, le duc de Bouillon, encouragent son animosité; le roi lui-même semble ne point repousser ses espérances, ou du moins le grand écuyer prend pour une approbation tacite les dégoûts, les plaintes que Louis XIII laisse échapper contre Richelieu dans de secrets épanchements [1]. Un gentilhomme nommé Fontrailles [2] est envoyé à Madrid auprès du comte-duc Olivarès; le roi d'Espagne promet un secours d'hommes et d'argent, et Cinq-Mars ne doute plus du succès. Louis XIII et Richelieu étaient tous deux malades à Narbonne; c'est là qu'ils apprirent le traité conclu avec les Espagnols; c'est là que Cinq-Mars fut arrêté. Louis XIII regagna tristement Paris, et le cardinal remonta le Rhône jusqu'à Lyon, traînant à sa suite son prisonnier, enchaîné dans une barque!..... Là, il le laissa entre les mains de Laubardemont [3]; et, pâle et mourant, mais porté comme en triomphe, sur les épaules de ses gardes, dans une chambre ornée

---

[1] *Mémoires de madame de Motteville;* Lettres de la princesse Marie de Gonzague, Levassor, Anquetil.

[2] Voir la relation de sa mission en Espagne dans les *Mémoires de Montrésor.*

[3] Cinq-Mars et de Thou furent décapités à Lyon, le même jour, en 1642. Voir la lettre de M. de Marca, conseiller d'État, qui assistait le chancelier Séguier dans cette triste affaire.

d'or et de fleurs, il s'en vint à Fontainebleau, où il se reposa quelques jours [1].

Le cardinal occupa, selon sa coutume, l'hôtel d'Albret [2]; et comme il ne pouvait plus marcher, et que d'ailleurs la porte était fort petite, on le descendait par la fenêtre [3] : ce qui fit dire, par allusion à la mort de Cinq-Mars, que cette prédiction de Nostradamus s'était réalisée :

> Quand *bonnet rouge* passera par fenêtre,
> A *quarante onces* on coupera la tête.

Le jour n'était pas loin où celui qui avait abrégé tant de nobles existences, allait lui-même

---

[1] « Sa Majesté attendit M. le cardinal à Fontainebleau. Le sacrifice qu'on venoit de lui faire de la tête de MM. de Cinq-Mars et de Thou ne parut pas lui suffire; il vouloit que tous les amis de ces malheureux se sentissent des effets de sa colère; mais il n'en put venir à bout à Fontainebleau. » (*Mémoires de mademoiselle de Montpensier.*)

[2] « L'hôtel d'Albret est une dépendance du château, lequel consiste en un grand corps de bâtiment accompagné de deux pavillons, avec un beau jardin dans lequel sont deux fontaines jaillissantes. La porte de cet hôtel et la cour regardent la Conciergerie et la grande place qui est au-devant du château, du côté de la cour des Offices.» (*Trésor des merveilles de Fontainebleau.*) Cet hôtel n'existe plus.

[3] « On le portoit dans une machine, et, pour ne pas l'incommoder, on rompoit les murailles où il logeoit, et si c'étoit par haut, on faisoit une rampe dès la cour, où il entroit ou descendoit par une fenêtre dont on avoit ôté la croisée. » (*Tallemant de Réaux.*)

terminer sa carrière; Richelieu mourut au Palais-Royal en 1642; et comme si le destin de Louis XIII était attaché à celui de son ministre, ce monarque, qui n'avait pu s'empêcher de rire en sortant de la chambre où le cardinal venait d'expirer [1], le suivit de près au tombeau; il mourut le 14 mai 1643.

Le palais de Fontainebleau reçut plus d'une marque de sa royale sollicitude: il continua les embellissements que Henri IV avait ordonnés pour la chapelle de la Sainte-Trinité; fit repeindre la chambre du Roi, dont il orna tous les lambris de ses emblèmes et de sa devise [2], et fit construire, en 1634, par Jacques Lemercier, le fameux escalier du fer à cheval [3], dans la cour du Cheval-Blanc [4].

Telle était à cette époque la splendeur de Fontainebleau, que tous les poëtes, la-

---

[1] *Mémoires de Montrésor.*

[2] C'est une massue avec ces mots : « *Erit quoque cognita monstris,* » allusion à la révolte et à l'hérésie que ce *nouvel Hercule* avait terrassées.

[3] « Il dépensa, dit l'abbé Guilbert, cent mille livres, somme considérable alors, pour faire un ouvrage digne d'être à jamais admiré. Le buste de Louis XIII, par G. Pilon, était placé au haut de cet escalier. »

[4] Voir, pour les détails, l'*Itinéraire historique et descriptif.*

tins ¹ ou français, célébraient ses louanges. Parmi les vers que ce beau lieu inspira sous Louis XIII, nous citerons ceux de Guillaume Colletet, l'un des quarante de l'Académie récemment fondée par Richelieu ² :

« Père sacré du jour, beau soleil, sors de l'onde,
Et viens voir avec moi le plus beau lieu du monde;
C'est du plus grand des rois le superbe séjour,
Fontainebleau, nommé les délices d'amour !
Parterres enrichis d'éternelle peinture,
Où les grâces de l'art ont fardé la nature,

---

¹ Rodolphus Botereius, et A. Remmius, dont la pièce de vers commence ainsi :

Pandite Bellaqueum, Musæ, mihi, pandite fontem,
Et tot divitias vestro reserate poetæ.
Hic domus assurgit, regum pulcherrima sedes, etc., etc.

² C'est le père de François Colletet, dont Boileau a dit :

..... Colletet, crotté jusqu'à l'échine,
S'en va chercher son pain de cuisine en cuisine.

Richelieu lui donna un jour six cents livres pour quelques vers qu'il lui avait adressés. Le poëte lui adressa aussitôt ce distique :

Armand, qui pour six vers m'as donné six cents livres,
Que ne puis-je à ce prix te vendre tous mes livres !

Richelieu lui répondit : « Le roi ne serait point assez riche. »

Que votre abord me plaît! que vos diversités
Me montrent à l'envi de naissantes beautés!
Vieux chênes, et vous pins dont les pointes chenues
S'éloignent de la terre et s'approchent des nues,
Bois où l'astre du jour, confondant ses rayons,
Fait naître cent soleils pour un que nous voyons;
Beaux lieux dont la tranquille et plaisante demeure
Ne reçoit point d'ennui qu'aussitôt il n'y meure,
Vous voir, vous posséder est le bien le plus doux:
N'est-ce pas vivre heureux que de vivre chez vous?
Après avoir passé dans une grande allée
D'aulnes et d'ypréaux artistement voilée,
Le favorable dieu qui préside en ces lieux
Fait voir d'un grand canal l'objet tout gracieux.
Sur quelque vérité que la fable se fonde,
Vénus ne prit jamais sa naissance dans l'onde;
Car, voyant un lit d'or sous ce flot de cristal,
J'ose bien assurer que c'est son lieu natal;
Il semble que ces bords gardent encor ses traces,
Et que le teint des fleurs soit celui de ses grâces. »

Louis XIV n'avait que cinq ans; Anne d'Autriche fut déclarée régente, et Mazarin gouverna la France. L'histoire de cette régence ressemble à une tragi-comédie qui, sous le nom de la Fronde[1], eut pour acteurs des princes, des héros, des brouillons, de grandes coquettes; pour parterre, la ville de Paris; pour théâtres, le Palais-Royal

---

[1] Voir pour les détails de la Fronde le deuxième volume des résidences royales, *Histoire du Palais-Royal*.

et le château de Saint-Germain; pour musique, les chansons dont le peuple français saluait tous jours le cardinal italien. La cour, à cette époque, ne fit que de très-rares apparitions à Fontainebleau; mais en 1644, ce palais reçut la reine d'Angleterre, Henriette-Marie.

Cette fille de Henri IV avait été mariée à Charles Stuart sous les plus brillants auspices; l'accueil que la nouvelle reine reçut en Angleterre fut bien différent. Arrivée à Douvres, on la logea dans un château mal meublé; le lendemain le roi vint la trouver sans pompe; on la mit dans un carrosse plein de dames anglaises, afin d'éloigner les dames françaises qu'elle avait amenées avec elle. Il fallut que les instances des ambassadeurs se joignissent à ses larmes pour qu'elle obtînt d'avoir avec elle sa dame d'honneur. « Dans la mai-« son du roi, elle trouva pour son lit de parade un « de ceux de la reine Élisabeth, qui était si anti-« que que les plus vieux ne se souvenaient pas « d'en avoir jamais vu la mode de leur temps. » Richelieu, qui nous a transmis ces détails, ajoute que Buckingham eut, pour la princesse Henriette, les plus mauvais procédés; mais la haine est toujours suspecte dans ses jugements, et celle du cardinal pour le favori du roi d'Angleterre est bien connue. Il n'est cependant pas impossible que Buckingham ait cherché à se venger sur la reine de la jalousie de Louis XIII et de l'animosité de son ministre; mais il faut rechercher ailleurs que dans de frivoles intrigues de cour la véritable cause des malheurs de cette princesse.

Il avait été stipulé, par son contrat de mariage, qu'elle pourrait faire bâtir une église catholique, ainsi que des chapelles dans les châteaux où elle résiderait. Elle s'établit d'abord paisiblement à Londres avec Pierre de Bérulle, son confesseur, fondateur de la congrégation de l'Oratoire, et avec douze prêtres de cette congrégation; mais ce calme ne fut pas de longue durée. Le peuple trembla pour sa religion; des clameurs s'élevèrent partout contre la reine; on l'accusa d'ébranler la croyance du roi, d'entretenir des intelligences avec Rome. Cette première irritation tomba devant l'honneur qu'elle eut de devenir l'arbitre de la paix à Suze, lorsque Louis XIII remit entre ses mains les Anglais faits prisonniers à l'île de Ré. Plusieurs années de bonheur domestique payèrent ce service rendu à sa nouvelle patrie; mais, soit que les religieux de Saint-François, qu'elle avait établis dans le voisinage de son palais de Sommerset, eussent de nouveau donné de l'ombrage, soit que la reine elle-même n'eût pas assez mesuré son zèle religieux sur les croyances de la nation au milieu de laquelle elle vivait, un schisme épouvantable éclata de toutes parts. L'Écosse tout entière courut aux armes. Le roi assembla le parlement pour rétablir la paix ; mais le parlement devint un foyer de discorde. Il demanda la tête du comte de Strafford, vice-roi d'Irlande, qui avait commandé l'armée du roi contre les Écossais; et l'ingrat Stuart eut la honteuse faiblesse de sacrifier cette illustre victime [1]. Il ne se doutait pas que ce sang qu'il laissait couler appelait un sang plus précieux encore ! Le génie du puritanisme planait partout. La cour ne connaissait d'autre moyen d'arrêter ses progrès que celui d'inspirer la terreur par des mesures violentes. Aussi, pour triompher de l'opposition qu'il rencontrait dans le parlement, le roi se décida à s'y transporter en personne, pour faire arrêter cinq de ses membres les plus audacieux. Ce projet n'avait été confié qu'à la reine. Charles Ier étant sorti de son palais pour l'exécuter, la reine comptait les instants. Au moment

---

[1] Quelques historiens prétendent que ce fut la reine qui décida Charles Ier à abandonner Strafford à la fureur de la chambre basse. Cependant, d'après le récit que rapporte madame de Motteville (t. II de ses Mémoires), on croirait qu'Henriette avait fait de nombreux efforts pour sauver le vice-roi d'Irlande, *auquel elle trouvait les plus belles mains du monde.*

où elle croyait l'affaire finie, la comtesse de Carlisle, sœur du duc de Northumberland, entra dans sa chambre. « Réjouissez-vous, ma« dame, lui dit la reine; car, à l'heure qu'il est, « le roi est maître de son État, et tels et tels « sont arrêtés. » La comtesse de Carlisle, intimement liée avec un des membres menacés, sortit aussitôt, et lui écrivit un billet. Cet avis arriva à temps, parce que la marche du roi avait été retardée par quelques personnes qui lui avaient présenté des pétitions. Ainsi le coup manqua; ceux qui devaient être arrêtés eurent le temps de s'échapper, et le parlement fulmina de nouveau contre le trône. Charles et son épouse et toute la famille royale furent forcés, en 1642, de sortir de Londres. Henriette partit pour la Hollande, sous prétexte de conduire sa fille aînée à Guillaume de Nassau, à qui elle venait d'être mariée; mais son véritable motif était de lever des secours dans cette contrée, pour rétablir la puissance du roi son époux. Elle engagea ses pierreries et celles de la couronne, et se remit en mer avec onze vaisseaux remplis d'armes et de munitions. C'est alors qu'elle fut assaillie de cette terrible tempête, décrite avec une si religieuse énergie par Bossuet [1]. Le premier jour,

---

[1] *Oraison funèbre de la reine d'Angleterre.*

elle se fit lier dans un petit lit, et se confessa; mais, s'accoutumant à l'idée de la mort, on la voyait ensuite debout sur le tillac de son navire, bravant les vents et les flots au milieu des plus grands dangers, rassurer tout ce qui l'environnait; et joignant, comme Henri IV son père, la gaieté la plus aimable au courage le plus intrépide, elle disait en souriant : « Les rei-
« nes ne se noient pas. » « Enfin, le vaisseau amiral où elle était, conduit par les mains de celui qui domine sur la profondeur de la mer, et qui dompte ses flots soulevés, fut repoussé aux ports de la Hollande, et tous les peuples furent étonnés d'une délivrance si miraculeuse [1]. » Après avoir pris quelques jours de repos, elle se rembarque; elle aborde en Angleterre : mais à peine a-t-elle touché le rivage que les coups de canon de ses ennemis viennent percer la maisonnette où elle était descendue. Elle est obligée de quitter son lit dans le plus grand désordre, et d'aller se cacher dans une caverne. Elle triomphe de ce nouveau péril, et, se mettant à la tête des troupes qu'elle a ramenées de Hollande, « toujours à cheval, sans nulle délica-
« tesse de femme, vivant avec ses soldats à peu
« près comme on pourrait s'imaginer qu'Alexan-

---

[1] Bossuet.

« dre vivait avec les siens, » elle marche droit à son mari, et le rejoint à Oxford. Devenue grosse depuis son retour de Hollande, elle accouche à Exeter, le 16 juin 1644, de la princesse Anne-Henriette, qui devait un jour faire un des ornements de la cour de Louis XIV : et, réduite à la plus affreuse misère, menacée d'être enlevée par les rebelles, elle se sauve pendant la nuit, gagne le port de Plymouth, se jette dans une barque, et aborde sur les côtes de Bretagne. Elle voulut venir en son pays natal boire les eaux de Bourbon, et chercher quelques sûretés pour sa vie. Elle fut reçue en France avec joie. Les peuples, qui la regardaient comme sœur, fille et tante de leurs rois, la respectèrent, et la reine fut ravie de la pouvoir secourir dans ses malheurs [1].

Après avoir pris les eaux, cette princesse se rendit à Fontainebleau. « A la descente de sa litière, elle fut receuë dans le chasteau, au bas de l'escalier de la cour Ovale, par la princesse Marie, et conduite dans l'appartement de la reine régente, meublé d'un très-beau lit et des riches tapisseries de la couronne [2]. »

Cependant les affaires de Charles Ier, son

---

[1] Madame de Motteville, t. II.
[2] Lettres de Fontainebleau, 2 novembre 1644.

époux, ne s'amélioraient pas en Angleterre : depuis que ce monarque avait signé la condamnation de Strafford, son règne n'était plus qu'une lutte entre la couronne et les parlements. D'un côté, on voulait briser la constitution du pays, et sacrifier la foi protestante à la foi catholique; de l'autre, on défendait les immunités publiques et la liberté de conscience. La guerre civile éclata, et deux camps se formèrent; des émeutes s'organisèrent; des conspirations furent ourdies, des combats livrés : le roi, tantôt vainqueur, mais plus souvent vaincu, finit par perdre à Nazerbi, en 1645, contre Fairfax, une bataille qui ruina son parti. Il songea alors à envoyer en France le prince de Galles, son fils, pour le mettre en sûreté. La cour était à Fontainebleau. La reine d'Angleterre, accompagnée du prince de Galles et du prince Robert, son neveu, partit pour cette résidence le 18 août 1646.

Le cardinal Mazarin alla au-devant de cette princesse, à une lieue de Fontainebleau. Il fut bientôt suivi du roi et de la reine sa mère, qui firent aux illustres voyageurs l'accueil le plus affectueux, et les ramenèrent dans leurs voitures au palais, où leur logement était préparé : celui de la reine d'Angleterre dans la cour de la Fontaine, celui du prince de Galles au-dessus.

Quelques jours après, le cardinal donna à

dîner au prince de Galles et au prince Robert; dix ou douze seigneurs anglais, le duc d'Elbeuf, et plusieurs autres personnes de haute distinction, furent également invités. La table était servie dans la galerie des Cerfs; « et pendant ce « superbe festin, la musique des vingt-quatre « violons du roy fit avoüer à un chacun qu'il ne « s'estait jamais rien veu de plus magnifique. » Après le dîner, le cardinal fit présent au prince de Galles de deux chevaux barbes de la plus grande beauté.

Plaisirs de la chasse, jeu de paume, promenades dans la forêt, concerts, on ne négligea rien pour faire oublier à la reine d'Angleterre ses chagrins et ses ennuis; on donna même un petit bal dans le cabinet du roi, pour faire voir au prince de Galles la danse française [1].

Ce prince n'avait pas dix-sept ans. « Il était assez grand pour son âge, dit mademoiselle de Montpensier dans ses Mémoires. Il avait la tête belle, les cheveux noirs, le teint brun, et passablement agréable de sa personne. Je ne tardai point à reconnaître que la reine d'Angleterre eût bien voulu me persuader qu'il était amoureux de moi; que, sans qu'elle le retenait, il serait venu dans ma chambre à toute heure, qu'il me trou-

---

[1] Mémoires et correspondances du temps.

vait fort à son gré, et qu'il était au désespoir de la mort de l'Impératrice, parce qu'il était dans une extrême appréhension que l'on ne voulût me marier avec l'Empereur. » C'est une des mille et une nuits royales qu'avait rêvées cette imagination tourmentée de la matrimoniomanie [1].

L'année précédente, le palais de Fontainebleau avait été témoin d'une cérémonie à laquelle la généreuse bienveillance d'Anne d'Autriche avait donné un grand éclat : c'était la signature du contrat de mariage de la princesse Marie de Gonzague, fille du duc de Nevers, avec Vladislas, roi de Pologne. Ce bon prince ne s'était pas inquiété des premières amours de cette princesse avec Cinq-Mars; sur le seul bruit de sa beauté, il lui avait offert sa couronne [2]; et, le 20 septembre 1645, les carrosses du roi de France amenaient à Fontainebleau le comte d'Henofft, ambassadeur extraordinaire de Vladislas. Il fut

---

[1] Madame de Motteville prétend que ce jeune prince, de bonne mine, mais timide et sans beaucoup d'esprit, témoigna quelque commencement d'inclination pour madame de Châtillon, la même qui avait attiré les attentions de Louis XIV encore enfant.

[2] La princesse de Condé, qui aimait Marie de Gonzague, avait fait intervenir le duc d'Enghien, alors puissant par ses victoires, pour décider cette alliance, au détriment de mademoiselle de Guise, dont il avait été d'abord question.

reçu dans le grand cabinet de la reine; la princesse Marie était dans le cercle; mais, désirant écouter incognito la harangue de l'ambassadeur, elle se cachait derrière madame de Motteville. Le comte d'Henofft, qui la cherchait des yeux, ne tarda pas à la reconnaître à son embarras, et il la salua du titre de Majesté. « Le lendemain, il présenta au roy [1] deux belles arquebuses polonoises et un cimeterre enrichi de diamants, avec le portrait du roy son maistre, vestu à la françoise, et celuy du prince de Pologne, son fils, en habits polonois. Il fit aussi hommage à la reine d'un tableau de la Vierge, que le roy de Pologne avoit enlevé aux Moscovites, parmi lesquels cette image étoit en grande vénération depuis quatorze cents ans. »

Le 25, l'ambassadeur fut introduit dans le cabinet du roi, où, en présence des princes, des princesses, des grands seigneurs de la cour et du cardinal Mazarin, le contrat fut lu par le comte de Brienne, sous-secrétaire d'État, et signé par

---

[1] C'était la première fois que Louis XIV voyait Fontainebleau. Ce prince, enfant, aimait à se mesurer le long d'un des murs de la galerie de Diane, lorsqu'il venait dans cette résidence. Il existe aussi quelques chartes de ce monarque, signées à Fontainebleau, à l'âge de neuf ans : elles concernent des droits concédés ou acquis dans la forêt.

le roi, la reine, la princesse Marie et le comte Henofft [1]. Après cette cérémonie, l'ambassadeur remit à sa nouvelle souveraine le portrait du roi Vladislas dans une boîte ornée de magnifiques diamants, et il repartit pour Paris, où le mariage fut célébré dans la chapelle du Palais-Royal.

Une autre souveraine du Nord va donner à Fontainebleau un nouveau genre de célébrité : elle y transportera la barbarie du despotisme le plus sauvage; elle y marquera son séjour par des taches de sang que les siècles n'effaceront pas : c'est Christine, reine de Suède! Cette princesse, qui portait avec honneur le sceptre de Gustave-Adolphe, son glorieux père, avait envoyé, en 1646, à la reine Anne d'Autriche, un ambassadeur extraordinaire pour resserrer l'union des deux couronnes : c'était le comte de la Gardie, fils du connétable de Suède, Français d'origine, homme élégant, qui passait pour le favori de la reine. La réputation de Christine remplissait alors toute l'Europe; on la mettait au rang des plus illustres femmes de l'antiquité. La plume des plus célèbres écrivains était occu-

---

[1] L'*Histoire du Palais-Royal* cite une clause de ce contrat qui prouve la générosité d'Anne d'Autriche, et une autre clause curieuse par sa singularité.

pée à louer son héroïsme, ses talents, son génie, ses vastes connaissances [1] et sa haute philosophie. Aussi écoutait-on avec grand intérêt M. de la Gardie lorsqu'il parlait de sa jeune souveraine : c'était un enthousiasme qui trahissait un sentiment plus tendre que le respect. « Anne d'Autriche, pour régaler cet ambassadeur, lui donna à Fontainebleau le bal et la comédie, de grands repas, et tous les divertissements ordinaires. Il orna la promenade du canal d'un carrosse en broderie d'or et d'argent qu'il avait fait faire pour la reine. Il le fit traîner par six chevaux richement harnachés, suivi d'une douzaine de pages de cette princesse, habillés de sa livrée, qui était jaune et noir, avec des passements d'argent. Cette cour en figure, avec la nôtre effective et belle, rendait la promenade tout à fait agréable [2]. »

Dix ans plus tard, c'était un autre spectacle!... Christine, par un caprice sublime aux yeux des uns, seulement bizarre aux yeux des autres, fait frapper une médaille avec cette légende : *Le lau-*

---

[1] « Cette princesse parle huit langues, et principalement la française, comme si elle était née à Paris ; elle en sait plus que notre Académie jointe à la Sorbonne. » (Lettre du duc de Guise, 1656.)

[2] Madame de Motteville.

rier du Pinde vaut mieux que le sceptre des rois; et, s'arrachant aux brillants embarras de la puissance, elle quitte les brouillards du Nord pour aller vivre libre sous le beau ciel d'Italie. La cour de France, à son passage, lui rendit de grands honneurs. Le roi avait envoyé auprès de cette princesse le duc de Guise pour lui faire les honneurs de Paris : il alla au-devant d'elle à Essone, où elle s'était arrêtée. Mademoiselle de Montpensier s'y était également rendue de la part de la reine, et elle raconte que le soir, au feu d'artifice, ayant eu peur de quelques fusées, la reine de Suède lui dit : « Comment une de- « moiselle qui a été aux occasions, et qui a fait « de si belles actions, a-t-elle peur? » — « La réception qu'on fit à la reine de Suède, dit cette princesse, était pareille à celle que l'on fit à Charles-Quint; elle fit son entrée à cheval. Elle avait une jupe grise avec de la dentelle d'or et d'argent, un justaucorps de camelot couleur de feu; au cou, un mouchoir de point de Gênes était noué avec un ruban couleur de feu; une perruque blonde, et derrière un rond comme les femmes en portent, et un chapeau avec des plumes noires, qu'elle tenait. Elle est blanche, a les yeux bleus; dans des moments, elle les a doux, et dans d'autres fort rudes. La bouche assez agréable, quoique grande; les dents belles; le nez grand et aquilin ; elle est fort petite ; son justaucorps cache sa mauvaise taille ; à tout prendre, elle me parut un fort joli petit garçon... Après le ballet nous allâmes à la comédie. Elle jurait Dieu, se couchait dans sa chaise, jetait ses jambes d'un côté et de l'autre, les passait sur les bras de sa chaise; elle faisait des postures que je n'ai jamais vu faire qu'à Trivelin et à Jodelet, qui sont des bouffons, l'un italien, l'autre français. Elle répétait les vers qui lui plaisaient. Elle parla sur plusieurs matières, et ce qu'elle dit, elle le dit assez agréablement; il lui prenait des rêveries profondes; elle faisait de grands soupirs : c'est une personne tout à fait extraordinaire... Pendant qu'elle fut à Paris, elle visita toutes les belles maisons et les bibliothèques; tous les gens savants l'allèrent visiter. Elle alla communier à Notre-Dame, et partit pour Montargis, où j'allai lui faire mes adieux. Elle avait dans son carrosse Sentinelli; » Sentinelli, qui jouera bientôt, par jalousie, le rôle de bourreau dans le drame de la galerie des Cerfs !

Le premier voyage de Christine en France avait été un triomphe pour elle [1]. Cependant, la

---

[1] « Notre Amazone suédoise gagna tous les cœurs à Paris,

liberté originale de ses manières, la négligence de sa toilette [1], les inégalités de sa conduite, de son humeur et de ses goûts, cette vie errante qu'elle promenait de pays en pays, l'inutilité de ses vastes connaissances pour le bonheur des hommes qu'elle avait été appelée à gouverner; le peu de charme attaché à une personne qui ne savait avoir ni les grâces d'une femme, ni les vertus d'une reine; enfin, la hardiesse de certains propos qu'elle avait tenus sur l'amour de Louis XIV pour Marie de Mancini, ne lui avaient pas concilié à un haut degré la faveur de la cour. Aussi, lorsqu'en 1657 on apprit que cette princesse nomade faisait un second voyage en France, on lui envoya l'ordre de s'arrêter à Fontaine-

Les bourgeois en armes et avec de beaux habits étoient allés la recevoir hors les portes de la ville, et avoient bordé son chemin jusqu'au Louvre, où elle devoit loger; les personnes de qualité étoient aux fenêtres et aux balcons pour la voir passer, et la foule étoit dans la rüe. » (Madame de Motteville.)

[1] Mademoiselle de Montpensier raconte ainsi ses adieux à cette reine : « A Montargis, je la trouvai couchée dans un lit où mes femmes couchoient d'habitude, une chandelle sur la table, et une serviette autour de la tête comme un bonnet de nuit, et pas un cheveu; une chemise fermée sans collet, avec un gros nœud couleur de feu; les draps ne venoient qu'à la moitié de son lit avec une vilaine couverture verte; elle ne me parut pas jolie en cet état. »

bleau. Cette défense de venir à la cour surprit son orgueil et dérangea son goût pour les plaisirs; elle s'ennuyait mortellement, et n'avait point le courage de partir, espérant toujours une visite du roi et l'autorisation de revoir le Louvre. Louis XIV vint en effet lui faire une visite, au mois d'octobre, avec Monsieur et le comte de Soissons. Cette princesse reçut le roi au bas du grand escalier de la cour du Cheval-Blanc, et après un échange des compliments les plus flatteurs, elle le conduisit dans son appartement. « Sa Majesté prit place dans un fauteuil, la reyne à la droite, et Monsieur à la droite de Sa Majesté Suédoise; ils demeurèrent pendant une heure dans une très-agréable conversation; après laquelle, le roi, que cette reyne reconduisit jusqu'au carrosse, partit aux acclamations de tout le peuple de Fontainebleau [1]. »

A ces acclamations succéda, quelques jours après, un cri d'horreur. Écoutons le P. le Bel, supérieur des Mathurins de Fontainebleau :

« Le 6 de novembre 1657, à neuf heures et un quart du matin, la reine de Suède étant à Fontainebleau, logée à la Conciergerie du château, m'envoya querir par un de ses valets de pied. Il me dit qu'il avoit ordre de Sa Majesté

---

[1] *Gazette de France.* 1657.

de me mener parler à elle, en cas que je fusse le supérieur du couvent. Je lui répondis que je l'étois, et que j'allois partir avec lui pour savoir la volonté de *Sa Majesté Suédoise*.

« Ainsi, sans chercher de compagnon, de crainte de faire attendre cette reine, je suivis ce valet de pied jusqu'à l'antichambre; on m'y fit attendre quelques moments. A la fin, le valet de pied étant revenu, il me fit entrer dans la chambre de la reine. Je la trouvai seule, et lui ayant rendu mes respects et mes soumissions très-humbles, je lui demandai ce que Sa Majesté désiroit de moi, son très-humble serviteur. Elle me dit que, pour parler avec plus de liberté, j'eusse à la suivre; et, étant entrée dans la galerie des *Cerfs*, elle me demanda si elle ne m'avoit jamais parlé. Je lui dis que j'avois eu l'honneur de faire la révérence à Sa Majesté, de l'assurer de mes très-humbles obéissances, qu'elle avoit eu la bonté de m'en remercier, et non autres choses. Sur quoi cette reine me dit que je portois un habit qui l'obligeoit à se fier à moi, et me fit promettre, sous le sceau de la confession de gardien, de tenir le secret qu'elle m'alloit dévoiler.

«Je fis réponse à Sa Majesté qu'en matière de secrets j'étois naturellement aveugle et muet, et que l'étant à l'égard de toutes sortes de personnes, à plus forte raison je devois l'être pour une personne comme elle; et j'ajoutai que l'Écriture sainte dit que: *Sacramentum regis abscondere bonum est.*

« Après cette requête, elle me chargea d'un paquet de papiers, cacheté en trois endroits, sans aucune suscription, et me commanda de le lui rendre en présence de qui elle me le demanderoit, ce que je promis à Sa Majesté Suédoise. Elle me recommanda ensuite de bien observer le temps, le jour, l'heure et le lieu qu'elle me donnoit ce paquet, et je laissai cette reine dans la galerie.

« Le samedi, dixième jour du même mois de novembre, à une heure après midi, la reine de Suède m'envoya querir par un de ses valets de chambre, lequel m'ayant dit que Sa Majesté me demandoit, j'entrai dans un cabinet pour prendre ce dont elle m'avoit chargé, dans la pensée que j'eus qu'elle m'envoyoit querir pour le lui rendre. Je suivis ce valet de chambre, lequel m'ayant mené par la porte du donjon, me fit entrer dans la galerie des *Cerfs;* et aussitôt que nous fûmes entrés, il ferma la porte avec tant d'empressement que j'en fus un peu étonné. Ayant aperçu, vers le milieu de la galerie, la reine qui parloit à un de sa suite, qu'on appeloit le marquis (j'ai su depuis que c'étoit le marquis de Monaldeschi), je m'approchai de cette princesse après lui avoir fait ma révérence.

« Elle me demanda d'un ton de voix assez haut, en la présence du marquis et de trois autres qui y étoient, le paquet qu'elle m'avoit confié. Deux des trois étoient éloignés de la reine de quatre pas, et le troisième[1] assez près de Sa Majesté. Elle me parla en ces termes : « Mon « père, rendez-moi le paquet que je vous ai « donné. » Je m'approchai, et le lui présentai. Sa Majesté l'ayant pris et considéré quelque temps, l'ouvrit et prit les lettres et écrits qui étoient dedans. Elle les fit voir et lire à ce marquis, lui demandant d'une voix grave et d'un port assuré s'il les connoissoit bien. Ce marquis les dénia, mais en pâlissant. « Ne voulez-vous « pas reconnoître ces lettres et ces écrits? » lui dit-elle.

« N'étant, à la vérité, que des copies que cette reine elle-même avoit transcrites; Sa Majesté ayant laissé songer quelque temps le marquis sur ces mêmes copies, tira de dessus elle les originaux, et les lui montrant, l'appela *traître*, et lui fit avouer son écriture et son seing. Elle l'interrogea plusieurs fois; à quoi le marquis s'excusant, répondoit du mieux qu'il pouvoit, rejetant

---

[1] Son capitaine des gardes.

la faute sur diverses personnes. Enfin, il se jeta aux pieds de cette reine, lui demandant pardon; et en même temps les trois hommes qui étoient là présens tirèrent leurs épées hors du fourreau. Alors il se leva, tira la reine tantôt dans un coin de la galerie et tantôt à un autre, la suppliant toujours de l'entendre et de le recevoir dans ses excuses. Sa Majesté ne lui dénia jamais rien, mais l'écouta avec une grande patience, sans que jamais elle témoignât la moindre importunité, ni aucun signe de colère. Aussi se tournant vers moi, lorsqu'il la pressoit le plus de l'écouter et de l'entendre patiemment : « Mon père, me « dit-elle, voyez et soyez témoin (approchant du « marquis, et appuyée sur un petit bâton d'é- « bène à poignée ronde) que je ne projette rien « contre cet homme, et que je donne à ce traître, « à ce perfide, tout le temps qu'il veut, et plus « qu'il n'en sauroit désirer d'une personne offen- « sée, pour se justifier, s'il le peut. »

« Le marquis enfin, pressé par cette reine, lui donna des papiers et deux ou trois petites clefs liées ensemble, qu'il tira de sa poche, de laquelle il tomba deux ou trois petites pièces d'argent. Et après une heure au plus de conférence, ne contentant pas cette reine par ses réponses, Sa Majesté s'approcha un peu de moi, et me dit d'une voix assez élevée, mais grave et modérée : « Mon

« père, je me retire, et vous laisse cet homme;
« disposez-le à la mort, et prenez soin de son
« âme. »

« Quand cet arrêt eût été prononcé contre moi,
je n'aurois pas eu plus de frayeur. Et à ces terribles mots, le marquis, se jettant à ses pieds,
et moi de même, en lui demandant pardon pour
ce pauvre homme, elle me dit « qu'elle ne le pou-
« voit pas; que ce traître étoit plus coupable que
« ceux qui sont condamnés à la *roue;* qu'il sa-
« voit bien qu'elle lui avoit communiqué, comme
« à un fidèle sujet, ses affaires les plus impor-
« tantes et ses plus secrettes pensées. Outre
« qu'elle ne lui vouloit point reprocher tous les
« biens qu'elle lui avoit faits, qui excédoient
« ceux qu'elle eût pu faire à un frère, l'ayant
« toujours regardé comme tel, et que sa cons-
« cience seule lui devoit servir de bourreau. »

« Après ces mots, Sa Majesté se retirant, me
laissa avec ces trois hommes, qui avoient toujours l'épée nue, dans le dessein d'achever cette
exécution.

« Après que Sa Majesté fut sortie, le marquis
se jetta à mes pieds, me conjura avec instance
d'aller auprès de la reine pour tâcher d'obtenir
son pardon. Cependant ces trois hommes le pressoient vivement de se confesser, avec l'épée
contre les reins, sans pourtant le toucher; et

moi, avec les larmes à l'œil, je l'exhortois à demander pardon à Dieu. Alors le chef des trois partit vers Sa Majesté lui demander pardon et implorer sa miséricorde pour le pauvre marquis; lequel, revenant triste de ce que sa maîtresse lui avoit commandé de le *dépêcher*, lui dit en pleurant : « Marquis, songez à Dieu et à votre âme! « il faut mourir! »

« A ces paroles, comme hors de lui-même, le marquis se jette une seconde fois à mes pieds, me conjurant de retourner encore une fois vers la reine, pour tenter la voie du pardon et de la grâce; ce que je fis.

« Et ayant trouvé seule Sa Majesté dans sa chambre, avec un visage serein et sans aucune émotion, je m'approchai d'elle, me laissant tomber à ses pieds, les larmes aux yeux et les sanglots au cœur. Je la suppliai, par les douleurs et les plaies de Jésus-Christ, de faire miséricorde et grâce à ce pauvre marquis.

« Elle me témoigna être fâchée de ne me pouvoir accorder ma demande, après la cruauté et la perfidie que ce malheureux lui avoit voulu faire endurer en sa personne; après quoi il ne devoit jamais espérer ni rémission ni grâce, et me dit que l'on en avoit envoyé plusieurs sur la roue qui ne l'avoient pas tant mérité que ce traître.

« Voyant que je ne pouvois rien gagner par mes prières sur l'esprit de cette reine, je pris la liberté de lui représenter qu'elle étoit dans la maison du roi de France; qu'elle prît bien garde à ce qu'elle alloit faire exécuter, et si le roi le trouveroit bon. Sur quoi Sa Majesté me répondit « qu'elle avoit cette justice auprès de l'autel,
« et qu'elle prenoit Dieu à témoin si elle en vou-
« loit à la personne de ce marquis, et si elle n'a-
« voit pas déposé toute haine, ne s'en prenant
« qu'à son crime et à sa trahison, qui n'auroient
« jamais de pareils, et qui touchoient tout le
« monde; outre que le roi de France ne la lo-
« geoit pas dans sa maison comme captive réfu-
« giée, qu'elle étoit maîtresse de ses volontés
« pour rendre et faire justice à ses domestiques,
« en tous lieux et en tout temps, et qu'elle ne
« devoit répondre de ses actions qu'à Dieu seul;
« ajoutant que ce qu'elle faisoit n'étoit pas sans
« exemple. »

« Et quoique je repartisse à cette reine qu'il y avoit quelques différences; que si les rois avoient fait des choses semblables, c'avoit été chez eux, et non ailleurs.

« Mais je n'eus pas sitôt dit ces paroles que je m'en repentis, craignant de l'avoir trop pressée. Sur quoi je lui dis encore : Madame, par l'honneur et l'estime que vous vous êtes acquis en

France, et par l'espérance qu'ont tous les bons François de votre négociation, je supplie très-humblement Votre Majesté d'éviter que cette action (quoique à l'égard de Votre Majesté, Madame, elle soit justice) ne passe néanmoins, dans l'esprit des hommes, pour violente et précipitée. Faites plutôt encore un acte généreux de miséricorde envers ce pauvre marquis; ou du moins mettez-le entre les mains de la justice du roi, et lui faites faire son procès dans les formes requises. Vous en aurez toute la satisfaction, et conserverez, Madame, par ce moyen, le titre d'admirable, que vous portez en toutes vos actions parmi les hommes.

« Quoi, mon père! me dit cette reine, moi,
« en qui doit résider la justice absolue et sou-
« veraine sur mes sujets, me voir réduite à sol-
« liciter contre un traître domestique, dont les
« preuves de son crime et de sa perfidie sont
« en ma puissance, écrites et signées de sa pro-
« pre main !.....

« Non, non, mon père; je le ferai savoir au
« roi. Retournez, et ayez soin de son âme; je ne
« puis, en conscience, accorder ce que vous me
« demandez. »

« Et ainsi me renvoya. Je compris pourtant, au changement de sa voix en ces dernières paroles, que si cette reine eût pu différer l'action et changer de lieu, qu'elle l'eût fait indubitablement; mais que l'affaire étoit trop avancée pour prendre une autre résolution sans se mettre en danger de laisser échapper ce marquis, et peut-être mettre sa propre vie au hasard.

« Dans ces extrémités, je ne savois que faire, ni à quoi me résoudre. De sortir, je ne pouvois; et quand j'aurois pu, je me voyois engagé par un désir de charité et de conscience à secourir ce marquis pour le disposer à bien mourir.

« Je rentrai donc enfin dans la galerie en embrassant ce pauvre malheureux, qui se baignoit en ses larmes. Je l'exhortai dans les meilleurs termes et les plus pressans qu'il me fut possible, et qu'il plut à Dieu de m'inspirer, de se résoudre à la mort, et de songer à sa conscience, puisqu'il n'y avoit plus dans ce monde d'espérance de vie pour lui, et qu'offrant et souffrant sa mort pour la justice, il devoit en Dieu seul jetter ses espérances pour l'éternité, où il trouvoit ses consolations.

« A cette triste nouvelle, après avoir jetté deux ou trois grands cris, il se mit à genoux à mes pieds, m'étant assis sur un des bancs de la galerie, et commença sa confession. Mais l'ayant fort avancée, il se releva tout à coup, en poussant des cris douloureux. Je parvins à le remettre, et lui fis faire des actes de foi en renonçant à toutes pensées contraires. Alors il acheva sa confession en latin, français et italien, ainsi qu'il pouvoit mieux s'expliquer, dans le trouble où il étoit. L'aumônier de la reine arriva comme je l'interrogeois sur un doute. Dès que le marquis l'aperçut, il courut à lui sans attendre l'absolution, espérant encore grâce de sa faveur.

« Ils parlèrent bas longtemps ensemble, se tenant les mains, et retirés en un coin de la galerie. Leur conférence finie, l'aumônier sortit, et emmena avec lui le chef des trois, commis pour l'exécution. Peu de momens après, l'aumônier étant demeuré dehors, l'autre revint seul, et lui dit : « Marquis, demande pardon à Dieu, il faut « mourir; es-tu confessé? » Et lui disant ces mots, le presse contre la muraille du bout de la galerie où est la peinture de saint Germain; et je ne me pus si bien détourner que je ne visse qu'il lui porta un coup dans l'estomac, du côté droit; et que le marquis, le voulant parer, prit l'épée de la main droite, dont l'autre, en la retirant, lui coupa trois doigts, et l'épée demeura faussée; pour lors, il dit à un autre « qu'il étoit armé « en dessous; » comme, en effet, il avoit une cotte de mailles qui pesoit neuf à dix livres. Et le même, à l'instant, redoubla le coup dans le visage, après lequel le marquis cria : « Mon père! « mon père!..... »

« Je m'approchai de lui, et les autres se retirèrent un peu à quartier. Le marquis, un genou en terre, demanda pardon à Dieu, et me dit encore quelque chose, où je lui donnai l'absolution, avec la pénitence de souffrir la mort patiemment pour ses péchés, et de pardonner à tous ceux qui le faisoient mourir. Laquelle reçue, il se jeta sur le carreau, et en tombant, un autre lui donna sur le haut de la tête un coup qui lui emporta des os.

« Le marquis étant sur le ventre, faisoit signe et marquoit qu'on lui coupât le col, et le même lui donna deux ou trois coups sur le col sans lui faire grand mal, parce que la cotte de mailles, qui étoit montée avec le col du pourpoint, para et empêcha la force des coups. Cependant je l'exhortois de se souvenir de Dieu et d'endurer avec patience la rémission de ses péchés. Sur quoi le chef m'ayant demandé s'il ne le feroit pas achever, je le rembarrai rudement, en lui disant que je n'avois pas de conseils à lui donner là-dessus; que je demandois sa vie et non pas sa mort. Sur quoi il me demanda pardon, en confessant d'avoir eu tort de m'avoir fait une telle demande.

« Sur ce discours, le pauvre marquis, qui n'attendoit qu'un dernier coup, entendant ouvrir la porte, reprit courage, se retourna, et voyant que c'étoit l'aumônier qui entroit, il se traîna du mieux qu'il put, s'appuyant contre le lambris de la galerie, et demanda à lui parler. L'aumônier passa à la gauche de ce marquis, moi étant à la droite; et le marquis, se tournant vers l'aumônier en joignant les mains, lui dit tout bas quelque chose comme se confessant. Après quoi l'aumônier lui dit : « Demandez par-« don à Dieu; » et, après m'en avoir demandé permission, il lui donna l'absolution. Il me dit ensuite de demeurer auprès du marquis, et qu'il s'en retournoit auprès de la reine.

« Au même instant, celui qui avoit frappé le col dudit marquis, et qui étoit près de l'aumônier à sa gauche, lui perça la gorge d'une épée longue et étroite, duquel coup le marquis tomba sur le côté et ne parla plus; mais demeura plus d'un quart d'heure à respirer, durant lequel je lui criois et l'exhortois de mon mieux. Et ainsi ayant perdu son sang, il finit sa vie à trois heures et trois quarts après midi.

«Je lui dis *De profundis* avec l'oraison; et après, le chef des trois lui remua un bras et une jambe, déboutonna son haut de chausse et son caleçon, fouilla dans son gousset, et ne trouva rien, sinon en sa poche un petit livre d'*Heures de la Vierge*, et un petit couteau. Après quoi ils partirent tous les trois, et moi après, pour recevoir les ordres de Sa Majesté.

« Cette reine, assurée de la mort dudit marquis, témoigna du regret d'avoir été obligée de faire faire cette exécution; mais qu'il étoit de justice de le faire pour son crime et sa trahison, et qu'elle prioit Dieu de lui pardonner.

« Elle me commanda d'avoir soin de le faire enlever de là, de l'enterrer, et me dit qu'elle vouloit faire dire plusieurs messes pour son âme.

« Je fis faire une bière, et la fis mettre dans un tombereau, à cause de la pesanteur du corps, de la brune, du mauvais chemin; puis la fis conduire à la paroisse [1] par mon vicaire et chapelain, assistés de trois hommes, avec ordre de l'enterrer dans l'église, près du bénitier. Ce qui fut fait et exécuté à cinq heures trois quarts du soir, le lundi 12 novembre.

« Cette reine envoya cent livres par deux de ses valets de chambre au couvent, pour prier Dieu pour le repos de l'âme dudit marquis, duquel, le mardi treizième dudit mois, on publia le service, par le son des cloches, qui fut célébré le mercredi 14, avec toute solemnité et dévotion, dans l'église paroissiale d'Avon, où ce marquis est enterré; et continuâmes un *Credo* et les messes que cette reine avoit ordonnées pour sup-

---

[1] Église d'Avon, au bout du parc de Fontainebleau.

plier la bonté divine qu'il lui plaise mettre l'âme de ce pauvre défunt dans son paradis. »

Quelle fut la véritable cause de cet assassinat, reste sanglant du despotisme du Nord? L'histoire hésite entre la jalousie d'une femme outragée et l'orgueil d'une reine trahie. D'un côté, on a raconté que Monaldeschi, pour plaire à une dame romaine, lui avait écrit des lettres amoureuses, où il sacrifiait sans pitié Christine, et qu'un jeune cardinal, jaloux de l'écuyer de cette princesse, avait trouvé, saisi et transmis ces lettres à la reine; d'autres prétendent que Christine avait découvert une correspondance de Monaldeschi, dans laquelle il vendait les secrets de la couronne, et conspirait contre sa souveraine lorsqu'elle était encore sur le trône de Suède.

Non, ce n'est point le pâle reflet d'un souvenir politique qui, après trois ans d'abdication, aurait inspiré cet excès de vengeance [1] et de

---

[1] « Monaldeschi refusa longtemps de se confesser au P. Mathurin, que la reine de Suède avoit envoyé querir, demanda pardon à son bourreau, Sentinelli, et le pria d'aller de sa part implorer la miséricorde de la reine; ce qu'il fit; mais il ne put rien obtenir. Elle se moqua du criminel, de ce qu'il avoit peur de la mort, l'appela poltron, et dit à son capitaine des gardes: « Allez, il faut qu'il meure; et afin de l'obliger à « se confesser, blessez-le. » Sentinelli revint annoncer à ce misérable l'arrêt définitif de sa mort, et en même temps lui

rage ¹. La jalousie, la plus féroce de toutes les passions, la jalousie seule a pu jeter le cœur de Christine dans ce désordre, et lui commander cet acte de cruauté ². La galerie des Cerfs a disparu depuis longtemps pour faire place à de nouveaux appartements; mais on connaît la croisée près de laquelle Monaldeschi expira après sa longue lutte contre ses bourreaux. Autrefois on

voulut donner quelques coups d'épée. Il en reçut un à la tête, et, comme il se vit baigné dans son sang, alors il se confessa à ce P. Mathurin qui étoit aussi effrayé que son pénitent. Enfin Sentinelli lui passa son épée au travers de la gorge, et la lui coupa à force de la chicoter. Cette barbare princesse, après une action aussi cruelle, demeura dans sa chambre à rire et à causer tranquillement. (*Mémoires de madame de Motteville.*)

¹ « La reine, qui le croyoit mort, s'en étant approchée, Monaldeschi lui tendit les bras. « Quoi! s'écria-t-elle, tu respires encore? Apprends, traître, que cette main qui versa sur toi tant de bienfaits, te frappe le dernier coup. » (Pièces intéressantes. 1657.)

² La plupart des femmes et des courtisans n'observèrent autre chose dans cette reine philosophe, sinon qu'elle n'était pas coiffée à la française et qu'elle dansait mal. Les sages ne condamnèrent dans elle que le meurtre de Monaldeschi, son écuyer, dans son second voyage. De quelque faute qu'il fût coupable envers elle, ayant renoncé à la royauté, elle devait demander justice et non se la faire. Ce n'était pas une reine qui punissait un sujet; c'était une femme qui terminait une galanterie par un meurtre. (*Voltaire, Siècle de Louis XIV.*)

y voyait une pierre avec une croix, une date et le nom de Monaldeschi : des mains, pour qui les traditions du passé n'ont aucun prix, ont fait disparaître ces dernières traces; mais on lit avec intérêt l'inscription mise par ordre du roi Louis-Philippe sous cette croisée trop célèbre; et lorsque le voyageur visite l'ancienne église d'Avon, il s'arrête devant la pierre qui recouvre les restes de Monaldeschi[1], et il se demande si c'est bien une reine philosophe et dédaigneuse d'une couronne qui a creusé ce monument de despotisme et de barbarie[2]!

Lorsque la nouvelle de cet assassinat arriva au Louvre, la première pensée fut d'ordonner à Christine de quitter à l'instant Fontainebleau et la France; on dit même que le cardinal Mazarin lui écrivit, de la part du roi, « qu'une action si horrible, qui avait révolté S. M. et tous les gens de bien, devait l'éloigner du royaume pour toujours. » Cette princesse, irritée de cet ordre,

---

[1] Cette pierre porte son nom et la date du jour où il fut enterré par les soins du P. le Bel.

[2] Voici un quatrain du temps :

En punissant dans ta fureur
Un amant indiscret qui devient ta victime,
Cruelle reine! par ce crime
L'un perd la vie et l'autre perd l'honneur.

aurait répondu au cardinal, s'il faut en croire certain recueil [1] : « Votre procédé ne m'étonne point, tout fol qu'il est; mais je n'aurois jamais cru que ni vous ni *votre jeune maître orgueilleux*, eussiez *osé* me témoigner le moindre ressentiment. Apprenez tous tant que vous êtes, valets et maîtres, petits et grands, qu'il m'a plu d'agir ainsi, et que je ne dois ni ne veux rendre compte de mes actions à qui que ce soit. Sachez enfin, *mons le cardinal*, que Christine est reine partout où elle est. »

Le ton de cette lettre, au moins douteuse, et surtout l'attentat commis à Fontainebleau contre l'autorité du roi, contre le droit des nations et contre l'humanité, aurait dû faire exiler pour jamais de la cour de Louis XIV celle qui n'aurait craint ni rougi de l'écrire; cependant, au mois de février 1658, importuné de ses supplications, Mazarin permit à Christine de venir à Paris voir danser le ballet du carnaval de 1658, où figurait Louis XIV, alors âgé de vingt ans [2].

[1] Cette lettre a été imprimée au nombre des *pièces intéressantes* publiées par M. D. L. P., à Bruxelles, 1785; mais en vérité on ne peut croire à l'authenticité de cet écrit étrange, à moins de supposer que la reine Christine était devenue folle à Fontainebleau.

[2] « On la logea dans le Louvre, à l'appartement du cardinal

Paré de toutes les grâces de la jeunesse et de tout l'éclat de la beauté, ce prince aimait à briller dans ces sortes de spectacles, où tout respirait le plaisir, la galanterie et la magnificence. Les femmes de la cour se disputaient ses regards; mais une seule avait trouvé le chemin de son cœur : il aimait avec passion Marie de Mancini [1];

Mazarin, pour lui montrer qu'il falloit qu'elle le quittât promptement. Elle passa à Paris les jours gras, qu'elle employa le mieux qu'elle put. Rien ne parut en elle de contraire à l'honneur, je veux dire à cet honneur qui dépend de la chasteté; mais, en tout le reste, elle montra peu de sagesse, peu de conduite, et beaucoup d'emportement pour le plaisir... » (Madame de Motteville.)

[1] La première impression de Louis XIV, à peine âgé de douze ans, avait été pour la duchesse de Châtillon. Benserade composa à ce sujet le couplet suivant, qui eut grand succès à la cour :

> Châtillon, gardez vos appas
> Pour une autre conquête.
> Si vous êtes prête,
> Le roi ne l'est pas.
> Avec vous il cause;
> Mais, en vérité,
> Pour votre beauté,
> Il faut bien autre chose
> Qu'une minorité.

Ce prince montra aussi dans son extrême jeunesse du goût pour la baronne de Beauvais, pour mademoiselle d'Argen-

à la promenade, au bal, chez la reine, partout il la recherchait; il ne trouvait de charme qu'à sa conversation; enfin, il parla de l'épouser. Effrayée de la vivacité de ce premier amour, Anne d'Autriche, dans son juste orgueil, signifia à Mazarin que, loin de permettre une telle alliance, elle se mettrait à la tête de la noblesse française pour s'y opposer; en même temps elle écrivit tendrement à Philippe IV, son frère, et pressa la conférence de l'île des Faisans; Marie de Mancini fit à Louis XIV cet adieu célèbre : « Vous êtes roi, vous pleurez, et je pars; » et la fille du roi des Espagnes, Marie-Thérèse, devint reine de France et de Navarre.

La marche des deux jeunes époux ne fut, depuis Saint-Jean de Luz, qu'une suite de fêtes triomphales. Ils s'arrêtèrent à Fontainebleau, où « il vint un monde infini, parce qu'un chacun vouloit voir la reine [1]; » allèrent dîner à Vaux chez le surintendant Fouquet, et firent leur entrée à Paris le 26 août 1660. La reine, parée d'une robe noire en broderie d'or et d'argent, et couverte de pierreries, était

---

court, pour la nièce de Mazarin, qui fut depuis la comtesse de Soissons; mais il ressentit une véritable passion pour Marie de Mancini, qui n'était pas jolie, mais piquante et spirituelle.

[1] Mademoiselle de Montpensier.

dans un char plus brillant que celui que la fable donne au soleil, tandis que le roi, à cheval, représentait ces héros que les poëtes ont divinisés. Madame Scarron, qui plus tard devait jouer un si grand rôle sous le nom de madame de Maintenon, confondue ce jour-là dans la foule, admirait ce spectacle; et le lendemain elle écrivit à une de ses amies : « La reine dut se coucher hier au soir assez contente du mari qu'elle a choisi. »

Marie-Thérèse ne tarda pas à devenir grosse. La cour, fidèle aux royales traditions, alla s'établir à Fontainebleau. Le roi, élevé par sa mère dans des sentiments de piété qui ne se démentirent jamais, invoquait avec ferveur la protection du ciel pour l'heureuse délivrance de la reine; il fit ses stations du jubilé le 23 juin 1661; il partit du château à pied, à quatre heures du matin, et se rendit en l'église des Carmes des Basses-Loges, « où Sa Majesté fut *agréablement* haranguée par le prieur, » et de là à l'église d'Avon, où il retrouva la reine mère en prière.

Cette princesse, « qui avoit toujours aimé la belle et délicieuse résidence de Fontainebleau plus que toutes les autres maisons de nos rois[1], » voulut y laisser des traces de sa bienfaisance.

---

[1] Madame de Motteville.

Les bonnes œuvres sont l'expression la plus vraie des sentiments religieux, et Anne d'Autriche perdait rarement l'occasion d'en donner l'exemple. Dans l'année 1661, elle fonda à Avon un hôpital pour les pauvres, infirmes et malades; elle le dota de ses deniers, et consacra ses veilles et celles de ses dames à faire tous les ouvrages nécessaires à l'entretien de ce pieux établissement [1].

Ces saints devoirs n'excluaient point les plaisirs, et la cour de Louis XIV, depuis son mariage, avait pris un caractère de grandeur et de magnificence qui anima un palais où l'ennui avait régné sous le nom de Louis XIII. La musique, la danse, la poésie, tous les arts se réunissaient pour plaire à un jeune souverain qui présidait en demi-dieu à ces fêtes mythologiques. S'il sortait pour se promener dans le parc, des concerts retentissaient autour de lui comme dans un palais enchanté. C'est ainsi qu'un soir, dans une promenade aux flambeaux qu'il fit

---

[1] Anne d'Autriche fut aussi guidée par le désir d'apaiser certaines plaintes qu'elle avait fait naître parmi les religieux d'Avon, en reportant à l'église Saint-Louis, fondée par Louis XIII dans Fontainebleau, une partie des priviléges dont avait jusqu'alors joui l'église d'Avon, ancienne paroisse de cette résidence royale.

pour visiter la nouvelle terrasse dont il avait entouré le jardin du Tibre, tous les prodiges furent répandus sur son passage : des nymphes jetaient des fleurs devant sa voiture, les plus douces voix chantaient ses louanges, et le grand canal étincelait de feux de toutes couleurs [1].

Le comte de Tot, ambassadeur de Charles-Gustave à qui la reine Christine avait donné le royaume de Suède, assistait à cette fête improvisée. Louis XIV aimait à faire briller aux yeux des étrangers l'éclat dont il était environné, et il tenait à donner de sa grandeur une haute idée à l'envoyé d'un souverain qui se faisait redouter dans le Nord et dans l'Allemagne. Aussi, il engagea le comte de Tot à la représentation du *ballet des Saisons*, qui fut joué en grande pompe au palais de Fontainebleau, le 23 juillet 1661. Le poëte y brûle devant le dieu l'encens d'une flatterie qui pourrait quelquefois être plus délicate; il l'entoure, avec une hardiesse galante, de toutes les déités secondaires qui pouvaient le plus sourire à son amour; et comme cet ouvrage fait connaître la jeune cour de Louis XIV, et qu'il fut, pour ainsi dire, le prélude des fêtes magnifiques dont plus tard Versailles devint

[1] Correspondances et gazettes du mois de juillet 1661.

l'Olympe, nous le plaçons avec confiance sous les yeux de nos lecteurs [1].

BALLET DES SAISONS [2],

DANSÉ A FONTAINEBLEAU PAR SA MAJESTÉ,

LE 23 JUILLET 1661.

AVANT-PROPOS.

« Le sujet de ce ballet est tiré du lieu où il se danse, et les agréables déserts de Fontainebleau, devenus fréquents par le séjour de la plus belle cour qui fût jamais; les bergers qui les habitent en témoignent leur joie par un concert auquel plusieurs bergers et faunes se mêlent. Diane et ses nymphes, que le plaisir de la chasse attire en ces forêts, paraissent ensuite; les Saisons y succédant les unes aux autres, chacune marquée par un changement de théâtre, produisent

---

[1] Marie-Thérèse aimait aussi le spectacle. Molière joua, en 1661, une de ses comédies dans la chambre de la reine. Le marquis Durazzo y assistait. « Cet envoyé de Gênes fut régalé du portrait de Sa Majesté enrichi de diamants, qu'elle lui envoya, pour lui tesmoigner l'estime qu'elle faisoit de sa personne. »

[2] Attribué à Benserade.

les entrées du ballet, et la dernière, comme désagréable et infructueuse, en est chassée par le retour d'un éternel printemps qui doit régner à jamais en ce lieu bienheureux, où tout ce qui peut regarder la gloire, la prospérité et le plaisir, contribue à l'agrément de ce ballet.

OUVERTURE.

CHOEUR DE BERGERS.

Qui dans la nuit ramène le soleil?
On ne voit pas les étoiles si belles.
C'est lui qui vient en superbe appareil
Répandre ici mille clartés nouvelles.

PREMIÈRE ENTRÉE.

SIX FAUNES, LA NYMPHE DE FONTAINEBLEAU.

(*Les six faunes*, MM. Coquet et Bruneau, les sieurs des Airs, de Saint-André, Reynal et de Lorge; *la nymphe de Fontainebleau*, mademoiselle Hilaire.)

LA NYMPHE.

Récit.

Bois, ruisseaux, aimable verdure,
Lieu charmant et délicieux,
Qu'avec soin l'art et la nature
Ont fait tout exprès pour les dieux,
Quand ils sont ennuyés des cieux,
Redoublez vos attraits pour la troupe immortelle
Qui vient goûter ici les plaisirs les plus doux :
Il n'est rien de si beau que vous,
Il n'est rien de si noble qu'elle.

LE CHOEUR DES BERGERS.

Qui dans la nuit, etc.

LA NYMPHE reprend.

Les soupirs, les plaintes, les larmes,
Ne font point chez vous leur séjour;
Tout y rit loin du bruit des armes,
Et tous les échos d'alentour
Ne sauroient parler que d'amour.

Redoublez vos attraits, etc.

LE CHOEUR DES BERGERS.

Qui dans la nuit, etc.

DEUXIÈME ENTRÉE.

DIANE ET SES NYMPHES.

(*Diane*, Madame [1]; *nymphes*, la duchesse de Valentinois, mademoiselle de Montbason, madame de Gourdon, mademoiselle de Fouilloux, mademoiselle de Chemerault, mademoiselle de la Mothe, mademoiselle de Méneville, mademoiselle des Autels, mademoiselle de la Vallière, mademoiselle de Pons.)

LA NYMPHE.

Pour Madame, représentant Diane :

Diane dans les bois, Diane dans les cieux,
 Diane enfin brille en tous lieux;
Elle est de l'univers la seconde lumière,
Elle enchante les cœurs, elle éblouit les yeux;
 Glorieuse sans être fière,
 Adorable en toute manière,
L'on a de sa vertu si bonne opinion,
Qu'on ne sauroit jamais y trouver à redire;

---

[1] Henriette d'Angleterre.

Cependant, puisqu'il faut tout dire,
Elle passe les nuits avec Endymion.

Pour la duchesse de Valentinois, nymphe :

Demeurez parmi nous,
Objet charmant et doux.
Si vous avez besoin
De bois et de rochers,
Et qu'ils vous soient chers,
N'en cherchez pas plus loin.

Pour mademoiselle de Montbason, nymphe :

La douce force de vos yeux
Agit non-seulement sur tous tant que nous sommes,
Mais elle va plus loin ; pénétrant jusqu'aux dieux,
Qui ne dédaignent pas d'être du goût des hommes,
Puisque pour vous avoir ils ont quitté les cieux.

Mme DE GOURDON, nymphe.

Que l'Amour soit partout reconnu pour vainqueur ;
Qu'à le faire valoir chacune s'intéresse.
Pour moi, je me sens libre, et n'ai rien dans le cœur,
Que le soin de servir ma divine maîtresse.

Mlle DU FOUILLOUX, nymphe.

A mon gré, l'inconstance est un défaut étrange ;
Le plus sûr est de fuir ce dangereux vainqueur ;
Mais quand on a tant fait que d'accepter un cœur,
Il est beau d'en savoir toujours garder le change.

Mlle DE MÉNEVILLE [1], nymphe.

Après un fort long examen
Et de l'Amour et de l'Hymen,

---

[1] Elle était fort jolie. Le surintendant Fouquet lui fit un jour présent de cent cinquante mille francs.

Que les nymphes d'ordinaire,
Qui n'ont rien de meilleur à faire,
Je dis, sans les vouloir tous deux approfondir,
Qu'à qui s'ose y fier il faut bien qu'il en coûte :
L'un met la main au plat un peu trop tôt, sans doute,
L'autre un peu trop longtemps le laisse refroidir.

Pour mademoiselle de la Mothe [1], *nymphe :*

Vous n'avez pas un trait où l'amour ne façonne ;
En vos moindres appas ses soins sont évidents ;
Il occupe au dehors toute votre personne ;
Je saurois volontiers ce qu'il fait au dedans.

Mlle DE CHEMERAULT, nymphe.

Tous ces petits chagrins qu'on me voit d'ordinaire,
Je les ai sans savoir ni comment ni pourquoi ;
Mes yeux en ont menti s'ils disent le contraire ;
Des sentiments d'amour sont des horreurs pour moi.

Pour mademoiselle des Autels, nymphe :

Si vous alliez quelquefois
    Seule au bois,
On pourroit en médire,
Et j'appréhende pour vous ;
Cet air languissant et doux,
    Il attire
    Le satyre.

---

[1] C'est elle en faveur de qui on avait monté une intrigue contre mademoiselle de la Vallière. Mais son aventure avec le marquis de Richelieu n'était pas de nature à lui concilier l'amour du roi. (Voir les *Mémoires de Brienne*, t. II, ch. 18.)

Pour mademoiselle de la Vallière, nymphe :

Cette beauté depuis peu née,
Ce teint et ses vives couleurs,
C'est le printemps avec ses fleurs
Qui promet une bonne année.

Pour mademoiselle de Pons[1]*, nymphe :*

Parmi tous les appas dont vous êtes pourvue,
Votre légèreté vous dérobe à la vue;
Elle est dans votre danse en un si haut degré,
    Qu'Amour même s'en étonne,
    Lui qui trouve que personne
  Ne va trop vite à son gré.

TROISIÈME ENTRÉE.

FLORE, JARDINIERS.

(*Flore*, le sieur de Lorge; *jardiniers*, le comte de Séry, le marquis de Genlis, MM. Boutemps et d'Heureux.)

LE COMTE DE SÉRY, jardinier.

Je vois de jour en jour croître une jeune plante
Qui vaut mieux que l'œillet, la rose et le jasmin;

---

[1] Louis XIV, fort jeune, avait quelque goût pour elle; mais le duc de Guise ne la quittait pas plus que son ombre. « Un automne que la cour étoit à Fontainebleau, la demoiselle demeura chez sa belle-sœur pour se baigner. On la purgea; il se voulut purger aussi. Il prit de la même drogue, la même dose, et de la main du même apothicaire, disant qu'il en avoit besoin, et qu'il ne pouvoit pas se bien porter, puisque mademoiselle de Pons étoit indisposée. Une fois, il lui prit je ne sais quelle vision, sur ce qu'elle lui avoit dit qu'il ne l'aimoit point, de tirer son épée pour se tuer, disoit-il. On entendit un grand cri : on y courut; elle se tuoit de lui dire : « Remettez votre épée, M. de Guise, remettez votre épée, je crois que vous m'aimez plus que votre vie. » (Tallemant.)

En éclat, en odeur, le reste elle supplante ;
C'est la plus belle fleur qui soit dans mon jardin.

Pour le marquis de Genlis, jardinier :

Je cultive un jardin propre et bien conservé,
Où mes adroites mains sont rarement oisives ;
Il semble que mon teint soit aussi cultivé,
Mais il ne brille pas de fleurs qui soient si vives.

QUATRIÈME ENTRÉE.

CÉRÈS, MOISSONNEURS.

(*Cérès*, le roi ; *moissonneurs*, le comte de Saint-Aignan [1], MM. Lully [2], de Verpré et Bruneau, les sieurs Beauchamp, Reynal, le Conte et la Pierre.)

LE ROI, représentant Cérès.

Destin, vous le vouliez, par votre ordre tout pur,
La terre a dû souffrir qu'un fer tranchant et dur
Lui déchirât le sein dans une rude guerre.
Maintenant c'en est fait, et de ma propre main
Je sème heureusement sur cette même terre
De quoi donner la vie à tout le genre humain.
Non, je ne veux plus voir les peuples accablés ;
Moi-même je ferai le partage des blés,
Et je prétends qu'à moi s'adresse tout le monde.
Qui prend d'autres chemins ne sauroit faire pis.
Ma seule volonté libérale et féconde
Dispersera les grains qui sortent des épis.

---

[1] Gentilhomme de la chambre. C'est lui qui a été depuis l'ordonnateur des grandes fêtes de Versailles.

[2] C'est lui qui avait fait la musique du ballet.

LE COMTE DE SAINT-AIGNAN, moissonneur.

Que je dois d'encens à Cérès
Dont la bonté m'est si propice!
Contre les autres dieux je prends ses intérêts,
Et je lui garde encor du sang en sacrifice;
Mon cœur s'en souviendra tant qu'il sera vivant;
Elle a trop bien payé mes labeurs et mes peines.
Qu'il fasse désormais de la grêle et du vent,
Me voilà satisfait, et mes granges sont pleines.

CINQUIÈME ENTRÉE.

VENDANGEURS, VENDANGEUSES.

(*Vendangeurs,* Monsieur, le comte de Guiche [1], le marquis de Villeroy et le sieur des Airs; *vendangeuses,* madame de Villequier, mademoiselle de Montausier, mademoiselle d'Arquian et mademoiselle de Barbesière.)

Pour Monsieur, vendangeur:

Que votre bonheur est insigne
D'avoir une si belle vigne,
Et si digne du vendangeur
Attaché là de tout son cœur!
Oui, sans doute, elle est belle et bonne,
Et vous y procédez d'un train
Qui fait croire que dans l'automne
Le muid pourroit bien être plein.
Écoutez cependant l'avis que je vous donne:
Encor que vous soyez trop fin
Pour en faire part à personne,
Ne vous ennuyez pas de votre propre vin.

---

[1] Le héros de la cour de Henriette.

Pour le comte de Guiche, vendangeur :

Vous êtes beau, bien fait, jeune, de bonne taille,
Bâti comme un garçon que l'on veut qui travaille,
Et n'êtes soupçonné d'avoir aucun défaut.
Mais, pour en bien parler, votre juste louange
N'est pas tant de savoir vendanger comme il faut,
Que de savoir des mieux prêcher sur la vendange.

Pour le marquis de Villeroy, vendangeur :

Travaillez à la vigne et vous en rendez maître ;
Surtout gardez-vous bien d'être un peu trop tôt las,
Et tellement oisif qu'on ait peine à connoître
Si c'est le vendangeur ou si c'est l'échalas.

Pour madame de Villequier, vendangeuse :

Aux mystères d'un dieu vous êtes destinée ;
Pour lui visiblement vous semblez être née ;
Mais de s'imaginer que c'est le dieu du vin,
Il faut être, sans doute, un merveilleux devin.

Mlle DE MONTAUSIER, vendangeuse.

Avec soin je travaille
A former cette liqueur
Qui fait revenir le cœur.
Mais quelque loin qu'un cœur aille,
Il ne faut pas s'en mettre en plus grands frais,
Encore moins courir après.

Pour mademoiselle d'Arquian, vendangeuse :

Je vous souhaite une moitié
Que vous vouliez et qui vous veule ;
Car c'est une grande pitié
Que de vendanger toute seule.

Pour mademoiselle de Barbesière, vendangeuse :

Amour vous guette en tous lieux;
Gardez qu'il ne vous attrape;
Vous avez de certains yeux
Qui semblent mordre à la grappe.

SIXIÈME ENTRÉE.

SIX GALANTS.

(*Galants*, le duc de Guise, le comte d'Armagnac, M. d'Heureux, les sieurs Beauchamp, Reynal et de Lorge.)

LE DUC DE GUISE[1], galant.

Je ne sais comme quoi je me suis avisé
De me mettre en galant, de peur que je paroisse.
Est-il personne ici qui ne me reconnoisse,
Et qui puisse penser que je sois déguisé?

LE COMTE D'ARMAGNAC, galant.

Si la galanterie est un noble talent
  Qui mette un jeune homme en estime,
Je ne sais; mais du moins, si l'on me voit galant,
  C'est pour un sujet légitime.

SEPTIÈME ENTRÉE.

MASQUES.

(*Masques*, M. le duc, le comte de Saint-Aignan, le marquis de Villeroy, le marquis de Genlis, MM. Bontemps et Coquet, et le sieur des Airs.)

Récit des masques, chanté par M. le Gros.

Objets charmants et rares,
De peur de vous fâcher,

[1] Henri de Lorraine, qui avait un moment régné à Naples.

Sous des formes bizarres
Nous voulons nous cacher.
Que sert notre entreprise?
Le monde se déguise
Pour n'être pas connu;
Mais l'amour va tout nu.
Ce masque dont l'usage
Tient les gens en erreur,
Est fait pour le visage
Et non pas pour le cœur.
Que sert, etc.

(*Mademoiselle de Verpré dansant une sarabande.*)

M. LE DUC, masque.

En cette occasion, sous un habit fantasque,
Il me plaît de cacher le poste que je tiens;
Dans une autre meilleure ayant levé le masque,
On saura qui je suis, peut-être, et d'où je viens.

LE COMTE DE SAINT-AIGNAN, masque.

Aux dames:

Si je me tiens couvert, c'est afin de vous plaire,
Et contre mon honneur je ne crois pas pécher;
Il me seroit ailleurs honteux de me cacher,
Et Vénus fait ici ce que Mars n'eût su faire.

LE MARQUIS DE VILLEROY, masque.

J'ai vu les passions n'étant ni pour ni contre;
Je cherche à me ranger maintenant sous leurs lois,
Et ne vais déguisé qu'afin que je rencontre
A qui me découvrir pour la première fois.

LE MARQUIS DE GENLIS, masque.

Je suis tellement circonspect
Que j'ai peur d'effrayer le monde à mon aspect,
Et ma discrétion va même
A craindre d'être vu de la beauté que j'aime.

HUITIÈME ENTRÉE.

LE PRINTEMPS, LE JEU, LE RIS, LA JOIE, L'ABONDANCE.

(*Le Printemps*, le roi; *le Jeu*, M. Lully; *le Ris*, le sieur le Comte;
la Joie, le sieur Reynal; *l'Abondance*, le sieur la Pierre.)

Pour Sa Majesté, le Printemps :

La jeune vigueur du printemps
A dissipé le mauvais temps.
Tous ces vents mutins et fantasques,
Qui parmi les brouillards épais
Causoient de si grandes bourrasques,
Ont été bannis pour jamais,
Et dans l'air il a mis une profonde paix.
Cette saison qui plaît si fort
Renvoie aux froids climats du Nord
L'hiver qui nous livroit la guerre,
Et produit, pour notre bonheur,
Au plus noble endroit de la terre,
La grande et l'immortelle fleur
Qui par toute l'Europe épandra son odeur.

NEUVIÈME ET DERNIÈRE ENTRÉE.

APOLLON, L'AMOUR, LES MUSES.

(*Apollon*, le duc de Beaufort; *l'Amour*, le petit Jules du Pin; *Muses*,
mademoiselle de Mancini, la comtesse d'Estrée, mademoiselle d'Ar-

quian, mademoiselle de Laval, mademoiselle de Saluces, mademoiselle de Colognon, madame de Comminges, mademoiselle de la Mothe-Houdancourt, mademoiselle Stuard.)

(Les neuf Muses, guidées par Apollon et par l'Amour, viennent s'établir dans Fontainebleau, les aimables sœurs étant accompagnées des sept arts libéraux, de la Prospérité, de la Santé, du Repos, de la Paix, et des plaisirs de toute sorte qui ne doivent plus abandonner ce beau lieu, et finissent le ballet par un charmant concert d'instruments.)

LE DUC DE BEAUFORT, Apollon.

Toujours jeune et toujours blond,
Je brille entre ces pucelles,
Passant le temps avec elles
Sans qu'il me paroisse long;
Mais au milieu de ma joie,
A chaque moment j'envoie
Mes vœux secrets à Daphné,
Pour moi plus froide que marbre,
Et je me vois condamné
A soupirer pour un arbre
Qui ne m'a jamais produit
Ni de feuille ni de fruit.

Pour mademoiselle de Mancini[1], *Muse :*

Cette petite Muse en charmes, en attraits,
   N'est à pas une inférieure;
   Aussi pas une jamais
N'eut l'esprit et le sein formés de si bonne heure.

---

[1] Marie de Mancini, celle qui régnait alors dans le cœur du roi.

LA COMTESSE D'ESTRÉE, Muse.

Si mes yeux et mon chant marquent de la langueur,
Je n'en dois recevoir ni reproche ni blâme;
Et cette passion dont je chatouille l'âme
Est toute dans ma voix sans être dans mon cœur.

Pour mademoiselle d'Arquian, Muse :

Les doctes filles de mémoire,
    D'un goût divers,
Aiment toute espèce de vers;
Mais si vous osiez vous en croire,
Toutes n'auriez-vous pas les sentiments enclins
    Aux masculins?

Pour mademoiselle de Laval, Muse :

On s'imagine à tort les Muses surannées;
Il ne faut que vous voir pour n'en croire plus rien,
    Et vous nous détrompez bien
    Avecque vos douze années.

Pour mademoiselle de Saluces, Muse :

Il n'est rien de plus doux, il n'est rien de plus beau.
Vos compagnes peut-être en seront offensées;
Mais je n'en connois pas qui soit dans le troupeau
Capable, comme vous, d'inspirer des pensées.

Mlle DE COLOGNON, Muse.

Les Muses comme nous aimables et bien faites
Ne s'accommodent pas des œuvres imparfaites,
Et craignent ces auteurs dont les productions
Sont plus qu'il ne convient pleines de fictions.

Mlle DE COMMINGES, Muse.

> J'ai parmi toutes ces belles
> Le rang que j'y dois avoir,
> Et sais ce qu'on peut savoir
> Entre les doctes pucelles.

Pour mademoiselle de la Mothe-Houdancourt, Muse :

> Cette Muse est jeune, est aimable,
> Belle, et de tout point estimable;
> Mais je suis dans un grand abus
> Si, quelque mine qu'elle fasse,
> Elle tient compte du Parnasse,
> De Pégase ni de Phébus.

Pour mademoiselle Stuard, Muse :

> Une Muse si douce enchante qui la voit;
> L'âme la moins sensible en demeure piquée.
> Si l'on en croit ses yeux, je doute qu'elle soit
> Toujours vainement invoquée.

LE PETIT JULES DU PIN, Amour.

> J'étois chouette et suis l'Amour ;
> Ce sont deux oiseaux célèbres
> Qui tous deux craignent le grand jour
> Et n'aiment que les ténèbres. »

C'est au milieu de ces plaisirs que Louis XIV attendait les couches de la reine, tandis qu'Anne d'Autriche, prosternée devant les autels dans l'église de Saint-Louis [1], appelait les bénédictions

---

[1] Louis XIV fit ériger, en 1661, l'église du bourg de Fontainebleau en paroisse, et y établit des missionnaires au lieu des Mathurins.

du ciel sur l'avenir de la monarchie. Ses prières furent entendues : le 1ᵉʳ novembre 1661, après des douleurs qui tinrent en péril les jours de Marie-Thérèse, cette princesse mit au monde un dauphin. Louis XIV avait prodigué à la reine, pendant ses souffrances, les soins les plus tendres, et il avait donné des larmes au danger de celle qui allait lui donner un fils [1]; mais bientôt la joie succéda à la crainte; et la foule qui remplissait la cour de l'Ovale fit retentir les cris mille fois répétés de *Vive le roi! vive la reine! vive monseigneur le dauphin!* Un *Te Deum* fut chanté dans la chapelle basse, et après l'accomplissement de ces devoirs pieux, des comédiens espagnols vinrent exécuter devant le balcon du cabinet de la reine mère, des danses nationales au son des castagnettes et des guitares; l'eau de toutes les fontaines fut convertie en vin; le palais et le parc furent illuminés; des prisonniers pour dettes furent élargis avec les deniers du roi; les pauvres reçurent des secours, et partout la cha-

---

[1] « Un dauphin si accompli qu'il ravit d'admiration toute la cour, qui crut voir dans sa merveilleuse beauté la vivante image de la charmante princesse qui l'avoit produit, et dans sa grandeur et vigueur extraordinaires, qu'accompagnoit déjà un brillant caractère de majesté, celle de l'incomparable monarque qui a joint ce miracle d'amour à ceux de sa fameuse valeur! » (Lettre de Fontainebleau, 3 novembre 1661.)

rité mêla ses bienfaits à l'allégresse publique¹.

Le 5 novembre, le nonce du pape vint à Fontainebleau féliciter le roi sur la naissance du dauphin; les jours suivants, le parlement, la chambre des comptes, la cour des aides, la cour des monnaies et le grand conseil, vinrent aussi présenter leurs hommages à Sa Majesté, qui les reçut dans son grand cabinet, au milieu des principaux seigneurs de sa cour.

Monsieur, frère du roi, qui venait d'épouser Henriette d'Angleterre, voulut ne pas rester étranger à ces réjouissances : il donna une collation à l'ermitage de Franchar. « On y alla à cheval, dit mademoiselle de Montpensier, et habillé de couleur. Quand on fut arrivé, il prit fantaisie de se promener dans les rochers les plus incommodes du monde, et où je crois qu'il n'avoit jamais été que des chèvres. Pour moi, je demeurai dans un cabinet du jardin de l'ermite,

¹ Il y eut des fêtes superbes à Paris pendant plusieurs jours. Elles commencèrent le 2 novembre, jour où le sieur de Boiscommun, écuyer de la grande écurie, apporta la nouvelle de l'accouchement de la reine. Ces réjouissances eurent un grand retentissement dans toute la France. Les principales villes suivirent l'exemple de Paris; et Toulouse, Rennes, Dijon, Perpignan, Grenoble, Nancy, Alençon, Caen, Orléans, célébrèrent avec magnificence la naissance du dauphin. (*Gazette de France.*)

à les regarder monter et descendre. Monsieur et beaucoup de dames demeurèrent avec moi. Le roi envoya quérir les violons, et nous manda de l'aller trouver. Il fallut obéir. Quels chemins! Je m'étonne que personne ne se blessa. Je crois que les bonnes prières de l'ermite nous conservèrent tous. Après souper, on s'en retourna en calèche avec quantité de flambeaux. Lorsque l'on arriva, on alla à la comédie; on mit le feu à la forêt. »

Ces fêtes, sans cesse renouvelées et animées par des femmes charmantes, entretenaient à la cour de Louis XIV un esprit de galanterie, une politesse, un ton de bonne grâce, qui la rendaient la plus aimable des cours de l'Europe; et ce jeune monarque, entouré de toutes les séductions, avait quelque peine à ne point céder à leur empire. Déjà quelques tendres regards avaient effleuré son cœur [1]; il ne fut point insensible

---

[1] Mademoiselle de la Mothe avait plu au roi. Il lui arriva à Fontainebleau une aventure qui fit quelque bruit. La nourrice de la reine, revenant de la messe, trouva dans la grande salle une lettre; elle la ramassa et la porta à la reine : c'était un billet fort tendre. On l'attribua à mademoiselle de la Mothe. « Cette pauvre fille, dit mademoiselle de Montpensier, pleura et cria les hauts cris et désavoua le billet. La Fouilloux avoit dit qu'il étoit adressé au marquis de Richelieu, qui faisoit le galant de la Mothe depuis que le roi ne l'étoit plus. »

aux charmes d'Henriette d'Angleterre, embellie par le désir et par le don de plaire. Ce n'était, dit-on, qu'un commerce de coquetterie d'esprit; le roi lui envoyait des vers, elle y répondait : c'était Dangeau qui discrètement tenait la plume pour tous deux; mais cette intelligence jeta dans la famille royale des alarmes que devait dissiper la jeune fille d'honneur qui avait représenté la nymphe du Printemps dans le *Ballet des saisons* [1].

Le roi n'avait pu voir sans une vive émotion cette figure angélique, ces yeux si tendres et si honteux de l'être; il n'avait pas entendu sans trouble cette voix où passait une âme si doucement passionnée; mais, par une délicatesse honorable, son amour était encore un mystère pour sa cour et presque pour lui-même. Aussi le comte de Brienne, séduit comme le roi par tant de charmes, adressait les soins les plus empressés à mademoiselle de la Vallière. Un jour, il lui proposa de faire faire son portrait par Lefebvre, de Venise, qu'il avait appelé à Fontainebleau pour faire en petit le portrait du roi, que Nanteuil faisait en grand au pastel. « Il faut, lui

---

[1] La cour fut à Fontainebleau; le roi y devint amoureux de mademoiselle de la Vallière, fille d'honneur de Madame. (*Mémoires du comte de Brienne.*)

« disait-il, vous faire peindre en Madeleine : vous
« avez quelque chose des statues grecques, qui me
« plaît fort. » Le roi passait en cet instant chez
madame Henriette; il entendit Brienne, et, d'un
ton qui ne lui était pas ordinaire : « Non, Mon-
« sieur, dit-il, il faut la peindre en Diane : elle
« est trop jeune pour être peinte en pénitente. »
Brienne resta interdit; plusieurs circonstances,
qui jusque-là avaient passé inaperçues à ses
yeux, vinrent les éclairer; il comprit qu'il avait
commis une imprudence; il ne dormit pas de la
nuit, et le lendemain de bonne heure il se rendit auprès du roi, qui était dans le cabinet de
Théagène et *Chariclée*[1], et qui, après avoir fermé
la porte au verrou, lui dit d'un air sérieux :
« L'aimez-vous, Brienne, l'aimez-vous? — Qui,
sire? mademoiselle de la Vallière? — Oui, elle-
même. — Non, pas encore tout à fait, sire; mais
je vous avoue que si je n'étais point marié, je
lui ferais offre de mes services. — Ah! vous l'aimez, s'écria le roi brusquement; pourquoi men-
tez-vous? — Je n'ai jamais menti à Votre Majesté :
j'aurais pu l'aimer; mais je ne l'aime pas encore
assez, quoiqu'elle me plaise, pour dire que j'en

---

[1] On donnait ce nom à la grande chambre ovale, depuis que Henri IV, qui en avait fait son cabinet, y avait fait peindre les amours de Théagène.

sois amoureux. — C'est assez, et je vous crois.
— Mais, sire, Votre Majesté me permettrait-elle
de lui découvrir ingénument ma pensée ? —
Oui, dites, Brienne, je vous le permets. — Ah!
sire, elle vous plaît encore plus qu'à moi, et
vous l'aimez. — Eh bien, que je l'aime ou ne
l'aime pas, laissez là son portrait, et vous me
ferez plaisir. — Ah! mon cher maître, je vous
ferai un plus grand sacrifice, je ne lui parlerai
de ma vie; pardonnez-moi l'innocente méprise
de mes yeux, et ne vous en souvenez jamais.—
Je vous le promets; mais tenez-moi parole, et ne
parlez de ceci à personne. — Dieu m'en préserve!
personne n'a plus que moi de respect pour
Votre Majesté. » Des larmes vinrent aux yeux de
Brienne. « Vous êtes fou, lui dit le roi, à quoi
bon pleurer? L'amour t'a trahi, mon pauvre
Brienne, avoue la dette. — Je pleure de tendresse pour vous, sire; *elle* n'y peut avoir aucune part. — Eh bien, n'en parlons plus, je ne
t'en ai que trop dit.— Votre Majesté trouve-t-elle
bon que je renvoie le peintre ? — Non, *Madame*
et mademoiselle de la Vallière veulent se faire
peindre par Lefebvre, et je serai bien aise que
mon portrait soit dans votre cabinet; on dit que
vous avez les plus beaux tableaux qu'il y ait
en France. — Ils sont tous à votre service,
sire. — Je te remercie, Brienne, je ne voudrais

pas t'en priver. » Et Brienne prit congé du roi, et sortit par la porte qui donnait dans la salle des gardes de la reine [1].

« Lefebvre fit le portrait de Madame en Vénus, dit le comte de Brienne dans ses Mémoires, bien accompagnée de Cupidon, et dans le lointain il avait placé Adonis chassant. Il réussit bien moins dans celui de mademoiselle de la Vallière. Il la peignit en Diane, et mit Actéon dans le paysage, et ce pauvre Actéon, c'était moi!..... Malice innocente que me fit le roi! »

L'amour et les plaisirs n'avaient point distrait Louis XIV de ses devoirs de roi et des intérêts de sa gloire; il sut faire respecter partout le nom français et conquérir une juste préséance. A l'entrée d'un ambassadeur de Suède à Londres, le comte d'Estrades, ambassadeur de France, et le baron de Vatteville, ambassadeur d'Espagne, se disputèrent le pas. L'Espagnol avait plus d'argent; il fit tuer par la populace les chevaux des carrosses français, et blesser les gens du comte d'Estrades. Informé de cette insulte, Louis XIV rappela l'ambassadeur qu'il avait à Madrid, fit sortir de France l'ambassadeur d'Espagne, et fit dire au roi Philippe IV, son beau-père, que s'il

---

[1] La salle des gardes de la reine était celle qui suivait le cabinet ovale.

ne reconnaissait la supériorité de la couronne de France, il lui déclarerait la guerre. Le roi d'Espagne envoya le comte de Fuentès assurer le roi, à Fontainebleau, en présence de tous les ministres étrangers qui étaient en France, « que « les ministres espagnols ne concourraient plus « dorénavant avec ceux de France. »

Louis XIV ne termina pas avec moins de grandeur un démêlé qui s'était élevé à Rome. Les gens du duc de Créqui, ambassadeur de France, avaient chargé, l'épée à la main, la garde corse, qui voulait les arrêter au milieu d'un désordre nocturne; cette garde vint, à son tour, en armes, assiéger la maison de l'ambassadeur; des coups de fusil furent tirés sur le carrosse de l'ambassadeur; un de ses pages fut tué. Le duc de Créqui sortit de Rome, et Louis XIV, indigné, exigea du pape Alexandre VII de casser la garde corse, d'élever dans Rome une pyramide avec une inscription qui contiendrait à la fois l'outrage et la réparation, et d'envoyer en France son neveu, le cardinal de Chigi, en qualité de légat *a latere*, faire satisfaction au roi.

Plus le prince avait mis d'énergie à soutenir sa dignité, plus il mit de courtoisie envers le cardinal qui venait réparer l'insulte faite au nom français.

« Le 28 juillet 1664 [1], le cardinal légat, qui étoit depuis trois jours à Soisy [2], en étant parti sur le midi, dans le carrosse du roi, accompagné du sieur de Montausier et du sieur de Bonneuil, introducteur des ambassadeurs, arriva sur les cinq heures dans la forêt, à deux lieues de Fontainebleau, où il fut rencontré au delà de l'hermitage Saint-Louis par le comte d'Harcourt, grand écuyer de France, qui, après l'avoir complimenté, entra dans le même carrosse et l'amena jusqu'au haut du pavé.

« Monsieur, qui étoit allé au-devant de Son Éminence dans un carrosse couvert de velours rouge cramoisi, en broderie d'or et d'argent, accompagné des ducs de Retz et de Villeroi, avec le maréchal du Plessy et son capitaine des gardes, et suivi des mêmes gardes, la rencontra en cet endroit, où l'un et l'autre mirent pied à terre en même temps; et après les compliments réciproques, Monsieur l'invita de monter dans le carrosse qui l'avoit amené, et lui donna la droite. De cette sorte ils arrivèrent à Fontainebleau, précédés des gardes du grand prévôt, de douze

---

[1] Quinze jours auparavant, Madame, duchesse d'Orléans, était accouchée à Fontainebleau.

[2] Le légat avait fait son entrée à Paris, au bruit du canon, ayant le grand Condé à la droite. (*Voltaire.*)

pages du cardinal légat, vêtus de drap chamarré de galon aurore, noir et gris de lin, ayant leur écuyer en tête, de douze autres pages et de deux cents estafiers qui marchoient deux à deux; ensuite venoit l'écurie du roi, partie montée par les pages, et le reste par des palefreniers qui menoient plusieurs beaux chevaux, couverts de housses en broderie d'or et d'argent; puis les principaux officiers de Monsieur, très-bien montés, quatre trompettes aux livrées de Son Éminence, et cinq du roi, qui, avec les timbales, devançoient le carrosse où étoit Son Éminence, environné des pages et valets de pied du roi et des pages de Monsieur, avantageusement vêtus. Après ce superbe carrosse étoient ceux des reines, de Monsieur et de Madame, du prince de Condé, et de toutes les principales personnes de la cour, à la queue desquels venoit celui du cardinal légat, où étoient les plus considérables de sa suite. Il y en avoit encore un rempli de plusieurs ecclésiastiques aussi de Son Éminence, et enfin, quantité d'autres qui formoient un brillant et nombreux cortége. Son Éminence étant arrivée, au bruit des trompettes et des timbales, dans la cour du Cheval-Blanc, et celle des Fontaines, au travers des gardes françoises et suisses, Elle descendit au pied de l'escalier de la salle des Gardes du corps, et fut conduite, entre la double haye qu'ils formoient et celle des cent Suisses, en l'appartement qui lui avoit été préparé dans l'un des pavillons de la cour de l'Ovale, où Elle eut quelque entretien avec Monsieur, qu'elle reconduisit jusqu'au bout des appartements, lui donnant la main droite. Le soir, Elle y reçut les compliments de la part de Leurs Majestés et de toute la cour.

« Le 29, Elle entendit la messe dans la chapelle du roi, proche ledit appartement, laquelle fut chantée par la musique, et où étoient toutes les personnes de sa suite.

« L'après-dînée, les sieurs de Bonneuil et de Berlise, introducteurs des ambassadeurs, avec le comte d'Harcourt, la conduisirent à l'audience du roi, par la salle des Cent-Suisses, rangés en haye, le marquis de Vardes à la tête; et y ayant été reçue par le sieur de Saintot, maître des cérémonies, Elle passa en la salle des Gardes du corps, où étoit aussi le marquis de Gesvres. Son Éminence, ainsi qu'à son entrée, étoit vêtue d'une soutane rouge, en rochet et camail, avec le bonnet en tête; et ses pages et estafiers avoient des habits de drap violet, chamarrés de galons d'or veloutés de soie, avec des pourpoints de brocart d'or à fleurs de soie violette; les premiers ayant des manteaux de velours de même couleur, et les autres des casaques de drap, doublées de pareil brocart, et tous une infinité de rubans et de plumes. Ils alloient à la tête de la noblesse de la suite de Son Éminence, qui avoient aussi des habits brodés d'or et d'argent, avec de fort beaux bouquets de plumes; après quoi marchoit le porte-croix, vêtu de violet, et à sa gauche le maître des cérémonies du cardinal légat, qui étoit immédiatement précédé de celui qui tenoit son chapeau rouge, et de deux prélats avec de pareils habits violets.

« Le roi, superbement vêtu, mais qui paroissoit beaucoup plus par sa haute mine et son air tout majestueux, que par la pompe et l'éclat de ses habits, étant accompagné des principaux de la cour, alla au-devant de Son Éminence jusqu'aux portes de sa chambre, et après y avoir reçu son compliment, la conduisit en la ruelle de son lit, où il la fit seoir dans un fauteuil, et s'étant couverte, Elle lui parla dans les termes portés en l'article du traité de Pise, en sorte que Sa Majesté en fut très-satisfaite. Ensuite Sadite Majesté la reconduisit jusqu'à la même porte de sa chambre, d'où Elle alla chez les reines, qui étoient toutes éclatantes de pierreries, et la reçurent avec les mêmes honneurs, puis chez monseigneur le dauphin et chez Monsieur.

« Hier, Elle ouit encore la messe dans la chapelle du roi, où la musique fit des merveilles;

et sur les deux heures Elle eut audience particulière de Sa Majesté, où Elle alla avec sa croix, qui fut portée devant Elle jusque dans l'antichambre, ainsi que les jours précédents, les cent Suisses et gardes du corps étant en haye sur son passage.

«Ensuite Elle fut à la chasse avec Sa Majesté; au retour de ce divertissement, Elle eut celui du ballet qui a été dansé à Versailles, qu'Elle trouva tout à fait agréable et digne d'une cour si galante.

«Le 31 juillet, le cardinal légat eut audience des reines dans le grand cabinet de la reine mère, et le soir, avec toute la cour, le divertissement de la première représentation *du couronnement d'Othon,* dernière pièce du sieur Corneille, exécutée par la troupe royale.

«Le 1ᵉʳ août, le roi s'étant rendu, sur les dix heures du matin, en la plaine de Samois, y rangea en bataille toutes les troupes de sa garde, pour la revue générale. Il y avoit à la droite trois escadrons de grands mousquetaires, deux des gardes du corps, deux des gendarmes, quatre gros bataillons du régiment des gardes françoises, le comte de Guiche à la tête du premier, et quatre autres bataillons du régiment des gardes suisses, aussi le comte de Soissons à leur tête. Sur la gauche, et dans la même ligne, il y avoit deux escadrons de chevau-légers de monseigneur le dauphin, et trois de petits mousquetaires; le tout occupant environ une demi-lieue, et dans un état si leste qu'il ne s'est jamais rien vu de si bien monté ni mieux paré, notamment les officiers, qui étoient richement vêtus. La reine mère, accompagnée de Monsieur, y arriva sur les deux heures après midi, suivie de ses gardes à cheval, en très-bel ordre; et presqu'en même temps le cardinal légat, qui, étant descendu de carrosse, monta l'un des plus beaux chevaux du roi, qui le vint aussitôt joindre. Sa Majesté conduisit par tous les rangs Son Éminence, qui étoit entre elle et Monsieur, au milieu de grand nombre de seigneurs superbement vestus et montez; et ayant achevé la revue, il se fit trois décharges de ces troupes, dont le bel ordre et la contenance toute martiale faisoient bien voir qu'elles étoient en présence du plus belliqueux monarque du monde, et qu'il ne falloit pas s'étonner que de si braves soldats, avec un si grand capitaine, eussent autrefois été capables de faire toujours pencher la victoire de leur costé.

«Le 2 août, le roi, dans l'après-dînée, fut à la chasse au daim, où Sa Majesté mena Son Éminence, qui eut au retour le divertissement de la comédie italienne.

« Le 3, Elle célébra la messe dans la grande chapelle, où la musique chanta un fort beau motet ; et fut traitée par Sa Majesté à dîner, dans la salle des Suisses ; le roi étant au haut de la table, dressée sur une estrade de deux degrés, et Son Éminence dans un fauteuil, à la gauche, et à quelque distance de Sa Majesté. Il y eut cinq services chacun de dix plats, et quatorze assiettes, le tout si magnifique, tant par l'abondance et la rareté des viandes, que par la politesse et le bel ordre, que ce festin étoit vraiment un festin royal. Le duc d'Enguien y faisoit sa charge de grand maître, et le marquis de Bellefons, premier maître d'hôtel, avec tous les autres, marchoient devant chaque service, tenant leurs bâtons. L'abbé de Coaslin y faisoit aussi sa fonction de premier aumônier, le comte de Cossé, celle de grand panetier, le marquis de Crenan, celle de grand échanson, et le marquis de Vandœuvre, celle de grand écuyer tranchant. Au reste, les vingt-quatre violons, les flûtes et les hautbois formoient un religieux concert durant ce festin, qui étoit vu par les reines et Monsieur de dessus une tribune dressée à l'un des bouts de la même salle, ainsi que de dom Sigismond Chigi, neveu du pape, du marquis de Picolomini, et de quantité de prélats qui étoient placés ailleurs.

« L'après-dînée, l'ambassadeur de Mantoue eut audience des reines en l'appartement de la reine mère, et le roi et le cardinal légat s'étant rendus au manége, proche la petite écurie, Son Éminence présenta à Sa Majesté plusieurs beaux chevaux de Naples, qui furent aussitôt travaillés; à quoi l'on passa une partie du reste du jour, qui se termina par la représentation de l'*OEdipe*, qui se fit aussi par la troupe royale, avec des entrées de ballet des mieux concertées.

« Le 4, Son Éminence, ainsi que les jours précédents, assista à la messe célébrée en la grande chapelle par son chapelain, avec la musique du roi, et sur les onze heures, Elle fut visitée par Sa Majesté en son appartement.

« Le même jour, Elle alla aussi visiter Madame, avec les cérémonies qui s'étoient observées en ses audiences, y ayant été reçue par le sieur de Saint-Laurens, introducteur des ambassadeurs; chez Monsieur, qui lui rendit pareillement visite; et le soir, la reine mère la régala d'une collation de vingt-quatre grands bassins de vermeil doré, chacun chargé de plus de trente corbeilles garnies d'une infinité de nompareilles de toutes sortes de couleurs, et remplies des plus beaux fruits et des plus exquises confitures de la saison, de manière qu'il n'y avoit rien de plus galant ni de plus superbe; ce régal ayant été servi dans un salon, entre l'appartement de la reine et la galerie d'Ulysse, où se trouvèrent aussi les principaux de la suite de Son Éminence.

« Après cette belle collation, Elle se trouva au bal, encore chez la reine mère, dans la salle de ses gardes, où Leurs Majestés parurent dans un équipage très-éclatant, ainsi que tous les seigneurs et toutes les dames, qui par leurs pierreries sembloient disputer de l'avantage de rétablir le jour avec une infinité de flambeaux allumés sur un grand nombre de lustres.

« Le 5, le roi lui donna le divertissement de la course des têtes au manége, où Sa Majesté fut accompagnée du comte d'Armagnac, des ducs de Saint-Aignan, de Foix et de Coaslin, et des marquis de Villequier, de Soyecour et de Bellefons. Les reines et Son Éminence s'étant placées sur un petit balcon, Sa Majesté commença la course avec l'adresse et la grâce qui paroissent en toutes ses actions; et ces seigneurs, animés par un si grand modèle, signalèrent ensuite la leur. Après ce divertissement, les sieurs de Berlise et de Bonneuil, avec le comte d'Armagnac, allèrent prendre le cardinal légat en son appartement, et l'amenèrent à son audience de congé qu'il prit du roi, avec les cérémonies de sa première audience; puis des reines, de monseigneur le dauphin, de Monsieur et de Madame.

« Le 6, Elle fut régalée par Sa Majesté d'une croix de dix gros diamants de très-grand prix, qui lui fut portée par le sieur de Bonneuil, qui porta aussi une boîte de portrait enrichie de diamants à dom Sigismond, une pareille au marquis de Picolomini, et divers autres présents à plusieurs des domestiques de Son Éminence. Elle partit ensuite pour se rendre à Paris, autant satisfaite des honneurs singuliers qui lui ont été ici rendus, qu'Elle y a laissé d'estime pour sa personne par ses rares qualités, et cette galanterie qu'Elle y a fait paroître dans les présents dont Elle a aussi régalé toute la cour [1]. »

Ces hommages rendus à la grandeur de la France excitaient l'envie de l'Europe; et la guerre, dont le germe avait été déposé dans le traité des Pyrénées, s'alluma au sujet de la succession de Philippe IV, roi d'Espagne. Louis XIV, prompt à revendiquer les droits de Marie-Thérèse, son épouse, se mit à la tête de ses troupes, se promena en vainqueur dans la Flandre, fit en un mois la conquête de la Franche-Comté, et dicta le traité d'Aix-la-Chapelle le 2 mai 1668.

Cependant les Hollandais, jaloux de la gloire du monarque français, s'étaient vantés d'avoir seuls donné la paix à l'Europe; ils se proclamaient

---

[1] *Gazette de France*, 28 juillet 1644.

insolemment les arbitres des rois. Madame Henriette, duchesse d'Orléans, va trouver Charles II, son frère, et, sous son aimable influence, une alliance se signe avec l'Angleterre contre les États généraux des Provinces-Unies. Dans cette lutte longue et glorieuse [1], Condé, Vauban, Turenne [2], Luxembourg, ornèrent tour à tour de

---

[1] Pendant cette guerre, la reine Marie-Thérèse faisait faire des neuvaines pour la prospérité de la France, comme l'atteste cet extrait des registres de l'église de Fericy, dont nous avons déjà parlé :

« 22 septembre 1675, ce jour, madame de la Tour, concierge du château royal de Fontainebleau, est venue à Fericy, accompagnée de trois autres dames, par l'ordre de Sa Majesté, Marie-Thérèse d'Autriche, à présent reine et régente de France, pour accomplir la neuvaine que Sa Majesté avoit résolu de faire elle-même, pendant laquelle sont célébrées neuf messes chantées solennellement avec salut, pour les nécessités de la France, et autres intentions que Sa Majesté m'a déclarées.

« Fait en l'an 1675, par moi soussigné curé de céans.

« Roussel. »

[2] « Le roi étoit à Fontainebleau en 1674, lorsqu'il reçut, le 21 juin, par le marquis de Ruvigny le fils, aide de camp, la nouvelle de la mémorable victoire remportée par le vicomte de Turenne sur le duc Charles de Lorraine et le comte Caprara; et le 23, la nouvelle de la réduction de Salins par le comte de Claye, dépêché par le duc de la Feuillade, qui devoit ensuite attaquer le château de Joux. Le duc de Crussol lui avoit aussi apporté le 20 celle de la prise des forts de Sa-

lauriers la pompe triomphale que le roi, jeune et galant, mêlait à l'appareil des combats ; et dans l'année 1679, le traité de Nimègue rendit la paix à l'Europe. Un des articles secrets de ce traité était le mariage de Marie-Louise d'Orléans, fille aînée de Monsieur, frère de Louis XIV, avec Charles II, roi d'Espagne.

Cette princesse aimait le grand dauphin; mais ce prince, qui ne partageait point son amour, la vit avec indifférence [1] passer dans une cour étrangère.

Le 30 août 1679, le contrat fut signé à Fontainebleau, dans le cabinet du roi, par la famille royale et par le marquis de Los Balbasez, ambassadeur extraordinaire du roi d'Espagne; les fiançailles furent célébrées par le cardinal de Bouillon, grand aumônier de France; la cérémonie du mariage eut lieu le 31, dans la chapelle du château, et le soir, après le spectacle, la cour alla dans la galerie d'Ulysse voir le feu d'artifice préparé dans la cour du Cheval Blanc. Ce ne fut à la cour que fêtes, bals, spectacles,

lins ; et Sa Majesté l'ayant reçue agréablement, lui donna ordre de la suivre. » (Écrits du temps.)

[1] « M. le dauphin ne donnoit aucune marque qu'il souhaitoit épouser Mademoiselle, ni le roi non plus. » (Mademoiselle de Montpensier.)

chasses ¹ jusqu'au 4 septembre ², jour où la nouvelle reine d'Espagne s'éloigna de Fontainebleau, la mort dans le cœur ³. Louis XIV s'étant aperçu de sa tristesse, lui dit en l'embrassant : « Mais je ne pourrais mieux faire pour ma fille ! — Ah ! lui répondit-elle les yeux en larmes, vous pouviez faire quelque chose de plus pour votre nièce. »

Cette belle et malheureuse princesse ne pressentait que trop le sort qui l'attendait sur le trône qu'elle allait partager avec un crétin couronné. Elle exerçait sur son faible époux, dont elle était tendrement aimée, un empire que la maison

---

¹ Le 9 septembre, un courrier de France apporta à Madrid la nouvelle du mariage. On fit pendant trois jours des feux de joie par toutes les rues; toutes les maisons de Madrid furent éclairées; les principaux seigneurs firent deux courses de masques dans la place du palais, et tous les grands allèrent faire compliment au roi sur son mariage. (*Correspondance d'Espagne.*)

² Le 2 septembre, le sieur de Pompone, ministre secrétaire d'État, et le sieur de Meyerkron, envoyé extraordinaire de Danemark, signèrent à Fontainebleau le traité de paix entre la France, la Suède, le Danemark et le duc de Holstein-Gottorp.

³ Après avoir pris congé du roi, dans la forêt de Fontainebleau, étant au désespoir, elle monta vite en carrosse pour dire adieu à Monseigneur. (*Mémoires de mademoiselle Montpensier.*)

d'Autriche redoutait. Aussi les mémoires du temps laissent-ils croire qu'elle mourut empoisonnée. Madame de La Fayette dit que cette reine craignait elle-même cet attentat; que, dans ses lettres à Monsieur, elle faisait confidence de ses craintes, et même que ce prince lui avait envoyé du contre-poison, qui n'arriva que le lendemain de sa mort. Saint-Simon laisse planer les soupçons sur le comte de Mansfeld, ambassadeur de la cour de Vienne à Madrid, et sur la comtesse de Soissons, qui, accusée de ce crime, se réfugia chez cet ambassadeur. Ce qu'il y a de certain, c'est qu'un jour qu'il faisait très-chaud, la comtesse de Soissons servit du lait à la reine, qui mourut quelques instants après l'avoir bu, dans les mêmes souffrances que madame Henriette, sa mère, à Saint-Cloud. Ce fut cette princesse qui informa Louis XIV que Charles II, son époux, ne pouvait avoir d'héritiers.

D'après des documents peu connus, mais dignes de foi, on peut croire que cette reine périt victime d'une singulière intrigue de cour. Des personnes qui avaient le secret de l'impuissance de Charles II, et qui gémissaient de l'idée que la couronne d'Espagne passerait sur une tête étrangère, avaient, dit-on, imaginé de persuader à Marie-Louise, afin d'avoir un fils, d'admettre secrètement dans la couche royale un autre que son mari. Elle repoussa ce conseil avec une vertueuse indignation; mais de ce moment elle vit se tramer autour d'elle le projet d'appeler au trône d'Espagne une autre princesse de la complaisance de laquelle on espérait plus; on désignait déjà même une princesse allemande; la reine en écrivit à son père, Monsieur, et, pressentant les dangers dont elle était menacée, elle lui demanda le contre-poison qui arriva trop tard : la main du crime avait été plus prompte[1]. Pauvre princesse! elle avait bien raison de pleurer en disant adieu à Louis XIV dans la forêt de Fontainebleau!

Les fêtes qui avaient été données pour son mariage furent à peu près les dernières qui marquèrent le séjour de ce monarque à Fontainebleau. Le palais de Versailles était élevé, et c'était dans ce nouvel olympe que le dieu aimait à faire éclater ses magnificences. D'ailleurs, les beaux jours de Louis XIV commençaient à s'éclipser : les La Vallière, les Fontange, les Montespan, avaient disparu, et avec elles les plaisirs, les grâces et les amours; madame de Maintenon avait pris leur place, et la révocation de l'édit de Nantes[2] avait été le premier

---

[1] Marie-Louise mourut le 12 août 1689.

[2] 1684.

gage de cette union mystique formée par l'habitude, les infirmités et la dévotion [1]; enfin ses plus illustres généraux avaient disparu : un boulet de canon lui avait enlevé Turenne; l'exil, Luxembourg; la maladie, le grand Condé.

A la nouvelle que la duchesse de Bourbon, sa belle-fille, était attaquée de la petite vérole à Fontainebleau, ce prince s'y était rendu dans l'hiver de 1686; il ne quittait point le lit de la malade, malgré l'air pestilentiel dont il était entouré; il lui prodiguait les soins les plus assidus; mais ses forces trahirent son courage, et les médecins déclarèrent qu'il ne survivrait pas à ces pieuses fatigues. Le grand Condé reçut cet arrêt de mort avec le sang-froid qui le faisait dormir d'un sommeil tranquille sur un canon la veille d'une bataille; il envoya chercher son fils et son neveu; il dicta son testament, où, après avoir rempli les devoirs de père, de maître, de prince et d'ami, il songea aux pauvres, aux provinces maltraitées par la guerre civile, et laissa 50,000

---

[1] Louis XIV, qui avait fait à Fontainebleau relever à neuf le pavillon des Poêles pour la reine, et disposer les appartements particuliers du roi comme ils sont aujourd'hui, fit également arranger, pour madame de Maintenon, un très-joli appartement près de la salle de Henri II. Ses croisées donnent sur une avenue qui porte le nom de cette femme célèbre.

écus pour bâtir une église à Chantilly. Cela fait, il dicta une lettre au roi pour le remercier des bontés dont il l'avait honoré pendant toute sa vie, et donna sa bénédiction à ses enfants. « Vous n'avez plus de père, dit-il au duc d'En-« ghien; je vous recommande d'être toujours fidèle « à Dieu et au roi. » Et il expira, le 11 décembre, avec une tranquillité d'âme digne d'un héros et d'un chrétien. « Le duc d'Enghien se précipita sur le corps de son père en versant un torrent de larmes : « Voilà donc, s'écria-t-il, tout ce qui reste « d'un si grand homme! » On eut beaucoup de peine à l'arracher à ce spectacle affreux, dont la présence de la duchesse d'Enghien et du prince de Conti vint encore redoubler le déchirant tableau.[1] » Louis XIV, en apprenant sa mort, s'écria : « J'ai perdu le plus grand homme de mes « États! » Et il chargea le prince de Conti d'aller à Fontainebleau présider aux honneurs funèbres qui devaient être rendus à cet illustre capitaine, dont le corps fut transporté à Valery, dans la sépulture des Condés [2].

Louvois aussi était mort, et Louis XIV avait

[1] *Essai sur la vie du grand Condé*, par son quatrième descendant, 1806.

[2] « Le 21 décembre 1686, le prince de Conti, qui s'étoit rendu à Fontainebleau, fit la cérémonie de jeter de l'eau bénite, au nom du roi, sur le corps du prince de Condé. Le

choisi Barbezieux, son fils, pour lui succéder dans le ministère de la guerre. « Vous êtes bien jeune encore, lui dit-il ; mais j'ai formé votre père, je vous formerai de même. » Le fils n'avait point les talents du père, et son amour effréné pour les plaisirs venait trop souvent le distraire de ses devoirs. Louis XIV s'en afflige, et veut le corriger sans trop le mortifier. Pendant un séjour de Fontainebleau, en 1695, il trace de sa main ce mémoire pour l'archevêque de Reims (Charles-Maurice Letellier), oncle du marquis de Barbezieux :

prince de Conti étoit revêtu d'une robe de deuil, avec le chaperon en forme, la queue de la robe traînante de cinq aunes portée par le marquis de Matignon. Il étoit accompagné du duc de Chaunes, que Sa Majesté avoit nommé pour cette fonction, et conduit par le marquis de Blainville, grand maître des cérémonies, et par le sieur Martinet, aide des cérémonies. Les gardes du corps, qui avoient été commandés, étoient autour de lui avec vingt des cent-suisses de la garde du roi. Le même jour, l'évêque d'Autun, qui, étant attaché par un respect particulier à la personne et à la famille du feu prince de Condé, avoit été choisi pour lever et pour conduire le corps de Fontainebleau à Valery, porta le cœur à la paroisse, où il demeura en dépôt. Ce cœur, qui étoit du double plus grand que les autres, fut déposé en l'église des jésuites de la rue Saint-Antoine, à Paris. » (*Gazette de France.*)

Il n'y avait point d'exemple de prince du sang mort dans la maison du roi. (Dangeau.)

A L'ARCHEVÊQUE DE REIMS.

« Que la vie que son neveu a faite à Fontainebleau n'est pas soutenable; que le public en a été scandalisé. — Qu'il a passé tous les jours à la chasse et la nuit en débauche. — Qu'il ne travaille point; qu'il en arrive de grands inconvénients. — Que ses commis se relâchent à son exemple; que les officiers ne sauraient trouver le temps de lui parler; qu'ils se ruinent pour attendre.

« Qu'il est menteur, toujours amoureux, rôdant partout, peu chez lui; que le monde croit qu'il ne saurait travailler, le voyant partout ailleurs.

« Le retardement des lettres de Catalogne.

« Qu'il se lève tard, passant la nuit à souper en compagnie, souvent avec les princes.

« Qu'il parle et écrit rudement.

« Que, s'il ne change du blanc au noir, il n'est pas possible qu'il puisse demeurer dans sa charge.

« Qu'il doit bien examiner ce qu'il doit lui conseiller, après avoir su de lui ses sentiments.

« Que je serais très-fâché d'être obligé de faire quelque changement; mais que je ne le pourrais éviter; qu'il n'est pas possible que les affaires marchent avec une telle inapplication.

« Que je souhaite qu'il y remédie, sans que je sois obligé d'y mettre la main.

« Qu'il est impossible qu'on ne soit trompé en beaucoup de choses, s'appliquant aussi peu; que cela me doit coûter beaucoup.

« Qu'enfin, on ne peut pas plus mal faire qu'il fait, et que cela n'est pas soutenable.

« Que l'on me reprocherait de souffrir ce qu'il fait, dans un temps comme celui-ci, où les plus grandes affaires et les plus importantes roulent sur lui.

« Que je ne pourrais me dispenser de prendre un parti pour le bien de l'État, et même pour me disculper; que je l'en avertis, peut-être trop tard, afin qu'il agisse de la manière qui conviendra le plus à sa famille. — Que je les plains tous, et lui en particulier, par l'amitié et l'estime que j'ai pour lui, archevêque de Reims.

« Qu'il donne toute son application à faire voir à son neveu l'abîme où il se jette, et qu'il l'oblige à faire ce qui conviendra le plus à tout le monde; que je ne veux point perdre son neveu; que j'ai de l'amitié pour lui, mais que LE BIEN DE L'ÉTAT MARCHE CHEZ MOI DEVANT TOUTES CHOSES.

« Qu'il ne m'estimerait pas si je n'avais pas ces sentiments.

« Qu'il faut finir de façon ou d'autre; que je souhaite que ce soit en faisant bien son devoir et en s'y appliquant tout à fait; mais qu'il ne le peut faire qu'il ne quitte tous les amusements qui l'en détournent, pour ne faire plus que sa charge, qui doit être capable seule de l'amuser.

« Que cette vie est pénible à un homme de son âge; mais qu'il faut prendre un parti et se résoudre à ne manquer à rien de ses devoirs, et à ne rien faire qu'il puisse se reprocher à lui-même.

« Qu'il faut qu'il ferme la bouche à tout le monde par sa conduite, et qu'il me fasse voir qu'il ne manque en rien dans son emploi, qui est présentement le plus considérable du royaume [1]. »

---

[1] *Observations de l'archevêque de Reims sur ce* Mémoire :

« Le roy a écrit ce mémoire de sa main à Fontainebleau, où je n'avois pas l'honneur d'être à la suite de Sa Majesté. J'estois à Reims.

« Le roy revint de Fontainebleau à Versailles, vendredy 28 octobre 1695. Je m'y rendis, samedy 29 à midy; Sa Majesté m'appela dans son cabinet, en sortant de table; elle m'y donna ce mémoire, dont j'ai fait l'usage qu'il convenoit. J'en ai rendu au roy l'original à Marly, vendredy 11 novembre; j'en ai fait cette copie, avec la permission de Sa Majesté, et je la garderai toute ma vie, comme un monument du salut de ma famille, si mon neveu profite, comme je l'espère, de cet avertissement, ou du moins comme une marque de la bonté du roy pour moi, qui m'a pénétré d'une reconnoissance si vive, qu'elle durera, quoi qu'il en arrive, autant que je vivrai. »

Ce mémoire, où Louis XIV parlait en maître et en père [1], fit sur Barbezieux assez d'impression pour qu'il cherchât à se rendre digne de tant de bonté; mais les affaires de France n'en allèrent pas mieux. Les Hollandais bombardèrent nos côtes, et le prince d'Orange s'empara de Namur. Amédée, duc de Savoie, qui ne voyait pas se terminer les négociations entamées à Utrecht en 1695, se hâta de signer à Turin, en 1696, sous le nom de Neutralité d'Italie, un traité dont la condition fondamentale était le mariage de la princesse Adélaïde, sa fille aînée, avec le duc de Bourgogne [2], fils aîné du dauphin de France.

L'archevêque a écrit en tête du même *Mémoire* les lignes suivantes : « J'ordonne, mon cher neveu, que ce mémoire vous soit remis après ma mort ; je vous conjure de le garder pendant toute votre vie.

« *Signé*, L'ARCHEVÊQUE DUC DE REIMS. »

[1] Voltaire dit avoir lu l'original de cette lettre dans les manuscrits laissés par le garde des sceaux Chauvelin : il en cite de mémoire un extrait dans son Siècle de Louis XIV.

[2] Voltaire avait dit : « Nous avons cent volumes contre Louis XIV, et pas un qui fasse connaître les vertus du duc de Bourgogne, qui aurait mérité d'être célébré s'il n'eût été que particulier. » Ce regret a été entendu par Lemontey, qui, dans son *Essai sur la monarchie de Louis XIV*, a rendu un noble hommage à ce prince, que le ciel n'a fait que montrer à la terre.

Marie-Adélaïde de Savoie se mit en marche pour la France au mois d'octobre 1696; et, le 4 novembre, à six heures du soir, elle arriva à Montargis, où elle fut reçue par le roi à la portière de son carrosse. « Il la mena dans l'appartement qui lui étoit destiné dans la même maison de la ville où le roi étoit logé. Il lui présenta Monseigneur, Monsieur et M. le duc de Chartres. Le roi se hâta d'envoyer un courrier à madame de Maintenon pour lui mander sa joie et les louanges de la princesse.

« Le lendemain, le roi l'alla prendre, la mena à la messe, et dîna ensuite comme il avoit soupé la veille, et aussitôt après montèrent en carrosse, le roi, Monsieur derrière, Monseigneur et la princesse devant; de son côté, à la portière, la duchesse du Lude. Monseigneur le duc de Bourgogne les rencontra à Nemours. Le roi le fit monter à l'autre portière, et sur les cinq heures du soir ils arrivèrent à Fontainebleau dans la cour du Cheval-Blanc. Toute la cour étoit sur le fer à cheval, qui faisoit un très-beau spectacle avec la foule qui étoit au bas. Le roi menoit la princesse, qui sembloit sortir de sa poche, et la conduisit fort lentement à la tribune un moment, puis au grand appartement de la reine mère, qui lui étoit destiné, où Madame, avec toutes les dames de la cour, l'attendoit. Le roi lui nomma les premiers d'entre les princes et princesses du sang, puis dit à Monsieur de lui nommer tout le monde, et de prendre garde à lui faire saluer toutes les personnes qui le devoient faire, et qu'il alloit se reposer. Monseigneur s'en alla aussi, l'un chez madame de Maintenon, l'autre chez madame la princesse de Conti. Monsieur demeura donc à côté de la princesse, tous deux debout, lui nommant tout ce qui, hommes et dames, lui venoient baiser le bas de la robe, et lui disoit de baiser les personnes qu'elle devoit, c'est-à-dire, princes et princesses du sang, ducs, duchesses et autres tabourets, les maréchaux de France et leurs femmes : cela dura deux bonnes heures; puis la princesse soupa seule dans son appartement, où madame de Maintenon et madame la princesse de Conti la virent en particulier [1]. »

La duchesse de Bourgogne était gracieuse, spirituelle, douce et gaie [2]; elle paraissait se sou-

---

[1] *Mémoires de Saint-Simon.*

[2] « La dauphine, dit Saint-Simon, n'avoit pas la figure régulière, mais elle avoit le plus beau teint et la plus belle peau, un port de tête galant, gracieux, majestueux, et le regard de même; le sourire le plus expressif, une taille ronde, longue, parfaitement coupée, une marche de déesse sur les nues. »

cier fort peu de sa figure ; sa toilette était faite en un moment : le peu de soin qu'elle y donnait n'était que pour la cour. Elle n'aimait la parure que pour les bals et les fêtes, et ce n'était encore que par complaisance pour le roi. Madame de Maintenon, qui cherchait toujours l'occasion d'amuser les vieux jours de Louis XIV, vit dans cette jeune princesse un instrument à ses vues ; elle l'entoura de caresses pour la captiver, lui laissa faire toutes les folies qui lui passaient par la tête, plaça auprès d'elle des femmes évaporées qui ne songeaient qu'au plaisir, et lui apprit si bien à plaire au monarque, qui *gémissait de végéter entre les cardinaux et les membres du conseil,* que Louis chérit bientôt la duchesse de Bourgogne. Il s'amusait de ses vivacités et de ses étourderies. Elle aimait les hommages. Elle se faisait un jeu de s'environner d'adorateurs ; mais elle était plus coquette que galante. Par sa grâce et par son esprit, elle ne tarda pas à subjuguer son mari, le roi et toute la cour [1].

[1] La dauphine avait fait tirer son horoscope en Italie ; on y prédisait qu'elle mourrait à l'âge de vingt-sept ans. Elle parlait très-souvent de cette prédiction. Un jour, elle dit au dauphin : « Voici le temps qui approche, je dois bientôt « mourir. Comme vous ne pouvez demeurer sans femme, « tant à cause de votre rang que suivant vos principes de « dévotion, dites-moi, je vous prie, qui vous épouserez. »

A peine la princesse, dont nous venons d'esquisser le portrait, était-elle arrivée à Fontainebleau, que madame de Maintenon la conduisit à Moret pour faire une visite dans un couvent de cette ville. Pourquoi cet empressement? Quelle était cette course mystérieuse? Chacun, pour l'expliquer, répétait un bruit de cour ou évoquait un souvenir. « C'est singulier! disait-on, on ne fait pas un voyage à Fontainebleau que madame de Maintenon n'aille visiter le couvent de Moret! un petit couvent borgne, où il n'y a aucune religieuse de distinction! — Mais Monseigneur et ses enfants y vont aussi; et la feue reine Marie-Thérèse prenait un soin tout particulier de cet asile; on dit même qu'elle s'informait avec le plus grand intérêt auprès de la supérieure, de la santé, de la conduite, des pensées même d'une des religieuses, pour laquelle Sa Majesté payait tous les ans une grosse pension. — Ce n'est point étonnant: ne savez-vous donc pas ce que l'on se dit à l'oreille? c'est que Bon-

---

Il lui répondit: « J'espère que Dieu ne me punira pas assez « sévèrement pour que je vous voie mourir; mais, si ce mal- « heur m'arrivait, je ne me remarierais sûrement pas, car je « ne pourrais soutenir votre mort, et je vous suivrais avant « que huit jours fussent passés. » Il tint parole; il cessa de vivre le septième jour après la mort de sa femme, qui arriva le 12 février 1712.

tems, le premier valet de chambre du roi, et le confident de toutes ses amours, a déposé dans ce couvent une jeune enfant qu'on ne montre à personne; on la dit fille du roi. — Vraiment! et de qui? — Voilà le mystère. — Est-ce une fille de la baronne de Beauvais [1]? de mademoiselle d'Argencourt? de Laure ou de Marie de Mancini?— Mieux que tout cela: c'est une fille de la reine! — Et comment avoir pu la cacher? et pourquoi l'abandonner? Les reines accouchent publiquement, et Marie-Thérèse a perdu presque à leur naissance les deux filles dont elle était accouchée [2]. — Oui; mais rappelez-vous que plus tard on publia que la reine avait fait une fausse couche [3]; il n'en était rien: c'est que

---

[1] « Première femme de chambre et favorite d'Anne d'Autriche. On lui attribue d'avoir la première déniaisé le roi à son profit. C'étoit une femme avec qui les grands ont longtemps compté, et qui fut traitée à la cour, comme une grande dame, jusqu'à sa mort. » (Dangeau.)

[2] Anne-Élisabeth, née le 18 novembre 1662, morte le 30 décembre suivant; Anne-Marie, née le 16 novembre 1664, morte le 26 décembre suivant.

[3] « On prétendoit qu'elle étoit fille du roi et de la reine, que sa couleur l'avoit fait cacher et disparoître, et publier que la reine avoit fait une fausse couche; et beaucoup de gens de la cour en étoient persuadés. » (*Mémoires de Saint-Simon.*)

la reine avait mis au monde une enfant toute noire, parce que, pendant sa grossesse, elle avait été vivement frappée par la vue d'un nègre qui était à son service; on déroba cette petite fille à tous les regards, et Bontems l'apporta au couvent de Moret, où on ne l'appelle que la *Mauresse*.—Le roi va-t-il la voir?—Jamais.—A-t-elle le secret de sa naissance? — On le croit : elle est fière, se prévaut des soins distingués qu'on lui prodigue, des visites illustres qu'elle reçoit; et il lui est arrivé quelquefois de dire, en entendant Monseigneur chasser dans la forêt : « C'est « mon frère qui chasse ! »

Cette conversation résume l'histoire de cette Mauresse, sans lever les voiles qui en couvrent encore le mystère. Sans doute les indiscrétions de Saint-Simon, la réserve de mademoiselle de Montpensier dans ses Mémoires; les soins de Marie-Thérèse, les visites assidues des princes et de madame de Maintenon, les distinctions dont cette religieuse jouissait, l'érection en abbaye royale du petit couvent où elle était enfermée[1],

---

[1] Ce petit couvent borgne (comme l'appelle Saint-Simon) avait été fondé en 1640, par le marquis de Vardes et la comtesse de Moret, maîtresse de Henri IV. Marie-Thérèse l'enrichit de ses bienfaits; mais ce ne fut qu'en 1754 que Louis XV, par souvenir de la royale Mauresse, l'érigea en

sont autant d'indices de la haute naissance de cette inconnue; mais le respect dont, à cette époque, on entourait même les faiblesses des rois, n'a laissé aucune trace certaine[1], et la Mauresse de Moret restera pour toujours une énigme historique comme le Masque de fer[2].

Le mariage de la duchesse de Bourgogne fut célébré à Versailles le 7 décembre 1697; un an après, Fontainebleau fut témoin de celui d'Élisabeth-Charlotte d'Orléans, mademoiselle de Chartres, fille de Monsieur, frère de Louis XIV, avec Léopold, duc de Lorraine, à qui la paix de Riswick avait rendu ses États.

Sans être précisément jolie, cette princesse avait de l'éclat et de la grâce. Sa peau était d'une blancheur éblouissante; son port était plein de

---

abbaye royale, et y réunit la vieille abbaye de Villechasson, fondée par un des fils de Louis le Gros.

[1] Nous avons fait à ce sujet toutes les recherches, sans rien découvrir, au delà de ce qu'en a dit Saint-Simon, que les conjectures de l'imagination ou les probabilités des calculs historiques.

[2] Un jour, à Trianon, Marie-Antoinette et le comte d'Artois pressaient vivement Louis XVI de leur dire le secret du Masque du fer. « Je ne le puis, répondit le monarque; mais, « si je vous le disais, vous verriez que c'est bien peu de « chose, et vous seriez étonnés du bruit qu'on en a fait. »

noblesse; elle dansait à merveille. Son esprit se développa de bonne heure : elle n'avait que douze ans, que déjà on citait à la cour ses reparties; on admirait surtout sa modestie dans un âge où s'éveille l'amour-propre, et ses goûts studieux au milieu des plaisirs dont elle était environnée.

« Le roy partit de Versailles pour Fontainebleau le 1ᵉʳ jour de ce mois, et le 8, le roy et la reine de la Grand' Bretagne s'y rendirent. Sa Majesté, accompagnée de monseigneur le dauphin, de monseigneur le duc et de madame la duchesse de Bourgogne, de monseigneur le duc d'Anjou, de monseigneur le duc de Berry, les receut sur le perron au-dessus de l'escalier du Fer à cheval, et les conduisit dans l'appartement qui leur estoit préparé. Avant que Leurs Majestez Britanniques fussent à Fontainebleau, le roy alloit à la messe à son ordinaire, et dînoit à son petit couvert dans sa chambre à l'issüe du conseil; mais depuis leur arrivée, il a tenu conseil avant la messe, qui ne se dit qu'à midy et demi. Sa Majesté va prendre la reine dans son grand cabinet, où se trouvent les princes et les princesses. Il luy donne la main, et la conduit à la chapelle. Le roy d'Angleterre marche de l'autre costé, mais sans luy donner la main. Ils sont précédez de monseigneur le duc de Bourgogne, de Monsieur et de tous les princes et seigneurs. Messeigneurs les ducs d'Anjou et de Berry n'y sont pas. Le ministre, c'est-à-dire, le supérieur des Mathurins en étole, présente de l'eau bénite, et commence par le roy et la reine d'Angleterre à sa droite. La reine se met dans le milieu du prie-Dieu, le roy d'Angleterre à sa droite, et le roy à sa gauche. Le chapelain, après la messe, fait baiser le corporal à Leurs Majestez, et commence aussi par le roy d'Angleterre. On sort de la messe dans le mesme ordre, et l'on passe par la galerie des Réformez. L'on entre dans l'antichambre du roy, où le disné se trouve servi. L'abondance et la délicatesse répondent à la grandeur du prince qui donne ces repas. Après le disné, Sa Majesté reconduit le roy et la reine d'Angleterre à la porte de l'antichambre, et ils retournent dans leur appartement par la galerie des Réformez. Le soir, pour le souper, le roy les reçoit et les reconduit à la mesme porte. Les jours d'appartement, le roy et la reine d'Angleterre se rendent dans l'appartement de Sa Majesté, à sept heures et demie du soir, et le roy les vient recevoir à la mesme porte de son antichambre, où la musique commence aussitôt qu'ils sont placez. Elle n'est que de trois quarts d'heure, après quoi le roy mene Leurs Majestez dans son cabinet, où la reine se met au jeu jusqu'au souper, qu'on sert à dix heures. Le roy d'Angleterre voit joüer, et le roy va travailler avec quelqu'un de ses ministres. A dix heures, il vient prendre Leurs Majestez Britanniques dans son cabinet, et donne la main à la reine jusqu'à la table. En voici la disposition et l'ordre, quand personne n'y a manqué.

« Cette table représentoit une espèce de fer à cheval qui n'est pas tout à fait rond par le milieu. Leurs Majestez estoient seules dans le milieu; sçavoir, la reine d'Angleterre entre les roys, le roy d'Angleterre à la droite, le roy à la gauche. Dans le costé tournant, du costé du roy d'Angleterre, estoient Monseigneur, madame la duchesse de Bourgogne, Madame, madame la duchesse de Chartres, madame la princesse, madame la princesse de Conti, doüairière, mademoiselle d'Enghien. Dans le costé tournant, du costé du roy, estoient monseigneur le duc de Bourgogne, Monsieur, monsieur le duc de Chartres, Mademoiselle, madame la duchesse, mademoiselle de Condé. Comme on n'estoit à table que d'un costé, il estoit aisé de la servir, ce qui auroit esté difficile autrement, à cause de la beauté des services et de la grandeur des plats.

« Outre le divertissement de la musique et du jeu que l'on prend souvent dans les appartements, il y a des jours destinez pour la comédie, à laquelle les deux rois n'ont point esté; mais ils ont souvent pris le divertissement de la chasse, auquel la reine d'Angleterre et madame la duchesse de Bourgogne se sont souvent trouvées dans une calèche couverte.

« Le 12 de ce mois, le roy alla, après son disner, rendre visite à Mademoiselle; Monseigneur y alla ensuite, et tous deux en sortirent fort touchez des pleurs qu'ils lui virent répandre. Madame la duchesse de Bourgogne y alla sur les trois heures, après avoir donné audience à l'ambassadrice de Hollande. Les larmes de l'une et de l'autre firent toute leur conversation. Le mesme jour, à cinq heures, toutes les princesses et les dames de la cour se trouvèrent, avec des habits magnifiques, dans le cabinet de madame la duchesse de Bourgogne, pour assister aux fiançailles de Mademoiselle, qui devoient se faire dans celuy du roy. L'habit de madame la duchesse de Bourgogne estoit d'un tissu d'argent avec des fleurs d'or meslées d'un peu de couleur de feu et de vert. La parure de la teste et celle de l'habit estoient des diamans, composés, ainsi que son collier, des plus beaux de la couronne. Madame la duchesse de Chartres, madame la duchesse, madame la princesse de Conti, douairière, et mesdemoiselles de Condé et d'Enghien estoient vestues des plus riches estoffes, et fort parées de pierreries. A cinq heures et un quart, les dames passèrent dans le cabinet du roy, où estoient déjà arrivées Leurs Majestez Britanniques et tous les princes, excepté monseigneur le duc d'Anjou, qui eut ce jour-là un accès de fièvre. Un moment après arrivèrent Monsieur et Madame, avec de riches habits. Celuy de Monsieur étoit d'une magnifique étoffe d'or avec d'épaisses boutonnières d'argent et un agrément pareil, mais moins large sur les tailles. Il avoit sur l'épaule et sur les manches des touffes de rubans de satin noir, avec des attaches de diamans. Celle du chapeau estoit d'une grande beauté. Il avoit aussi des plumes et des bas de soye noirs. L'habit de Madame estoit noble et modeste. Mademoiselle arriva ensuite, précédée par M. le marquis de Blainville, grand maistre des ceremonies, et par M. des Granges, maistre des ceremonies; M. le duc d'Elbeuf luy donnoit la main droite, et M. le marquis de Couvonges, envoyé de M. le duc de Lorraine, luy donnoit la main gauche. L'habit de Mademoiselle estoit d'un gros de Tours noir, brodé d'or en plein; sa juppe estoit d'un tissu d'argent avec une broderie d'or, dans laquelle il entroit un peu de couleur de feu. Elle avoit une riche parure de diamans et une mante d'un point d'Espagne d'or de six aunes et demie de long, dont le bout estoit porté par madame la grande duchesse. M. le duc d'Elbeuf avoit un habit à manteau très-superbe. Il estoit de drap d'or avec des fleurs couleur de pourpre, et le manteau estoit doublé de couleur de pourpre, et tout garni d'épaisses dentelles d'argent. Les jarretières estoient de mesme. Si tost que ces princes et princesses furent assemblez dans le cabinet, M. de Pontchartrain, ministre et secrétaire d'Estat de la maison du roy, et M. le marquis de Torcy, secrétaire d'Estat des affaires étrangères, présentèrent le contrat, qui fut lû et signé ensuite par toute la maison royale. Ensuite de quoy M. Desgranges, maistre des ceremonies, sortit du cabinet pour avertir M. le cardinal de Coislin, premier aumônier du roy, qui attendoit dans la chambre de Sa Majesté, qu'il estoit temps d'entrer. Ce cardinal estoit en camail et en rochet, avec une étolle. Il entra dans le cabinet, accompagné des aumôniers du roy en surplis, et du curé de la paroisse de Fontainebleau, aussi en surplis et en étolle. Son Éminence demanda à M. le duc d'Elbeuf son nom, à quoy ce prince répondit qu'il s'appeloit *Henry de Lorraine*, et luy remit entre les mains la procuration de Léopold, duc de Lorraine, et la dispense venüe de Rome, à cause du degré de parenté qui est entre Mademoiselle et M. le duc de Lorraine. Le cardinal dit assez haut : *Henry de Lorraine, chargé de la procuration de Léopold, duc de Lorraine; et vous, Élisabeth-Charlotte d'Orléans,* etc. Avant que de dire *ouy*, Mademoiselle se tourna vers le roy, Monsieur et Madame, et leur fit de profondes révérences pour leur demander leur consentement; ce qu'elle ne fit point au roy ny à la reine d'Angleterre, quoyque présens. Cela fait, M. le cardinal mit son bonnet, et prononça les paroles des fiançailles, ce qui finit la ceremonie. Toute cette auguste compagnie se trouva le soir à la musique dans les appartemens, et le soupé fut servi le soir chez le roy, ainsi que je l'ai déjà marqué. Ces repas estoient si magnifiques qu'il auroit esté difficile d'y rien ajouter.

« Le lundy treizième, toutes les princesses se trouvèrent, avant midy, à la toilette de madame la duchesse de Bourgogne. Elles avoient des habits encore plus magnifiques que le jour précédent. Celuy de madame la duchesse de Bourgogne estoit d'un damas gris de lin, avec des fleurs d'argent, et une garniture de diamans et d'émeraudes. Les habits de la princesse disputoient de richesse et de bon goust. Madame arriva, et Mademoiselle la suivit de près. Elle estoit précédée par M. le marquis de Blainville et par M. Desgranges. M. le duc d'Elbeuf luy donnoit la main droite, et M. le marquis de Couvonges la gauche. Ils estoient accompagnez de M. Barois, envoyé de M. le duc de Lorraine, au sujet de son contrat de mariage. L'habit de Mademoiselle estoit d'une étoffe d'argent, et la juppe de mesme, toute chamarrée de dentelles d'argent. Sa parure estoit de diamans et de rubis. M. le duc d'Elbeuf avoit un habit à manteau à fond noir avec des fleurs d'or, doublé d'un glacé d'or, sur lequel estoit appliqué un grand point d'Espagne d'or à cartisannes, qui régnoit tout autour du manteau. Les chausses estoient garnies de pareilles dentelles en falbala à trois rangs, avec des rubans bleus et or. Il avoit aussi des plumes bleües, et tout son ajustement estoit magnifique. Le roy ayant fait avertir madame la duchesse de Bourgogne à l'issüe du conseil, où ce prince se trouve tous les jours, toutes les dames la suivirent chez la reine d'Angleterre. Le roy s'y estoit déjà rendu. L'on se mit en marche pour aller à la chapelle. Mademoiselle et M. le duc d'Elbeuf marchèrent les premiers. Le roy, le roy et la reine d'Angleterre, allèrent ensuite, précédez de Monseigneur et de tous les princes de la maison royale. Sitost qu'on fust arrivé à la chapelle, M. le cardinal de Coislin, la mitre en teste et la crosse à la main, salua les rois, fit une courte prière, après laquelle il se mit dans son fauteuil, et appela, ainsi qu'il avoit fait le jour précédent aux fiançailles, *Henri de Lorraine, chargé de la procuration de Léopold, duc de Lorraine; et vous, Élisabeth-Charlotte d'Orléans,* etc.; puis il acheva la ceremonie selon l'usage ordinaire. La messe commença. Mademoiselle et M. le duc d'Elbeuf se mirent sur des carreaux au devant du prie-Dieu, où estoient les deux rois et la reine d'Angleterre. Ils allèrent à l'offrande, le cierge ayant esté présenté à M. le duc d'Elbeuf par le grand maître des ceremonies, et à Mademoiselle par le maître des ceremonies, ils furent mis sous le poësle, qui fut tenu par MM. les abbez de Pompone et Morel, aumôniers de Sa Majesté. La messe finie, l'on se remit en marche pour sortir de la chapelle, et quand on fut près de la porte, le roi se retourna pour faire ses adieux à madame la duchesse de Lorraine, qu'il embrassa plusieurs fois avec beaucoup de tendresse. Elle fondoit en larmes, et ne put proférer aucune parole. Monseigneur et monseigneur le duc de Bourgogne l'embrassèrent aussi, et madame la duchesse de Bourgogne fit paroistre en cette occasion, par ses pleurs et par ses sanglots, la bonté de son naturel. Le roy, Leurs Majestez Britanniques, Monseigneur, monseigneur le duc et madame la duchesse de Bourgogne, montèrent dans l'appartement du roy pour se mettre à table, et

M. le duc et madame la duchesse de Chartres, et madame la duchesse de Lorraine, allèrent par la cour dans l'appartement de Madame, où ils dînèrent; puis ils partirent sur les trois heures pour aller à Paris.

« Cette alliance est la trente-troisième que la maison de Lorraine fait avec celle de France. M. le duc de Lorraine qui vient de se marier est fils de reine, neveu d'empereur et de roy. Il a pris, comme roy de Jérusalem, une couronne fermée, et composée de pièces de l'écu de ses armes. On prétend que le duché de Lorraine soit le plus ancien de l'Europe.

« Le roy devant défrayer madame la duchesse de Lorraine de toutes choses après son mariage, cette princesse partit le 13 de Fontainebleau dans les carrosses du roy, accompagnée des gardes de Sa Majesté. Elle arriva sur les neuf heures du soir au Palais-Royal, dont elle trouva tous les environs remplis de peuple, ainsi que les cours et le grand escalier. Les gardes du roy avoient pris possession de la salle des gardes de son appartement, et les huissiers de Sa Majesté, de toutes les portes de ce même appartement, comme les valets de chambre, de la chambre où elle devoit coucher. Les officiers des sept offices, sçavoir, ce qu'on appelle la bouche, le gobelet, la paneterie, la fruiterie, etc., s'estoient pareillement emparez de toutes les offices et de toutes les cuisines. Le traitement commença le soir, et M. de Cambray, maistre d'hôtel du roy, qui en estoit chargé, fit les fonctions de sa charge au soupé, qui fut très-magnifique.

« Voicy ce qui se passa le mesme jour à Nancy. M. le duc de Lorraine donna ce jour-là la comédie *gratis;* il traita soixante personnes à souper. Il y eut des fontaines de vin en plusieurs endroits de son palais, des feux dans toutes les rues, et des illuminations à toutes les fenêtres. Depuis ce jour-là, M. le duc de Lorraine a tous les jours dépesché un gentilhomme pour sçavoir des nouvelles de madame la duchesse de Lorraine, et lui faire compliment de sa part. Cette princesse fut visitée le lendemain de son arrivée à Paris et le jour suivant par tout ce que la France a de plus distingué ; et cette princesse estant extrêmement aimée à cause de ses manières honnestes et obligeantes, de sa bonté et de son affabilité naturelles, tous ceux qui eurent l'honneur de la voir parurent sensiblement touchez de son départ. Le 15, Son Altesse Royale fut complimentée sur son mariage par M. le prevost des marchands, accompagné de MM. les échevins. Ils luy firent les présens accoutumez en de pareilles occasions. Elle alla ce jour-là aux Carmélites du faubourg Saint-Jacques et au Valde-Grace, où les religieuses de ces deux couvens luy marquèrent l'extrême regret qu'elles avoient de la voir partir. Elle alla le mesme jour à la maison professe des Jésuites. Le roy luy a fait présent d'une parure de diamans de très-grand prix et d'un ameublement complet de brocart d'or. Rien n'est plus beau ny plus riche que cet ameublement. Monsieur a aussi donné à cette princesse deux très-beaux ameublemens complets, une parure de diamans, une autre de rubis d'Orient et de diamans, une troisième de pierres de diverses couleurs, et des pendans de perles en poires, trois perles à chaque pendant; plusieurs lustres de cristal, des pendules, des bras de vermeil doré, des porcelaines garnies d'or, et surtout une toilette de vermeil doré, contenant generalement toutes les pièces qui peuvent entrer dans une toilette, toutes de formes différentes. On n'a jamais rien veu de plus beau pour ces sortes d'ouvrages que les quarrez et le miroir de cette toilette. Il n'y a pas une pièce où la cizelure ne fasse voir des attributs de l'amour et du mariage, et des figures admirablement bien travaillées. Cette toilette est accompagnée de quatre grands flambeaux de vermeil doré, et de deux encore plus grands et quarrez pour les huissiers qui les portent devant les souverains qu'ils ont l'honneur de servir. Toutes ces pièces sont aux armes de M. et de madame la duchesse de Lorraine, avec la couronne fermée. Cette toilette charma tous ceux qui la virent. Elle est de M. de Launay; c'est assez pour en faire imaginer encore davantage que tout ce que je pourrois en dire.

« Je ne parle point de quinze manteaux de différens brocarts d'or, de sept robes et de quinze juppes, dont plusieurs sont brodées, et de douze juppons. Le reste de tout ce qui peut servir à la parure des dames se trouve à proportion dans ce que cette princesse emporte, c'est-à-dire, dans une riche abondance.

« Le 16 au matin, Monsieur, Madame et M. le duc de Chartres, qui estoient venus de Fontainebleau avec cette princesse, luy dirent adieu avant qu'elle fust levée, et se retirèrent avec précipitation, de peur d'estre trop attendris par de longs adieux, et pour arrester l'abondance des larmes qui commençoient à couler. Leurs Altesses Royales allèrent disner à Petit-Bourg. Ce repas fut des plus magnifiques et des mieux entendus.

« Sur les deux heures du même jour, madame la duchesse de Lorraine partit dans les carrosses du roy. Les gardes, commandez par M. de Busca le fils, avoient l'épée haute; son carrosse estoit entouré de dix valets de pied de Sa Majesté, quatre grands et six petits. Elle estoit aussi servie par six pages du roy. Le carrosse des écuyers precedoit celuy de Son Altesse Royale, dans lequel estoit M. Desgranges, maistre des ceremonies; M. du Saussoy, écuyer du roy; M. l'abbé Testu Mauroy, cy-devant précepteur de Son Altesse Royale; le père confesseur, M. Desbordes, écuyer de la princesse, et M. de Maugrison, premier médecin. Dans le carrosse du corps estoient madame la duchesse de Lorraine, madame la princesse de Lislebonne, nommée par Sa Majesté pour l'accompagner; madame de Maré, madame de Roquenause la mère, et mademoiselle de Roquenause, fille d'honneur de Son Altesse Royale. Cette princesse salua le peuple qui s'étoit assemblé en foule pour la voir partir, et qui luy donna mille benedictions. Elle alla coucher à Claye, où les sieurs Pivain et du Breuil chantèrent à son souper un air dont voicy les paroles. Il est de la composition du sieur Pivain. Je vous l'envoyeray noté le mois prochain :

> Allez, allez, belle princesse,
> Allez répondre à la tendresse
> D'un prince fortuné qui devient vostre époux.
> Cent princes soupiroient pour vous,
> Mais ils se sont flattez d'une espérance vaine.

Ah! quel bonheur pour la Lorraine [1]!
Ah! qu'elle fera des jaloux [2]! »

Parmi les personnages qui assistaient au mariage de la duchesse de Lorraine, on a remarqué le roi et la reine d'Angleterre; ce monarque était Jacques II, fils de l'infortuné Charles Ier. Comme duc d'York, il jouissait d'une brillante réputation, et l'on s'accordait à penser que, s'il mon-

---

[1] C'était une vérité. Élisabeth-Charlotte d'Orléans donna l'exemple de toutes les vertus. Sa conduite était exemplaire, sa piété douce, sa bonté active autant qu'ingénieuse. Apprenait-elle que quelqu'un de sa cour avait perdu au jeu, le lendemain elle envoyait chez lui la somme qu'il regrettait. Si quelque fléau détruisait une chaumière, elle la faisait relever. Lorsque la flamme dévora son palais de Lunéville, elle demanda si personne n'avait péri; rassurée à cet égard: « Le reste nous touche peu, dit-elle, nous trouverons le « moyen de faire rebâtir notre palais, au lieu que nous ne « pourrions rendre la vie à ceux qui l'auroient perdue. » Cette princesse mourut en 1744.

[2] Lettre de Fontainebleau. *Gazette de France*, octobre 1698. Saint-Simon, dans ses Mémoires, donne aussi de grands détails sur ce mariage. On remarque dans son récit, « qu'après la cérémonie, Mademoiselle ne parut plus le reste du jour, et qu'elle le passa à pleurer chez elle, au grand scandale des Lorrains. » Il fait aussi grand bruit, selon son usage, d'une querelle d'étiquette entre la duchesse de Lorraine et la duchesse de Chartres. Ces sortes de questions n'ont plus beaucoup d'intérêt de nos jours.

tait sur le trône, il gouvernerait avec éclat. Après la mort de Charles II, ces espérances ne se réalisèrent point, et sa couronne, qui, le jour de son sacre, chancelait sur sa tête, rappela le funeste augure qu'on avait tiré de la même circonstance pour Henri III, roi de France. Et d'abord, pour régner sur un pays protestant, Jacques II était dans la position la plus défavorable : il avait abjuré la foi protestante pour embrasser la religion catholique; il s'était même, dit-on, affilié à la société de Jésus, et il se présentait à son peuple sous le joug du jésuite Péters, son confesseur, qui haïssait et persécutait tous ceux qui ne partageaient pas ses croyances religieuses. Néanmoins, comme tous les souverains à leur avénement à la couronne, il prodigua les plus belles promesses, il vanta dans une proclamation « son affection pour le peuple, son éloignement pour le pouvoir arbitraire, son dessein de gouverner l'Église et l'État selon les lois, et de maintenir les priviléges de tous ses sujets. » Sa conduite fut le contre-pied de ses flatteuses paroles. Cruel et vindicatif, il fit trancher la tête au comte d'Argyle et au duc de Monmouth, qui s'étaient armés en Écosse pour soutenir les libertés de conscience; et, par son ordre, une commission de juges, ou plutôt de bourreaux, présidés par Jeffreys, son chancelier, parcourut les provinces de l'ouest, se faisant précéder par des instruments de supplice, et condamnant à mort, sans aucune forme de procès, tous ceux qui étaient soupçonnés de n'être point favorables au papisme: plus de deux cent cinquante têtes tombèrent dans cette sanglante tournée! Jacques II, croyant qu'un trône s'affermissait dans le sang, leva le masque, ne parla plus « que de son autorité souveraine, de sa prérogative royale et de son pouvoir absolu, auquel tous ses sujets devaient une obéissance sans réserve. » Dans la même déclaration, publiée en 1687, il annonçait qu'il voulait que ses sujets catholiques jouissent de tous les droits dont jouissaient ses sujets protestants; il révoquait et annulait de sa seule autorité tous les serments qui pouvaient les rendre incapables d'occuper des emplois dans le royaume. Au nombre de ces serments était celui du *Test,* par lequel on abjurait la présence de Jésus-Christ dans l'Eucharistie. On devina aisément que Jacques II n'avait en cela d'autre but que de confier toutes les charges de l'État et tous les grades de l'armée à des papistes; et dans le parlement, dans le peuple, parmi les whigs comme parmi les torys, un cri d'alarme et de réprobation se fit entendre. Le roi n'en tint aucun compte, et, pour mieux insulter à l'opinion publique, il reçut publiquement en grande cérémonie, à Windsor, le nonce du pape : ce qui était un crime devant les lois du pays.

Lorsqu'un monarque outrage ainsi sans pudeur les droits d'une grande nation, il se rencontre tôt ou tard des âmes généreuses qui prennent en main la cause du peuple, et qui se révoltent contre la tyrannie. Plusieurs grands seigneurs et plusieurs évêques se réunirent, dans l'intention de sauver la religion et l'État; ils firent sonder Guillaume, prince d'Orange, époux de Marie, fille de Jacques II, et, quand ils furent sûrs de son adhésion, ils préparèrent les esprits à sa prochaine arrivée. Ces dispositions n'étaient pas tellement secrètes que le roi n'en fût informé [1]. Alors, comme tous les princes faibles, il fit toutes les concessions. Il supprima la cour ecclésiastique, rendit à la ville de Londres sa charte, aux communautés leurs franchises; il cassa divers gouverneurs ou magistrats catholiques, et les remplaça par des protestants; mais il était trop tard. Un moment arrive où les concessions ne servent qu'à révéler aux nations la faiblesse du trône sans les satisfaire ni les rassurer. C'est donc en vain que Jacques avait détruit en quelques jours l'ouvrage de quatre ans de sollicitudes et

---

[1] Louis XIV l'en avait d'ailleurs fait prévenir par M. Barillon, son ambassadeur à Londres.

de persécutions; c'est en vain qu'il avait fait baptiser solennellement son fils comme gage d'avenir pour l'Angleterre: on ne crut pas à sa bonne foi, et on répandit partout que le prince Édouard était un enfant supposé. Dans cet état critique, il renferma tout son espoir dans son armée, qu'il avait peuplée d'officiers catholiques; mais la présence du prince d'Orange, qui débarqua au mois de novembre 1688, lui causa une telle frayeur, que, sans oser combattre, dans la nuit du 11 au 12 décembre, il s'enfuit, accompagné du chevalier Édouard Haller, du sieur Sheldon et de son valet de chambre. Il était dans un petit vaisseau, sur la côte de Feversham, où il attendait un vent favorable pour s'embarquer sur une frégate qui devait le transporter en France, lorsque, par l'imprudence du chevalier Haller, qui avait envoyé à la poste un domestique à sa livrée, il fut reconnu, et, sur le conseil du gouverneur de la province, le comte de Winchelsea, il se rendit à Londres, où, par un de ces caprices populaires, inexplicables dans les révolutions, il fut reçu avec des acclamations triomphales. Ce fut le dernier éclair de sa royauté: trop faible pour lutter contre l'ascendant du prince d'Orange, il s'embarqua sur une frégate le 23 décembre 1688, et passa en France. Louis XIV, qui haïssait Guillaume, s'empressa d'accueillir le monarque fugitif. Depuis qu'à Chatou, en 1689, Louis XIV avait dit à la reine d'Angleterre : « Je vous rends aujourd'hui, madame, un « bien triste service; mais j'espère vous en ren- « dre bientôt de plus grands et de plus heureux, » ce monarque n'avait point cessé de prodiguer tous les soins pour adoucir ses chagrins, tous les sacrifices pour rétablir son époux sur le trône; il arma ses flottes, ouvrit ses trésors; mais la fortune de Guillaume, qui combattit en soldat à la bataille de Boyne, l'emporta sur un prince jésuite qui passait sa vie à la messe [1]; et Jacques, vaincu, avait redemandé un asile à la France, qui lui accorda jusqu'à sa mort une hospitalité digne de son rang.

Lorsque la reine d'Angleterre arrivait dans une résidence royale, elle y trouvait pour elle le même service qu'aurait eu la reine de France : tout ce qui sert à la commodité et au luxe, des présents de toute espèce en argent, en or, en vaisselle, en bijoux, en étoffes [2]. Les mêmes attentions étaient

---

[1] « L'archevêque de Reims, frère de Louvois, dit tout haut à Saint-Germain (résidence habituelle du roi Jacques) : « Voilà un bonhomme qui a quitté trois royaumes pour une « messe. »

[2] Elle logeait à Fontainebleau, dans l'appartement de la reine mère, dans le gros pavillon des Poêles, que Louis XIV avait fait restaurer et embellir.

observées pour son mari : il avait six cent mille livres par an pour l'entretien de sa maison, et à ses ordres les officiers et les gardes du roi.

Ce digne hommage rendu à la royauté et au malheur n'empêcha point Louis XIV de signer, en 1698, le traité par lequel il s'engageait à ne plus troubler, dans la possession de ses royaumes, le prince d'Orange, reconnu roi d'Angleterre; mais la paix que ce traité semblait garantir ne fut point de longue durée. Un incendie se préparait en Espagne; il couvait au pied du lit d'un fantôme; il va s'échapper du tombeau de Charles II; il s'élèvera au-dessus des Pyrénées, et embrasera l'Europe.

Avant d'aborder ce grand événement politique qui changea si profondément l'équilibre de l'Europe, nous pourrions citer plusieurs traits du règne ou de la vie de Louis XIV qui se passèrent à Fontainebleau; nous pourrions rappeler le dîner préparé pour le duc de Parme[1] par le cardinal d'Estrées, qui n'avait oublié d'inviter que son illustre convive : distraction qui amusa toute la cour[2]; la mésaventure du maréchal de

[1] Fils de la grande-duchesse de Toscane, cousine germaine de Louis XIV.

[2] Saint-Simon, qui venait d'être présenté au roi, à Fontainebleau, était de ce repas singulier, et rit beaucoup de la distraction du cardinal.

Villeroy, que Louis XIV consola par un don de 3oo mille livres sur les revenus de la ville de Lyon; les sceaux donnés à Pontchartrain dans le cabinet de madame de Maintenon, en 1699, après la mort du chancelier Boucherat; l'arrivée de cette princesse allemande, qui venait recueillir en France un héritage, et qui répondait en pleurant à tous ceux qui lui demandaient de qui elle était en deuil : « Hélas! c'est de mon-« seigneur mon papa! » enfin, le procès jugé en 1700 par le roi entre l'amirauté de France et la province de Bretagne, qui prétendait conserver en propre une amirauté indépendante [1]. Mais ces détails disparaissent devant la grandeur de la scène diplomatique dont le palais de Fontainebleau fut le théâtre au mois de novembre 1700.

[1] « Le roi donna un conseil extraordinaire à Fontainebleau, un jeudi matin, dans lequel entrèrent monseigneur le duc de Bourgogne, qui avoit voix depuis quelque temps, les ministres, les secrétaires d'État, le contrôleur général, et les deux conseillers au conseil royal des finances, qui étoient Pomereu et Daguesseau : ce dernier étoit chargé du rapport. Monsieur y étoit aussi. La Bretagne gagna en plein tout ce qu'elle prétendoit, et fut heureuse de ne se trouver point de partie puissante en tête, et qu'au contraire, le roi ne fut pas fâché de la favoriser pour y faire aimer et accréditer M. le comte de Toulouse. » (*Mémoires de Saint-Simon.*)

Charles II, roi d'Espagne, traînait une vie incomplète, et sa destinée était de ne faire du bruit qu'après sa mort. L'Europe, inquiète et jalouse, convoitait l'immense héritage de ce monarque, que la nature avait condamné à n'avoir point d'enfants. On se demandait s'il vivait pour savoir s'il était mort; et son testament devint pour les souverains ce que les dents du dragon de la Fable furent pour les compagnons de Cadmus.

Louis XIV et l'empereur Léopold étaient parents du roi d'Espagne au même degré; tous deux descendaient de Philippe III par les femmes; mais Louis était fils de l'aînée, Anne-Marie, femme de Louis XIII. Ses enfants avaient encore un avantage sur les enfants de l'empereur; c'est qu'ils étaient petits-fils de Philippe IV, et les enfants de Léopold n'en descendaient pas : les droits de la nature étaient donc dans la maison de France; mais la politique a aussi ses droits, et de ce nombre étaient les renonciations authentiques et ratifiées de Louis XIII et de Louis XIV à la couronne d'Espagne. La mère de Charles II, qui avait sur l'esprit de son fils un grand ascendant, avait rêvé un troisième avenir hors des maisons de France et d'Autriche : c'était en faveur de son petit-neveu, fils de l'électeur de Bavière, Maximilien-Marie. Le roi le désigna secrètement pour son successeur. De leur côté, les diverses puissances imaginèrent de faire, du vivant même de Charles II, un partage de la monarchie espagnole. On donnait au jeune prince de Bavière l'Espagne, les Indes occidentales, les Pays-Bas et la Sardaigne; le dauphin, fils de Louis XIV, devait posséder Naples, la Sicile et la province de Guipuscoa. On ne laissait à l'archiduc Charles, second fils de l'empereur Léopold, que le Milanais, et rien à l'archiduc Joseph, héritier de l'empire. La France, l'Angleterre et la Hollande signèrent cette convention le 11 octobre 1698. Un second traité de partage fut signé à Londres le 25 mars 1700, entre la France et l'Autriche : on donnait l'Espagne, les Indes, les Pays-Bas, la Sardaigne, à l'archiduc Charles; on ajoutait au lot du dauphin les duchés de Lorraine et de Bar. Le roi moribond, apprenant qu'on se disputait ainsi ses dépouilles avant sa mort, déclara hautement le jeune prince de Bavière unique héritier de tous ses États; mais, quelque temps après, ce prince étant mort à Bruxelles [1], les intrigues recommencèrent à Madrid, à Vienne, à Versailles, à Londres, à la

---

[1] Le bruit se répandit en Europe que cette mort, venue si à propos pour l'Autriche, était l'effet du poison. Mais un soupçon n'est pas une preuve.

Haye et à Rome. On proposa d'établir pour l'archiduc Charles le partage que d'abord on avait fait en faveur du Bavarois; mais l'empereur Léopold, qui espérait toute la succession, ne voulut pas signer le traité. Lorsque Charles II eut fait un nouveau testament, par lequel il léguait à l'archiduc Charles toute la monarchie espagnole, l'empereur se refusa également à appuyer ce legs par l'envoi d'une armée en Espagne. De petites intrigues de diplomatie achevèrent de brouiller les cabinets de Vienne et de Madrid [1]. Louis XIV se hâta d'en profiter en envoyant le marquis d'Harcourt auprès de Charles II, avec la double mission d'offrir, comme ambassadeur, à ce monarque l'appui de la France, ou de prendre, en cas de refus, le commandement de l'armée des Pyrénées, et de menacer les frontières d'Espagne. Au milieu de cette crise, l'infortuné monarque, tourmenté par les puissances temporelles de la terre, s'avisa de consulter la puissance spiri-

---

[1] Un évêque de Lérida, ambassadeur de Madrid à Vienne, mécontent des propos que les archiducs tenaient contre les Espagnols, écrivit à son tour contre le conseil d'Autriche. Sa lettre devint publique. On y remarquait cette phrase : « Les « ministres de Léopold ont l'esprit fait comme les cornes des « chèvres de mon pays, petit, dur et tortu. » L'évêque fut rappelé, et, à son retour à Madrid, il ne fit que fortifier l'aversion des Espagnols pour les Allemands.

tuelle; cet oracle fut favorable aux intérêts de la France. Innocent XII répondit « que les lois de l'Espagne et le bien de la chrétienté exigeaient que le roi donnât la préférence à la maison de France. » Le roi d'Espagne, pressé par Ubilla et le cardinal Porto Carrero, signa, le 2 octobre 1700, un troisième testament qui donnait tous ses États au duc d'Anjou, petit-fils de Louis XIV. « Le pape, dit Voltaire, traita ce cas de conscience d'un souverain comme une affaire d'État, tandis que le roi d'Espagne faisait de cette grande affaire d'État un cas de conscience. Louis XIV en fut informé par le cardinal de Janson, qui résidait alors à Rome; c'est toute la part que la cour de Versailles eut à cet événement. Rien n'est plus vrai que la réputation de Louis XIV et l'idée de sa puissance furent les seules négociations qui consommèrent cette révolution.

Vingt-huit jours après, Charles II n'était plus. L'ouverture de son testament fut très-dramatique. Chacun des ambassadeurs présents à la cour de Madrid croyait que son souverain allait être proclamé l'héritier de la monarchie espagnole; le comte de Harrach, ambassadeur de Léopold, en était surtout si persuadé, que d'avance il affectait un air triomphant. Le duc d'Abrantès voulut s'amuser de son orgueil: au sortir du conseil, il sauta au cou du comte de

Harrach, et lui dit : « C'est avec une joie extrême... »
Il fit une pause et reprit : « C'est avec le plus
« grand contentement que je viens prendre congé
« de la maison d'Autriche. » La gravité diplomatique se dérida aux dépens du comte de Harrach, qui avait été la dupe des accolades du duc d'Abrantès.

Le testament fut accueilli en Espagne avec enthousiasme; mais que fera Louis XIV? Acceptera-t-il toute la monarchie pour son petit-fils, ou se contentera-t-il des provinces que le traité de partage du 25 mars 1700 en avait détachées pour la France?

Telle était l'anxiété des esprits, lorsqu'un courrier apporta au marquis de Barbezieux, à Fontainebleau, le 9 novembre 1700, la nouvelle de la mort du roi d'Espagne. Barbezieux remit aussitôt la dépêche à Louis XIV, qui présidait le conseil des finances. Ce prince contremanda la chasse, dîna à l'ordinaire à son petit couvert, et, sans rien laisser pénétrer du message, il déclara seulement la mort du roi d'Espagne, en ajoutant qu'il n'y aurait à la cour pendant l'hiver ni *appartement*, ni comédie, ni aucun autre divertissement. Rentré dans son cabinet, il manda aux ministres de se trouver à trois heures chez madame de Maintenon; c'est là que Louis XIV avait transporté l'empire! Quatre personnes seulement assistèrent à ce conseil avec le roi : le dauphin, comme père du duc d'Anjou; le duc de Beauvilliers, président du conseil des finances; le marquis de Torcy, ministre des affaires étrangères, et le chancelier Pontchartrain. « Il s'agissait de prendre la plus grande résolution du siècle. Louis XIV avait à choisir entre une couronne pour son petit-fils ou un agrandissement de ses États, soutenu par l'Europe; entre l'extension de son système au delà des Pyrénées et des Alpes par l'établissement d'une branche de sa maison en Espagne et en Italie, et une extension de sa propre puissance; entre l'honneur de la royauté et l'avantage de son royaume; entre sa famille et la France. Les deux résolutions pouvaient amener la guerre; mais, dans un cas, courte et d'un succès infaillible; dans l'autre, d'une durée et d'une issue également incertaines [1]. »

Torcy [2] parla le premier, et soutint qu'on n'avait point à se prononcer entre la guerre et la paix, entre une couronne pour le duc d'Anjou et les provinces promises à la France, mais entre

[1] Introduction aux négociations relatives à la succession d'Espagne sous Louis XIV, par Mignet, membre de l'Académie française.

[2] Voir ses Mémoires.

la guerre ou la guerre, entre la monarchie espagnole ou rien; car il faudrait conquérir ces provinces sur la maison d'Autriche, qui, au refus de la France, devenait, par le testament de Charles II, légataire universelle; il opina pour l'élévation du duc d'Anjou au trône des Espagnes.

Le duc de Beauvilliers émit un avis contraire. Selon lui, l'acceptation du testament était la guerre avec toute l'Europe, et la guerre avec toute l'Europe, la ruine de la France. Pontchartrain attendait que le maître eût parlé pour avoir un avis; mais Louis XIV garda le silence, et ajourna la délibération au lendemain, après la chasse.

Ce nouveau conseil se tint, comme le premier, chez madame de Maintenon [1], et dura depuis six heures jusqu'à dix. Les avis, comme la veille, étaient partagés, lorsque le grand dauphin, animé par l'amour paternel, et secrètement flatté d'être fils et père de roi, secoua son

---

[1] « Quelque accoutumé qu'on fût à la cour à la faveur de madame de Maintenon, on ne l'étoit pas à la voir entrer publiquement dans les affaires, et la surprise fut extrême de voir assembler deux conseils en forme chez elle, et pour la plus grande et la plus importante délibération qui de tout ce long règne, et de beaucoup d'autres, eût été mise sur le tapis. » (Saint-Simon.)

apathie, et, triomphant de sa timidité naturelle, s'expliqua en faveur du testament avec une énergie que personne ne lui soupçonnait. « Je prends la liberté, sire, dit-il au roi en terminant, de vous demander mon héritage; je suis en état de l'accepter, et la France et l'Espagne me soutiendront. La monarchie espagnole est le bien de la reine ma mère, par conséquent le mien; pour la tranquillité de l'Europe, je l'abandonne de tout mon cœur à mon second fils; mais je n'en céderai pas un pouce de terre à tel autre que ce fût. Oui, ma demande est juste, elle est conforme à l'honneur du roi, à la dignité de la couronne, à la grandeur de la France; et j'ose espérer, sire, que Votre Majesté daignera y faire droit. » Ce langage inattendu frappa le roi, qui écouta très-attentivement son fils. Puis, se tournant vers madame de Maintenon : « Et vous, « madame, lui demanda-t-il, que pensez-vous « de tout ceci? » Ce conseiller en cornette, feignant d'être embarrassée du rôle important qu'on lui faisait jouer, rougit, baissa les yeux, et après quelques minutes de réflexion, se rangea de l'avis du dauphin.

Louis XIV recueillit les voix, mais sans faire connaître son opinion; il se borna à dire qu'il y avait de puissantes raisons des deux côtés, et que l'affaire « méritait bien que l'on dormît par-dessus, ne fût-ce que pour attendre pendant vingt-quatre heures ce qui pourrait venir d'Espagne. » Et il congédia le conseil. Six jours après, à Versailles, Louis disait à l'ambassadeur d'Espagne, en montrant le duc d'Anjou : « Saluez « votre roi ! » Et le marquis de Castel dos Rios [1] se prosternait aux pieds de son nouveau souverain.

Philippe V fut reçu avec amour par la nation espagnole [2]; et tel était encore le prestige de la gloire et de la puissance de Louis XIV, que l'Europe n'osa point d'abord protester contre l'élévation de son petit-fils; tous les regards se tournaient vers le cabinet de Vienne, et chacun

---

[1] Cet ambassadeur, pauvre gentilhomme de Catalogne, était venu en France en 1699, pour faire révoquer à la Sorbonne la condamnation des livres d'une béate espagnole, et le roi n'avait point voulu le recevoir à Fontainebleau. Comme il s'en plaignait, on lui dit qu'on avait bien fait attendre M. d'Harcourt trois mois à Madrid avant de lui permettre de voir le roi d'Espagne. L'acceptation du testament de Charles II releva sa faveur et sa fortune; il fut fait grand d'Espagne et chevalier de la Toison d'or.

[2] Le marquis de Louville vint à Fontainebleau en 1701, rendre compte au roi des premiers événements d'Espagne. Philippe V lui avait donné une singulière commission : c'était de faire, en souvenir de lui, le tour du canal de Fontainebleau.

attendait en silence le parti que prendrait l'empereur Léopold. Ce prince n'avait point oublié le traité de mars 1700, qui assurait à son second fils une partie de la succession d'Espagne; il eût trouvé tout naturel de recommencer, en faveur de la maison d'Autriche, la vaste monarchie de Philippe II; mais la nouvelle fortune de la maison de Bourbon importunait son envieuse politique; et telle fut l'influence de ses représentations, que l'Angleterre, la Hollande, le Portugal et la Savoie formèrent avec l'Empire une ligue contre Louis XIV; le traité fut signé à la Haye au mois de septembre 1701, et la *guerre de la succession* commença. On se battit en Italie, en Flandre, en Espagne; le prince Eugène, Marlborough, Staremberg, pour les alliés; Catinat, Villars[1], Philippe, duc d'Orléans, Vendôme, Tal-

---

[1] Le roi était à Fontainebleau, lorsqu'en 1702, au mois d'octobre, M. de Choiseul vint lui donner la nouvelle de la victoire remportée à Friedlingen par Villars. Le comte d'Ayen, neveu de madame de Maintenon, apporta les drapeaux pris sur l'ennemi; mais quand on sut qu'il ne s'était pas trouvé à la bataille, on ne lui épargna ni les épigrammes ni les brocards. Mais le roi, pour récompenser Villars, le créa maréchal, et, pour lui ménager une surprise, il lui écrivit de sa propre main une lettre avec cette suscription : « *A mon cousin le maréchal de Villars,* » et il renferma cette lettre dans une autre qui portait simplement sur l'adresse : « *A M. le marquis de Villars.* »

lard, Villeroy, Boufflers, Berwick, pour la France, déployèrent tour à tour dans cette grande lutte un courage et des talents auxquels la victoire se montra tantôt constante, tantôt infidèle; mais enfin, la bataille de la Villa-Viciosa, gagnée en 1710 par le duc de Vendôme, affermit pour toujours la couronne d'Espagne sur la tête de Philippe V; la victoire de Denain et les traités d'Utrecht et de Rastadt achevèrent de rendre la paix à l'Europe, si longtemps agitée.

Pendant que ses armées soutenaient cette terrible guerre, Louis XIV résidait de préférence à Versailles et à Marly; cependant il faisait presque tous les ans le voyage de Fontainebleau. Dans l'année 1702, il eut le regret d'y voir brûler le pavillon des Armes, une partie du clocher de la chapelle, et la partie supérieure de la galerie des Chevreuils et de l'Orangerie. Le feu avait été mis par imprudence. En 1704, le roi reçut dans ce palais le duc de Mantoue, à qui il donna une belle épée enrichie de diamants, en lui disant : « Je vous mets les armes à la main comme au « généralissime de mes armées en Italie[1]. »

En 1705, Chamillart, le ministre favori de

---

[1] Ce prince en avait eu le titre depuis la rupture avec le duc de Savoie.

madame de Maintenon, obtint du roi que son gendre, Lafeuillade, fût chargé du siége de Turin. Le maréchal Vauban, qui était aussi à Fontainebleau, s'offrit pour donner des conseils dans cette expédition, sans prendre part à l'action; mais Chamillart ne voulut point d'un lieutenant qui aurait éclipsé le capitaine. A cette même époque, Pontchartrain s'opposa à l'expédition navale que désirait faire le comte de Toulouse contre Barcelone. Madame de Maintenon, jalouse de tout ce qui pouvait arriver de glorieux à un autre qu'à son cher duc du Maine, suscita des obstacles, et le comte de Toulouse fut contraint de quitter Toulon, et de revenir à Fontainebleau exprimer au roi son père d'inutiles regrets.

En 1706, la duchesse de Bourgogne était grosse, et ne se souciait pas de faire le voyage de Fontainebleau; elle mit madame de Maintenon dans sa confidence, et dit à Clément, son accoucheur, de déclarer qu'il y aurait danger pour elle. Le roi répondit d'abord que la duchesse de Bourgogne irait en bateau; mais madame de Maintenon demanda un sursis ; puis, elle amusa le roi, lui proposa une course à Meudon; de là une visite à l'église nouvelle des Invalides; et le lendemain, Fagon, premier médecin du roi, déclara que faire voyager la duchesse de Bourgogne, dans l'état où elle était, c'était exposer sa vie. Louis XIV céda, mais avec dépit, et le dauphin seul, avec son fils le duc de Berry, fit le voyage de Fontainebleau, « où, dit Saint-Simon, ils *n'osèrent* rester longtemps. »

L'année 1708 vit arriver à Fontainebleau un personnage qui a joué dans les affaires d'Espagne, au commencement du dix-huitième siècle, un rôle souverain. Né à Plaisance, dans la cabane d'un jardinier, tour à tour sonneur de cloches, abbé, intendant d'un évêque, favori du duc de Vendôme, dont il amusait les loisirs par l'enjouement de son esprit, et dont il flattait la gourmandise par des ragoûts italiens; alors agent du duc de Parme, cet homme était Alberoni! On ne sut point précisément ce qu'il venait faire à Fontainebleau; il ne vit point le roi, mais il vit en secret Chamillart, le duc du Maine et madame de Maintenon..... Nourrissait-il déjà quelques-unes de ces idées que, devenu cardinal-ministre des Espagnes et des Indes, il fit éclater dans la conspiration de Cellamare? Il est plus probable qu'il était venu offrir au nom du duc de Parme, son maître, d'entrer dans la ligue d'Italie, et de prêter à la France son faible appui. Un peu plus tard, ce modeste agent remuait les trônes de l'Europe et les trésors du nouveau monde; et puis, en 1720, il retraversait la France pour aller mourir exilé dans un village obscur d'Italie!

En 1711, la duchesse de Berry [1] étant grosse, voulut renouveler le refus qu'avait fait la duchesse de Bourgogne d'aller à Fontainebleau; mais cette fois Louis XIV se montra inflexible. En vain Fagon déclara que la princesse était fort incommodée; en vain le duc d'Orléans, le duc de Berry, madame de Maintenon elle-même, supplièrent le roi; il prit de l'humeur, et, pour seule capitulation, ordonna que le voyage se ferait en bateau. « Madame la duchesse de Berry s'embarqua le 15 juillet, et arriva avec la fièvre, à dix heures du soir, à Petit-Bourg, où le roi parut épanoui d'une obéissance si exacte. Le pont de Melun pensa être funeste : le bateau de la duchesse de Berry heurta, pensa tourner, et s'ouvrit à grand bruit. On en fut quitte pour la peur; on débarqua en grand désordre à Valvin; on arriva à Fontainebleau à deux heures après minuit. Le roi, content au possible, alla voir la duchesse dans le bel appartement de la reine mère, que le feu roi et la reine d'Angleterre, et après eux Monseigneur, avaient toujours occupé. Madame la duchesse de Berry, à qui on avait fait garder le lit, se blessa et accoucha, sur les six

---

[1] Fille de Philippe, duc d'Orléans, régent de France.

heures du matin, le 21 juillet, d'une fille, ou plutôt d'un embryon [1]. »

A cette même époque [2] mourut, à Fontainebleau, empoisonné par un empirique, le maréchal de Boufflers, « qui aimoit le roi comme on aime un maître, et le craignoit, l'admiroit, l'adoroit *comme un dieu.* »

Tel, en effet, avait apparu Louis XIV, lorsque, jeune, heureux, entouré de gloire et de plaisirs, enivré d'encens, il pouvait se croire au-dessus de l'humanité; mais ses dernières années furent tristes, moroses, dévotes et emprisonnées dans les *petits cabinets* de Versailles [3]. Cependant il alla encore à Fontainebleau dans l'année 1713; il y fit achever les travaux commencés pour réparer les ravages causés par l'incendie de 1702; il ordonna en même temps plusieurs changements dans les jardins [4].

---

[1] *Mémoires de Saint-Simon*, t. X.

[2] En 1712, le roi, étant à Fontainebleau, donna la calotte rouge au cardinal de Rohan; et l'électeur de Bavière, qui était chez M. d'Antin, à Petit-Bourg, vint faire une visite au roi dans ce palais.

[3] Voir le premier volume des Résidences royales, *Histoire du palais de Versailles.*

[4] Le duc d'Antin ayant remarqué qu'un bois assez grand, au bout du canal de Fontainebleau, déplaisait au roi, prit le

Louis XIV se complaisait dans ces travaux; il avait du goût pour l'architecture, pour les jardins, pour les sculptures, et plus d'une fois son goût guida le génie de Mansart, de Perrault, de Lenôtre, de Girardon; Versailles et la colonnade du Louvre sont ses grands ouvrages. Les soins qu'il donna à Fontainebleau furent principalement consacrés à l'embellissement du parc, à la décoration des appartements, à leur arrangement intérieur; car il aimait que tout le monde se trouvât bien de son hospitalité à la fois fastueuse et délicate. Il régnait le plus grand ordre dans sa maison; il avait rétabli et augmenté les tables instituées par François 1er; il y en avait douze pour les officiers commensaux, servies avec autant de propreté et de profusion que celles de beaucoup de souverains [1]; il voulait que les étrangers y fussent tous invités. Il avait des attentions encore plus recherchées. Dans les résidences royales, toutes les dames trouvaient une

moment d'une promenade; et tout étant préparé, il se fit donner un ordre de couper le bois, et on le vit dans l'instant même abattu tout entier. (Voltaire.)

[1] « Toutes les dames du voyage avoient l'honneur de manger soir et matin, à la même heure, dans un appartement voisin de celui de madame de Maintenon. » (Saint-Simon.)

toilette complète [1] ; quiconque était du voyage pouvait prendre ses repas dans son appartement; on y servait tous les matins des fruits, des gâteaux, des bonbons, qui permettaient d'attendre le dîner, et on n'oubliait pas à Fontainebleau son raisin merveilleux.

Lorsque le roi venait habiter ce palais, il couchait ordinairement en route, soit à Petit-Bourg, chez le duc d'Antin, soit à Villeroy, chez le maréchal, qu'il aimait beaucoup. Il exigeait que tous les princes de sa famille fussent du voyage; ainsi, malgré les souffrances que le comte de Toulouse éprouvait en 1711, il fallut qu'il vînt à Fontainebleau. Tout le monde devait bien se porter, *par ordre du roi*. Louis XIV faisait grande attention à ceux qui venaient à Fontainebleau pendant son séjour; on l'informait chaque jour des personnes qui arrivaient; il désirait que sa cour fût grosse et brillante.

Il aimait beaucoup le spectacle, et plus d'une fois il invita Racine à la représentation de ses chefs-d'œuvre [2], que l'on jouait dans la salle de la *Belle-Cheminée*.

[1] Siècle de Louis XIV.

[2] A Fontainebleau, le 8 octobre.
Lettre de Racine à Boileau.

« Je suis bien aise que vous ayez donné votre épître à

Un jour, à une représentation de *Bérénice*, il remarqua que les femmes étaient dans une toilette négligée; il se fâcha [1], et à la représentation suivante, les robes étincelaient de pierreries.

M. de Meaux, et que M. de Paris soit disposé à vous donner une approbation authentique. Vous serez surpris quand je vous dirai que je n'ai point encore rencontré M. de Meaux, quoiqu'il soit ici. Mais je ne vais guère aux heures où il va chez le roi, c'est-à-dire, au lever et au coucher. D'ailleurs, la pluye presque continuelle empêche qu'on se promène dans les cours ou dans les jardins, qui sont les endroits où l'on a de coustume de se rencontrer. Je sçay seulement qu'il a présenté au roi l'ordonnance de M. l'archevêque de Rheims contre les jésuites. Elle m'a paru très-forte, et il y explique d'une manière très-nette la doctrine de Molina avant que de la condamner. Voilà, ce me semble, un rude coup pour les jésuites.....

« Plaignez-moi un peu dans votre profond loisir d'Auteuil, et excusez si je n'ai pas été plus exact à vous mander des nouvelles. La paix en a fourni d'assez considérables pour vous entretenir quand j'aurai l'honneur de vous revoir. Ce sera au plus tard dans quinze jours, car je partirai avant le départ du roi. Je suis entièrement à vous.   « RACINE [1]. »

[1] « Quatre mots que le roi en dit, et le compte qu'il se fit rendre de l'exécution de ses ordres, y rendit toutes les femmes de la cour très-assidues en grand habit. » (Saint-Simon.)

[1] Le roi avait donné à Racine l'appartement de M. de Gesvres. (Dangeau.)

Ce goût de la magnificence donnait à tous les voyages du roi un air de fête et de grandeur, et ajoutait une majesté nouvelle à la majesté des vieux souvenirs dont le temps avait paré le château de Fontainebleau.

CHAPITRE VI.

LOUIS XV. LOUIS XVI.

Louis XIV, par son testament, avait prescrit de conduire le jeune roi [1] à Vincennes pour lui faire respirer un air pur et salutaire; et Philippe, duc d'Orléans, régent du royaume, avait fidèlement accompli cette volonté suprême, quoiqu'elle ne fût nullement de son goût [2]. Quelque

---

[1] Louis XV, né le 15 février 1710, était alors âgé de cinq ans.

[2] « M. le duc d'Orléans étoit fort importuné de Vincennes; il vouloit avoir le roi à Paris. J'avois fait ce que j'avois pu pour qu'on retournât à Versailles, où l'on n'étoit exposé ni au tumulte du parlement, ni aux halles du vulgaire, ni aux aventures de minorité. » (*Mémoires de Saint-Simon*, 1715.)

temps après, le régent fit du Palais-Royal le siége du pouvoir, comme il en avait fait le temple des plaisirs. Après la mort de ce prince, la cour s'établit à Versailles; mais dans les premières années de sa jeunesse, Louis XV allait presque tous les jours à Rambouillet[1], où l'attiraient les plaisirs de la chasse et l'amabilité de la comtesse de Toulouse, dont les charmants soupers étaient embellis par les grâces de mademoiselle de Clermont et la gaieté de mademoiselle de Charolois. Fontainebleau n'avait encore reçu du roi que quelques visites insignifiantes, lorsqu'au mois de septembre 1725, il épousa en grande pompe, dans la chapelle de ce palais, Marie Leczinska, fille de Stanislas, roi de Pologne.

Cette princesse, née à Posen le 23 juin 1703, avait été exposée dans son enfance au danger d'être enlevée, notamment lorsque le czar Pierre, qui était entré en Pologne avec une armée de soixante mille hommes, envoya un détachement de cavalerie pour investir le château du roi Stanislas. On la conduisit dans un hameau du voisinage, où une paysanne cacha dans un four celle qui devait un jour s'asseoir sur le plus beau trône de l'Europe. Elle partagea les infortunes, les exils et la retraite de son père,

---

[1] Ce château appartenait au comte de Toulouse.

lorsque ce prince obtint du régent la permission de se retirer dans l'Alsace [1]. Là, sous les yeux vigilants de madame Mozinska, femme d'une haute sagesse, croissaient, à l'école du malheur et de la piété filiale, les vertus qui devaient embellir une couronne ; mais Stanislas était alors loin de penser qu'une couronne dût un jour parer le front de sa fille. Il avait été question de la marier à un colonel français, le comte, depuis maréchal d'Estrées [2] ; le régent mit obstacle à cette union, dans le dessein de la faire épouser par M. le duc de Bourbon ; mais ce prince, devenu premier ministre, ne songea plus à cette alliance. Cependant la politique du cabinet de Versailles fait renvoyer en Espagne l'infante fille de Philippe V, destinée d'abord à épouser Louis XV ; Monsieur le Duc, dirigé par la marquise de Prie, sa maîtresse, jette les yeux sur Marie Leczinska ; et la fille d'un roi détrôné monte sur le trône de

---

[1] Le roi Auguste fit porter à la cour de France des plaintes de l'asile accordé à son ancien rival. Le duc d'Orléans, en répondant à l'ambassadeur de Pologne, se servit de ces nobles expressions : « *La France a toujours été l'asile des rois malheureux!* »

[2] Lorsque la duchesse d'Estrées vint lui faire sa cour à Versailles, Marie Leczinska dit aux personnes qui l'environnaient : « Je pourrais cependant être à la place de cette dame, « et faire la révérence à la reine de France. »

France. Stanislas était dans un château délabré près de Weissembourg, lorsqu'une lettre de Monsieur le Duc lui apprit cette prodigieuse faveur de la fortune. Transporté de joie, il entre dans la chambre où étaient sa femme et sa fille :

« Ah ! ma fille, lui dit-il, tombons à genoux et remercions Dieu ! — Mon père, s'écria Marie, seriez-vous rappelé en Pologne ? — Le ciel, reprit Stanislas, nous est bien plus favorable, ma fille. » Et en même temps il avance un fauteuil, l'y fait asseoir, et dit : « Permettez, Madame, que
« je sois le premier à rendre mes hommages à
« la reine de France ! »

Ce fut le duc d'Orléans, fils du régent, qui épousa la princesse à Strasbourg au nom du roi, le 5 septembre 1725 ; le mariage fut célébré à Fontainebleau par le cardinal de Rohan. « Le roi, dit le maréchal de Villars, avait attendu la princesse avec impatience; il en parut content. J'ai trouvé sa personne fort aimable. Elle a d'ailleurs la vertu, l'esprit et toute la raison qu'on doit désirer dans la femme d'un roi qui a quinze ans et demi. » Le jour de son couronnement, lorsque le roi lui offrit les présents d'usage : « Je les reçois volontiers, lui dit-elle ; mais, comblée du don que vous me faites de votre cœur, je vous prie d'agréer que je fasse part de ceux-ci aux témoins de mon bonheur. » Et elle en fit avec joie la distribution à toute la cour. Ce premier acte révélait une bonté qui ne s'est jamais démentie sur le trône, et qui a valu à Marie Leczinska le surnom de *la Bonne Reine*.

L'année suivante, le roi donna dans ce palais le bonnet de cardinal à son précepteur, l'abbé de Fleury, évêque de Fréjus [1], dont on a dit avec

---

[1] « Le chevalier de Sainctot, introducteur des ambassadeurs, alla prendre, dans les carrosses du roi et de la reine, le cardinal de Fleury, et le conduisit chez le roi avec l'abbé Gualterio, camérier d'honneur du pape, envoyé par Sa Sainteté pour apporter le bonnet au cardinal de Fleury. L'abbé Gualterio fut introduit avec les cérémonies ordinaires à l'audience que le roi lui donna dans son cabinet, et il présenta à Sa Majesté le bref de Sa Sainteté. Après cette audience, le roi descendit à la chapelle, où le cardinal de Fleury se rendit à la fin de la messe, étant conduit par le chevalier de Sainctot, introducteur des ambassadeurs. Le marquis de Dreux, grand maître des cérémonies, et le sieur Desgranges, maître des cérémonies, reçurent à la porte de la chapelle le cardinal de Fleury, qui alla se placer près du prie-Dieu du roi, du côté de l'Évangile, où on lui apporta un carreau. L'abbé Gualterio, revêtu de son habit de cérémonie, ayant remis entre les mains du cardinal le bref du pape, alla prendre sur une crédence, préparée pour cet effet du côté de l'épître, un bassin de vermeil doré sur lequel était le bonnet, et il le présenta au roi. Sa Majesté prit le bonnet et le mit sur la tête du cardinal, qui le reçut avec une profonde inclination, et à l'instant même se découvrit. Dès que le roi fut en marche pour sortir de la chapelle, le cardinal de Fleury entra dans la sacristie,

raison : « S'il y a jamais eu quelqu'un d'heureux sur la terre, c'est le cardinal de Fleury. » On le regarda en effet comme un des hommes les plus aimables jusqu'à soixante-treize ans; et lorsqu'à cet âge il eut pris en main les rênes du royaume, on le regarda comme un des plus sages.

Le cardinal de Fleury avait reçu le portefeuille des mains de son auguste élève, après l'exil de *Monsieur le Duc* [1], et son administration, douce et pacifique, avait pour but d'éloigner la guerre; cependant, lorsque l'Autriche fit proclamer Auguste III roi de Pologne, au préjudice de Stanislas, il fallut bien faire trêve à cette politique timide; il fallut bien soutenir les droits du père de la reine Marie Leczinska. La France alors

---

où il prit les habits de sa nouvelle dignité. Il monta ensuite chez le roi, étant accompagné du marquis de Dreux, grand maître des cérémonies, et du sieur Desgranges, maître des cérémonies. Le chevalier de Sainctot, introducteur des ambassadeurs, qui était toujours resté près de lui, l'introduisit dans le cabinet du roi, où le cardinal fit son remerciment à Sa Majesté. L'admiration générale que causa son discours fut justifiée par les sentiments qu'il excita dans le roi. Et Sa Majesté, après une réponse remplie des témoignages de la plus parfaite affection, fit au cardinal de Fleury l'honneur singulier de l'embrasser. » (*Gazette de France*, 5 novembre 1726.)

[1] Louis-Henri, duc de Bourbon, fils du grand Condé, exilé à Chantilly, le 11 juin 1726.

s'unit à la Sardaigne et à l'Espagne contre l'Autriche. Le maréchal de Villars se rendit maître du Milanais; le maréchal de Berwick prit Philisbourg; le maréchal de Coigny gagna contre les Impériaux la bataille de Parme; l'infant don Carlos, fils de Philippe V, conquit Naples et la Sicile; Louis XV s'empara de la Lorraine, patrimoine du duc François-Étienne, qui devait épouser Marie-Thérèse, fille aînée de l'empereur Charles VI. Ces divers succès amenèrent la paix, qui fut publiée à Vienne et à Paris en juin 1739.

La succession de l'empereur Charles VI troubla de nouveau la quiétude du cardinal; mais il n'assista point aux mauvais succès de cette guerre : il mourut avant la fatale journée de Dettingen [1]. Les batailles de Fontenoy et de Lawfeld réparent glorieusement ce désastre. Cependant la France avait besoin de repos; elle l'achète par le traité d'Aix-la-Chapelle, en 1748. Quelques années à peine écoulées, George II se réunit à Frédéric, roi de Prusse, pour recommencer les hostilités; Louis XV, de son côté, contracte alliance avec Marie-Thérèse. La prise de Mahon par le maréchal de Richelieu devient le premier acte des hostilités entre la France et l'Angleterre.

[1] Bataille perdue le 27 mai 1743, par le maréchal de Noailles, contre George II, roi d'Angleterre.

C'est alors, en 1756, que commence la fameuse guerre de sept ans. Le maréchal d'Estrées gagne dans le Hanovre, sur le duc de Cumberland, fils du roi d'Angleterre, la bataille d'Hastenbeck; mais une intrigue de cour le fait rappeler sur le théâtre même de sa victoire. Le roi de Prusse, menacé dans ses États par le prince de Soubise, attaque l'armée française, et la défait à Rosback[1]. Le comte de Clermont, qui avait succédé dans le commandement au maréchal de Richelieu, est battu à Crevelt, le 25 juin 1758, par le prince Ferdinand de Brunswick, qui n'est pas moins heureux à Villingshausen, contre le maréchal de Broglie. Dans l'Inde et dans l'Amérique, les affaires du roi n'allaient pas mieux : notre pavil-

---

[1] Soubise fut accueilli à son retour par les quolibets de la cour et de la ville. Voici une épigramme qui eut un grand succès :

« Soubise dit, la lanterne à la main :
« J'ai beau chercher, où diable est mon armée ?
« Elle était là pourtant hier matin.
« Me l'a-t-on prise, ou l'aurais-je égarée ?
« Ah ! je perds tout, je suis un étourdi ;
« Mais attendons au grand jour, à midi.
« Que vois-je, ô ciel ! que mon âme est ravie !
« Prodige heureux ! la voilà ! la voilà !...
« Ah ! ventrebleu ! qu'est-ce donc que cela ?
« Je me trompais, c'est l'armée ennemie ! »

lon avait été partout humilié, et la France avait perdu en six années trente-trois vaisseaux de ligne et cinquante-six frégates. Louis XV désirait la paix; sur le refus de l'Angleterre, il conclut avec l'Espagne, en 1761, par le ministère du duc de Choiseul, le traité connu sous le nom de *Pacte de famille*. Cet acte stipulait des secours respectifs entre toutes les branches de la maison de Bourbon pour le maintien de leurs États. L'Angleterre, inquiète de ce nouveau pacte, prêta l'oreille aux propositions des ambassadeurs français. Au mois d'octobre 1762, le duc de Bedford, ministre plénipotentiaire du roi de la Grande-Bretagne, se rendit à Fontainebleau; et, le 3 novembre suivant, il signa avec le duc de Choiseul, premier ministre du roi de France, et le marquis de Grimaldi, ambassadeur extraordinaire du roi d'Espagne, les articles préliminaires du traité de paix qui fut ratifié à Paris le 10 février 1763. Ce traité termina la guerre, mais à la honte de la France, qui perdit le Canada [1], et vit démolir le port de Dunker-

---

[1] Cet acte diplomatique se compose de vingt-six articles. Voici la teneur du second, qui renferme la cession du Canada :

« Art. 2. Sa Majesté Très-Chrétienne renonce à toutes les prétentions qu'elle a formées autrefois ou pu former à la Nouvelle-Écosse ou l'Acadie, en toutes ses parties, et la gaque [1] sous la surveillance d'un commissaire anglais.

Deux ans après, le château de Fontainebleau rantit tout entière et avec toutes ses dépendances au roi de la Grande-Bretagne. De plus, Sa Majesté Très-Chrétienne cède et garantit à Sadite Majesté Britannique, en toute propriété, le Canada avec toutes ses dépendances, ainsi que l'île du cap Breton et toutes les autres îles dans le golfe et fleuve Saint-Laurent, sans restriction, et sans qu'il soit libre de revenir sous aucun prétexte contre cette cession et garantie, ni de troubler la Grande-Bretagne dans les possessions susmentionnées. De son côté, Sa Majesté Britannique convient d'accorder aux habitants du Canada la liberté de la religion catholique. En conséquence, elle donnera les ordres les plus précis et les plus effectifs pour que ses nouveaux sujets catholiques romains puissent professer le culte de leur religion selon le rite de l'Église romaine, en tant que le permettent les lois de la Grande-Bretagne. Sa Majesté Britannique convient, en outre, que les habitants français ou autres qui auraient été sujets du roi Très-Chrétien en Canada, pourront se retirer en toute sûreté et liberté où bon leur semblera, et pourront vendre leurs biens, pourvu que ce soit à des sujets de Sa Majesté Britannique, et transporter leurs effets, ainsi que leurs personnes, sans être gênés dans leur émigration sous quelque prétexte que ce puisse être, hors celui de dettes ou de procès criminels, le terme limité pour cette émigration étant fixé à l'espace de dix-huit mois à compter du jour de la ratification du traité définitif. »

[1] « La ville et le port de Dunkerque seront remis dans l'état fixé par le dernier traité d'Aix-la-Chapelle et par les traités antérieurs (art. 5). »

se couvrit de deuil : un prince instruit, vertueux, affable dans ses manières, ami de tous ses devoirs, y mourut le 20 décembre 1765 : c'était Louis de France, dauphin, fils unique de Louis XV.

Ce prince, né en 1729, n'avait pas seize ans lorsqu'il accompagna le roi son père à l'armée de Flandre; il se trouva à la bataille de Fontenoy. Il ne fit que cette seule campagne; mais dans son cabinet il mettait l'étude de la guerre au premier rang de ses occupations. Marié en premières noces à une infante d'Espagne, dont il n'avait pas eu d'enfants, il épousa, en 1747, Marie-Joséphine de Saxe, qu'il aimait tendrement [1]; il se concentra dès lors dans son intérieur. « Il faut, disait-il, qu'un dauphin paraisse un homme inutile. » Cette réflexion lui était inspirée par la crainte de causer de l'ombrage au roi son père, qui lui montrait une grande froideur depuis que des courtisans malintentionnés avaient persuadé à Louis XV que son fils était frondeur, dévot par opposition, et impatient de se saisir de la couronne [2]. Retiré dans ses ap-

---

[1] Cette princesse avait une piété angélique, une bonté inaltérable, et une profonde affection pour son époux. Elle mourut à Versailles, le 13 mars 1767. Elle demanda à être enterrée dans l'église de Sens, auprès du dauphin.

[2] Lorsque le roi fut malade à Metz, le dauphin, accom-

partements, au milieu de sa famille et d'une société peu nombreuse, sans crédit, sans influence, sans distractions, le dauphin, naturellement mélancolique, ne tarda point à voir s'altérer sa santé dans cette vie solitaire, et dans la position fausse que la calomnie lui avait faite à la cour. Le bruit se répandit qu'il avait été empoisonné; c'était une vengeance des jésuites contre M. de Choiseul. Le dauphin succombait à une maladie de poitrine. Le roi lui envoya Senac, son premier médecin. « Je serai toujours fort aise de vous « voir, lui dit le prince, pour causer avec vous « d'histoire et de littérature; mais mon apparte- « ment vous sera fermé si vous me parlez de ma « santé. » Alors Senac, se tournant vers une tapisserie qui représentait un trait de la vie d'Alexandre le Grand, se mit à prédire à ce personnage tout le mal qui peut résulter d'un mal de poitrine négligé. « Ne vous ai-je pas défendu, lui « dit le dauphin, de me parler de ma santé ? —

pagné du duc de Châtillon, son gouverneur, était parti en toute hâte. Un ordre expédié de Metz lui enjoignit de s'arrêter à Châlons. Le jeune prince, entraîné par la crainte de ne plus revoir son père, passa outre, et se présenta au roi; mais il n'en reçut qu'un accueil glacé. « Louis XV, dit l'auteur du *Tableau du dix-huitième siècle*, n'avait vu dans l'empressement d'un fils que l'impatience ambitieuse d'un successeur. »

« C'est à Alexandre que je parlais, » répondit Senac. Le dauphin sourit de ce détour, et ne tint aucun compte de ces sages avis. Au mois d'octobre 1765, lorsque la cour vint à Fontainebleau, la maladie avait fait de si rapides progrès, que tout espoir était perdu. Le dauphin, convaincu enfin de son état, regretta son insouciance, et, par un désir bien naturel de ressaisir la vie, qu'il sentait prête à lui échapper, il se prêta à tous les soins qu'on lui prodiguait. Regrets tardifs et superflus! « Alors, dit Collé dans ses Mémoires, il ne s'occupa plus que des services qu'il pouvait rendre à ceux qu'il aimait. Il fit donner à un page qu'il affectionnait une compagnie; il fit venir M. de Choiseul : « Monsieur, lui dit-il, je veux que ce jeune homme soit placé pendant que je vis : on l'oublierait bien vite quand je serais mort. » Il adressait les paroles les plus obligeantes à tous ceux qui l'entouraient. Un jour que le maréchal de Richelieu le louait de l'héroïsme avec lequel il s'oubliait lui-même pour ne songer qu'aux autres : « Ah! monsieur le « maréchal, lui répondit le dauphin, ne dois-je « pas exprimer ma reconnaissance à tous ceux qui « s'intéressent à moi, et mériter le regret qu'ils ont « de me perdre? » Il était, en effet, digne des larmes dont on arrosa son lit de mort, le prince qui, appuyé sur le grand balcon du château de

Bellevue, les yeux fixés sur Paris, s'écriait : « Quelles délices doit éprouver un souverain « en faisant le bonheur de tant d'hommes! » Il paraissait avoir pris le duc de Bourgogne [1] pour modèle; comme lui, il aurait voulu des institutions libérales, tout en conservant à l'autorité royale la force nécessaire pour la faire respecter [2]; comme lui, il avait écrit pour ses enfants des vues et des maximes sur l'art de gouverner; comme lui aussi, il fut enlevé trop jeune pour essayer sur le trône l'alliance du pouvoir et de la liberté. Ses trois fils [3] ont porté la couronne; mais l'entraînement des circonstances n'a permis qu'à un seul de mourir sur le trône!

Avant de fermer les yeux, le dauphin avait eu la douleur d'assister à la lutte impopulaire que

---

[1] Le duc de Bourgogne était affable et bon comme le dauphin. Un jour, à l'armée de Flandre, un vieux officier, qui connaissait mieux son métier que les usages de la cour, se mit à la table du prince sans en avoir obtenu la permission. On l'avertit de sa méprise, et il en demanda pardon. « Monsieur, lui dit le duc de Bourgogne, vous souperez avec moi; je vous apprendrai la cour, et vous m'apprendrez la guerre. »

[2] En 1762, on lui parlait de l'expulsion des jésuites. « Je ne sais s'ils doivent être chassés de France, dit-il; mais s'ils doivent l'être, c'est au roi d'ordonner et non aux parlements. »

[3] Louis XVI, Louis XVIII, Charles X.

Louis XV avait engagée avec les parlements; il avait vu les membres du parlement de Besançon exilés pour n'avoir pas voulu enregistrer les nouveaux édits d'impôts en 1762; les membres du parlement de Toulouse mis aux arrêts dans leurs maisons par ordre du gouverneur, le duc de Fitz-James, en 1763; le parlement de Bretagne aux prises avec le duc d'Aiguillon, et la Chalotais transféré des prisons de Saint-Malo dans les cachots de la Bastille; mais ce prince n'était plus lorsque le roi reçut à Fontainebleau, le 2 octobre 1767, la députation du parlement de Bordeaux [1]. Après la lecture de l'arrêt du conseil qui cassait l'arrêté du parlement: « J'ai trouvé
« très-mauvais, leur dit-il, que mon parlement
« de Bordeaux se soit livré à des déclamations
« indécentes, et qu'il n'ait pas craint d'annoncer
« des projets de résistance. Je lui ordonne de ne
« donner aucune suite à ses arrêtés, jusqu'à ce
« que je lui aie fait connaître mes intentions.
« Vous ferez récit à mon parlement de ce qui
« vient de se passer. Je veux qu'il en soit tenu
« registre, et qu'il m'en soit rendu compte. Vous
« lui direz de ma part que c'est seulement en
« rendant avec assiduité, comme il le doit, la

---

[1] *Mercure de France*, 1767, concessions à la duchesse de Polignac.

« justice à mes sujets, qu'il méritera ma bien-
« veillance [1]. »

Le voyage de Christian VII, roi de Danemark, apporta quelque diversion à ces querelles parlementaires. Après avoir visité tour à tour l'Allemagne, la Hollande et l'Angleterre, ce prince arriva à Fontainebleau le 24 octobre 1768[2], accompagné du duc de Duras, premier gentilhomme de la chambre, qui avait été chargé de lui faire les honneurs de la cour et de la ville[3]. Il soupa avec Louis XV, et assista à la première représentation de *Tancrède* et de la jolie comédie du *Cercle;* le lendemain, il entendit chanter le quatrième acte de l'*Europe galante;* et « le 3 novembre, jour de la fête de Saint-Hubert, le roi donna le plaisir de la chasse au cerf à Sa Majesté Danoise, qui fut conduite au rendez-vous en habit du grand équipage, dans un carrosse du roi, par le chevalier de Bruce, l'un de ses

---

[1] Dans cette même année, à Fontainebleau, le roi reçut le chevalier Grey, ambassadeur d'Angleterre en Espagne, et l'archevêque de Damas, nonce du pape.

[2] Deux jours auparavant, le prince héréditaire de Saxe-Gotha avait été présenté au roi dans son grand cabinet, à Fontainebleau.

[3] Voir, dans le tome II des *Résidences royales*, l'accueil que l'on fit à Christian à Paris, et la fête que Philippe, duc d'Orléans, lui donna au Palais-Royal.

écuyers, et par deux pages de la petite écurie. Le même jour, Sa Majesté Danoise se rendit, vers les cinq heures, à la salle de spectacle, où les musiciens du roi et les acteurs de l'Académie royale de musique représentèrent l'acte du *Devin du village*[1]. »

C'est à Fontainebleau, sur le théâtre substitué par Louis XV à la *salle de la Belle-Cheminée*, que cette pièce avait été représentée pour la première fois en 1752; et le *Devin du village* avait opéré une révolution musicale : car il était dans la destinée de l'auteur de changer ou de modifier tout ce qu'il touchait de sa main hardie et novatrice. Né de parents obscurs, sans fortune, sans appui, obligé de fuir la maison paternelle, d'abandonner son avenir à tous les hasards d'une vie aventureuse; de changer de religion pour avoir du pain[2]; de lutter jusqu'à quarante ans contre la misère, tantôt recueilli par la pitié, tantôt musicien ambulant ou apprenti diplomate, tantôt même sous la livrée des laquais, cet homme extraordinaire apparaît tout à coup sur la scène du monde, et sa présence devient

---

[1] Gazettes de l'année 1768.

[2] Dans un voyage que Rousseau fit à Genève en 1753, avant de se retirer à l'hermitage de Montmorency, il rentra dans la religion protestante.

le signal d'une révolution dans les idées. Dédaigneux des sentiers vulgaires, il s'élance dans des chemins nouveaux, il y entraîne sur ses pas les hommes étonnés, mais charmés de le suivre; son irrésistible éloquence force une société savante à couronner un discours qui déclare funeste l'influence des lettres; il prêche avec une rigidité stoïque l'égalité et la vertu au milieu d'un peuple corrompu par les pompeuses frivolités de la vie humaine. Heureux et fier de rendre aux femmes l'empire que leur arrachait la dissolution des mœurs, il restitue à l'amour sa toute-puissance par un mélange admirable de faiblesse, de vertu, de religion : il dote sa *Nouvelle Héloïse* de tous les trésors qu'une imagination rêveuse a amassés dans son âme de feu; et les femmes recherchent avec une tendre curiosité celui qui a peint l'amour sous de si brûlantes couleurs; elles voudraient errer avec lui sur les rochers de Meillerie, ou dans les bosquets de Clarens. Un plus beau triomphe attendait le solitaire de l'Hermitage. Voué au culte de la nature, il voit avec une généreuse indignation que ces femmes, dont il a célébré la puissance, renoncent à leur plus beau privilége en sacrifiant l'amour maternel aux séductions du plaisir. *Émile* paraît, et les mères n'abandonnent plus leurs enfants au sein d'une étrangère; la profession de foi du *Vicaire savoyard,* l'une des plus magnifiques productions de l'esprit humain, ébranle les consciences religieuses; enfin, il descend des hauteurs de la philosophie pour attaquer la musique française, et la douce mélodie du *Devin du village* étonne et séduit la ville et la cour. Laissons J.-J. Rousseau raconter lui-même la première représentation de son ouvrage à Fontainebleau; on retrouvera dans son récit cette âme originale, avide de célébrité, et comme effrayée des échos qui répétaient sa gloire :

« Échauffé de la composition de cet ouvrage, j'avais une grande passion de l'entendre, et j'aurais donné tout au monde pour le voir représenter à ma fantaisie, à portes fermées, comme on dit que Lulli fit une fois jouer *Armide* pour lui seul. Comme il ne m'était pas possible d'avoir ce plaisir qu'avec le public, il fallait nécessairement, pour jouir de ma pièce, la faire passer à l'Opéra. Malheureusement elle était dans un genre absolument neuf, auquel les oreilles n'étaient point accoutumées; et d'ailleurs, le mauvais succès des *Muses galantes* me faisait prévoir celui du *Devin,* si je le présentais sous mon nom. Duclos me tira de peine, et se chargea de faire essayer l'ouvrage en laissant ignorer l'auteur. Pour ne pas me déceler, je ne me trouvai pas à cette répétition, et les *petits violons* [1] qui la dirigèrent ne surent eux-mêmes quel en était l'auteur, qu'après qu'une acclamation générale eut attesté la bonté de l'ouvrage. Tous ceux qui l'entendirent en étaient enchantés, au point que dès le lendemain, dans toutes les sociétés, on ne parlait d'autre chose. M. de Cury, intendant des Menus, qui avait assisté à la répétition, demanda l'ouvrage pour être donné à la cour. Duclos, qui savait mes intentions, jugeant que je serais moins le maître de ma pièce à la cour qu'à Paris, la refusa. Cury la réclama d'autorité, Duclos tint bon, et le débat entre eux devint si vif, qu'un jour à l'Opéra ils allaient sortir ensemble si on ne les eût séparés. On voulut s'adresser à moi; je renvoyai la décision de la chose à M. Duclos; il fallut retourner à lui. M. le duc d'Aumont s'en mêla. Duclos crut enfin devoir céder à l'autorité, et la pièce fut donnée pour être jouée à Fontainebleau.

« La partie à laquelle je m'étais le plus attaché, et où je m'éloignais le plus de la route commune, était le récitatif. Le mien était accentué d'une façon toute nouvelle, et marchait avec le débit de la parole. On n'osa laisser cette horrible

---

[1] C'est ainsi qu'on appelait Rebel et Francœur, qui s'étaient fait connaître, dès leur jeunesse, en allant toujours ensemble jouer du violon dans les maisons.

innovation: l'on craignait qu'elle ne révoltât les oreilles moutonnières. Je consentis que Francueil et Jelyotte fissent un autre récitatif; mais je ne voulus pas m'en mêler.

« Quand tout fut prêt et le jour fixé pour la représentation, l'on me proposa le voyage de Fontainebleau, pour voir au moins la dernière répétition. J'y fus avec mademoiselle Fel, Grimm, et, je crois, l'abbé Raynal, dans une voiture de la cour. La répétition fut passable; j'en fus plus content que je ne m'y étais attendu. L'orchestre était nombreux, composé de ceux de l'Opéra et de la musique du roi. Jelyotte faisait Colin; mademoiselle Fel, Colette; Cuvilier, le devin; les chœurs étaient ceux de l'Opéra. Je dis peu de chose; c'était Jelyotte qui avait tout dirigé; je ne voulus pas contrôler ce qu'il avait fait, et, malgré mon ton romain, j'étais honteux comme un écolier au milieu de tout ce monde.

« Le lendemain, jour de la représentation, j'allai déjeuner au café du Grand-Commun. Il y avait là beaucoup de monde. On parlait de la répétition de la veille, et de la difficulté qu'il y avait eu d'y entrer. Un officier qui était là dit qu'il était entré sans peine, conta au long ce qui s'y était passé, dépeignit l'auteur, rapporta ce qu'il avait fait, ce qu'il avait dit; mais ce qui m'émerveilla de ce récit assez long, fait avec autant d'assurance que de simplicité, fut qu'il ne s'y trouva pas un seul mot de vrai. Il m'était très-clair que celui qui parlait si savamment de cette répétition n'y avait point été, puisqu'il avait devant les yeux, sans le connaître, cet auteur qu'il disait avoir tant vu. Ce qu'il y eut de plus singulier dans cette scène fut l'effet qu'elle fit sur moi. Cet homme était d'un certain âge : il n'avait point l'air ni le ton fat et avantageux; sa physionomie annonçait un homme de mérite; sa croix de Saint-Louis annonçait un ancien officier. Il m'intéressait, malgré son impudence et malgré moi; tandis qu'il débitait ses mensonges, je rougissais, je baissais les yeux, j'étais sur les épines; je cherchais quelquefois en moi-même s'il n'y aurait pas moyen de le croire dans l'erreur et de bonne foi. Enfin, tremblant que quelqu'un ne me reconnût et ne lui fît l'affront, je me hâtai d'achever mon chocolat sans rien dire; et, baissant la tête en passant devant lui, je sortis le plus tôt qu'il me fut possible, tandis que les assistants péroraient sur sa relation. Je m'aperçus dans la rue que j'étais en sueur; et je suis sûr que si quelqu'un m'eût reconnu et nommé avant ma sortie, on m'aurait vu la honte et l'embarras d'un coupable, par le seul sentiment de la peine que ce pauvre homme aurait à souffrir si son mensonge était reconnu.

« Me voici dans un de ces moments critiques de ma vie où il est difficile de ne faire que narrer, parce qu'il est presque impossible que la narration même ne porte empreinte de censure ou d'apologie. J'essayerai toutefois de rapporter comment et sur quels motifs je me conduisis, sans y ajouter ni louanges ni blâme.

« J'étais ce jour-là dans le même équipage négligé qui m'était ordinaire : grande barbe et perruque assez mal peignée. Prenant ce défaut de décence pour un acte de courage, j'entrai dans cette façon dans la même salle où devaient arriver peu de temps après le roi, la reine, la famille royale et toute la cour. J'allai m'établir dans la loge où me conduisit M. de Cury, et qui était la sienne : c'était une grande loge sur le théâtre, vis-à-vis une petite loge plus élevée, où se plaça le roi avec madame de Pompadour. Environné de dames et seul d'hommes sur le devant de la loge, je ne pouvais douter qu'on ne m'eût mis là précisément pour être en vue. Quand on eut allumé, me voyant dans cet équipage au milieu de gens tous excessivement parés, je commençai d'être mal à mon aise ; je me demandai si j'étais à ma place, si j'y étais mis convenablement, et après quelques minutes d'inquiétude, je me répondis oui, avec une intrépidité qui venait peut-être plus de l'impossibilité de m'en dédire, que de la force de mes raisons. Je me dis : Je suis à ma place, puisque je vois jouer ma pièce, que j'y suis invité, que je ne l'ai faite que pour cela, et qu'après tout, personne n'a plus de droit que moi-même à jouir du fruit de mon travail et de mes talents. Je suis mis à mon ordinaire, ni mieux, ni pis; si je recommence à m'asservir à l'opinion dans quelque chose, m'y voilà bientôt asservi derechef en tout. Pour être toujours moi-même, je ne dois rougir, en quelque lieu que ce soit, d'être mis selon l'état que j'ai choisi : mon extérieur est simple et négligé, mais non crasseux ni malpropre; la barbe ne l'est point en elle-même, puisque c'est la nature qui nous la donne, et que, selon les temps et les modes, elle est quelquefois un ornement. On me trouvera ridicule, impertinent; eh! que m'importe? Je dois savoir endurer le ridicule et le blâme, pourvu qu'ils ne soient pas mérités. — Après ce petit soliloque, je me raffermis si bien que j'aurais été intrépide si j'eusse eu besoin de l'être. Mais, soit effet de la présence du maître, soit naturelle disposition des cœurs, je n'aperçus rien que d'obligeant et d'honnête dans la curiosité dont j'étais l'objet. J'en fus touché jusqu'à recommencer d'être inquiet sur moi-même et sur le sort de ma pièce, craignant d'effacer des préjugés si favorables, qui semblaient ne chercher qu'à m'applaudir. J'étais armé contre leur raillerie; mais leur air caressant, auquel je ne m'étais pas attendu, me subjugua si bien, que je tremblais comme un enfant quand on commença.

« J'eus bientôt de quoi me rassurer. La pièce fut très-mal jouée quant aux acteurs, mais bien chantée et bien exécutée quant à la musique. Dès la première scène, qui véritablement est d'une naïveté touchante, j'entendis s'élever dans les loges un murmure de surprise et d'applaudissements jusqu'alors inouï dans ce genre de pièces. La fermentation croissante alla bientôt au point d'être sensible dans toute l'assemblée, et, pour parler à la Montesquieu, d'augmenter son effet par son effet même. A la scène des deux petites bonnes gens, cet effet fut à son comble. On ne claque point devant le roi; cela fit qu'on entendit tout; la pièce et l'auteur y gagnèrent. J'entendais autour de moi un chuchotement de femmes qui me semblaient belles comme des anges, et qui s'entre-disaient à demi-voix : Cela est charmant, cela est ravissant; il n'y a pas un son là qui ne parle pas au cœur! Le plaisir de donner de l'émotion à tant d'aimables personnes m'émut moi-même jusqu'aux larmes; je ne les pus contenir au premier duo, en remarquant que je n'étais pas seul à pleurer. J'eus un moment de retour sur moi-même en me rappelant le concert de Treitorens. Cette réminiscence eut l'effet de l'esclave qui tenait la couronne sur la tête des triomphateurs; mais elle fut courte, et je me livrai bientôt pleinement et sans distraction au plaisir de savourer ma gloire. Je suis pourtant sûr qu'en ce moment la volupté du sexe y entrait beaucoup plus que la vanité d'auteur; et sûrement, s'il n'y eût eu là que des hommes, je n'aurais pas été dévoré, comme je l'étais sans cesse, du désir de recueillir de mes lèvres les délicieuses larmes que je faisais couler. J'ai vu des pièces exciter de plus vifs transports d'admiration, mais jamais une ivresse aussi pleine, aussi douce, aussi touchante, régner dans tout un spectacle, et surtout à la cour, un jour de première représentation. Ceux qui ont vu celle-là doivent s'en souvenir, car l'effet en fut unique.

« Le même soir, M. le duc d'Aumont me fit dire de me trouver au château le lendemain sur les onze heures, et qu'il me présenterait au roi. M. de Cury, qui me fit ce message, ajouta qu'on croyait qu'il s'agissait d'une pension, et que le roi voulait me l'annoncer lui-même.

« Croirait-on que la nuit qui suivit une aussi brillante journée fut une nuit d'angoisse et de perplexité pour moi? Ma première idée, après celle de cette présentation, se porta sur un fréquent besoin de sortir qui m'avait fait beaucoup souffrir le soir même au spectacle, et qui pouvait me tourmenter le lendemain quand je serais dans la galerie ou dans les appartements du roi, parmi tous ces grands attendant le passage de Sa Majesté. Cette infirmité était la principale cause qui me tenait écarté des cercles, et qui m'empêchait d'aller m'enfermer chez des femmes. L'idée seule de l'état où ce besoin pouvait me mettre, était capable de me le donner au point de m'en trouver mal, à moins d'un esclandre auquel j'aurais préféré la mort. Il n'y a que les gens qui connaissent cet état qui puissent juger de l'effroi d'en courir le risque.

« Je me figurais ensuite devant le roi, présenté à Sa Majesté, qui daignait s'arrêter et m'adresser la parole. C'était là qu'il fallait de la justesse et de la présence d'esprit pour répondre. Ma maudite timidité, qui me trouble devant le moindre inconnu, m'aurait-elle quitté devant le roi de France, ou m'aurait-elle permis de bien choisir à l'instant ce qu'il fallait dire? Je voulais, sans quitter l'air et le ton sévère que j'avais pris, me montrer sensible à l'honneur que me faisait un si grand monarque. Il fallait envelopper quelque grande et utile vérité dans une louange belle et méritée. Pour préparer d'avance une réponse heureuse, il aurait fallu prévoir juste ce qu'il pourrait me dire; et j'étais sûr, après cela, de ne pas retrouver en sa présence un mot de ce que j'aurais médité. Que deviendrais-je en ce moment, et sous les yeux de toute la cour, s'il allait m'échapper dans mon trouble quelqu'une de mes balourdises ordinaires ? Ce danger m'alarma, m'effraya, me fit frémir au point de me déterminer, à tout risque, de ne m'y pas exposer.

« Je perdais, il est vrai, la pension qui m'était offerte en quelque sorte ; mais je m'exemptais aussi du joug qu'elle m'eût imposé. Adieu la vérité, la liberté, le courage ! Comment oser désormais parler d'indépendance et de désintéressement ? Il ne me fallait plus que flatter ou me taire en recevant cette pension ; encore qui m'assurait qu'elle me serait payée ? Que de pas à faire ! que de gens à solliciter ! Il m'en coûterait plus de soins, et bien plus désagréables, pour la conserver que pour m'en passer. Je crus donc, en y renonçant, prendre un parti très-conséquent à mes principes, et sacrifier l'apparence à la réalité. Je dis ma résolution à Grimm, qui n'y opposa rien. Aux autres j'alléguai ma santé, et je partis le matin même[1]. »

Tandis que le sauvage ermite de Montmorency fuyait la cour, Voltaire la recherchait ; il est vrai qu'il était gentilhomme ordinaire de la

---

[1] *Confessions*, t. II.

chambre du roi [1]; cependant il lui était arrivé une aventure qui l'avait forcé d'abréger malgré lui son séjour à Fontainebleau. Il était logé avec la marquise du Châtelet chez le duc de Richelieu : il paraît que la tradition de ces brillants roués dont parle le chevalier de Grammont, qui se faisaient gloire de tricher au jeu, n'était point

[1] *Lettre de Voltaire à M. de Cideville.*

Fontainebleau, 9 novembre 1746.

« Je ne sais plus qui disait que les gens qui font des tragédies n'écrivent jamais à leurs amis. Cet homme-là connaissait son monde. Un tragédien dit toujours : « J'écrirai demain. » Il met proprement toutes les lettres qu'il reçoit dans un grand portefeuille, et versifie. Son cœur a beau lui dire : « Écris donc à ton ami. » Vient un héros de Babylone, ou une piaillarde de princesse, qui prend tout le temps.

« Voilà comme je vis, mon très-aimable Cideville; me voici à Fontainebleau, et je fais tous les soirs la ferme résolution d'aller au lever du roi; mais tous les matins je reste en robe de chambre avec *Sémiramis*. Mais comptez que je me reproche bien plus de ne vous avoir pas écrit que de n'avoir point vu habiller Louis XV. Au moins, je me console en disant : C'est pour eux que je travaille. Mon cher Cideville, si j'ai de la santé, j'irai à Paris à votre lever, je viendrai vous montrer ma besogne, je réparerai ma paresse. Revenez, mon cher ami; je ne sais pas ce qu'on fera sur nos frontières, mais tout sera à Paris en fêtes, et c'en est une bien grande pour moi de vous revoir.

« Bonjour; je vous embrasse tendrement. »

perdue à la cour; et un soir que la marquise du Châtelet perdait chez la reine une somme de 84,000 livres, Voltaire lui dit en anglais qu'*elle jouait avec des fripons.* Des personnes, plus puissantes, dit-on, que délicates, entendirent ce propos, et le poëte jugea prudent de se réfugier à Sceaux, où il demeura caché pendant deux mois sous la protection de la duchesse du Maine [1].

Les dernières années de Louis XV se perdirent dans des disputes théologiques, dans des querelles avec les parlements, et dans de honteuses voluptés dont le palais de Fontainebleau n'eut point à rougir. Cependant ce monarque faisait tous les ans un voyage dans cette résidence [2]. Il s'y rendit au mois de mai 1771 pour recevoir Marie-Joséphine-Louise de Savoie [3], fille de Victor-Amédée III, roi de Sardaigne, qui venait épouser le comte de Provence, depuis Louis XVIII. « Le roi étoit accompagné du dauphin, de la

---

[1] *Mémoires de Longchamp.*

[2] Louis XV a fait bâtir dans la cour du Cheval-Blanc une aile neuve à la place de la galerie d'Ulysse, et la salle de spectacle. Il a gâté le grand cabinet ovale. (Voir l'*Itinéraire descriptif.*)

[3] Cette princesse, née à Turin le 2 septembre 1753, mourut à Hartwill en Angleterre, le 13 novembre 1810. Son corps fut transporté en Sardaigne.

dauphine[1], du comte de Provence, de madame Adélaïde et de mesdames Victoire et Sophie. A son arrivée à Fontainebleau, le marquis de Chauvelin, maître de la garde-robe du roi, que Sa Majesté avoit envoyé pour complimenter madame la comtesse de Provence à Briare, donna au roi des nouvelles de cette princesse. Le lendemain, Sa Majesté, accompagnée de la famille royale et de ses principaux officiers, alla au-devant de madame la comtesse de Provence jusqu'au bas de la montagne de Bouron; les détachements de troupes de la maison du roi, ainsi que le vol du cabinet, précédèrent et suivirent le carrosse de Sa Majesté dans leurs rangs ordinaires. Lorsque madame la comtesse de Provence aperçut le roi, elle descendit de son carrosse, et elle marcha au-devant de Sa Majesté, ayant auprès d'elle le comte de Berrenger, son chevalier d'honneur, et le comte de Mailly, marquis de Nesle, son premier écuyer, qui lui donnoit la main; elle étoit accompagnée de la duchesse de Brancas, sa dame d'honneur, de la comtesse de Valentinois, sa dame d'atours, et des dames que le roi avoit nommées pour l'aller recevoir sur la frontière. Cette princesse étant arrivée auprès

---

[1] Le dauphin, depuis Louis XVI, avait épousé en 1770 Marie-Antoinette, fille de Marie-Thérèse.

du roi, qui étoit descendu de son carrosse, se jeta à ses pieds; Sa Majesté la releva, et après l'avoir embrassée avec beaucoup de tendresse, lui présenta monseigneur le comte de Provence, qui l'embrassa, et ensuite monseigneur le dauphin, madame la dauphine, madame Adélaïde et mesdames Victoire et Sophie, qui embrassèrent aussi cette princesse.

« Après cette entrevue, le roi remonta en carrosse pour retourner à Fontainebleau; il fit placer madame la comtesse de Provence auprès de lui; cette princesse, en arrivant, fut conduite au château dans l'appartement qui lui avoit été préparé; le roi, ainsi que monseigneur le comte de Provence, lui donna la main jusque dans son appartement, où le comte de la Marche, la comtesse de la Marche, le comte d'Eu, le duc de Penthièvre et la princesse de Lamballe, furent présentés par Sa Majesté à cette princesse : ils prirent aussitôt le tabouret. Sa Majesté étant retournée chez elle, la duchesse de Brancas présenta à madame la comtesse de Provence les seigneurs qui avoient accompagné le roi à Fontainebleau. Sa Majesté soupa le soir en public avec monseigneur le dauphin, madame la dauphine, monseigneur le comte de Provence, madame la comtesse de Provence, madame Adélaïde, mesdames Victoire et Sophie, le comte de la Marche, la comtesse de la Marche, le comte d'Eu, le duc de Penthièvre et la princesse de Lamballe.

« Monseigneur le comte de Provence logea, le jour de son arrivée et le lendemain, à l'hôtel de la chancellerie.

« Le roi, accompagné de la famille royale, partit de Fontainebleau le 13 de ce mois pour se rendre au château de Choisy, où Sa Majesté fit apporter à madame la comtesse de Provence la magnifique parure de diamants qu'il lui avoit destinée; monseigneur le dauphin, madame la dauphine et Mesdames, ainsi que monseigneur le comte d'Artois, Madame et madame Élisabeth s'y étoient rendus l'après-midi pour y recevoir madame la comtesse de Provence.

« Sa Majesté, après avoir soupé, partit de Choisy avec la famille royale pour se rendre à Versailles. Madame la comtesse de Provence n'arriva que le lendemain vers les dix heures du matin; et son mariage fut célébré dans la chapelle du château, le 14 mai 1771 [1]. »

Le mariage du comte d'Artois, depuis Charles X, suivit de près celui du comte de Provence; il épousait, comme son frère, une fille de Victor-Amédée, roi de Sardaigne, Marie-Thérèse

---

[1] *Mercure*, 1771.

de Savoie. Cette princesse, d'une constitution faible, n'était point jolie ; mais on s'accordait à faire l'éloge de sa douceur et de sa bienfaisance [1]. Les journaux du temps racontent le brillant accueil qu'elle reçut à son passage [2] dans toutes les villes ; nous ne citerons que la réception qui lui fut faite à Lyon.

« Madame la comtesse d'Artois arriva le 5 de ce mois, vers les cinq heures du soir, à un quart de lieue de Lyon, et descendit dans une maison où les carrosses du roi l'attendoient, et que le sieur de Flesselles, intendant de cette généralité, avoit fait préparer pour la recevoir. Elle y prit quelques rafraîchissements. Le sieur de Flesselles s'y étoit rendu quelque temps avant son arrivée, et eut l'honneur de lui être présenté. Cette princesse monta ensuite dans les carrosses du roi, et se mit en marche, précédée des carrosses et du nombreux domestique du marquis de Brancas, ministre plénipotentiaire. Elle arriva vers les six heures à la porte de la ville, où le

---

[1] Lorsque la révolution l'eut forcée de quitter la France, et que son changement de fortune eut mis obstacle à ses penchants généreux, elle se résigna à toutes les privations pour secourir les malheureux Français qui souffraient sur le sol étranger. Elle mourut à Gratz en Styrie, le 2 juin 1805.

[2] *Gazette de France*, novembre 1773.

marquis de Bellescizes, prévôt des marchands, eut l'honneur de la complimenter, au nom et à la tête du Consulat. Elle fit son entrée au bruit de plusieurs décharges d'artillerie, et traversa la ville, dont toutes les rues étoient illuminées, au milieu de quatre mille hommes de la milice bourgeoise, tous en uniforme, et dont les officiers avoient des justaucorps brodés en or, d'une compagnie franche du régiment lyonnois, de celles de l'arquebuse et du guet. Toutes ces troupes bordoient la haie depuis l'entrée du faubourg de la Guillotière, du côté du Dauphiné, jusqu'au palais archiépiscopal, où l'archevêque eut l'honneur de la recevoir. Le sieur de Flesselles, qui avoit précédé de quelques moments l'arrivée de cette princesse à l'archevêché, se trouva à la descente de son carrosse, ainsi que le marquis de Bellescizes. L'intendant et la prévôté des marchands, qui s'étoient également rendus au palais archiépiscopal, eurent l'honneur de lui être nommés, ainsi que plusieurs dames de la noblesse et plusieurs gentilshommes. Le sieur Prost, procureur général de la ville, eut l'honneur de lui présenter de superbes étoffes fabriquées à Lyon. Sur les sept heures, le Consulat fit tirer un feu d'artifice sur la Saône, en face de l'archevêché. Le 6, madame la comtesse d'Artois entendit la messe, pendant laquelle on chanta des motets, et la musique du marquis de Brancas exécuta différents morceaux de symphonie. Les comtes de Lyon, le conseil supérieur, le bureau des finances, le présidial, l'élection et l'académie des sciences, eurent ensuite l'honneur de complimenter madame la comtesse d'Artois. Vers les quatre heures, elle se rendit à la magnifique bibliothèque du collége de la Trinité, où, s'étant montrée sur un balcon à un peuple immense, sa présence excita les plus grands applaudissements, et les acclamations réitérées de *Vive le roi! vive madame la comtesse d'Artois!* L'affabilité et la sensibilité de la princesse firent redoubler ces démonstrations de joie. En sortant de la bibliothèque, madame la comtesse d'Artois se rendit à la comédie, où elle vit la *Chasse de Henri IV* et le *Déserteur*. Elle trouva, au retour de la comédie, toutes les rues illuminées, et l'édifice de l'artifice qu'on avoit construit sur la rivière entouré d'une flotte de petits bateaux pareillement illuminés. Un bouquet d'artifice superbe termina ce spectacle. Le 7, cette princesse se rendit à l'église métropolitaine, et fut reçue à la porte par tout le chapitre des comtes de Lyon, à la tête duquel étoit l'archevêque, qui eut l'honneur de la complimenter. Elle entendit la grand'messe, qui fut célébrée par ce prélat. Sur les six heures du soir, elle assista, à l'hôtel de ville, au bal paré qui avoit été disposé par les prévôts des marchands et échevins, dans une salle magnifique où l'on avoit préparé un trône pour la princesse, et où sept cents femmes parées étoient placées sur deux amphithéâtres. A sept heures, cette princesse rentra au palais archiépiscopal, et soupa à son grand couvert, où tout le peuple fut admis. Le 8, elle entendit la messe, et partit de Lyon à onze heures; elle traversa la ville aux acclamations redoublées du peuple et au milieu des mêmes troupes qu'elle avoit trouvées en entrant. Les prévôts des marchands et échevins lui renouvelèrent leurs hommages à la porte de la ville [1]. »

Rouanne, Moulins, Montargis, Nemours, imitèrent ce flatteur exemple; et Marie-Thérèse de Savoie arriva, à travers les fêtes et les plaisirs, à Fontainebleau [2], où le roi observa exactement pour cette princesse le même cérémonial que pour sa sœur, la comtesse de Provence.

Quelques jours auparavant, au mois d'octobre, Louis XV chassait dans la forêt de Fontainebleau, près du village d'Achères. Un cerf, poursuivi par les chiens, franchit le mur d'un jardin où travaillait un vigneron, et lui donna

---

[1] *Mercure,* 1773.

[2] 14 novembre 1773.

dans l'aine un coup d'andouiller qui le blessa dangereusement. Le roi, instruit de cet accident, suspendit sur-le-champ la chasse, fit assurer de ses bontés la femme et les enfants du vigneron, ordonna à son chirurgien de panser le blessé et d'en prendre soin. La dauphine, qui passa un moment après dans sa calèche, trouva cette pauvre femme éplorée, apprit la cause de sa douleur, descendit, courut à elle, lui donna sa bourse, l'assura de sa protection, la fit monter dans sa voiture avec ses enfants, et la conduisit au village d'Achères, au milieu des bénédictions de tous ceux qui furent témoins de cette scène attendrissante [1].

Marie-Antoinette était alors le charme de la cour et l'idole de la France : sa beauté, sa dignité naturelle, les grâces de son esprit, la simplicité de ses manières, tout en elle séduisait; et lorsque Louis XV eut terminé, dans les petits appartements de Versailles, sa trop longue carrière, le nouveau règne se leva, environné des plus brillantes espérances. Cependant le moment

---

[1] Dans la fête des *bonnes gens*, qui fut célébrée en Normandie, à Canon-les-Bonnes-Gens, en 1776, on avait placé à côté de la statue de Henri IV un tableau qui retraçait cette bonne action, avec cette inscription :

« Et vera effusis lacrymis patuit regina. »

n'était pas éloigné où le trône, transporté tour à tour, sous madame de Châteauroux, dans les camps; sous madame de Pompadour, dans les boudoirs; sous madame Dubarry, dans le Parc aux Cerfs, devait enfin rouler dans l'abîme creusé depuis longtemps par le désordre des finances, le mépris de l'opinion publique et la violation des libertés nationales. Mais n'anticipons pas sur ces jours de troubles et de deuil, dont l'histoire d'ailleurs n'appartient pas à Fontainebleau; laissons cette aimable princesse jouir des hommages d'une cour qui l'adorait, et animer les plaisirs élégants de Versailles. Applaudissons-la jouant la comédie à Trianon; suivons-la à Fontainebleau dans ces soupers où, contre l'étiquette dont elle brisa les chaînes, elle faisait admettre à la table du roi des seigneurs de la cour qui n'étaient pas du sang royal [1]; écoutons-la félicitant Étienne Cayrol sur les beaux produits de sa manufacture de draps des Gobelins [2]; ou

---

[1] Le samedi 22 octobre 1774, le roi donna à souper, dans ses cabinets, à la reine, à Monsieur, à Madame, à monseigneur le comte d'Artois, à madame la comtesse d'Artois, au prince de Condé et au duc de Bourbon. Sa Majesté, à la demande de la reine, *admit pour la première fois*, à ce souper, dix-huit seigneurs, qui furent appelés. Il y avoit aussi plusieurs dames. (*Gazette de France.* 1774.)

[2] « Le sieur Étienne Cayrol a eu l'honneur d'offrir à la

riant des *anguilles de Melun* que les chevaliers de l'arquebuse de cette ville [1] présentèrent sérieusement au roi [2] ; accompagnons-la enfin dans les belles forêts de Fontainebleau, où elle aimait à se promener, dans l'espoir peut-être d'y trouver encore des malheureux à consoler [3] !

Pendant ce temps, Louis XVI chassait, donnait des audiences, accordait des faveurs [4], si-

---

reine les prémices de sa manufacture de draps établie à Paris sur la rivière des Gobelins, par arrêt du conseil d'État du roi, du 12 septembre 1775. Sa Majesté a surtout félicité l'artiste sur ses draps de vigogne. (Novembre 1776.)

[1] Les chevaliers de l'arquebuse, à la porte de leur hôtel, sous le commandement du sieur Parent, receveur général des fermes, ont présenté à Sa Majesté, qui arrivoit de Fontainebleau, des *anguilles de Melun*, qui sont la devise de la Compagnie. (16 novembre 1776.)

[2] C'était l'année aux animaux! Le baron de Blome, envoyé extraordinaire de Danemark, offrit au roi, à la même époque, les gerfauts d'Islande, que le roi de Danemark était dans l'usage d'envoyer tous les ans à Louis XV.

[3] Cette reine fit arranger pour elle, à Fontainebleau, les petits appartements par l'architecte Rousseau.

[4] « Le marquis de Montesquiou ayant prié le roi de lui permettre de joindre à son nom celui de Fezenzac, Sa Majesté, après s'être fait rendre compte des titres par lesquels le marquis de Montesquiou prouva sa descendance d'Aymery, comte de Fezenzac, en 1050, en a reconnu l'authenticité, et a bien voulu permettre à tous ceux de la maison de Montes-

gnait des contrats de mariage, recevait les ambassadeurs, donnait une pension à la famille du chevalier d'Assas [1], créait en faveur du duc de Polignac la charge de directeur général des postes aux chevaux [2], établissait un conseil municipal à Fontainebleau [3], ou recevait des mains de Peyronet, premier ingénieur des ponts et chaussées, la médaille frappée pour l'ouverture de la partie du canal de Bourgogne qui se trouvait sur la généralité de Paris [4].

Mais ces faits, que nous avons choisis entre mille de même nature, pour offrir un aperçu

---

quiou de joindre à ce nom celui de Fezenzac. » (*Mercure français*. 1777.)

[1] Le roi, voulant transmettre à la postérité la mémoire du dévouement patriotique de Louis, chevalier d'Assas, capitaine au régiment d'Auvergne, tué en 1760, à l'affaire de Clostercamp, vient de créer une pension de mille livres au profit de la famille de ce nom, jusqu'à l'extinction des mâles. (Fontainebleau, 1er novembre 1777.)

[2] 1785.

[3] Le roi ayant établi *un corps municipal* à Fontainebleau, les officiers qui le composent ont eu, le 12 de ce mois, l'honneur d'être présentés à Sa Majesté par le duc de Gesvres, gouverneur général de la province de l'Ile de France. (*Gazette de la cour*, octobre 1785.)

[4] A Fontainebleau, le 26 octobre 1785. Piis présenta le même jour au roi son *poëme sur l'Harmonie imitative de la langue française.*

varié des plaisirs et des occupations de Fontainebleau, se passaient sous les lambris de la cour; un acte plus solennel, et dont l'influence devait s'étendre dans les deux mondes, fut ratifié par Louis XVI à Fontainebleau le 10 novembre 1786 : c'est le *traité de commerce et de navigation entre la France et la Grande-Bretagne.*

La guerre d'Amérique et l'indépendance des États-Unis avaient fatigué la puissance anglaise. Dans l'espoir de récupérer par les traités ce que la guerre lui avait enlevé, elle envoya des plénipotentiaires à Paris, avec mission de négocier, sous la médiation de l'empereur, avec la France, l'Espagne et la Hollande. Ces conférences amenèrent le traité de 1783 [1], qui valut à la France, après cinq années de guerre, quelques restitutions et l'abrogation des articles relatifs à la démolition du port de Dunkerque. Le traité de commerce qui suivit, rédigé à Versailles par Gérard de Reyneval et William Éden, et ratifié par le roi à Fontainebleau [2], établit des conditions

---

[1] Mais le traité définitif de la paix entre l'empereur et les états généraux des Provinces-Unies des Pays-Bas ne fut signé que le 8 novembre 1785, *à Fontainebleau*, par leurs ambassadeurs respectifs, sous la médiation et garantie du roi.

[2] « Nous, ayant agréable le susdit traité de navigation et de commerce, en tous et chacun les points et articles qui y sont

plus favorables à l'Angleterre qu'à la France. « Pour s'en convaincre, dit un historien, il suffit de considérer l'article 6, qui contient le tarif des droits sur les marchandises. Ces droits sont légers sur nos marchandises de luxe admissibles en Angleterre; il ne soumet aussi qu'à un impôt très-modéré les marchandises anglaises admissibles en France; voilà toute l'apparence de l'équité et de l'égalité. Mais nos marchandises de luxe ne conviennent qu'à un petit nombre d'acheteurs; tandis que les marchandises communes conviennent au pauvre comme au riche. L'Angleterre ne nous présentait donc qu'un leurre qui attirait chez elle un profit immense au détriment de nos manufactures les plus précieuses,

contenus et déclarés, avons iceux, tant pour nous que pour nos héritiers, successeurs, royaumes, pays, terres, seigneuries et sujets, acceptés et approuvés, ratifiés et confirmés, et par les présentes acceptons, approuvons, ratifions et confirmons, et le tout promettons en foi et parole de roi, garder et observer inviolablement sans jamais aller ni venir au contraire, en quelque sorte que ce soit; en témoin de quoi nous avons fait mettre notre scel à ces présentes.

« Donné à *Fontainebleau*, le dixième jour de novembre, l'an de grâce mil sept cent quatre-vingt-six, et de notre règne le seizième. Signé Louis, et plus bas, par le roi, signé Gravier de Vergennes. » (Traité de commerce de 1786, en quarante-sept articles.)

parce que les marchandises communes que l'Angleterre nous envoie sont celles qui occuperaient chez nous le plus grand nombre d'ouvriers. C'est là toute la magie du traité de commerce passé en 1786 [1]. »

Les embarras de plus d'une nature où se trouvait Louis XVI avaient sans doute déterminé ce monarque à accepter ces conditions; en effet, la situation des finances de l'État était déplorable; les folles prodigalités de M. de Calonne avaient épuisé le trésor et ouvert le déficit; les parlements faisaient d'énergiques remontrances, et la nation demandait à grands cris les états généraux.

De ce moment, Fontainebleau disparaît dans les nuages politiques [2]; c'est à Versailles, aux Tuileries, au Temple, que se dénoue le drame le plus imposant et le plus terrible.

[1] Pitt, dans son compte rendu des finances en 1786, place au nombre des ressources de la Grande-Bretagne les *heureux résultats de ce traité*.

[2] Par un décret du 1er juin 1791, l'Assemblée nationale réserva au roi les maisons, bâtiments, emplacements, terres, prés, corps de fermes, bois et forêts, composant les grands et petits parcs de Versailles, Marly, Meudon, Saint-Germain en Laye et Saint-Cloud, ainsi que les objets de même nature dépendant des domaines de Rambouillet, Compiègne et Fontainebleau.

CHAPITRE VII.

NAPOLÉON.

Le trône qu'avait renversé l'orage révolutionnaire, fut relevé par la victoire; et le héros d'Arcole et de Marengo mit sur son front la couronne de Charlemagne. Le nouvel empereur veut donner à son sacre un éclat plus auguste encore que celui de la gloire: il invite le chef de la religion dont il a relevé les autels, à venir en France bénir lui-même cette cérémonie. Le général Caffarelli est chargé de porter à Pie VII la lettre qu'on va lire:

« Très-saint Père,

« L'heureux effet qu'éprouvent la morale et

le caractère de mon peuple par le rétablissement de la religion chrétienne, me porte à prier Votre Sainteté de me donner une nouvelle preuve de l'intérêt qu'elle prend à ma destinée, et à celle de cette grande nation, dans une des circonstances des plus importantes qu'offrent les annales du monde. Je la prie de venir donner au plus éminent degré le caractère de la religion à la cérémonie du sacre et du couronnement du premier Empereur des Français. Cette cérémonie acquerra un nouveau lustre, lorsqu'elle sera faite par Votre Sainteté elle-même. Elle attirera sur nous et nos peuples la bénédiction de Dieu, dont les décrets règlent à sa volonté le sort des empires et des familles.

« Votre Sainteté connaît les sentiments affectueux que je lui porte depuis longtemps, et par là elle doit juger du plaisir que m'offrira cette circonstance de lui en donner de nouvelles preuves.

« Sur ce, nous prions Dieu qu'il vous conserve, très-saint Père, longues années au régime et gouvernement de notre mère la sainte Église.

« Votre dévot fils,

« *Signé* Napoléon. »

Écrit à Cologne, le 15 septembre 1804.

Et le pontife se met en marche le 2 novembre

1804, accompagné des cardinaux Antonelli, Borgia, di Pietro, Caselli, Braschi et de Bayane; et le 25, à midi, il arrive à Fontainebleau. Napoléon, par un caprice difficile à expliquer, était allé à cheval, *en habit de chasse*, au-devant de Sa Sainteté, dans la forêt, à la Croix de Saint-Hérem. Là, il monta en voiture, fit placer le pape à sa droite, et arriva au château, au milieu d'une haie de troupes et au bruit de salves d'artillerie.

« Son Éminence monseigneur le cardinal Caprara et les grands officiers de la maison de l'empereur les reçurent au bas du perron.

L'empereur et le pape allèrent ensemble, par l'escalier doré, jusqu'à la pièce qui sépare leurs appartements.

Là, Sa Sainteté ayant quitté l'empereur, fut conduite par le grand chambellan, le grand maréchal du palais et le grand maître des cérémonies, dans l'appartement qui était préparé pour elle.

Après s'être reposée quelque temps, Sa Sainteté vint faire visite à l'empereur; elle fut conduite dans son cabinet par les grands officiers de Sa Majesté. L'empereur reconduisit le pape jusque dans la salle des grands officiers. Sa Sainteté alla immédiatement chez l'impératrice; la dame d'honneur qui avait été au-devant de Sa Sainteté l'introduisit dans le cabinet de l'impératrice. Sa Majesté reconduisit le pape jusqu'à la seconde pièce de son appartement. Le pape étant rentré dans le sien, les ministres et les grands officiers de l'empire eurent l'honneur d'être présentés à Sa Sainteté.

A quatre heures, Sa Majesté l'empereur fit prévenir le pape qu'elle allait lui rendre visite, et se rendit dans le cabinet de Sa Sainteté, précédée par les grands officiers et les officiers de sa maison. Les choses se passèrent de la même manière que pour la visite du pape à l'empereur. A chacune de ces visites, le pape et l'empereur restèrent seuls ensemble pendant plus d'une demi-heure.

Le prince Louis, qui se trouvait à Fontainebleau, fit également une visite à Sa Sainteté [1]. »

Après s'être reposé trois jours à Fontainebleau, Pie VII vint à Paris; et, le 2 décembre, sa sainte voix appelait les bénédictions du ciel sur Napoléon et sur Joséphine prosternés devant les autels; et Napoléon saisissait la couronne et la plaçait lui-même sur sa tête; et la vieille basilique de Notre-Dame retentissait des cris mille fois répétés de *Vive l'empereur!* et un ballon portait à Rome, en quarante heures, la nouvelle de cette grande solennité [2].

[1] *Moniteur.*
[2] *Moniteur,* décembre 1804.

De retour dans ses États, le pape se plaisait à parler de son voyage; il disait: « J'ai été cher-« cher la religion, et je l'ai trouvée; j'ai traversé « la France au milieu d'un peuple à genoux. » Il la reverra cette France, non plus en souverain pontife dont on implore le saint ministère, mais en captif; et ce même palais de Fontainebleau, où il arrivait en triomphe en 1804, deviendra sa prison en 1813! Mais dans l'espace de ces neuf années, quel siècle d'exploits, de triomphes et de revers! Combien de fois l'aigle impérial, dans son vol victorieux, s'est abattu sur les capitales de l'Europe! Que de trônes remués! que de couronnes mutilées ou rajeunies! que d'immenses travaux [1]! que de monuments élevés aux

---

[1] Fontainebleau ne fut pas oublié dans la sollicitude que Napoléon portait aux résidences impériales; « mais, dit M. Fontaine, il serait difficile de décrire en détail les divers travaux et embellissements que ce monarque a ajoutés à ce château. Ces ouvrages, comme tous ceux qui ont été exécutés d'après les ordres de Napoléon, soit à Paris, soit à Compiègne, ont eu, sans exception, pour but principal l'intention de ne rien détruire des choses faites, et de rendre à leur destination première toutes celles qui pouvaient être terminées, en les appropriant aux besoins et aux convenances. »

Napoléon, par un soin délicat, fit planter les pins que l'on voit dans le jardin particulier, afin de rappeler à l'impératrice Marie-Louise la physionomie des forêts de l'Allemagne.

arts, aux sciences, à la civilisation! que de splendeur[1]! et comme il était doux pour un Français de voir le vainqueur de Wagram entouré de héros, ses compagnons d'armes, et de rois, ses chambellans, commander, du haut de sa gloire, à l'Europe domptée par ses armes! Mais quel deuil, quelle lamentable expiation, lorsque les déserts de la Russie s'ouvrirent, comme un tombeau de glace, pour engloutir tant de grandeur! La victoire avait replié ses ailes à la lueur de l'incendie de Moscou, et Napoléon, avant de se mesurer de nouveau avec l'Europe sur les champs de bataille, soutint une lutte impolitique contre les puissances du Vatican.

« Ce fut un beau spectacle, dit éloquemment M. Bignon[2], que celui d'un pontife désarmé résistant aux volontés du dominateur de l'Allemagne et de l'Italie, défiant sa colère et bravant sa vengeance. A côté de la grande figure de Napoléon, la figure calme et fière de Pie VII tient une noble place. Si Pie VII n'eût été qu'un prince laïque ordinaire, on ne devrait voir dans cette fermeté qu'une obstination aveugle, et la perte de ses États n'en serait que le juste châtiment;

---

[1] Chasses, fêtes, spectacles, tout portait à Fontainebleau un caractère de grandeur et de magnificence.

[2] Négociations avec la cour de Rome.

mais il est homme, prince et pape: homme, il a des passions; prince, des intérêts; pape, de la foi. »

Pie VII aimait à répéter qu'il n'était pas allé à Paris, en 1804, pour *des idées temporelles;* cependant il s'était flatté que Napoléon, après avoir été sacré par ses mains, lui restituerait les légations romaines à titre de récompense. Ce mécompte, que n'avait autorisé en rien la politique de l'empereur, devint une source de mésintelligence entre la cour de Rome et le cabinet de Saint-Cloud; l'occupation d'Ancône par une garnison française surexcita le mécontentement qui s'agitait autour du pape; Napoléon s'en plaignit dans plusieurs lettres: « Dieu est juge, di-
« sait-il, qui a plus fait pour la religion, de tous
« les princes qui règnent. Je ne toucherai en
« rien à l'indépendance du saint-siége; mais
« toute l'Italie sera soumise à ma loi. Votre Sain-
« teté est souveraine de Rome, mais j'en suis
« l'empereur. Tous mes ennemis doivent être vos
« ennemis. »

Pie VII, blessé de ces prétentions, et animé par les cardinaux Consalvi et Pacca, répondit à Napoléon que « le souverain pontife ne reconnais-
« sait point de puissance supérieure à la sienne;
« que l'empereur de Rome n'existait point, et
« que le vicaire d'un Dieu de paix avait pour
« premier devoir de conserver la bonne union

« avec tous, sans distinction de catholiques et
« d'hérétiques. »

L'empereur s'irrite : le pontife, sans s'intimider, lui fait dire que, s'il exécute ses menaces et ne le reconnaît plus comme prince souverain, il ne le reconnaîtra plus comme empereur; que, si l'on veut s'emparer de Rome, il ne fera aucune résistance; mais que les soldats, pour entrer dans le château Saint-Ange, seront obligés de briser les portes à coups de canon. « Si on m'ôte
« la vie, ajoute-t-il, ma tombe m'honorera, et je
« serai justifié aux yeux de Dieu et dans la mé-
« moire des hommes. »

Ces paroles, qui avaient leur source dans le ciel, ne furent point entendues de celui qui se croyait tout-puissant sur la terre; et sa colère s'allumant aux foudres d'excommunication [1] lancées imprudemment par le saint-siége, il s'écria :
« Je suis Charlemagne, et non Louis le Débon-
« naire [2]. » De ce jour, la confiscation de tous les États romains fut résolue [3]; le général Miollis reçut l'ordre d'occuper le château Saint-Ange; et, dans la nuit du 5 au 6 juillet 1809, le géné-

---

[1] La bulle *Quùm memorandá*.

[2] Lettre de Napoléon, 22 juillet.

[3] Les États romains furent réunis à l'empire le 7 février 1809.

ral Radet arrêta le pape dans son palais [1]. Pie VII, accompagné de son ministre le cardinal Pacca, fut conduit à la Chartreuse de Florence, où le général Radet le remit aux mains du colonel de gendarmerie Lecrosnier, et de là à Savone [2], où il demeura prisonnier jusqu'au 10 juin 1812, jour où le gouvernement français lui intima l'ordre de partir pour la France; il arriva le 20 juin suivant à Fontainebleau : il n'avait fait que changer de prison [3].

[1] C'était chose grave que d'arrêter le pape! Napoléon, dans le Mémorial de Saint-Hélène, dit à cette occasion que ses ordres furent outre-passés : « L'ordre autographe avec lequel agit le général Miollis (dit l'auteur des Conversations religieuses de Napoléon) existe à Paris : il est signé *Murat*, de la main de madame Murat, reine de Naples.» Le général Radet a raconté à une personne haut placée dans l'ordre politique, qu'*il prit sur lui*, avec l'assentiment du général Miollis, d'arrêter Pie VII, afin d'éviter des vêpres siciliennes dont Rome devait être, disait-on, le théâtre. Les inquiétudes de ce général furent vives, parce que l'empereur ne lui donna pendant six mois aucun signe d'approbation; mais, en 1812, il fut pleinement rassuré par le titre de *baron de l'empire* qui lui fut conféré.

[2] Les Anglais, dont la politique n'avait pas été étrangère à la résistance inflexible du pape, avaient projeté de l'enlever par mer.

[3] L'auteur du manuscrit de 1813 s'écrie : « Que le voyageur ne cherche pas dans l'enceinte de ce palais la tour humide et sombre qui renfermait le vénérable prison-

Les cardinaux qui étaient à Paris allèrent à Fontainebleau présenter leurs pieux hommages au souverain pontife; ils gémirent avec lui sur l'état déplorable des affaires de l'Église; mais Pie VII se contentait de leur répondre: *Courage et prière!* Il dit ses premières messes dans le salon de madame de Maintenon, où il avait fait transporter l'autel de la chapelle Saint-Saturnin. Sa maison se composait d'un service complet tiré des différents services de la maison de l'empereur; il ne voulait pas sortir, ou si parfois il se promenait dans les jardins, il était surveillé par la police impériale. Il avait auprès de sa personne les cardinaux de Bayanne, Fabrice Ruffo, Rovereda, Dugnani, Doria, l'archevêque d'Édesse, son aumônier, et le docteur Porta, son chirurgien. Il couchait dans un lit sans ciel et sans rideaux, et avait les mœurs d'un anachorète. Chacune de ses journées était distribuée d'une manière uniforme et constante. Il se levait avant le jour, et demeurait en prière et en méditation jusqu'à dix heures.

L'empereur, de retour de sa fatale cam-

nier; on ne pourrait lui montrer que les grands appartements que le saint-père occupait à droite de l'escalier du Cheval-Blanc. » — Oui, mais une prison dorée n'en est pas moins une prison; et des lambris tapissés de moire et de soie remplacent-ils la liberté?

pagne de Russie, envoya complimenter Sa Sainteté, le 1er janvier 1813; chargea l'évêque de Nantes[1] de reprendre avec elle les négociations, et promit le pardon aux cardinaux qui n'avaient point voulu assister à son mariage avec Marie-Louise[2]. Plusieurs autres prélats se rendirent également à Fontainebleau ; c'étaient M. de Baral, archevêque de Tours; le cardinal Maury, M. Bourlier, évêque d'Évreux, et les évêques de Feltre et de Plaisance. Attaquée tous les jours par ces diverses influences, la résistance du pape sembla enfin fléchir; on en instruisit l'empereur, pour lui ménager les honneurs de la conclusion du traité. Le 19 janvier 1813, Napoléon, après une partie de chasse à Grobois, se rend à l'improviste à Fontainebleau, entre brusquement dans l'appartement de Pie VII, et l'embrasse; le pape, surpris de cette visite, et touché de ces caresses, l'accueille avec affection. Le lendemain, dans une nouvelle entrevue, Napoléon épuise toutes les séductions de l'esprit et de la puissance pour gagner le pape, qui de son côté l'écoute et lui parle avec une bienveillance

---

[1] Monseigneur Duvoisin.

[2] Le cardinal Di Pietro qui avait rédigé la bulle d'excommunication, et le cardinal Pacca qui l'avait inspirée, étaient exclus de l'amnistie impériale.

paternelle[1] ; enfin, l'agneau[2], qui se débat vainement sous les serres et sous le regard magique de l'aigle, cède; et le concordat du 25 janvier 1813 est signé[3] dans les appartements, et en présence de l'impératrice Marie-Louise[4].

« J'avais arraché au pape, dit Napoléon[5], par

---

[1] « La conversation était en italien : *san padre, mio figlio,* étaient les termes dont se servaient les augustes interlocuteurs. » M. le baron Fain, qui a consigné cette particularité, ajoute : « Et cependant des écrivains ont eu le *malheur* de faire imprimer que *l'empereur avait* osé frapper de sa propre main le souverain pontife, et traîner le Père de l'Église par ses cheveux blancs ! »

« Le pape, plusieurs fois interrogé à cet égard, dit M. le chevalier Artaud, a toujours répondu que ce fait était faux. « Non, disait Pie VII, il ne s'est pas porté à une pareille « indignité, et Dieu permet qu'à cette occasion nous n'ayons « pas à proférer un mensonge. »

[2] « Il m'a sacré, disait Napoléon : c'est un *agneau,* un ange de douceur. »

[3] Voir le concordat de Fontainebleau, aux Pièces justificatives.

[4] C'est le cardinal Doria qui présenta le traité à la signature de l'empereur; et Napoléon, pour donner à ce cardinal une preuve de sa bienveillance, le décora de l'aigle d'or de la Légion d'honneur. Il donna aussi sur sa cassette une pension de douze mille francs au médecin du pape. (Manuscrit de 1813.)

[5] *Mémorial de Sainte-Hélène.*

la seule force de ma conversation privée, ce fameux concordat de Fontainebleau, dans lequel il a renoncé à la puissance temporelle; il n'eut pas plutôt signé qu'il s'en repentit. Il devait, le lendemain, dîner en public avec moi; mais dans la nuit il fut ou feignit d'être malade : c'est que, immédiatement après que je l'eus quitté, il retomba dans les mains de ses conseillers habituels. » En effet, les cardinaux di Pietro et Pacca, rappelés d'exil, s'étaient hâtés de se rendre à Fontainebleau auprès du pape; ils lui avaient reproché sa faiblesse; et leur vieille haine contre Napoléon avait ressuscité les hostilités religieuses. Le saint père, tombé d'abord dans une profonde mélancolie, se ranima tout à coup, et, d'accord avec les cardinaux, dressa une protestation énergique contre le concordat [1]. Le colonel Lagorsse [2] fut prié de la porter lui-même à l'empereur. A cette lecture, Napoléon, furieux, exila le cardinal di Pietro à Auxonne, et fit dire

[1] On y remarque cette phrase : « Comme nous reconnaissons notre écrit *fait mal*, nous le confessons *fait mal*, et, avec l'aide du Seigneur, nous demandons qu'il soit cassé tout à fait, afin qu'il n'en résulte aucun dommage pour l'Église et aucun préjudice pour notre âme. (Lettre autographe de Pie VII. Fontainebleau, 24 mars 1813.)

[2] Ce colonel était chargé du commandement supérieur du château de Fontainebleau pendant le séjour du pape.

aux cardinaux Consalvi et Pacca que le même sort les attendait, s'ils ne mettaient pas plus de circonspection dans leurs rapports avec le pape. En même temps, deux décrets impériaux déclaraient le concordat de 1813 loi de l'État, et obligatoire pour l'empire et pour le royaume d'Italie.

Cependant, plus les embarras de la guerre devenaient pressants, plus on sentait la nécessité d'un accommodement avec le pape, dont la longue captivité avait mal disposé l'opinion publique; mais on ne voulait pas traiter trop ouvertement par ambassadeurs officiels. Une femme d'esprit, dame de la cour de l'impératrice Marie-Louise, fut choisie pour faire un voyage à Fontainebleau auprès du cardinal Consalvi, qu'elle connaissait depuis longtemps; mais cette mission extraordinaire n'eut pas plus de succès que les tentatives du colonel Lagorsse auprès des cardinaux Consalvi et Pacca. Ces prélats suivaient de l'œil l'étoile impériale, et, la voyant pâlir, se montraient plus hardis et plus inflexibles. Le ciel fut le plus fort : Napoléon céda; et, le 23 janvier 1814, après avoir entendu la messe, le pape se retira dans sa chambre à coucher, où il reçut tous les cardinaux qui se trouvaient à Fontainebleau. Là, avec une figure sereine : « Je vais partir, dit-il, je vais me sé-

« parer de vous¹ ; je vous ai réunis pour vous
« manifester mes sentiments et mes intentions.
« Nous sommes intimement persuadé que vous,
« messieurs les cardinaux, vous tiendrez partout
« la conduite qui convient à votre dignité et à
« votre caractère. Néanmoins, nous vous recom-
« mandons, en quelque lieu que vous soyez trans-
« férés, de faire connaître par vos démarches la
« douleur que vous devez justement éprouver de
« voir l'Église livrée à de si terribles et à de si dé-
« plorables calamités, et de contempler son chef
« comme un prisonnier. Nous ne doutons pas
« que vous vous montriez fidèles à vos serments
« et défenseurs zélés des droits du Saint-Siége. »

Les cardinaux furent vivement émus, et promirent fidélité et obéissance aux paroles du souverain. « Alors, accompagné de ce saint cortége,
le pontife alla faire une courte prière dans la
chapelle du château; il bénit le peuple rassemblé, descendit dans la cour², et au milieu des
sanglots, il monta dans la voiture préparée pour
lui, avec monsignor Bertazzoli³. »

¹ Le colonel Lagorsse, en revenant de Paris, où il avait été appelé, avait dit au cardinal de Matteï qu'il avait ordre de reconduire le pape à Rome.

² La cour du Cheval-Blanc.

³ *Vie et pontificat du pape Pie VII*, par M. le chevalier Artaud.

Encore quelques jours, et cette même cour du palais de Fontainebleau qui vient d'être arrosée de larmes au départ du martyr de la foi, retentira de cris de douleur au départ du martyr de la gloire! Oui, les souverains lui feront expier les lauriers d'Austerlitz et d'Iéna; ils ne lui pardonneront pas cette longue traînée de poudre qu'il a fait éclater depuis les Pyramides jusqu'au Kremlin; ils ne lui pardonneront pas leurs trônes heurtés de son pied victorieux. Les voyez-vous, unissant comme en un seul faisceau leurs armes et leurs vengeances, s'élancer tous à la fois sur le géant qui les a terrassés en combat singulier? En vain le nouvel Antée semble, en touchant la terre natale [1], ranimer incessamment ses forces et son énergie; invaincu, mais épuisé de fatigue, et trahi dans son dernier espoir [2], il

[1] Victoires de Champaubert, de Montmirail, de Vauchamp, de Nangis, de Montereau.

[2] Napoléon, instruit que les souverains alliés se dirigeaient sur la capitale, avait laissé son quartier général à Troyes, et dirigé ses pas vers Fontainebleau, où il était arrivé le 30 mars au soir. Là, il avait conçu le projet de s'avancer sous les murs de Paris; il croyait que cette ville se défendrait assez pour lui donner le temps d'écraser l'avant-garde ennemie. Pourquoi Paris n'était-il pas fortifié?... L'empereur n'était plus qu'à cinq lieues de la capitale, à la porte de la Cour de France, près Juvisy, lorsque sa voiture fut entourée de plu-

rentre tristement la nuit dans le palais bâti par le souverain qui avait dit avant lui : *Tout est perdu, fors l'honneur!*

Le 31 mars, à midi, l'empereur de Russie et le roi de Prusse avaient fait leur entrée à Paris. Des cris en faveur de l'ancienne dynastie des Bourbons s'étaient fait entendre; des cocardes blanches avaient paru, et l'empereur Alexandre était descendu chez M. de Talleyrand. Là, dans un conseil où assistaient le roi de Prusse, le duc Dalberg, l'abbé de Pradt, le baron Louis, les comtes Pozzo di Borgo et Nesselrode, les princes de Talleyrand et de Lichstenstein, il avait présenté ces trois questions : 1° faire la paix avec Napoléon; 2° établir la régence; 3° rétablir la maison de Bourbon. Ce dernier avis était le vœu

---

sieurs officiers, parmi lesquels le général Belliard, qui lui raconta que le prince Joseph, l'impératrice et le roi de Rome, avaient quitté Paris, et que l'ennemi allait prendre possession de cette ville. A cette nouvelle, Napoléon, comme frappé de la foudre, resta immobile et garda longtemps le silence; puis il envoya le duc de Vicence à Paris pour voir s'il y avait encore moyen d'intervenir au traité; et, assis devant une table, dans la chambre du maître de poste, la tête dans ses deux mains, il attendit son retour. Le duc de Vicence revint à quatre heures du matin; tout était consommé..... L'empereur rebroussa chemin, et alla descendre au palais de Fontainebleau, où il s'établit dans son petit appartement situé au premier étage, le long de la galerie de François Ier.

secret des souverains alliés; il impliquait la condition de ne plus traiter avec Napoléon. On placarda, le 1ᵉʳ avril, sur les murs de Paris, cette déclaration :

« Les armées des puissances alliées ont occupé
« la capitale de la France. Les souverains alliés
« accueillent le vœu de la nation française.

« Ils déclarent :

« Que si les conditions de la paix devaient
« renfermer de plus fortes garanties lorsqu'il
« s'agissait d'enchaîner l'ambition de Bonaparte,
« elles doivent être plus favorables lorsque, par
« un retour vers un gouvernement sage, la France
« elle-même offrira l'assurance de ce repos.

« Les souverains alliés proclament, en consé-
« quence :

« *Qu'ils ne traiteront plus avec Napoléon Bo-*
« *naparte ni avec aucun membre de sa famille;*

« Qu'ils respectent l'intégrité de l'ancienne
« France, telle qu'elle a existé sous ses rois légi-
« times; ils peuvent même faire plus, parce qu'ils
« professent toujours le principe que, pour le
« bonheur de l'Europe, il faut que la France
« soit grande et forte;

« Qu'ils reconnaîtront et garantiront la cons-
« titution que la nation française se donnera.

« Ils invitent, par conséquent, le sénat à dési-

« gner un gouvernement provisoire qui puisse
« pourvoir aux besoins de l'administration, et
« préparer la constitution qui conviendra au
« peuple français.

« Les intentions que je viens d'exprimer me
« sont communes avec toutes les puissances
« alliées.

« *Signé* ALEXANDRE.

« *Par S. M. I. Le secrétaire d'État,*

« Comte de NESSELRODE. »

Paris, 31 mars 1814, trois heures après midi.

Que va faire Napoléon ? Que de projets doivent se heurter dans cette vaste pensée qui a porté les destinées du monde ! Son premier soin fut de faire répandre ce bulletin :

Fontainebleau, le 1er avril 1814.

« L'empereur, qui avait porté son quartier général à Troyes le 29, s'est dirigé à marches forcées par Sens sur sa capitale. Sa Majesté était, le 31 mars, à Fontainebleau ; elle a appris que l'ennemi, arrivé vingt-quatre heures avant l'armée française, occupait Paris, après avoir éprouvé une forte résistance, qui lui a coûté beaucoup de monde.

« Les corps des ducs de Trévise, de Raguse, et

celui du général Compans, qui ont concouru à la défense de la capitale, se sont réunis entre Essonne et Paris, où Sa Majesté a pris position avec toute l'armée qui arrive de Troyes [1].

« L'occupation de la capitale par l'ennemi est un malheur qui afflige profondément le cœur de Sa Majesté, mais dont il ne faut pas concevoir d'alarmes. La présence de l'empereur avec son armée aux portes de Paris empêchera l'ennemi de se porter à ces excès accoutumés dans une ville si populeuse, qu'il ne saurait garder sans rendre sa position très-dangereuse. »

Cependant Napoléon, informé de la déclaration des puissances alliées, demande son cheval, et va, au point du jour, visiter les avant-postes. A son aspect, les troupes frémissent de joie, et semblent chercher, par la vivacité de leurs acclamations, à dissiper les nuages dont son front parait obscurci. Ému de cet accueil : «Officiers, « sous-officiers et soldats, leur dit-il, l'ennemi « nous a dérobé trois marches, et il est arrivé à « Paris avant nous. Quelques factieux, restes « d'émigrés à qui j'avais pardonné, ont entouré

---

[1] Le duc de Conégliano, le duc de Dantzig, le prince de la Moskowa, le duc de Tarente, le duc de Reggio, le prince de Neufchâtel, les ducs de Trévise et de Raguse, avaient rejoint successivement le quartier général.

« l'empereur de Russie; ils ont arboré la cocarde
« blanche, et ils veulent nous forcer à la pren-
« dre. Depuis la révolution, la France a été maî-
« tresse chez elle, souvent chez les autres, mais
« toujours chez elle. J'ai offert la paix; j'ai pro-
« posé de laisser la France dans ses anciennes
« limites, en perdant tout ce qu'elle avait ac-
« quis. On a tout refusé. Dans peu de jours j'at-
« taquerai l'ennemi, je le forcerai de quitter
« notre capitale. J'ai compté sur vous; ai-je eu
« raison? (Oui! oui! s'écrièrent les braves, comp-
« tez sur nous! *Vive l'empereur!*) Notre cocarde
« est tricolore; plutôt que d'y renoncer, nous
« périrons sur notre sol. (Oui! oui! *Vive l'empe-
« reur!*) »

Cette voix connue de la victoire, cette voix
qu'ils ont entendue sur les bords du Tibre, du
Nil et du Danube, n'a rien perdu de son empire sur l'âme des soldats; des pleurs roulent
dans leurs yeux; ils agitent leurs armes; ils appellent les combats; ils brûlent d'arracher la
capitale au joug de l'étranger, et leur cœur bon-
dit d'enthousiasme et d'impatience. Il n'en est
pas de même parmi les généraux : soit lassitude,
soit crainte d'exposer Paris aux horreurs du
pillage, soit peut-être aussi une pensée de conservation et d'avenir, presque tous demeurèrent
froids et silencieux. Telle était la disposition des

esprits lorsque, dans la nuit du 3 au 4 avril, on reçut à Fontainebleau, par un exprès du duc de Raguse, le sénatus-consulte qui prononçait la déchéance de l'empereur!

Le maréchal Macdonald arrive de Troyes à Fontainebleau; il venait de recevoir une lettre du général Beurnonville, membre du gouvernement provisoire [1], qui, après lui avoir donné des nouvelles de famille, racontait, dans un sens tout favorable à son opinion, ce qui s'était passé à Paris : le vœu de la population, qui demandait le repos, le succès des tentatives en faveur de l'ancienne dynastie, enfin le décret du sénat. Cette lettre, lue à haute voix par un officier dans la chambre du maréchal, produisit une profonde impression de tristesse sur tous ceux qui l'entendirent. Macdonald, après la parade qui avait lieu tous les jours à midi dans la cour du Cheval-Blanc, la porta à l'empereur; il fut entouré sur son passage par des généraux, par des officiers avides de nouvelles, et ce groupe l'accompagna jusqu'aux appartements de Napoléon, où il trouva le prince de Neufchâtel, le duc de Dantzig, le duc de Reggio, le prince de la

---

[1] Le gouvernement provisoire se composait du prince de Talleyrand, du maréchal de Beurnonvillle, du duc Dalberg, du marquis de Jaucourt et de l'abbé de Montesquiou.

Moskowa, le duc de Bassano, le duc de Vicence et le général Bertrand. « Duc de Tarente, lui dit l'empereur, quelles nouvelles? — De bien tristes, Sire : Paris est aux mains de l'étranger, et on dit que Votre Majesté veut marcher sur la capitale. — Eh bien? — On craint que la seule tentative d'une bataille ne la livre à toutes les horreurs d'une ville prise d'assaut; l'armée paraît découragée, et les populations demandent la paix : lisez plutôt, Sire. » Alors il remet la lettre de Beurnonville à l'empereur, qui charge le duc de Bassano d'en faire tout haut la lecture. Le visage de Napoléon se rembrunit, et ses yeux se promènent avec sollicitude sur ses anciens compagnons d'armes : « Eh bien, messieurs, reprend-il, que pensez-vous de tout ceci? Vous ne voulez donc plus vous battre? — Il est trop tard, sire, répond un maréchal; nos épées sont fatiguées, et le temps du repos est venu pour nous. — Et que pourriez-vous faire, sire? dit un autre maréchal. Brûler Paris! Mais cette ville renferme nos femmes, nos enfants : irons-nous gratter la terre pour les nourrir? » Enfin, un troisième, plus hardi, après avoir fait une peinture énergique des maux que la guerre civile entraînerait pour la patrie, ose parler d'abdication! Une seule voix s'élève pour protester contre ce mot...... Napoléon réplique avec émotion et dignité : « Vous croyez que c'est le vœu de la France? — Oui, sire! — Que c'est le vœu de l'armée? — Oui, sire! — Ah! du moins si j'abdiquais, vous seriez d'avis de faire passer la couronne sur la tête du roi de Rome? mon fils et la régente pourraient faire encore le bonheur de la France. — Oui! oui! s'écrièrent les maréchaux; cette proposition, soutenue par l'armée, dissipera sans peine les intrigues commencées en faveur des Bourbons : la France ne les connaît plus, mais elle connaît le fils de l'empereur, elle l'aime, elle l'adoptera, et l'Autriche le verra couronner avec plaisir. Sire, il faut se hâter; les alliés n'ont encore rien arrêté; il n'y a pas un instant à perdre. — Qui chargerai-je de cette négociation? Le duc de Vicence, le prince de la Moskowa, le duc de Raguse...... Oui; ces messieurs vont partir pour Paris : je vais leur faire donner leurs pouvoirs..... *Et cependant*, ajoute-t-il en se jetant sur un canapé, et comme ressaisissant l'adhésion qui vient de lui échapper, *je suis sûr que nous les battrions!* Ce dernier cri du héros qui a la conscience de sa force et l'habitude de la victoire, eût dans tout autre temps électrisé les braves qui l'avaient entendu; aujourd'hui, il expire inécouté dans leur oreille vieillie ou distraite par le mot d'abdication qui domine toutes leurs pensées. Se relevant alors avec majesté, Napoléon fait comprendre par son geste qu'il veut rester seul; les maréchaux se retirent.

Cependant l'empereur a réfléchi que le duc de Raguse, qui commandait en chef le quartier général d'Essonne, serait plus utile à son poste qu'à Paris : c'est le maréchal Macdonald qui le remplacera comme plénipotentiaire. Les trois commissaires partent, à quatre heures du soir, pour Paris, munis de ces instructions [1] :

« Le duc de Vicence, le maréchal prince de la Moskowa et le maréchal duc de Tarente, se rendront à Paris avec la notification ci-jointe [2]. Ils la présenteront aux puissances alliées, et négocieront un traité de paix entre la France, au nom de la régence, et les puissances alliées. Aussitôt que les articles principaux de ce traité seront convenus, avant de les signer, ils nous en feront part, pour que nous fassions connaître notre abdication, tant par un message au sénat dans

[1] Nous avons copié ces instructions sur la minute signée de la main même de Napoléon.

[2] « Les puissances alliées ayant proclamé que l'empereur Napoléon était le seul obstacle au rétablissement de la paix en Europe, l'empereur Napoléon, fidèle à son serment, déclare qu'il est prêt à descendre du trône, à quitter la France, et même la vie, pour le bien de sa patrie, inséparable des

les formes voulues par les constitutions, que par une proclamation au peuple français. Ils recevront alors les pouvoirs de la régence pour signer le traité qu'ils auront minuté.

« Fait au palais de Fontainebleau, le 4 avril 1814.

« *Signé* Napoléon. »

Le duc de Vicence et le prince de la Moskowa étaient dans la première voiture; le maréchal duc de Tarente dans la deuxième; quelques officiers dans une troisième. Ils sont reçus à Essonne par le duc de Raguse, auquel ils apprennent le but de leur mission; ils dînent avec lui, et attendent la permission qu'on a demandée pour eux au général autrichien de passer la ligne ennemie. Marmont leur confie alors qu'en vertu d'ordres émanés de la régence, il a eu des pourparlers avec le prince de Schwartzemberg. « J'ai
« proposé des conditions, leur dit-il, et d'un
« instant à l'autre, les contre-propositions peu-
« vent arriver; la négociation est tellement avan-
« cée, qu'il faut que j'aille à Fontainebleau rendre
« compte de tout à l'empereur, ou bien que je

droits de son fils, de ceux de la régence de l'impératrice, et du maintien des lois de l'empire.

« Fait en notre palais de Fontainebleau, le 4 avril 1814.

« Napoléon. »

« vous accompagne; il ne faut pas que la réponse
« de Schwartzemberg me retrouve à Essonne :
« un refus ou une acceptation pourrait égale-
« ment entraver le succès de votre mission; je
« préfère ne point séparer ma cause de la vôtre :
« je vous suivrai à Paris. »

Les *laissez-passer* arrivent; les commissaires se remettent en route, et le duc de
Raguse les suit dans sa voiture. Arrivés aux
avant-postes, on les conduit d'abord au quartier général du prince de Wurtemberg, au
château de Petit-Bourg. Ce prince désire savoir
le nom des commissaires et connaître leurs
pouvoirs. Le duc de Raguse ne descend pas
de voiture ; il s'enveloppe de son manteau,
et attend le retour de ses collègues. Les
commissaires sont fort surpris d'être reçus
par le prince de Schwartzemberg lui-même,
qui vient au-devant d'eux. « Prince, lui dit le
« duc de Vicence, si c'est pour nous attaquer
« que vous êtes aux avant-postes, nous comptons
« sur votre loyauté pour nous le dire; s'il faut
« combattre, nous allons retourner à Fontaine-
« bleau. Nous venons négocier, et nous demandons
« une suspension d'armes jusqu'à notre retour. »
Le prince éloigne toute idée d'hostilité; il se fé-
licite de revoir d'*anciens amis*, c'est son expression; le hasard seul les réunit; il était venu voir

le prince de Wurtemberg... Tout est amical dans son langage, affectueux dans ses manières. Les commissaires cherchent à sonder ses vues; ils espèrent, pour le succès de leur mission, dans le généralissime des troupes autrichiennes; comment ne serait-il pas favorable à la fille de son souverain?... Mais, à leur grand étonnement, le prince de Schwartzemberg se montre opposé à leurs idées; ses discours leur font sentir qu'ils ne peuvent compter sur l'appui de l'Autriche. Au milieu de cet entretien, un officier vient demander le prince; il sort, et, quelques instants après, rentre, suivi du duc de Raguse. Celui-ci dit à ses collègues qu'instruit que le prince de Wurtemberg n'était pas seul à Petit-Bourg, il avait été bien aise de parler au prince de Schwartzemberg, afin de suspendre les effets de leur première convention, et qu'il allait retourner à Essonne. Les commissaires se remettent en route, et se rendent à Paris chez l'empereur Alexandre.

Après avoir traversé un salon où le gouvernement provisoire était réuni, et où ils trouvent avec étonnement plusieurs généraux de leurs amis qui s'étaient brusquement tournés vers le soleil du Nord, ils entrent dans le cabinet de l'empereur de Russie. « Messieurs, leur dit ce mo-
« narque, avant de connaître le but de la mission
« dont vous êtes chargés, j'ai avant tout besoin

« de vous dire ce que je pense de l'armée fran-
« çaise et de ses généraux. » Et alors il fait un
pompeux éloge de nos grandes guerres, de nos
belles victoires; il exalte la gloire de l'armée
française; il raconte à chacun des commissaires
les services ou les hauts faits qui les ont illustrés;
il redit le nom des batailles où ils se sont distingués. « Personne plus que moi, ajoute-t-il,
« n'apprécie tant d'honneur et tant de dévoue-
« ment : pourquoi faut-il que de tels capitaines et
« qu'un si beau pays soient sacrifiés par l'ambi-
« tion d'un seul homme? C'est à lui, à lui seul
« que les malheurs de 1812 doivent être imputés.
« Tant que cet homme gouvernera la France,
« point de bonheur pour elle, point de repos
« pour l'Europe. Nous avons décidé que nous ne
« traiterions plus avec lui, c'est le premier point.
« N'y a-t-il donc qu'un seul homme de génie en
« France, et parmi tant de généraux illustres n'en
« est-il pas qui pourraient le remplacer? Pour-
« quoi ne feriez-vous pas un choix parmi vous?
« C'est à la France à nommer ses souverains. Les
« Bourbons, je ne les connais pas; quel intérêt
« puis-je leur porter? C'est à vous, je le répète,
« c'est aux Français à décider cette question;
« qu'ils parlent; mais plus de traité, plus d'al-
« liance possible avec l'empereur Napoléon. »

Le maréchal Ney lui répond le premier; il remercie l'empereur Alexandre des sentiments qu'il a exprimés à l'honneur de l'armée française. — Mais cette armée, animée d'un même esprit, d'un même dévouement pour le pays, est liée par ses devoirs. L'empereur Napoléon veut bien se sacrifier lui-même, mais sa femme, mais son fils doivent hériter de sa couronne et de sa puissance... — Cette opinion, soutenue avec chaleur par les autres commissaires, ébranle Alexandre ; il hésite, et répond avec une sorte d'embarras : « Mais... cette union de l'armée est-« elle donc bien réelle...? Voyez, nous avons « déjà des généraux dans le gouvernement pro-« visoire, et plusieurs autres se sont ralliés au « sénat. — Le sénat, répond vivement le maréchal Ney, le sénat est-il donc la France? De quel droit a-t-il prononcé la déchéance sans consulter l'armée? L'armée, qui défendait le pays, devait être appelée à donner sa voix; la France était là où l'on se battait...; et ces sénateurs, hier si obséquieux, sont bien hardis de se poser aujourd'hui comme les représentants de la nation ; qu'ils se réunissent, nous leur parlerons, nous leur dirons qu'au lieu de se livrer à des intrigues, ils doivent, comme par le passé, obéir et rien qu'obéir, et qu'ils n'ont pas le droit de disposer de la France quand ils n'ont pas su la défendre. Sire, la régence seule convient à cette

France; c'est le choix du pays, le vœu de l'armée et le moyen de concilier tous les intérêts. »

Ce langage énergique fait une profonde impression sur l'empereur Alexandre; il ne semble plus retenu que par la crainte de la trop grande influence que Napoléon exercerait sur la régente; il veut consulter ses alliés, et fera connaître leur réponse le lendemain à neuf heures.

Les commissaires se retirent; et il paraît qu'en repassant dans le salon du gouvernement provisoire, les maréchaux eurent avec plusieurs de ses membres une altercation assez vive pour que le duc de Vicence se crût obligé d'interposer sa médiation [1].

Le lendemain, à neuf heures, les commissaires étaient chez l'empereur de Russie. On reprend la discussion au point où elle était restée. Mais Alexandre n'a déjà plus cette affabilité, cette bienveillance qui la veille était allée jusqu'à la flatterie; il prête une oreille moins facile à la proposition d'une régence; il n'est plus sous l'empire des pressantes sollicitations des commissaires; il élève, au nom des alliés, de

---

[1] « Si ces Messieurs veulent *discuter*, dit le prince de Talleyrand, ils peuvent descendre dans mon cabinet, car ici nous sommes chez l'empereur de Russie. » Les commissaires s'y refusent et sortent. Il était cinq heures du matin.

nouvelles objections. La porte s'ouvre; un aide de camp s'approche de l'empereur, et lui dit tout bas ces deux mots latins : *Totum corpus*, que l'empereur répète tout haut après le départ de cet officier. Reprenant ensuite la conversation : « Messieurs, dit-il aux commissaires d'un ton « plus décidé, les alliés ont déclaré ne vouloir « traiter ni avec Napoléon ni avec aucun membre « de sa famille; mais ils feront tout pour lui, tout « pour sa personne... Qu'a-t-il demandé, que « désire-t-il? — Rien, sire, répondent les commis- « saires : l'empereur Napoléon a défendu qu'on « stipulât rien pour sa personne [1]. — Je l'en es-

---

[1] Indépendamment des instructions communes aux trois commissaires, que nous avons données plus haut, une lettre particulière, écrite par le prince de Neufchâtel au maréchal de la Moskowa, renfermait la même prescription. Voici cette lettre :

Fontainebleau, le 4 avril 1814.

« Monsieur le maréchal de la Moskowa, dans les circonstances où se trouve l'empire, l'empereur a jugé convenable de faire connaître ses véritables intentions par une notification. Sa Majesté a chargé M. le duc de Vicence, vous, Monsieur le maréchal, et le maréchal duc de Tarente, de faire connaître cette notification aux puissances alliées et aux autorités qui se trouvent à Paris. Il est nécessaire que vous vous réunissiez à vos collègues pour vous rendre dans la capitale. L'empereur, Monsieur le maréchal, s'en rapporte à votre attachement pour lui et à la patrie.

« time davantage, » reprend l'empereur. Et, après avoir lu les instructions que le duc de Vicence met sous ses yeux, il ne peut revenir de cette abnégation magnanime. « Non, non, dit-il, « nous voulons qu'il soit indépendant, qu'il ait « une souveraineté à lui : l'île d'Elbe, ou autre « chose! Si cela ne lui convient pas, qu'il vienne « en Russie, je l'y traiterai en souverain. »

Le maréchal Macdonald fait observer avec dignité à l'empereur que leur mission est finie; ils n'avaient pouvoir de traiter que pour la régence; ils vont reporter à l'empereur Napoléon la réponse des alliés. Le duc de Vicence demande à Alexandre un mot de sa main pour Napoléon. Après quelque hésitation, ce prince fait écrire quelques lignes où se retrouvent ces deux mots : *L'île d'Elbe, ou autre chose;* et les commissaires prennent congé de l'empereur, après avoir obtenu une suspension d'armes de quarante-huit heures.

Ils étaient réunis chez le maréchal Ney, lorsqu'ils furent rejoints par le duc de Raguse.

Sa Majesté vous enjoint positivement de ne rien stipuler qui lui soit personnel. Quoique ceci soit superflu à dire à un homme d'un caractère aussi élevé que le vôtre, Sa Majesté croit cependant devoir en faire mention.

« Le prince vice-connétable major général,

« Prince de Neufchatel. »

34.

Tout à coup, un officier vient lui annoncer que son *corps d'armée tout entier* a abandonné Essonne! Marmont disparaît, et les commissaires, stupéfaits, se regardent sans proférer une parole. Le duc de Vicence s'explique alors le sens mystérieux de ces mots: *Totum corpus,* et le changement survenu dans le langage et dans les dispositions de l'empereur Alexandre. L'âme inquiète et abattue, tous trois regagnent tristement Fontainebleau.

Napoléon croyait à la générosité de l'empereur Alexandre; il se confiait surtout dans le dévouement de l'armée qui éait réunie à Essonne. Il était loin de s'attendre au coup qui le menaçait. La vieille garde venait d'arriver, à marches forcées, dans les environs de Fontainebleau. Le général Friant avait dit au général Petit, commandant des grenadiers à pied, de se tenir prêt à repartir à deux heures du matin. Le général Petit, épuisé de fatigue, s'était couché sur un peu de paille dans un masure, laissant à ses officiers l'ordre de l'éveiller à deux heures du matin. Son sommeil se prolongea jusqu'à cinq heures; il regarde sa montre, se lève avec précipitation: « Ah! mon Dieu! s'écria-t-il, je suis en retard! Comment ne m'a-t-on pas réveillé. » — « Le général Friant l'a défendu, lui « répond un de ses aides de camp; on ne marche

« plus sur Ponthierry : le corps d'armée du duc
« de Raguse a quitté Essonne; ses troupes,
« mises en mouvement par des ordres inconnus,
« traversent en ce moment les cantonnements
« des Russes, et Fontainebleau reste à décou-
« vert[1]. »

Cette nouvelle fut un coup de foudre pour le brave général Petit. Il la transmit sur-le-champ à Fontainebleau. L'empereur n'y voulait pas croire... dernier hommage rendu à l'amitié!... Il envoya successivement pour s'en assurer le colonel Gourgaud, le général Drouot, le prince de Neufchâtel; mais enfin, trop convaincu, il s'écria : « L'ingrat! il sera plus malheureux que « moi[2]. »

Les commissaires reviennent à Fontainebleau; ils descendent dans une maison où s'étaient réunis tous les généraux en chef, ainsi que les officiers les plus marquants de l'armée[3]. Ils exposèrent franchement la situation des choses, leur voyage à Paris, le peu de succès de leur mis-

---

[1] *Manuscrit de* 1814, par M. le baron Fain.

[2] *Manuscrit de* 1814. Nous avons emprunté avec confiance quelques citations à ce livre écrit avec tant d'intérêt et de loyauté, par un témoin consciencieux des faits les plus intimes.

[3] Les maréchaux Lefèvre, Oudinot, Mortier, les généraux Sébastiani, Friant, Sorbier, Albert, etc., etc.

sion, enfin la désertion du corps d'armée d'Essonne. Aussitôt une discussion très-animée donna cours à toutes les opinions qui partageaient les esprits diversement passionnés : les uns reprochaient à l'empereur de ne pas avoir accepté la paix à Châtillon; les autres de n'avoir pas vu, à travers la fumée des batailles, les rois marchant depuis tant d'années contre le principe de la révolution dont il était le représentant, et d'avoir laissé accumuler sur sa tête toutes les haines de l'Europe; quelques-uns, qui frémissaient au seul nom d'étrangers, voulaient encore tenter la fortune des armes; mais la majorité, effrayée de l'état déplorable où le départ du duc de Raguse laissait Fontainebleau, l'empereur et les débris de l'armée, fut unanime pour reconnaître que ce noble désespoir ne pourrait qu'entraîner la ruine de Paris, et peut-être le partage de la France; enfin on déclara qu'au nom même de sa gloire, l'empereur devait se sacrifier pour sauver la patrie.

C'est sous ces impressions que les commissaires se rendirent auprès de Napoléon, qui les attendait dans son cabinet. Ils lui racontent leur mission dans tous ses détails, et lui remettent la note où l'empereur Alexandre avait fait écrire ces mots : *L'île d'Elbe, ou autre chose*. Napoléon les écoute avec tranquillité, et leur de-

mande ce que signifient ces mots : *Autre chose.*
« Sire, lui dit le duc de Vicence, l'empereur
« Alexandre n'a pas voulu s'expliquer à cet égard. »
Alors, comme s'il cherchait à donner le change
aux douloureuses réflexions qui pesaient sur son
âme : « Quelqu'un de vous, dit-il, connaît-il l'île
« d'Elbe? Quelle est son étendue? quelles sont
« ses ressources? Y a-t-il un palais? le port est-il
« bon?..... » Après ces questions jetées au hasard,
et laissées sans réponse, il se lève, et, marchant à
grands pas : « Me croient-ils donc vaincu, parce
« qu'un de mes lieutenants m'abandonne? Me
« croient-ils sans ressources? Ne puis-je réunir
« les cinquante mille hommes de Soult, les
« quinze mille de Suchet, les vingt mille du
« prince Eugène, les quinze mille d'Augereau?
« Ne puis-je pas me retirer sur la Loire? J'ai en-
« core là l'épée d'Austerlitz, et je leur vendrai
« cher mon sang et ma vie. » Ce réveil du lion
remue au fond du cœur des maréchaux les souvenirs de Wagram et de la Moskowa, mais sans
éblouir leur raison. « La guerre, toujours la
« guerre, sire! mais il vous faudrait des soldats,
« et vous n'avez plus d'armée. Que ferez-vous?
« où irez-vous? Vous, dont chaque victoire ôtait
« ou donnait une couronne, vous abaisserez-vous
« à n'être qu'un chef de partisans? La fatigue, les
« intérêts personnels, l'amour de la famille, le

« besoin de repos, tout se réunit contre vous, et
« la France veut la paix. — «Eh bien! reprend
« l'empereur, puisqu'il faut renoncer à défendre
« la France, l'Italie ne m'offre-t-elle pas une re-
« traite digne de moi? Marchons vers les Alpes.
« On s'y souvient peut-être encore d'Arcole et
« de Marengo? Veut-on m'y suivre?..... Vous
« gardez le silence; vous voulez du repos; ayez-
« en donc! Hélas! vous ne savez pas combien de
« dangers et de chagrins vous attendent sur vos
« lits de duvet : quelques années de cette paix
« que vous allez payer si cher, en moissonneront
« un plus grand nombre d'entre vous que n'au-
« rait fait la guerre.»

Et après ces paroles prophétiques, il tire à lui un guéridon, et trace de sa main la seconde formule de son abdication :

« Les puissances alliées ayant proclamé que l'empereur Napoléon était le seul obstacle au rétablissement de la paix en Europe, l'empereur, fidèle à son serment, déclare qu'il renonce, pour lui et ses successeurs, au trône de France et d'Italie, et qu'il n'est aucun sacrifice personnel, même celui de la vie, qu'il ne soit prêt à faire aux intérêts de la France[1]. »

---

[1] On a conservé, dans la pièce où s'est passé ce grand acte, le *fac-simile* de cette déclaration, transcrit de la main du

Les commissaires se retirent à minuit[1]. Dans la journée du 6, Napoléon leur remit l'acte de son abdication, avec ces nouvelles instructions :

« Napoléon, empereur des Français, roi d'Italie, protecteur de la confédération du Rhin, médiateur de la confédération suisse,

« Nous donnons, par les présentes, pouvoir au duc de Vicence, grand officier de l'empire, au maréchal prince de la Moskowa et au maréchal duc de Tarente, de négocier, conclure et signer tels articles, traité, convention qu'ils aviseront bon être; pour stipuler, en conséquence de notre abdication, tous arrangements relatifs à nos intérêts, à ceux de notre famille et à ceux

---

baron Fain, secrétaire du cabinet de l'empereur, avec les mots rayés et interlignés : ce *fac-simile* est encadré sous verre.

[1] « Je retrouvai le maréchal Ney au sortir du cabinet de l'empereur, et nous retournâmes ensemble, à pied, à la maison que nous occupions dans la ville. Il me parla de ce qui venait de se passer; sa mémoire était fraîche, et j'étais trop attentif pour perdre un seul mot de ce que j'entendais, et je puis affirmer que le maréchal était sans colère comme sans haine, dominé par un sentiment profond de tristesse, ainsi que par la crainte que l'avenir ne répondît point aux promesses que le nouveau gouvernement faisait faire en son nom à l'armée et à la France, qui ont toujours été les deux passions favorites du maréchal. Il dit en finissant : « L'empereur a été admira-« ble! » (*Souvenir du général Heymès*, avril 1814.)

de l'armée, ainsi que des ministres, conseillers d'État et autres de nos sujets qui ont suivi la ligne que nous leur avions tracée. »

« Fait au palais de Fontainebleau, le 6 avril 1814.

Signé Napoléon.

Par l'empereur :

Le ministre des relations extérieures,

Signé Caulincourt, duc de Vicence.

Le ministre secrétaire d'État,

Signé le duc de Bassano.

Il appela encore une fois auprès de lui le prince de la Moskowa, lui confia le commandement en chef de la garde impériale, et lui donna la mission de fixer la ligne d'armistice.

Les commissaires portent aux souverains alliés l'acte d'abdication. Les conférences se terminent par le traité du 11 avril. On le communique à l'empereur, qui refuse de le signer.

« Tout à coup, dans la nuit du 12 au 13, le silence des longs corridors du palais est troublé par des allées et des venues fréquentes. Les garçons du château montent et descendent; les bougies de l'appartement intérieur s'allument; les valets de chambre sont debout. On vient frapper à la porte du docteur Ivan; on va réveiller le grand maréchal Bertrand; on appelle le duc de Vicence; on court chercher le duc de Bassano, qui demeure à la chancellerie; tous arrivent, et sont introduits successivement dans la chambre à coucher. En vain la curiosité prête une oreille inquiète; elle ne peut entendre que des gémissements et des sanglots qui s'échappent de l'antichambre, et se prolongent sous la galerie voisine. Tout à coup, le docteur Ivan sort; il descend précipitamment dans la cour, y trouve un cheval attaché aux grilles, monte dessus, et s'éloigne au galop. L'obscurité la plus profonde a couvert de ses voiles le mystère de cette nuit. Voici ce qu'on en raconte :

« A l'époque de la retraite de Moskou, Napoléon s'était procuré, en cas d'accident, le moyen de ne pas tomber vivant dans les mains de l'ennemi. Il s'était fait remettre par son chirurgien Ivan un sachet d'opium qu'il avait porté à son cou pendant tout le temps qu'avait duré le danger. Depuis il avait conservé avec grand soin ce sachet dans un secret de son nécessaire. Cette nuit, le moment lui avait paru arrivé de recourir à cette dernière ressource. Le valet de chambre qui couchait derrière sa porte entr'ouverte l'avait entendu se lever, l'avait vu délayer quelque chose dans un verre d'eau, boire et se recoucher. Bientôt les douleurs avaient arraché à Napoléon l'aveu de sa fin prochaine. C'était alors qu'il avait fait appeler ses serviteurs les plus intimes. Ivan avait été appelé aussi; mais, apprenant ce qui venait de se passer, et entendant Napoléon se plaindre de ce que l'action du poison n'était pas assez prompte, il avait perdu la tête et s'était sauvé précipitamment de Fontainebleau. On ajoute qu'un long assoupissement était survenu, qu'après une sueur abondante les douleurs avaient cessé, et que les symptômes effrayants avaient fini par s'effacer, soit que la dose se fût trouvée insuffisante, soit que le temps en eût amorti le venin. On dit enfin que Napoléon, étonné de vivre, avait réfléchi quelques instants : « Dieu ne le veut « pas! » s'était-il écrié; et, s'abandonnant à la Providence qui venait de conserver sa vie, il s'était résigné à de nouvelles destinées. Ce qui vient de se passer est le secret de l'intérieur..... Quoi qu'il en soit, dans la matinée du 13, Napoléon se lève et s'habille comme à l'ordinaire. Son refus de ratifier le traité a cessé : il le revêt de sa signature [1]. »

Plus calme après ce grand sacrifice, Napoléon s'enferme dans sa bibliothèque particulière[2]; il

[1] *Manuscrit de* 1814, par le baron Fain.

[2] Au rez-de-chaussée, au-dessous de son cabinet, d'où on

veut prendre une idée exacte de l'île d'Elbe; il choisit les livres et les cartes qu'il emportera avec lui. Il emmènera des généraux fidèles, désintéressés[1], que le culte du malheur et de la gloire rendra immortels; et six cents vieux soldats formeront le bataillon sacré qui veillera sur ses jours. Mais ces grenadiers qui sont là, pleurant; mais ses autres compagnons d'armes, frémissant dans la grande cour du palais, ils ne suivront pas leur empereur; ils veulent du moins lui faire leurs adieux! Le général Petit, qui les commande, a obtenu cette faveur, ou plutôt cette consolation.

C'était le 20 avril. A midi, Napoléon sort de son appartement, accompagné des généraux Drouot et Bertrand; il trouve sur son passage le duc de Bassano, le général Belliard, le général Ornano, le général Corbineau, le colonel Anatole de Montesquiou, le comte de Turenne, le général Fouler, le baron de Mesgrigny, le colonel Gourgaud, le baron Fain, le colonel Atthalin, le baron de la Place, le baron le Lorgne d'Ideville, le chevalier Jouanne, le général Kosakowski et le colonel Wonsowitch. Il tend af-

---

y descend par un petit escalier. Cette bibliothèque fait aujourd'hui partie de l'appartement de Son Altesse Royale Madame Adélaïde.

[1] Drouot, Bertrand, Cambrone.

fectueusement la main à chacun, et descend vivement l'escalier du Fer à cheval, s'arrête un moment sur les dernières marches, et jette un coup d'œil rapide autour de lui. Le général Petit était venu au bas de l'escalier prendre ses ordres; l'empereur lui donne la main, lui commande de faire former le cercle, et va prendre place au milieu des officiers; il portait son habit de colonel des chasseurs; mais, contre son habitude, un pantalon bleu avec des bottes à l'écuyère; il faisait face à l'aile neuve du palais [1]; à sa gauche étaient les personnes de l'armée et de sa maison, restées à Fontainebleau; plus loin, au bas de l'escalier, les voitures de voyage, avec les commissaires étrangers chargés d'accompagner l'empereur à l'île d'Elbe; d'anciens serviteurs aux portes et aux croisées du château; sur la place publique, toute la population de la ville, et dans la cour, le premier régiment des grenadiers à pied de la vieille garde impériale et les marins de la jeune garde. Le soleil du printemps éclairait cette scène auguste, où le recueillement d'une douleur solennelle s'unissait à la majesté des souvenirs. L'empereur fait

[1] Ancienne galerie d'Ulysse, transformée en appartements par Louis XV. L'empereur y avait établi une école militaire de cavalerie.

signe qu'il va parler; un frémissement respectueux court avec une rapidité électrique dans tous les rangs; et, au milieu du plus profond silence :

« Officiers, sous-officiers et soldats de la vieille
« garde, dit-il[1], je vous fais mes adieux!

« Depuis vingt ans je suis content de vous;
« je vous ai toujours trouvés sur le chemin de
« la gloire.

« Les puissances alliées ont armé toute l'Eu-
« rope contre moi; une partie de l'armée a trahi
« ses devoirs, et la France elle-même..... Mais
« d'autres destinées lui étaient réservées; j'ai dû
« lui sacrifier mes plus chers intérêts.

« Avec vous et les braves qui me sont restés
« fidèles, j'aurais pu entretenir la guerre pen-
« dant trois ans; mais la France eût été malheu-
« reuse, ce qui était contraire au but que je me
« proposais.

« Soyez fidèles au nouveau souverain que la
« France s'est choisi; n'abandonnez point cette
« chère patrie, trop longtemps malheureuse!

« Ne plaignez pas mon sort, je serai toujours

---

[1] Le texte de ce discours diffère en quelques points de celui qui a été publié dans le *Manuscrit de* 1814. Mais nous avons pour garantie le papier même où nous l'avons copié : c'est celui où le général Petit le recueillit à Fontainebleau, après avoir entendu les adieux de l'empereur.

« heureux lorsque je saurai que vous l'êtes.

« J'aurais pu mourir, rien ne m'était plus fa-
« cile; mais non, je suivrai toujours le chemin
« de l'honneur. J'écrirai ce que nous avons fait.»

A ces mots, le général Petit, qui avait fait trop longtemps violence aux élans de son cœur, oublie le premier la consigne qu'il avait donnée [1] : il agite en l'air son épée, et crie *Vive l'empereur!* Cette acclamation est répétée avec transport par toute la garde.

L'empereur reprend avec émotion : « Je ne
« puis vous embrasser tous, mais j'embrasserai
« votre général. Approchez, général Petit... (il
« presse le général dans ses bras)... Qu'on m'ap-
« porte l'aigle [2] (il l'embrasse trois fois en disant :

---

[1] Le général Petit nous a dit qu'il avait cru devoir, par respect pour de hautes convenances, et pour les ordres de l'empereur lui-même, interdire aux troupes toute manifestation.

[2] Ce drapeau fut remis, à Bourges, au général Petit, par le général Drouot, en 1815. Le général Petit le voila d'un crêpe, et le déroba à tous les yeux. En 1834, le général Drouot lui écrivit cette lettre :

« La France ayant reconquis ses glorieuses couleurs, ne doit pas être privée du drapeau dont vous avez bien voulu être le dépositaire : ce monument ne saurait être mieux placé qu'aux Invalides, sous les yeux des nobles débris de nos armées; c'est à vous qui avez gardé ce précieux dépôt, qu'ap-

« Cher aigle ! que ces baisers retentissent dans le
« cœur de tous les braves !

« Adieu, mes enfants !!! »

partient l'honneur de le remettre au roi ou au ministre de la guerre.

« Adieu, mon cher général, conservez-moi votre affection, et comptez sur mon sincère attachement.

« Général Drouot. »

A Nancy, le 27 janvier 1834.

Le général Petit attendait une occasion solennelle pour faire ce dépôt, et se séparer du vieux compagnon de sa gloire : elle s'est présentée. Ce drapeau sera placé aux Invalides, sur le tombeau de Napoléon, à côté de ses armes, remises au roi par le général Bertrand... L'épée d'Austerlitz et le drapeau de Fontainebleau ! quel vaste champ de méditations !...

Nous avons vu, nous avons touché ce drapeau, et nous avons lu, à travers ses couleurs pâlies par le temps, ces inscriptions : d'un côté :

Garde impériale.

L'empereur Napoléon

au 1er régiment de grenadiers à pied,

vieille garde.

De l'autre côté :

Marengo,	Wagram,
Austerlitz,	Moskowa,
Iéna,	Vienne, Berlin,
Eylau,	Madrid, Moscou.
Friedland,	

Pendant que l'empereur parlait, ces vieux guerriers, brunis au feu de quarante batailles, attachaient sur lui des yeux avides et mouillés de larmes; et leurs lèvres, agitées d'un tremblement convulsif, semblaient aspirer et répéter chacun de ses accents : c'était encore la grande voix d'Austerlitz, d'Iéna, de Wagram, d'Eylau, de Friedland, de la Moskowa, de Montmirail; et toutes ces victoires semblaient là, debout, à ses côtés. Aussi, lorsqu'il embrassa l'aigle, un enthousiasme frénétique s'empara des soldats; il n'en est pas un, non pas un, qui, dans ce glorieux délire, n'eût versé à l'instant même, sous les yeux de son ancien général, le reste de sang que la guerre avait épargné... De toutes parts, ce n'étaient que transports, larmes, cris, sanglots... Napoléon, calme au milieu de tant de désespoirs, s'arrache à ce spectacle déchirant; à ses serviteurs qui baisent ses mains et ses habits; au général Petit qui le conduit en pleurant jusqu'à sa voiture, où déjà l'attendait le général Bertrand. Il part, et Fontainebleau se couvre de deuil, et le silence succède à cette grande scène, qu'il n'est donné à aucun langage humain de reproduire dans toute sa dignité [1].

[1] Un an plus tard, le 20 mars 1815, Napoléon, dans cette

Napoléon eut l'île d'Elbe pour prison, Sainte-Hélène pour tombeau... La France prépare son apothéose!

même cour du Cheval-Blanc, passait en revue ces vieux grenadiers qui l'avaient accompagné à l'île d'Elbe, et qui le ramenaient aux Tuileries.

CHAPITRE VIII.

LOUIS-PHILIPPE Ier.

Trois choses rappellent le souvenir de Louis XVIII dans le palais de Fontainebleau :

Il a terminé la galerie de Diane ;

Il a fait graver en lettres d'or une inscription qui fixe la date de ces travaux à la *XXVIIIe année de son règne!*

On a tracé, par son ordre, sur le guéridon du cabinet où Napoléon a abdiqué, les lignes qu'on va lire :

« *Le cinq avril dix-huit cent quatorze,* Napoléon Bonaparte *signa son abdication sur cette table, dans le* cabinet de travail du roi, *le 2e après la chambre à coucher, à Fontainebleau!!!* »

Charles X, son successeur, n'a laissé aucunes traces de ses voyages dans cette belle résidence, où l'attirait uniquement le plaisir de la chasse.

Mais le prince qui avait restauré avec tant d'éclat le palais de Louis XIV ne pouvait laisser dans l'abandon les antiques magnificences du palais de François Ier. Louis-Philippe a consacré Versailles à la gloire; il a rendu aux arts Fontainebleau. Secondé par d'habiles architectes et par des artistes distingués [1], il a réparé les injures des temps; il a rajeuni la gloire du Primatice, du Rosso, de Nicolo dell' Abbate, d'Ambroise Dubois; et il a fait revivre leurs chefs-d'œuvre, à demi rongés par les siècles, ou ensevelis sous la poussière. La galerie de Henri II s'est parée de nouveau de ses belles peintures et de toutes les pompes de la mythologie; la Porte dorée, rétablie dans sa première splendeur, semble, comme en 1539, attendre l'arrivée de Charles-Quint; Alexandre le Grand, avec ses exploits et ses faiblesses, a repris possession de l'Escalier du roi; la Salle des gardes, près du vieux Pavillon de Saint-Louis, a été décorée de devises et d'armoiries qui indiquent les divers possesseurs du palais; et devant la belle cheminée de

---

[1] MM. Fontaine, Dubreuil, Abel Pujol, Allaud, Picot, Munich.

Henri IV, on est étonné de ne point trouver, armés d'une longue hallebarde, quelques vieux soldats de Coutras ou d'Ivry; si madame de Maintenon revenait à la vie, elle croirait, en voyant la richesse des meubles qui ornent ses appartements, que Louis XIV va, comme autrefois, tenir dans son salon le fameux conseil sur les affaires d'Espagne; enfin, saint Louis, agenouillé dans la chapelle de Saint-Saturnin, n'y contemplerait pas sans une religieuse admiration les vitraux dessinés par cette royale artiste, que la terre comptait avec orgueil parmi les plus illustres princesses, et que le ciel compte aujourd'hui parmi les anges!

Grâce à cette intelligente et magnifique restauration, le voyageur qui visite le palais de Fontainebleau ressent sous ces vieux lambris une impression plus profonde; il reconnaît chacun des lieux que l'histoire a marqués de ses souvenirs; il évoque les rois et les personnages qui ont joué un rôle sur ce théâtre de tant d'événements, et ces grandes ombres l'entourent et marchent avec lui.

Le roi ne s'est point borné à ranimer le passé, à lui rendre son caractère, son éclat primitif:

« Une vaste salle au rez-de-chaussée, sous la Galerie de Henri II, égale en longueur à cette belle pièce, a été faite à neuf sur l'emplacement de toutes les subdivisions de la Conciergerie; d'après l'élégance et la richesse de la décoration, plusieurs croiront sans doute que c'est un ouvrage fait au temps de la renaissance des arts [1];

« Les appartements qui entourent la Cour des princes ont été agrandis et distribués sur un plan nouveau;

« L'appartement de l'aile droite de la Cour des fontaines, anciennement habité par Anne d'Autriche, a été rendu complet;

«Tous ces ouvrages et plusieurs autres, ordonnés à nouveau et dirigés par le roi Louis-Philippe, sont remarquables par l'éclatante sagesse qui a présidé à leur exécution [2]. »

Il est encore à Fontainebleau un monument de la gloire du Primatice et du Rosso, que plus d'une fois, dans les rêves de sa magnificence, Sa Majesté Louis-Philippe a formé le projet de restaurer : c'est la Galerie de François Ier. Puissent les grands travaux que le roi a entrepris dans d'autres résidences, permettre, pour l'honneur des arts, l'accomplissement de cette généreuse pensée !

C'est dans cette célèbre galerie, aux pein-

---

[1] Elle sert de salle à manger particulière.

[2] Le *Château de Fontainebleau*, par M. Fontaine, premier architecte du roi.

tures effacées, aux lambris dépouillés de leur antique dorure, mais belle encore de tous ses souvenirs, que, le 29 mai 1837, une foule brillante était rassemblée; le château respirait un air de fête... On attendait la jeune princesse qui venait recevoir le titre de duchesse d'Orléans; et pour distraire son impatience, on causait de la princesse, de l'illustration de sa naissance, des grâces de sa personne et de son esprit; on vantait son instruction : elle avait cultivé la peinture, la musique, tous les arts! elle parlait avec une égale facilité l'allemand, le français, l'anglais, l'italien! elle savait par cœur tous les grands poëtes de l'Allemagne!... On citait ses heureux à-propos dans son voyage, notamment ce qu'elle avait dit au duc de Broglie à Bergem [1]. Le comte Bresson, notre ministre à Berlin, faisait circuler une brillante tabatière ornée du portrait de la princesse; la curiosité se l'arrachait; et M. de Talleyrand, écrasé sous l'or de son habit, où brillaient toutes les décorations de l'Europe, disait : « Voilà comme on perd une

---

[1] M. le duc de Broglie avait été chargé d'aller au-devant de la princesse. Arrivée sur les hauteurs de Bergem : « Monsieur « le duc, lui dit Son Altesse Royale, ce lieu est digne de votre « intérêt; votre grand-père, le maréchal de Broglie, y a rem- « porté, en 1759, une victoire mémorable. »

« tabatière en haute compagnie. » Ces conversations furent interrompues par l'arrivée de M. le duc d'Orléans, qui était allé à Melun présenter à la princesse sa maison civile et militaire : MM. de Flahaut, de Coigny, de Trévise, de Praslin, Baudrand, Marbot, Gérard, de Montguyon, d'Elchingen, Bertin de Vaux, Chabaud Latour, aides de camp et officiers d'ordonnance du prince; et mesdames de Lobau, de Montesquiou, d'Hautpoul et de Chanaleihes, dames de la future duchesse d'Orléans.

L'heure avançait; un orage roulait sur Fontainebleau; le tonnerre gronde, la pluie tombe; mais le ciel reprend presque aussitôt sa sérénité. L'orage n'a été qu'une émotion passagère, un spectacle ajouté au coup d'œil que présentait la cour du Cheval-Blanc, toute garnie de troupes, parmi lesquelles se faisait remarquer le 5e hussards, commandé par le colonel Brack. Enfin, le canon se fait entendre aux portes de la ville [1];

---

[1] A l'entrée de Fontainebleau, mademoiselle de Solère, fille de l'ancien préfet de Niort, adressa à la princesse, au nom de ses compagnes, ce compliment en vers :

Aux pieds de la vertu de splendeurs couronnée,
Nous venons, en tremblant, poser ces humbles fleurs.
Deux peuples ont béni votre auguste hyménée :
Mais l'un d'eux à sa joie a pu mêler des pleurs;

un courrier à la livrée du roi, couvert de rubans aux trois couleurs, paraît... « *Voilà la princesse! la voilà!* » Ce mot se communique avec une rapidité électrique. En effet, une magnifique voiture à glaces, toute dorée, entre par la grande grille; on bat aux champs; les clairons sonnent; l'air retentit du cri de *Vive le roi!* La famille royale s'avance sur le perron; la maison du roi descend au bas de l'escalier du Fer à cheval; une jeune femme d'une taille élancée, d'une tournure élégante, vêtue d'une robe de moire rose, et parée d'un chapeau à plumes blanches, descend de la voiture... C'était la princesse Hélène

> Il vous perd, il vous cède au bonheur de la France :
> Pour lui sont les regrets, pour nous est l'espérance.
> Vous quittez un berceau que vous n'oublierez pas;
> Mais la France vous offre une douce patrie.
> Prenez le rang, le nom de sa fille chérie :
> La France vous adopte en vous ouvrant les bras.
> Dieu vous donne à la reine; et pour seconde mère,
> Il vous gardait de loin cet ange de bonté.
> Ses lèvres ont touché plus d'une coupe amère,
> Au festin que la terre offre à la royauté.
> De tant de mauvais jours ce beau jour la console;
> A son front le bonheur rend sa douce auréole;
> Il efface un passé disparu sans retour.
> Ah! chérissez la reine; entourez-la, Madame,
> De tout l'amour pieux que Dieu mit en votre âme;
> Et le cœur des Français vous rendra cet amour.

de Mecklembourg! Blanche et pâle, elle monte le perron d'un pas timide et gracieux, et, arrivée devant le roi, à la même place où Louis XIV avait reçu la duchesse de Bourgogne, elle se prosterne, et lui baise la main. Le roi, silencieux, mais profondément ému, la relève et l'embrasse; elle salue affectueusement les princes ses beaux-frères, réunis autour du roi, et Sa Majesté la conduit par la main à la reine, qui était à quelques pas en arrière, dans le vestibule de la galerie de François Ier, avec la princesse Adélaïde et les princesses Marie et Clémentine.

La princesse Hélène veut se jeter à genoux; mais la reine, qui, dans son émotion, ne peut que lui dire: «Mon enfant, ma chère enfant,» la soutient, et la reçoit dans ses bras. Tous les cœurs étaient émus, tous les yeux étaient humides; et M. de Talleyrand nous dit: «Si vous « décrivez un jour cette scène, demandez au roi « son silence, à la reine ses larmes, à la princesse « son cœur: ce n'est qu'avec tout cela que vous « pourrez la peindre.»

De pareilles scènes s'abandonnent à la pensée du lecteur; la plume ne peut les traduire.

On dîna à neuf heures dans la galerie de Diane, et la princesse était le sujet de toutes les conversations; chacun admirait son grand air, sa bonne grâce, sa politesse aisée, délicate et spirituelle.

Le lendemain, 30 mai, fut un jour de recueillement pour la famille royale; mais les invités firent une grande promenade dans la forêt, dont les antiques ombrages ont tant de fois inspiré les poëtes [1], et que dernièrement encore a célébrée un nouveau maître Adam [2], dans ces vers dont l'élégance atteste qu'ils ont passé sous le rabot poétique :

> Plus que tout autre lieu j'aime Fontainebleau,
> Ses roches, sa forêt, ses jardins, son château.
> L'œil a vu des forêts d'une vaste étendue
> Que réclame la hache ainsi que la charrue;
> Des forêts renfermant, mais sans art et sans choix,
> Des bois, des prés, des champs, des champs, des prés, des bois.
> Aucun nom n'embellit leur uniforme enceinte;
> Jamais le voyageur de surprise ou de crainte
> N'y ralentit sa marche ou ne hâte ses pas :
> J'en excepte ces lieux pour moi remplis d'appas,
> Ces lieux où frémissant d'une ivresse sublime,
> Pauvre, mais inspiré, j'allais de cime en cime,
> Dévorant mes chagrins, commencer quelques vers,
> Et d'un vaste coup d'œil embrasser l'univers.
> Qui ne reconnaît point l'impénétrable masse
> Où règne le Mont-Blanc sur un trône de glace?

---

[1] Castel, l'auteur du *Poëme des plantes*, etc., etc.
[2] Alexis Durand, menuisier à Fontainebleau.

> Oui, ces lieux exceptés, les plus belles forêts,
> Leurs rochers, leurs vallons n'égalèrent jamais
> L'étonnante beauté, le spectacle champêtre
> Des lieux chers à mon cœur, des lieux qui m'ont vu naître [1].

Ce même jour, à neuf heures du soir, dans la belle galerie de Henri II, resplendissante de lumière, toute la maison du roi, toute la maison des princes, suivaient lentement le roi, qui les conduisait. En même temps, les dames de la reine et des princesses, la maison du roi et de la reine des Belges, la maison de la grande-duchesse douairière, les témoins du prince royal, les témoins de la princesse Hélène, les ministres, les maréchaux, les pairs, les députés, les généraux, tous les invités à cette fête, entouraient la famille royale. Aux deux côtés du roi se tenaient, debout comme lui, M. le duc d'Orléans et sa royale fiancée ; à droite, la reine des Français, le roi des Belges, le duc de Nemours, le prince de Joinville, le duc d'Aumale et le duc de Montpensier ; à gauche, la grande-duchesse, la reine des Belges, la princesse Marie, la princesse Clémentine, madame la princesse Adélaïde ; de l'autre côté de la table, M. de Montalivet, M. Molé, M. de Salvandy, le chancelier de France, le grand référendaire, l'archiviste de la chambre

---

[1] La *Forêt de Fontainebleau*, poëme en quatre chants, 1836.

des pairs; à droite et à gauche du roi, dans le second hémicycle formé par la table, les témoins du mariage.

Pour le prince royal, les quatre vice-présidents de la chambre des pairs, le président et les quatre vice-présidents de la chambre des députés, le maréchal Soult, le maréchal Gérard, grand chancelier de la Légion d'honneur, le maréchal Lobau, commandant de la garde nationale de Paris, le prince de Talleyrand;

Pour la princesse Hélène: le comte de Rantzau, M. Bresson et le duc de Choiseul. La maison du roi, la maison des princes, étaient placées derrière la famille royale; les dames se tenaient debout du côté opposé, derrière le chancelier. Le plus profond silence régnait dans toute la salle.

Au milieu de ce silence solennel, le chancelier, d'une voix grave et imposante, lut la formule de mariage : *Très-haut et très-puissant seigneur*, etc., et la question d'usage : *Acceptez-vous pour épouse la princesse Hélène?* Le duc d'Orléans, se tournant vers son père, a paru lui demander une dernière fois son consentement royal; le roi a fait un geste affirmatif, et alors le duc et la duchesse ont répondu : *Oui, monsieur.* Quand toutes les cérémonies ont été accomplies, M. le chancelier a lu à haute et intelligible voix le contrat de mariage entre le prince royal et la princesse Hélène de Mecklembourg.

ACTE DE MARIAGE.

L'an mil huit cent trente-sept, le mardi, trentième jour du mois de mai, à huit heures et demie du soir,

Nous, Étienne-Denis, baron Pasquier, chancelier de France, pair de France, président de la chambre des pairs, grand-croix de l'ordre royal de la Légion d'honneur, remplissant, aux termes de l'ordonnance royale du vingt-trois mars mil huit cent seize, les fonctions d'officier de l'état civil à l'égard des princes et princesses de la maison royale, nous sommes transporté, d'après les ordres du roi, avec Élie, duc Decazes, pair de France, grand référendaire de la chambre des pairs, commandeur de l'ordre royal de la Légion d'honneur, accompagné de Eugène-François Cauchy, chevalier de l'ordre royal de la Légion d'honneur, garde des archives de la chambre des pairs,

Au château royal de Fontainebleau, dans la galerie de Henri II, où s'étaient également rendus, par ordre du roi, Mathieu-Louis, comte Molé, pair de France, ministre-secrétaire d'État au département des affaires étrangères, président du conseil des ministres, officier de l'ordre royal de la Légion d'honneur, et Félix Barthe, pair et garde des sceaux de France, ministre-secrétaire d'État au département de la justice et des cultes, grand officier de l'ordre royal de la Légion d'honneur ;

Où étant, avons procédé à l'acte de mariage de très-haut et très-puissant prince Ferdinand-Philippe-Louis-Charles-Henri d'Orléans, duc d'Orléans, prince royal, né à Palerme, le trois septembre mil huit cent dix, fils de très-haut, très-puissant et très-excellent prince Louis-Philippe, premier du nom, roi des Français, et de très-haute, très-puissante et très-excellente princesse Marie-Amélie, reine des Français, d'une part ;

Et de très-haute et très-puissante princesse Hélène-Louise-Élisabeth, princesse de Mecklembourg-Schwerin, née à Ludwigslust, le 24 janvier 1814, fille de feu très-haut et très-puissant prince Frédéric-Louis, grand-duc héréditaire de Mecklembourg-Schwerin, décédé le 29 novembre 1819, et de feu très-haute et très-puissante princesse Caroline-Louise de Saxe-Weimar, grande-duchesse héréditaire de Mecklembourg-Schwerin, décédée le 20 janvier 1816, d'autre part.

Et à cet effet, en présence de LL. MM. le roi

et la reine des Français, comme aussi en présence de très-haute et très-puissante princesse Auguste-Frédérique de Hesse-Hombourg, grande-duchesse héréditaire douairière de Mecklembourg-Schwerin, belle-mère de la princesse future épouse, agissant en vertu des droits et pouvoirs à elle conférés par très-haut et très-puissant prince Frédéric, grand-duc régnant de Mecklembourg-Schwerin; en présence également de très-haut, très-puissant et très-excellent prince Léopold, premier du nom, roi des Belges, duc de Saxe, prince de Cobourg-Gotha, et de très-haute, très-puissante et très-excellente princesse Louise-Marie-Thérèse-Caroline-Isabelle, princesse d'Orléans, reine des Belges, duchesse de Saxe, princesse de Cobourg-Gotha; en présence également de très-hauts et très-puissants princes Louis-Charles-Philippe-Raphaël d'Orléans, duc de Nemours; François-Ferdinand-Philippe-Louis-Marie d'Orléans, prince de Joinville; Henri-Eugène-Philippe-Louis d'Orléans, duc d'Aumale; Antoine-Marie-Philippe-Louis d'Orléans, duc de Montpensier, fils de Leurs Majestés le roi et la reine des Français; de très-hautes et très-puissantes princesses Marie-Christine-Caroline-Adélaïde-Françoise-Léopoldine, princesse d'Orléans; Marie-Clémentine-Caroline-

Léopoldine-Clotilde, princesse d'Orléans, filles de Leurs Majestés; et de très-haute et très-puissante princesse Eugène-Adélaïde-Louise, princesse d'Orléans, sœur du roi;

Et aussi en présence des témoins désignés par le roi, savoir :

Antoine-Jean-Mathieu, baron Séguier, vice-président de la chambre des pairs, grand-croix de l'ordre royal de la Légion d'honneur; Joseph-Marie, comte Portalis, vice-président de la chambre des pairs, grand-croix de l'ordre royal de la Légion d'honneur; Achille-Léonce-Victor-Charles, duc de Broglie, vice-président de la chambre des pairs, grand-croix de l'orde royal de la Légion d'honneur; Dominique-François-Marie, comte de Bastard, vice-président de la chambre des pairs, grand officier de l'ordre royal de la Légion d'honneur; André-Marie-Jean-Jacques Dupin, président de la chambre des députés, grand officier de l'ordre royal de la Légion d'honneur; Jean Calmon, vice-président de la chambre des députés, commandant de l'ordre royal de la Légion d'honneur; Jules-Paul-Benjamin Delessert, vice-président de la chambre des députés, commandeur de l'ordre royal de la Légion d'honneur; Jean-François, vicomte Jacqueminot, vice-président de la chambre des députés, grand officier de l'ordre royal de la Légion d'honneur; Laurent Cunin-Gridaine, vice-président de la chambre des députés, officier de l'ordre royal de la Légion d'honneur; Jean-de-Dieu Soult, duc de Dalmatie, pair et maréchal de France, grand-croix de l'ordre royal de la Légion d'honneur; Maurice-Étienne, comte Gérard, pair et maréchal de France, grand chancelier et grand-croix de l'ordre royal de la Légion d'honneur; George Mouton, comte de Lobau, pair et maréchal de France, commandant en chef la garde nationale du département de la Seine, grand-croix de l'ordre royal de la Légion d'honneur; Charles-Maurice, prince duc de Talleyrand, pair de France, grand-croix de l'ordre royal de la Légion d'honneur; Charles-Frédéric-Guillaume, baron de Rantzau, maréchal de cour et vice-grand écuyer du grand-duché de Mecklembourg-Schwerin; Claude-Antoine-Gabriel, duc de Choiseul, pair de France, grand-croix de l'ordre royal de la Légion d'honneur; Charles-Joseph Bresson, pair de France, envoyé extraordinaire et ministre plénipotentiaire du roi près Sa Majesté le roi de Prusse, commandeur de l'ordre royal de la Légion d'honneur;

Après avoir pris les ordres du roi, avons fait aux hautes parties contractantes les demandes ci-après :

Très-haut et très-puissant prince Ferdinand-Philippe-Louis-Charles-Henri d'Orléans, duc d'Orléans, prince royal, déclarez-vous prendre en mariage très-haute et très-puissante princesse Hélène-Louise-Élisabeth, princesse de Mecklembourg-Schwerin, ici présente? Et à ce, Son Altesse Royale a répondu : Oui, Monsieur;

Très-haute et très-puissante princesse Hélène-Louise-Élisabeth, princesse de Mecklembourg-Schwerin, déclarez-vous prendre en mariage très-haut et très-puissant prince Ferdinand-Philippe-Louis-Charles-Henri d'Orléans, duc d'Orléans, prince royal, ici présent; et à ce, Son Altesse Royale a répondu : Oui, Monsieur.

Sur quoi nous avons dit :

Par ordre du roi, et au nom de la loi, nous déclarons que très-haut et très-puissant prince Ferdinand-Philippe-Louis-Charles-Henri d'Orléans, duc d'Orléans, prince royal, et très-haute et très-puissante princesse Hélène-Louise-Élisabeth, princesse de Mecklembourg-Schwerin, sont unis en mariage.

De tout quoi nous avons rédigé le présent acte, et ont signé après lecture faite.

Ont signé :

> FERDINAND D'ORLÉANS,
> HÉLÈNE-LOUISE-ÉLISABETH DE MECK-
> LEMBOURG-SCHWERIN,
> LOUIS-PHILIPPE,
> MARIE-AMÉLIE,
> AUGUSTE-FRÉDÉRICQUE.

Léopold, Louise, Louis d'Orléans, François d'Orléans, Henri d'Orléans, Antoine d'Orléans, Marie d'Orléans, Clémentine d'Orléans, E.-Adélaïde-L. d'Orléans.

Séguier, Portalis, de Broglie, de Bastard, Dupin, Calmon, Delessert, Jacqueminot, C. Gridaine, duc de Dalmatie, comte Gérard, prince de Talleyrand, baron Rantzau, duc de Choiseul, Bresson, Molé, Barthe, Pasquier, duc de Cases, E. Cauchy.

Après la lecture du contrat, le grand référendaire a porté le contrat à la signature de la famille royale. Les deux époux ont signé d'abord, le roi a signé ensuite, puis le roi des Belges, les deux reines, et enfin les princes et les princesses.

« En quittant la magnifique salle de Henri II, si somptueusement restaurée par les ordres du roi, et si heureusement inaugurée par cette mémorable solennité, on s'est rendu, en traversant la galerie de François Ier, à la grande chapelle du palais, que le roi s'occupe aussi de faire rétablir dans son ancien éclat.

« Les travées supérieures étaient garnies de dames de la ville et d'autres personnes invitées qui suivaient avec émotion l'imposant spectacle offert à leurs yeux.

« Le mariage catholique a été célébré par monseigneur l'évêque de Meaux, assisté de monseigneur l'évêque de Maroc, aumônier de la reine, et des grands vicaires du diocèse. Le prélat, dans une allocution touchante, a insisté sur la sainteté des devoirs qu'impose le mariage, et a retracé le tableau des vertus de famille dont le roi et la reine donnent un si noble exemple.

« Le mariage protestant a été célébré dans la salle qui porte le nom de Louis-Philippe, galerie nouvelle, créée par le roi et digne de toutes les autres magnificences du palais.

« M. Cuvier, pasteur, président de l'église réformée de la confession d'Augsbourg à Paris, assisté d'un ministre du saint Évangile, a donné la bénédiction nuptiale. Son discours, plein d'onction, a été suivi d'une invocation pour appeler les faveurs divines sur l'union qu'il venait de consacrer.

« Les cérémonies du mariage se sont terminées à onze heures. Nous essayerions vainement de rendre l'impression qu'elles ont produite : tout en conservant la noble simplicité que l'on admire dans la famille royale, elles offraient le caractère de grandeur et de majesté qui convient à notre royauté[1]. »

Le séjour à Fontainebleau se prolongea jusqu'au samedi 3 juin[2]. Le matin, on faisait de grandes promenades dans la forêt; le soir, il y avait spectacle à la cour[3]. Ce fut surtout une fête pour la famille royale de visiter le camp formé près de la ville. Les tentes étaient pavoisées de drapeaux tricolores, et les soldats, dans leur gaité ingénieuse, s'étaient distribué les rôles pour rendre hommage aux illustres époux : l'un, Raphaël improvisé, avait dessiné des emblèmes allégoriques; l'autre, apprenti Michel-Ange, avait bâti un temple à l'hyménée; et le

---

[1] *Moniteur*.

[2] Un magnifique album, composé par ordre de M. le comte de Montalivet, et par les soins de M. le baron Taylor, a retracé les cérémonies et les fêtes du mariage. Les dessins sont dus au pinceau de MM. Roqueplan, Lamy, Dauzats, Boulanger, Justin Ouvrié, V. Adam, Viollet-Leduc, etc.

[3] Mademoiselle Mars joua les *Fausses Confidences*, et Duprez chanta *Guillaume Tell*.

poëte, nouvel Homère, avait chanté l'*enlèvement d'Hélène*.

Le toit du pauvre et l'asile de la souffrance ne furent point oubliés; et Fontainebleau, dans sa reconnaissance et dans son enthousiasme, crut avoir retrouvé la charité de Marie-Thérèse, la bonté de Henri IV, et l'hospitalité de Louis XIV.

CHAPITRE VIII.

ITINÉRAIRE HISTORIQUE ET DESCRIPTIF.

I. COUR DU CHEVAL-BLANC.

François Ier créa cette grande cour à l'aide des terrains qu'il acquit des religieux de l'ordre des Mathurins. Elle sert d'entrée principale au palais de Fontainebleau. Elle prit le nom de cour du Cheval-Blanc sous Charles IX, lorsque Catherine de Médicis y fit placer sous un dôme la représentation en plâtre de la statue équestre de Marc Aurèle, que le Primatice avait, par ses ordres, fait mouler à Rome devant la porte du Capitole. Ce cheval fut brisé en 1626; mais la cour en a gardé le nom. Elle était primitivement fermée par des bâtiments du côté de la place de la ville, en face de l'ancien hôtel de Guise. C'est Napoléon qui a remplacé ces bâtiments par la grande grille que l'on voit aujourd'hui. L'architecte Serlio, qui avait dessiné cette cour, l'avait partagée en quatre compartiments disposés pour les courses à la bague, les fêtes et les tournois. Des fossés et un pont-levis la terminaient du côté de l'escalier du Fer à Cheval, qui fut construit plus tard, et les deux piédestaux dont on voit les débris portaient les statues de Céphale et de Bacchus. L'empereur Napoléon avait fait ajouter les deux petits murs latéraux pour former, comme Louis XIV à Versailles, une cour d'honneur dont l'entrée était exclusivement réservée aux voitures des grands dignitaires.

Le grand bâtiment à droite, qu'on appelle *l'Aile neuve*, ou *l'aile de Louis XV*, a succédé, sous ce monarque, à la célèbre galerie d'*Ulysse*, où le Primatice et Nicolo dell' Abbate avaient peint à fresque les aventures du roi d'Ithaque. Napoléon établit une école militaire dans ces bâtiments; mais, en 1803, il la transféra à Saint-Cyr, et fit démolir l'aile en retour du côté de l'entrée sur la place.

Au-dessous du pavillon en briques qui termine cette aile du côté de la grille, et sur le haut duquel on voit l'F de François Ier, était la grotte du jardin *des Pins*, décorée de peintures à fresque, dont l'œil découvre encore quelques vestiges. L'aventure de la princesse Madeleine, que nous avons racontée, donna de la célébrité à ces bains mystérieux.

Du côté gauche de la cour, à l'endroit occupé depuis 1830 par le régisseur, on trouve cette vieille inscription : Bvreau de la poste dv rôy, 1551. C'était l'aile des Ministres : MM. de Louvois, de Seignelay et de Châteauneuf y logeaient en 1682. Au delà d'une grille dorée que le roi Louis-Philippe a fait construire, en attendant le pont qui doit réunir l'aile des Ministres au corps principal du château, on voit le Jeu de Paume, bâti près de l'ancienne galerie *des Chevreuils* qui n'existe plus : elle était adossée au pavillon des Aumôniers.

L'escalier du Fer à Cheval, construit sous Louis XIII par Lemercier, son architecte, et que l'on regarde comme un chef-d'œuvre de difficulté vaincue, a succédé à un premier escalier, qui conduisait à une terrasse du haut de laquelle la cour assistait aux tournois. Cet escalier sert d'entrée principale au palais, dont la façade se compose de cinq pavillons : le pavillon *des Aumôniers* ou *de l'Horloge*; le pavillon *des Armes*, ainsi nommé parce que François 1er y avait rassemblé des armes précieuses de temps divers et de diverses nations : c'est là que le maréchal Biron fut enfermé la nuit de son arrestation, en 1601. Le pavillon du milieu se nommait le pavillon *des Peintures*, parce que Charles IX y avait réuni des tableaux de Michel Ange, du Titien et de plusieurs autres grands maîtres de l'école italienne. On y voit cette inscription :

D. O. M.
Karolus ix, dei gratia Francorum rex.
Ann. dom. mdlxv.

Au-dessous de cette inscription se trouve le buste en marbre de François I*er*, qui a été placé par ordre de Sa Majesté Louis-Philippe.

Charles IX a fait aussi revêtir de pierres de taille le quatrième pavillon, et le cinquième, appelé d'abord le pavillon *des Poêles*, parce que François I*er* avait fait venir d'Allemagne de grands poêles pour le chauffer; puis, le pavillon *des Reines*, parce qu'il avait été successivement habité par Catherine de Médicis et par Anne d'Autriche. Ce pavillon doit sa beauté actuelle à Louis XIV.

C'est dans cette cour que se donnèrent, sous François I*er*, sous Henri II, sous Charles IX, les tournois dont nous avons retracé les détails; c'est là que Napoléon fit, en 1814, ses adieux à sa vieille garde.

PREMIER ÉTAGE.

2. APPARTEMENTS DE LL. AA. RR. LE DUC ET LA DUCHESSE DE NEMOURS.

En prenant l'escalier à droite, au milieu de l'aile neuve, dans la cour du Cheval-Blanc, on monte à l'appartement de Leurs Altesses Royales le duc et la duchesse de Nemours, que Sa Majesté Louis-Philippe a fait décorer avec la plus grande élégance. C'étaient les appartements de la princesse Borghèse. Le rez-de-chaussée, sous l'empire, était occupé par madame mère; il l'a été en 1839 par les infants d'Espagne.

3. APPARTEMENTS DE LL. AA. RR. LE DUC ET LA DUCHESSE D'ORLÉANS.

Madame la duchesse d'Orléans habite, du côté de la cour de la Fontaine, le pavillon de Louis XIV, autrefois l'*appartement des Reines*, d'où l'on aperçoit l'ancien jardin des Pins et le grand étang de Henri IV. C'est là que logèrent Charles-Quint en 1539; Charles IV, roi d'Espagne, en 1808, et le pape en 1812. Ce pontife donnait sa bénédiction au peuple, agenouillé dans l'avenue Maintenon, du haut du balcon du *salon de l'Angle*, et il disait la messe dans l'ancienne chambre d'Anne d'Autriche, où l'on voit encore le chiffre de cette reine. C'est dans ce même appartement que s'était tenue l'assemblée des notables sous François II. Au rez-de-chaussée se trouvait la grande salle où, en présence de Henri IV, eut lieu la célèbre lutte théologique entre le cardinal Duperron et Duplessis-Mornay. (Voir le chapitre de Henri IV.)

Le long des appartements de S. A. R. M. le duc d'Orléans, qui sont décorés avec magnificence, et ornés d'un grand nombre de tableaux[1] et de tapisseries, règne sur la cour du Cheval-Blanc, au-dessus de la voûte qui conduit à la cour de la Fontaine, une galerie formée par S. M. Louis-Philippe, avec les débris des fresques d'Ambroise Dubois, qui, dans l'origine, décoraient le plafond de la galerie de Diane, et qui ont été sauvées de la poussière de l'oubli.

4. VESTIBULE DU FER A CHEVAL.

Le vestibule au haut de l'escalier du Fer à cheval se fait remarquer par six belles portes en bois sculpté, qui donnent à la fois entrée : 1° dans la galerie des fresques; 2° dans l'appar-

---

[1] Un livret spécial, composé par la direction du Musée, donne la liste de tous les tableaux qui sont dans les divers appartements de Fontainebleau, et dont les cadres énoncent d'ailleurs l'auteur et le sujet. Nous nous bornons à citer ceux de ces tableaux qui sont peints à fresque, ou qui, incrustés dans les lambris, font partie de l'édifice.

tement du duc d'Orléans; 3° dans la galerie de François Ier; 4° dans l'escalier de la chapelle; 5° dans la chapelle de la Sainte-Trinité; 6° sur l'escalier du Fer à cheval. Sa Majesté Louis-Philippe a fait sculpter au plafond les chiffres des divers souverains qui ont le plus travaillé à l'embellissement de Fontainebleau.

5. CHAPELLE DE LA SAINTE-TRINITÉ.

Cette chapelle fut bâtie en 1529 par François Ier sur les débris de l'ancienne église de la Sainte-Trinité, élevée par saint Louis. On en voit encore une vieille arcade d'ordre gothique au fond de la nef. Cette chapelle était dans un état extrême de simplicité, lorsque, en 1608, don Pèdre, ambassadeur d'Espagne, dit à Henri IV qu'à Fontainebleau le *roi était mieux logé que Dieu*. Ce monarque fit sur-le-champ restaurer la chapelle de la Sainte-Trinité. Les peintures sont de Fréminet.

Les tableaux principaux placés dans le centre de la voûte représentent :

Noé faisant entrer sa femme et ses enfants dans l'arche.

La chute des anges.

Dieu entouré des puissances célestes.

L'ange Gabriel recevant de Dieu l'ordre d'annoncer la venue du Messie sur la terre.

Les saints-pères apprenant la venue du Messie.
L'annonciation de la Vierge.

Les quatre éléments sont dans les quatre tableaux ovales qui lient ensemble les tableaux principaux.

Les tableaux qui sont dans la partie de la voûte, entre les trumeaux des fenêtres, représentent les rois de Jérusalem : Saül, David, Salomon, Roboam, Abia, Aza, Josaphat et Joram.

A droite et à gauche des rois, et peint en grisaille, on voit les patriarches et les prophètes. Les médaillons placés entre les grisailles représentent : la Prévoyance, la Patience, la Diligence, la Clémence et la Paix.

Les angles de la voûte sont occupés par quatre tableaux :

La Charité, l'Espérance, la Foi, la Religion.

Le tableau placé sur l'autel est peint par Jean Dubois, et représente une descente de croix.

Dans les niches, à droite et à gauche de l'autel, les statues de saint Charlemagne et de saint Louis, par Germain Pilon.

L'autel, qui est d'une grande beauté, et qui date de Louis XIII, est surmonté par quatre anges en bronze de Germain Pilon, et par les armes de France et de Navarre.

Dans la sacristie, le Christ en croix et une descente de croix ;

Au-dessus de la tribune du roi, les armes des Médicis.

D'illustres mariages ont été célébrés dans cette chapelle, notamment ceux de Marie-Louise d'Orléans, reine d'Espagne, de Marie Leczinska, reine de France, de Jérôme Bonaparte, avec la princesse Catherine de Wirtemberg, et de Son Altesse Royale la princesse Hélène de Mecklembourg, avec le duc d'Orléans.

Napoléon y entendait la messe tous les dimanches.

On lisait autrefois sur la porte d'entrée cette inscription monarchique : *Adorate Deum et deinde Regem.*

5. GALERIE DE FRANÇOIS Ier.

Cette galerie célèbre a été construite par François Ier pour servir de communication entre la cour du Cheval-Blanc, qu'il venait de créer, et l'ancien pavillon de Saint-Louis, berceau de cette antique demeure. Dans le principe, elle était éclairée, par un nombre égal de croisées, et sur le jardin et sur la cour de la Fontaine. Ce ne fut que bien plus tard que Louis XV la fit doubler du côté du jardin pour faire les petits appartements. La terrasse extérieure a été bâtie par Henri IV, et refaite par Napoléon, pour y jouir de la vue magnifique que présentent le grand étang, le jardin des Pins, l'ancien mail de Henri IV, et dans le lointain, le bouquet d'arbres verts qui couronne le coteau.

L'intérieur était décoré avec autant de richesse que d'élégance. Le plafond, à compartiments dorés, parsemé de salamandres, de chiffres et d'armoiries; les brillantes peintures du Rosso, les belles sculptures du Primatice, tout concourait à la rendre digne du souverain, protecteur des arts, dont l'image sculptée en marbre semble présider à ces magnificences.

Sous la poussière corrosive du temps, l'œil peut encore distinguer douze tableaux, qui sont autant de flatteries allégoriques en l'honneur de François 1er.

Le premier tableau du côté de la *cour de la Fontaine* fait allusion à l'amour de François Ier pour les lettres et les sciences;

Le deuxième, aux soins qu'il donne à son royaume;

Le troisième représente la piété filiale de Cléobis et Bithon;

Le quatrième, Jupiter, métamorphosé en pluie d'or, visitant Danaé;

Le cinquième, le désespoir de Vénus à la mort d'Adonis [1];

[1] En examinant l'encadrement sculpté de ce tableau, on jette en passant un coup d'œil embarrassé sur la *Petite curieuse!*

Le sixième, la fontaine de Jouvence.

Au bout de la salle, sous le buste de François Ier, on remarque un *cabinet* de porcelaine de Sèvres qui représente les cérémonies et les fêtes du mariage du duc d'Orléans : c'est un don de Sa Majesté Louis-Philippe.

En allant vers le côté gauche de cette galerie, on trouve l'escalier neuf construit par Sa Majesté Louis-Philippe, et dont les boiseries imitent les sculptures de l'escalier du Fer à cheval; puis, on voit le septième tableau, représentant le combat des Lapithes contre les Centaures ;

Le huitième, l'Amour grondé par Vénus pour avoir abandonné Psyché ;

Le neuvième, l'éducation d'Achille par le centaure Chiron ;

Le dixième, un naufrage ;

Le onzième, la ruine de la ville de Troie ;

Le douzième, un triomphe.

A l'endroit où l'on rencontre à regret une triste cheminée moderne, était autrefois le cabinet où François Ier gardait son argenterie, ses pierres précieuses et ses bijoux. On y voit encore son chiffre en or et son portrait dans un tableau de Jean de Boulogne.

Au-dessus de la galerie se trouvait la bibliothèque fondée par ce prince. Depuis que les livres ont été transportés au Louvre, elle a été transformée en petits appartements.

Au-dessous, étaient les bains de François Ier, que le Primatice avait décorés des fresques les plus voluptueuses.

Les croisées de cette galerie s'ouvrent sur une terrasse qui domine la *Cour de la Fontaine,* ainsi nommée d'une fontaine surmontée aujourd'hui de la statue d'Ulysse, autrefois de la statue de Persée : cette terrasse est ornée, entre ses pilastres, des bustes des empereurs romains. A gauche, la salle de spectacle, avec son grand escalier extérieur, décoré de tentes par Napoléon ; à droite, le pavillon de Louis XIV, dont les beaux appartements, remeublés avec magnificence, servent d'habitation à madame la duchesse d'Orléans ; puis, le grand étang, avec son pavillon construit dans l'origine par Henri IV, et refait par Napoléon ; enfin, dans le lointain, l'ancien Carrousel, aujourd'hui les écuries du Roi, et cette forêt d'arbres verts qui termine le paysage d'une manière si pittoresque.

7. PETITS APPARTEMENTS.

A l'extrémité de la galerie de François Ier, du côté du vestibule, on entre sur le palier de l'escalier de la chapelle, au bas duquel on aperçoit une belle grille de Louis XIV, qui conduit au jardin du Roi, et on entre dans les petits appartements, que Louis XV fit commencer et Louis XVI achever, sur le jardin, pour doubler la galerie de François Ier.

Ces petits appartements ont formé plus tard l'habitation particulière de Napoléon. C'est là que se trouve le cabinet où il abdiqua en 1814. On y conserve, encadré sous un verre, le *fac-similé* de son abdication, transcrit de la main du baron Fain, tel qu'il suit :

« Les puissances alliées ayant proclamé que l'empereur Napoléon était le seul obstacle au rétablissement de la paix en Europe, l'empereur, fidèle à son serment, déclare qu'il renonce, pour lui et ses successeurs, au trône de France et d'Italie, et qu'il n'est aucun sacrifice personnel, même celui de la vie, qu'il ne soit prêt à faire aux intérêts de la France. »

Dans ce même cabinet, on ne lit pas sans quelque surprise, sur une plaque de cuivre adaptée à un guéridon d'acajou, ce singulier anachronisme : « *Le cinq avril dix-huit cent quatorze*, NAPOLEON BONAPARTE *signa son abdication sur cette table, dans* LE CABINET DE TRAVAIL DU ROI !.. *le deuxième après la chambre à coucher, à Fontainebleau.* »

De ce cabinet, un escalier descend au rez-de-chaussée, à la bibliothèque particulière du roi, qui était celle de Napoléon. Il y passait une grande partie de ses journées, et même il y couchait quelquefois sur son petit lit de fer.

Ces appartements sont occupés aujourd'hui au premier étage par le roi, au rez-de-chaussée par Son Altesse Royale madame Adélaïde.

8. SALON DE FAMILLE.

Sous Henri IV, ce salon était *le cabinet du roi*. C'est de là que sortait le maréchal de Biron lorsqu'il fut arrêté. Sous l'empire, c'était la salle du conseil; aujourd'hui, c'est le salon où se réunit la famille royale.

Les peintures, qui sont de Boucher, représentent, sous des figures allégoriques, les attributs des rois et des héros.

Plafond. — Apollon, dieu du jour, sur son char, précédé du Point-du-Jour, et suivi par des Amours.

Dans les quatre angles du plafond. — Des Amours portent les attributs des quatre saisons.

Les seize panneaux de cette salle, peints en camaïeu bleu et rouge, représentent :

A droite de la cheminée. — La Paix ; la Fidélité ; la Constance ; la Gloire ; et l'Hiver et l'Automne sur les deux panneaux de la porte ; le repos après la victoire ; la Justice.

A gauche de la cheminée. — Minerve avant le

combat; Minerve après le combat; la Réflexion; le Succès; le Printemps et l'Été sur les deux panneaux de la porte feinte; l'Histoire; l'Immortalité.

Le cul-de-lampe sur le jardin a été ajouté par Louis XVI. Les deux consoles, près des croisées, ont été respectées dans la révolution. Le plafond est orné des armes de France sur fond d'or. On remarque, sur les lambris, deux emblèmes, dont l'un sous la forme d'un arbre, avec ces mots: *Ditat et Ornat;* et l'autre, sous la figure de la terre éclairée par le soleil, avec cette devise: *Splendor ab hospite.* C'était une allusion au séjour de Louis XIV à Fontainebleau.

9. SALLE DU TRÔNE, ANCIENNE GRANDE CHAMBRE DU ROI.

C'était autrefois la *grande chambre du roi.* On en attribue la construction, ainsi que celle des appartements qui suivent sur le jardin de l'Orangerie, jusqu'à l'ancienne galerie *des Cerfs,* au-dessous de la galerie de Diane, à Charles IX, comme l'indiquait la lettre K qui, dans l'orthographe du temps, était l'initiale de son nom.

Louis XIII et Louis XIV renouvelèrent et embellirent cette pièce, qui servait pour les solennités et la réception des ambassadeurs, comme on l'a vu plusieurs fois dans les chapitres historiques de cet ouvrage.

On remarque au plafond, qui est d'une richesse extrême, une couronne sur fond d'azur, soutenue par huit Amours, et des deux côtés les armes de France et de Navarre, ainsi que quatre couronnes portées par des aigles d'or; de plus, des médaillons représentant le *Val de Grâce*, fondé par Anne d'Autriche; au-dessus du trône, le chiffre de Louis XIV, le sceptre et la main de justice; sur la cheminée, le portrait de Louis XIII, par Philippe de Champagne, avec cette devise, qui fait allusion à la massue avec laquelle *ce nouvel Hercule* a terrassé l'hérésie : *Erit hæc quoque cognita monstris.*

10. CABINET DE LA REINE, ANCIEN CABINET DES EMPEREURS.

Entre la grande chambre du roi et la chambre de la reine se trouvait le *cabinet des empereurs*, ainsi nommé parce que Charles IX y avait fait représenter les douze Césars à cheval. Ce cabinet se composait de la partie de la chambre du roi où, depuis Louis XIV, on a placé le trône, et de tout l'espace jusqu'à la chambre de la reine. Lorsque Marie-Antoinette fit préparer les petits appartements par l'architecte Rousseau, le cabinet des Empereurs disparut tout à fait, pour faire place au petit cabinet qui précède la chambre de la reine, et à un *boudoir turc* au-dessus, dont toute la décoration était dans le goût oriental.

Plafond, par Barthélemy. — L'Aurore.

Les peintures sur les panneaux représentent des arabesques sur fond or vert.

Les quatre dessus de porte en sculpture sont de Beauvais; ils ont été faits vers 1780, et représentent :

Uranie et Calliope (l'Astronomie et l'Éloquence); Clio et Polymnie (l'Histoire et la Rhétorique); Euterpe et Érato (la Musique et la Poésie); Thalie et Melpomène (la Comédie et la Tragédie).

On voit le chiffre de Marie-Antoinette au milieu du parquet en acajou massif; et les espagnolettes des croisées ont été faites par Louis XVI qui avait, à Fontainebleau comme à Versailles, un atelier de serrurerie.

11. CHAMBRE DE LA REINE.

Cette belle chambre a été habitée par Marie de Médicis, Marie-Thérèse, Marie-Antoinette, Marie-Louise, et Sa Majesté Marie-Amélie, reine des Français. Les meubles sont du temps de Louis XVI, et Napoléon les a fait racheter e remettre à leur place, ainsi que les tapisseries; il a ajouté la balustrade dorée qui est devant le lit.

12. SALON DE MUSIQUE.

C'était, sous Marie-Antoinette, le *salon du Jeu de la Reine*. Le plafond représente Minerve, protectrice des arts, et on lit au bas de ce tableau : *Barthelemy fecit,* 1786 ; les six dessins de porte, par Sauvage, sont des sacrifices au dieu de l'Éloquence et au dieu des Jardins.

13. PETIT SALON.

Ancien Salon de Clorinde.

Ambroise Dubois avait peint dans ce salon l'histoire de Tancrède et de Clorinde ; c'est ce qui avait fait donner le nom de *Cabinet de Clorinde* à cette pièce, que Paul Bril avait ornée de paysages. Tout cela avait disparu, et ce cabinet avait été métamorphosé en garderobes, lorsque Sa Majesté Louis-Philippe en a refait un salon élégant.

14. GALERIE DE DIANE.

A la suite et à gauche de ce salon, on monte huit marches pour entrer dans la galerie de *Diane*. On raconte que Gabrielle d'Estrées, jalouse de l'hommage rendu à Diane de Poitiers par Henri II, qui lui avait consacré toute une galerie, exigea de Henri IV cette même preuve d'amour. Ce prince s'empressa d'ordonner à Ambroise Dubois de peindre à fresque dans cette galerie les divinités de l'Olympe, et surtout Diane, qui, par le caprice de Gabrielle, devait en être le principal ornement. Gabrielle mourut, et ce fut Marie de Médicis qui fut représentée sous les traits de Diane.

Lorsque Louis XIV enfant venait à Fontainebleau, il se mesurait le long du mur de cette galerie, à côté de la première croisée. Les courtisans trouvaient à chaque voyage qu'il avait singulièrement grandi!

Cette galerie tombait en ruine, lorsque Heurtot, architecte du palais de Fontainebleau, proposa à Napoléon de la reconstruire; ce monarque n'eut pas le temps de l'achever; ce soin était réservé à Louis XVIII, qui, fidèle à ses traditions politiques, data ses travaux de la *vingt-huitième année de son règne,* par une inscription en lettres d'or qu'il fit mettre sur les cinq portes de cette galerie.

La voûte de la galerie de Diane est divisée en plusieurs compartiments dont les peintures ont été exécutées par Abel de Pujol et Blondel, membres de l'Institut.

Au-dessus de la porte d'entrée. — Diane et les nymphes de sa suite; tableau en grisaille.

PREMIÈRE PARTIE DE LA GALERIE.

Première division en entrant, par Abel de Pujol

A droite et à gauche dans le cintre de la voûte.
— 1° Le Génie vainqueur de la Mort; 2° le Génie de la Mort.

Tableau du milieu. — Esculape rend la vie à Hippolyte.

Frises de droite et de gauche. 1° Diane et Hippolyte; 2° la mort d'Hippolyte.

Deuxième division, par Blondel.

A droite et à gauche dans le cintre de la voûte.
— 1° Le Génie de la Douleur; 2° le Génie de la Médecine.

Tableau du milieu. — Latone implore Jupiter qui change en grenouilles les paysans de Lycie.

Frises de droite et de gauche. — 1° Amphitrite sur les eaux; 2° Latone et le serpent Python.

Troisième division, par Abel de Pujol.

A droite et à gauche dans le cintre de la voûte.
— 1° Le Génie de la Vengeance; 2° le Génie de l'Impiété.

Tableau du milieu. — Le sanglier de Calydon.

Frises de droite et de gauche. — 1° Amphiaraüs et Jason; 2° Méléagre et Atalante vainqueurs du sanglier de Calydon.

Quatrième division, par Blondel.

A droite et à gauche dans le cintre de la voûte.
— 1° Le Génie de la Virginité; 2° le Génie de la Chasse.

Tableau du milieu. — Diane, déesse de la chasse.

Frises de droite et de gauche. — 1° Invocation à la lune; 2° nymphes au repos.

A droite et à gauche dans le cintre de la voûte. — 1° Le Génie des Ténèbres; 2° le Génie de la Sagesse.

DEUXIÈME PARTIE DE LA GALERIE.

Cinquième division, par Abel de Pujol.

A droite et à gauche dans le cintre de la voûte. 1° Le Génie de la Lune; 2° le Génie de la Lumière.

Tableau du milieu. — Naissance d'Apollon et de Diane.

Frises de droite et de gauche. 1° Junon ordonne aux Euménides de poursuivre Latone; 2° Neptune, à la prière de Mercure, fixe l'île de Délos.

A droite et à gauche dans le cintre de la voûte. — 1° Le Génie d'Hécate; 2° le Génie d'Apollon.

Sixième division, par Blondel.

Tableau du milieu. — Hercule, sur le mont Ménale, saisit la biche aux pieds d'airain.

Frises de droite et de gauche. — 1° Hercule et Eurysthée; 2° le dieu Pan et le fleuve Ladon.

A droite et à gauche dans le cintre de la voûte. — 1° Le Génie de Neptune; 2° le Génie de la Force.

Septième division, par Abel de Pujol.

Tableau du milieu. — Sacrifice d'Iphigénie. — Diane enlève Iphigénie et lui substitue une biche.

Frises de droite et de gauche. — 1° Agamemnon et Ménélas déplorent le sort d'Iphigénie; 2° deux guerriers pleurent la mort d'Iphigénie.

A droite et à gauche dans le cintre de la voûte. — 1° Le Génie de l'Offense; 2° le Génie de l'Expiation.

Huitième division, par Blondel.

Tableau du milieu. — La famille de Niobé.

Frises de droite et de gauche. — 1° Apollon et Diane dirigeant leurs traits sur les enfants de Niobé; 2° groupe d'enfants de Niobé près d'un autel de Diane.

A droite et à gauche dans le cintre de la voûte. — 1° Le Génie de la Fraude; 2° le Génie de la Colère.

Charlemagne passe les Alpes, par Lecomte.

Henri IV au siége de Paris, par Ronmy.

Vue du château de Fontainebleau. — Henri IV relève Sully, par Millin du Perreux.

Entrée de Charles VIII dans la ville d'Aquapendente, par Chauvin.

Départ de Bayard de Brescia, par Bidauld.

Tanneguy Duchâtel sauve le Dauphin, par Richard.

Portrait équestre d'Henri IV, par Mauzaisse.

Saint Louis au tombeau de sa mère, par Bouton.

Vue du château de Pau où Henri IV est né, par Millin du Perreux.

Henri IV et le capitaine Michau, par Watelet.

Courageuse défense de Louis VII dans les défilés de Laodicée, par Boisselier.

L'ermite Pierre prêche la croisade (novembre 1095), par Dunouy.

Diane de Poitiers demande la grâce de son père à François Ier, par madame Haudebourt-Lescot.

Clotilde exhorte Clovis à embrasser le christianisme avant son départ pour la bataille de Tolbiac, par Laurent.

François Ier à Vaucluse, par Bourgeois.

Jeanne d'Arc fait prendre l'épée de Charles-Martel, par Mongin.

Louis XIII force les retranchements du Pas-de-Suze (6 mars 1629), par Lecomte.

Chérebert, fils de Clotaire, rencontre une jeune bergère. Paysage historique, par Bertin.

Le roi de Navarre et la mère de Henri IV, par Révoil.

Saint Louis rachète des prisonniers, par Granet.

Mort de Bayard en 1524, par Boisselier.

Sully, blessé, rencontré par Henri IV, par Taunay.

Vue de la plaine d'Ivry, par Bidauld.

Carloman blessé à mort dans la forêt d'Iveline, par Rémond.

Jeanne-d'Arc se dévoue au salut de la France, par Régnier.

SALON DE DIANE.

Ce salon est décoré en stuc; les peintures en ont été exécutées par Blondel, membre de l'Institut.

Au milieu de la voûte. — Diane, déesse de la nuit.

Les compartiments qui entourent ce tableau représentent des Amours et des Zéphyrs portant les attributs de la chasse.

Premier tableau à droite en entrant par la galerie. — Vénus reçoit les plaintes de Diane.

Deuxième tableau à droite. — Diane chasse de sa présence la nymphe Calisto.

Premier tableau à gauche en entrant par la galerie. — Actéon changé en cerf.

Deuxième tableau à gauche. — Diane et Endymion.

15. ANTICHAMBRE DE LA REINE.

Après avoir parcouru la galerie de Diane de

droite à gauche, on entre dans l'antichambre de la reine. On laisse à gauche l'escalier de la reine, et les appartements des jeunes princes où l'on voit une jolie collection de tableaux de chasse. C'est dans ces appartements que descendit la princesse Hélène à son arrivée à Fontainebleau en 1837.

On voit, dans l'antichambre de la reine, des tapisseries des Gobelins qui représentent, d'après les tableaux d'Antoine Coypel : Le repos de Sancho dans l'île de Barataria; don Quichotte et Sancho sur le cheval de bois; don Quichotte consultant la tête enchantée.

On commence à droite la visite des grands appartements.

16. SALON DES TAPISSERIES.

C'était l'ancienne salle des gardes de la reine. Le plafond, fait à neuf par Sa Majesté Louis-Philippe, se compose d'une marqueterie artistement travaillée. On y voit aujourd'hui les tapisseries suivantes :

Tapisseries des anciennes manufactures de Flandre.

Arabesques. — Le mois de mai. — Un guerrier, armé d'un arc, porte un bouclier sur lequel on voit le signe des gémeaux.

Arabesques. — Le mois d'octobre. — Un guerrier couvert de ses armes; l'emblème de son bouclier est le signe du scorpion.

Arabesques. — Le mois de juillet. — Une nymphe se repose sur un lion.

Arabesques. — Le mois de septembre. — Un guerrier, armé d'une hache, soutient un cadre, sur lequel on voit le signe de la balance.

Arabesques. — Le mois de mars. — Une Minerve armée de son bouclier, qui a pour emblème un bélier.

Arabesques. — Le mois de février. — Un guerrier, couronné de roseaux, soutient un cadre où se trouve le signe des poissons.

Tapisserie faite aux Gobelins d'après le tableau du baron Gros.

François Ier et Charles-Quint visitant les tombeaux de Saint-Denis (janvier 1540).

17. SALON DE FRANÇOIS Ier.

La famille impériale et Charles X avaient fait leur salle à manger de cette pièce, autrefois *l'antichambre de la reine*, selon Guilbert. Le plafond, refait par le roi Louis-Philippe, est dans le même style et aussi beau que celui de la pièce qui précède. La cheminée est de la plus grande beauté. Les chiffres, les armes et les salamandres de François Ier attestent qu'elle est l'ouvrage de ce prince, qui l'a fait surorner d'un médaillon peint qui représente les amours de Mars et Vénus, attribué au Primatice, et d'un bas-relief en stuc d'après l'antique, représentant un sacrifice aux dieux. Sa Majesté Louis-Philippe, en 1837, a fait restaurer et décorer de porcelaines de Sèvres cette belle cheminée.

Les murs sont couverts de tapisseries :

Tapisseries faites aux Gobelins d'après le tableau de Rouget.

François Ier rejette l'offre des députés de la ville de Gand. — La France était en paix avec l'Espagne; les habitants de Gand s'étant soulevés contre l'empereur Charles-Quint, demandèrent au roi de France de les protéger. François Ier refuse d'encourager leur révolte.

François Ier à la Rochelle. — Le roi confie la garde de sa personne aux habitants de la Rochelle.

Saint Louis reçoit à Ptolémaïs les envoyés du Vieux de la montagne.

Saint Louis arbitre entre le roi d'Angleterre et ses barons (23 janvier 1264).

Henri IV et Crillon.

Un guerrier du temps des croisades.

La France, figure allégorique.

Henri IV à Rouen à l'assemblée des notables, en 1594.

Saint Louis pardonne à Pierre de Bretagne, dit *Mauclerc*, duc de Bretagne, et reçoit son hommage (1234).

Les attributs de la Musique, par Chardin.

Saint Louis prisonnier en Égypte.

18. SALON DE LOUIS XIII OU SALON OVALE, ANCIEN GRAND CABINET DE HENRI IV.

Cette pièce s'appelait autrefois la *Salle ovale*, à cause de la forme que lui avait donnée François Ier, pour la mettre en harmonie avec la cour du Donjon, dite la *cour Ovale*, sur laquelle regardent ses quatre croisées.

C'est dans cette chambre que, le 27 septembre 1601, Marie de Médicis mit au jour Louis XIII; son lit était placé entre la porte de la chambre du roi et la porte de la chambre de Saint-Louis, à l'endroit où l'on voit aujourd'hui un petit paysage de Bril, juste de la grandeur du premier miroir de Venise offert à François Ier; et au-dessus, Louis XIII, enfant, sur un dauphin, par Ambroise Dubois. (Voir, au chapitre de Henri IV, le récit de la naissance de Louis XIII.)

Henri IV fut tellement heureux d'avoir un fils qu'il voulut faire *son grand cabinet* de la chambre qui avait vu naître le dauphin. Il chargea les lambris d'ornements, de paysages, de fleurs, par Paul Bril, d'arabesques, de camaïeux, de dauphins, de chiffres dorés, parmi lesquels on remarque l'M de Marie de Médicis, et surtout l'S entrecoupé d'un trait que Henri IV mettait au commencement de toutes ses lettres et à côté de sa signature, par allusion à son amour pour Gabrielle d'Estrées (*Des-traits!*) Sa Majesté Louis-Philippe a fait revivre ces ornements dans tout leur éclat, et cette pièce serait parfaitement belle, si Louis XV n'en avait gâté en partie la disposition en surélevant les quatre portes, sans respect pour les tableaux d'Ambroise Dubois qui la décorent.

La petite porte, à côté de la place où est accouchée Marie de Médicis, conduisait à l'antichambre où fut arrêté le maréchal de Biron. La cheminée était en bois; le roi Louis-Philippe l'a fait remplacer par une cheminée de marbre de la même forme et avec les mêmes ornements. On voit sur le parquet la trace d'un méridien fait par Louis XVI, comme celui de Versailles dans le salon des Pendules. On remarque au plafond les chiffres de Henri IV, de Louis XIII et de Louis XV, et plusieurs petits tableaux représentant les vues du château de Fontainebleau, d'après P. Bril.

Les tableaux, placés dans le plafond et au-dessus des lambris, représentent les principaux faits de l'histoire de Théagène et de Chariclée[1].

Premier tableau.—Cortége des jeux pythiens.

Ce tableau est actuellement placé dans la salle Saint-Louis.

Deuxième tableau. — Sacrifice des Thessaliens sur le tombeau de Néoptolême.

Ce tableau est placé au-dessus de la cheminée.

Troisième tableau. — Première entrevue de Calasiris et de Chariclée.

Ce tableau est placé au plafond, à gauche de la cheminée, du côté des appartements.

Quatrième tableau. — Apparition d'Apollon et de Diane à Calasiris.

Ce tableau est placé au milieu du plafond, du côté opposé à la cheminée.

Cinquième tableau. — Seconde entrevue de Calasiris avec Chariclée.

Ce tableau est placé dans le plafond à gauche, du côté opposé à la cheminée.

---

[1] Roman d'Héliodore, évêque de Tirca (en Thessalie), composé dans le Ve siècle, traduit en français par Amyot, grand aumônier de France, qui l'avait dédié à François Ier. Les tableaux de ce salon étaient dans l'origine au nombre de quinze; lorsque l'on a donné plus d'élévation aux portes principales, sous le règne de Louis XV, il a fallu en enlever quatre. On vient de placer trois de ces tableaux dans une des salles Saint-Louis.

Sixième tableau. — Enlèvement de Chariclée.

Ce tableau est placé au-dessus du lambris, du côté opposé à la cheminée.

Septième tableau. — Le serment de Théagène.

Au milieu du plafond.

Huitième tableau. — Le départ.

Ce tableau est placé au-dessus du lambris, près de la porte qui conduit dans les appartements du roi.

Neuvième tableau. — Calasiris, Théagène et Chariclée sont abandonnés sur le rivage de l'Égypte.

Ce tableau est placé au-dessus du lambris de gauche de la cheminée, du côté des appartements.

Dixième tableau. — Théagène et Chariclée surpris par des voleurs.

Ce tableau est placé dans l'une des salles de Saint-Louis.

Onzième tableau. — Théagène et Chariclée dans l'île des Pâtres.

Ce tableau est placé au-dessus du lambris, dans le milieu de la salle et du côté des appartements.

Douzième tableau. — Retour de Théagène et de Gnemon dans l'île des Pâtres.

Ce tableau a été transporté dans une des salles de Saint-Louis.

Treizième tableau. — Théagène et Chariclée dans la caverne de l'île des Pâtres.

Ce tableau est placé dans le plafond, du côté opposé à la cheminée et près des fenêtres.

Dernier tableau. — Union de Théagène et de Chariclée.

19. PAVILLON DE SAINT-LOUIS.

1° *Ancienne chambre de Saint-Louis.*

Nous sommes dans la partie la plus ancienne du palais. Cette chambre a conservé le nom de Saint-Louis, comme tout le pavillon, sur les murs duquel on voit un L, quoiqu'il ait été refait, en grande partie, par François Ier. C'est dans cette chambre que saint Louis, se croyant près de mourir, adressa à son fils ces sublimes exhortations, qui ont fait l'admiration de Bossuet. L'escalier de la tourelle, refait par ordre de Sa Majesté Louis-Philippe, conduisait à un cabinet où saint Louis conservait ses bijoux et ses curiosités.

Les tableaux qui ornaient autrefois cette chambre étaient tirés de l'Iliade d'Homère, et peints à fresque par Nicolo dell' Abbate; ils ont été remplacés par d'autres tableaux dont voici les sujets :

Henri IV quittant Gabrielle d'Estrées.

Henri IV et Sully, blessé à la bataille d'Yvry.

Henri IV à Lieursaint, chez le meunier Michau.

Henri IV et Sully à Fontainebleau.

Henri IV et Sully chez Gabrielle d'Estrées.

Les autres tableaux placés dans cette salle sont de Nicolas Loir, et représentent des amours avec différents attributs : la Sculpture; les Richesses de la terre; les Richesses de la mer; l'Aumône; l'Hiver; le Printemps; l'Été; l'Industrie, etc.

Sa Majesté Louis-Philippe a fait placer sur la cheminée la statue équestre de Henri IV en marbre blanc; et il a décoré la chambre d'un superbe plafond à compartiments bleu et or.

2° *Ancienne salle du Buffet.*

Elle avait reçu ce nom, parce qu'on y dressait le buffet du roi : c'était la salle à manger d'Henri IV.

On y remarque les tableaux suivants :

Théagène retrouve Chariclée dans la caverne.

Union de Théagène et Chariclée, qui se consacrent au culte du soleil et de la lune.

Cortége des jeux pythiens.

Clorinde et Argant quittent le sultan Saladin pour aller attaquer le camp des croisés [1].

20. SALLE DES GARDES.

Cette ancienne salle des Gardes, qui précède

---

[1] Ce tableau faisait autrefois partie de la décoration du cabinet dit de *Clorinde.*

la salle de spectacle, a été restaurée à neuf par Sa Majesté Louis-Philippe, qui a fait peindre sur les lambris et sur le plafond des chiffres, des emblèmes et des armoiries qui attestent les diverses époques où elle a été occupée par les gardes de nos rois.

La cheminée a été construite, partie à neuf, partie avec divers morceaux de la *Belle Cheminée*, qui avait donné son nom à la grande salle que Louis XV a remplacée par le théâtre. L'encadrement est de Henri II, comme le prouvent et son chiffre et les croissants de Diane; mais Henri IV se l'était appropriée en y faisant placer sa statue équestre par Jacquet, de Grenoble [1] (statue que l'on voit aujourd'hui sur la cheminée de la chambre de Saint-Louis). Le roi Louis-Philippe a sauvé de l'oubli les restes de la *Belle Cheminée;* il a fait remettre à la nouvelle les colonnes d'ordre corinthien qui la soutenaient, et les statues en marbre blanc qui la décoraient [2]. La statue équestre de Henri IV a été remplacée par

---

[1] C'est devant cette cheminée que Henri IV demanda à Biron ce que diraient les Espagnols, s'ils le voyaient dans cette attitude de triomphateur, et que Biron lui répondit dédaigneusement : « Les Espagnols ne vous craindraient guère. » (Voir le chapitre de Henri IV.)

[2] La Force et la Paix, par le sculpteur Francaville.

son buste, et le chiffre de Louis-Philippe a succédé à cette inscription fastueuse :

Henricus quartus, Francorum et Navarrae rex, bellator, victor et triumphator, bello civili confecto regno recuperato restauratoque pace domi forisque constituta regiis penatibus : regali sumptu focum extruxit. M. D. I. C.

C'est aujourd'hui l'une des salles les plus brillantes du palais de Fontainebleau.

21. SALLE DE SPECTACLE.

En 1733, sous l'influence de madame de Pompadour, qui aimait et jouait fort bien la comédie, Louis XV remplaça la *salle de la Belle cheminée* par un théâtre bas, étroit, sans dégagement, où furent représentés devant la cour, pour la première fois, le *Devin du village*, 1742; *Adélaïde Duguesclin*, 1765; la *Rosière de Salency*, 1769; le *Séducteur*, 1783.

Sa Majesté Louis-Philippe a fait placer dans le plafond du vestibule qui précède la salle de spectacle, un grand tableau qui représente Louis XV couronné par les arts; on y voit aussi un portrait de Diane de Poitiers dans un costume presque aussi léger que celui où Actéon surprit l'autre Diane.

22. ESCALIER DU ROI.
Ancienne chambre d'Alexandre.

En revenant par la salle des Gardes, et après

avoir traversé une petite coupole décorée avec luxe, en 1837, par ordre du roi Louis-Philippe, et où l'on remarque une statue de la Nature dont l'auteur n'est pas connu, on trouve l'*escalier du Roi*. Cet escalier a été construit sur l'emplacement de la *chambre d'Alexandre*, ainsi appelée, parce que le Rosso y avait représenté à fresque plusieurs traits de la vie d'Alexandre. C'était la chambre de la duchesse d'Étampes. Les sculptures sont du Primatice : Marie Leczinska les fit voiler; les ceintures sont en plâtre, tandis que les statues sont en stuc.

Les huit tableaux de Rosso, restaurés par Abel de Pujol, représentent :

Alexandre et Thalestris, reine des Amazones.

Campaspe, captive, amenée devant Alexandre.

Alexandre renfermant les œuvres d'Homère dans un coffre précieux.

Alexandre et Campaspe.

Alexandre coupant le nœud gordien.

Un festin d'Alexandre.

Alexandre dans l'atelier d'Apelles.

Le plafond à compartiments de la chambre d'Alexandre était détruit. Sa Majesté l'a fait remplacer par un nouveau plafond, dont les voussures et le tableau principal ont été composés et peints par Abel de Pujol. Le sujet représente l'apothéose d'Alexandre.

23. APPARTEMENT DE MADAME DE MAINTENON.

Cet appartement a été restauré et meublé avec la plus grande élégance par le roi Louis-Philippe. C'est dans le grand cabinet doré que Louis XIV tint en 1700 le conseil où fut décidée l'acceptation du testament de Charles II, qui appelait au trône d'Espagne le duc d'Anjou, depuis Philippe V.

24. GALERIE DE HENRI II,
ancienne salle du bal ou des fêtes.

Quelques personnes ont cru que, dans le principe, cette grande salle avait été voûtée. Nous ne le croyons plus. Il nous semble seulement qu'on avait projeté de la diviser par quatre arcs doubleaux, pareils à ceux existant aux extrémités de la salle. Les culots dorés qui portent les girandoles témoignent suffisamment de cette première intention. Mais ensuite les voûtes ou arcs doubleaux auraient-ils été exécutés, puis détruits pour établir la disposition actuelle? Cela paraît impossible; on ne voit aucune trace des arcs doubleaux; et quant aux voûtes, il est évident qu'elles n'ont jamais été construites, puisqu'on voit aux clefs des voûtes latérales des têtes d'amours, sculptées dans des *masses de grès en saillie*, masses qui n'auraient point été établies dans le cas de la construction des voûtes, puisqu'elles auraient été perdues dans leur épaisseur.

Le Primatice[1], chargé de décorer cette grande salle, aura probablement demandé à Serlio de ne point la voûter, aimant mieux un plafond en marqueterie, et de larges panneaux pour ses peintures. La plus grande partie de cette vaste composition du Primatice a été mise en œuvre par Nicolo dell' Abbate, son élève. Elle a été restaurée en 1834 et 1835 par Alaux. Elle est éclairée par dix fenêtres, dont cinq donnent sur le jardin, et cinq sur la cour ovale. Huit grands tableaux remplissent l'espace compris entre chacune des arcades qui se lient ensemble par des cartouches ornés des chiffres de Henri II et de Diane de Valentinois. Les voûtes des arcades sont également ornées de tableaux.

Au-dessus de la porte d'entrée. — Le Concert et le Bal.

Côté droit donnant sur le jardin.

Première arcade près de la porte d'entrée. — Vulcain; l'Hiver sous la figure de deux vieillards assis près d'un brasier; Jupiter, le Repos, le Printemps.

---

[1] A la quatrième arcade à côté de l'H d'Henri II, on voit un capucin que l'on dit être le Primatice, *abbé de Saint-Martin,* peint par lui-même.

Après la première arcade. — L'Été; Cérès préside à la moisson.

Deuxième arcade. — Saturne, une nymphe surprise, l'Hymen, Mars et Vénus, Cybèle.

Après la deuxième arcade. — L'Hiver; les forges de Vulcain; Vénus lui demande des armes.

Troisième arcade. — L'Automne; Nymphe et Naïade; Janus; la Décision sous l'emblème de deux vieillards qui se consultent; Hébé.

Après la troisième arcade. — Le Printemps; le palais du Soleil; Phaéton supplie son père de lui donner la conduite de son char. — Le peintre Nicolo s'est représenté derrière une des colonnes du palais du Soleil, près de la quatrième arcade.

Quatrième arcade. — Neptune sur un dauphin; l'Assurance sous l'emblème d'un vieillard et d'un jeune homme couché sur un lion; la Surprise sous l'emblème d'un vieillard qui tient un filet vide; Amphion; une Naïade.

Après la quatrième arcade. — Philémon et Baucis.

Cinquième arcade. — Mars, Bellone, Ganymède enlevé par Jupiter, Narcisse, la Surprise.

Côté gauche donnant sur la cour ovale.

Première arcade à côté de la porte. — Thétis;

Bacchus et des Naïades; l'Amour; Pomone; Neptune.

Après la première arcade. — L'Automne, Bacchus et sa suite, dans laquelle on remarque Hébé, déesse de la jeunesse.

Deuxième arcade. — Jupiter; Caron; Mars; le Conseil sous l'emblème d'un vieillard qui parle à un jeune homme; Junon.

Après la seconde arcade. — Le Parnasse; Apollon et les Muses.

Troisième arcade. — Le dieu Pan; Comus; la déesse de l'Abondance; Esculape; Cérès.

Après la troisième arcade. — Le jugement de Pâris.

Quatrième arcade. — Hercule; Caron; Cerbère; la Réflexion; l'Expérience sous l'emblème d'un vieillard conduisant un jeune homme qui tient un flambeau; Déjanire.

Après la quatrième arcade. — Les noces de Thétis et de Pelée.

Cinquième arcade. — Nymphes de Diane; le Repos sous l'emblème de deux vieillards assis; un Amour qui joue dans l'air; la Vigilance sous l'emblème d'un coq aux pieds d'une femme; Minerve.

A l'extrémité de la galerie et à droite de la cheminée. — Chasse du sanglier.

A gauche. — Un loup cervier terrassé.

Sous chacun de ces tableaux. — Diane au repos.

Ce vaste Olympe est consacré à Diane, dont l'image et les attributs sont partout. S. M. Louis-Philippe ne s'est point borné à faire revivre ces magnifiques peintures; il a rétabli la menuiserie dorée, et le plafond en marqueterie où brillent le croissant de Diane et le chiffre de Henri II.

Les anciens rois donnaient dans cette belle salle les bals, les fêtes, les galas de la cour, comme on a pu le voir dans notre ouvrage; c'est là qu'a été célébré, en 1837, le mariage civil de S. A. R. le duc d'Orléans.

25. BIBLIOTHÈQUE.

C'était la *chapelle haute*, superposée sur la chapelle Saint-Saturnin. Ce chef-d'œuvre d'architecture fut élevé, sous François Ier, par Serlio, comme l'indiquent deux médaillons aux extrémités du cintre, dont l'un renferme les armes de France, l'autre cette inscription : *Franciscus primus Francorum rex anno Domini* 1545 *absolvi curavit.* Henri II y fit construire pour la musique la tribune soutenue par deux colonnes de marbre gris, et au fronton de laquelle on lit le nom de ce prince; il décora le plafond, et mêla aux attributs de la Divinité son chiffre entrelacé des croissants de Diane. Henri IV donna également ses soins à cette chapelle, comme l'attestent les armes de Navarre; et on avait gravé au-dessus de la porte cette inscription en son honneur :

« Imperio natisque potens et conjuge felix,
« Altâ pace, sacram decorat rex inclytus ædem,
« Æternùm ut pietas augustâ splendeat aulâ. »

En 1807, peu de jours après avoir été nommé bibliothécaire de l'empereur, le savant auteur du *Dictionnaire des ouvrages anonymes*, M. Barbier, reçut l'ordre de faire transporter au palais de Fontainebleau la bibliothèque du Conseil d'État, précédemment organisée et placée par ses soins aux Tuileries auprès de la salle de séance du Conseil. Cette collection remarquable de livres dans tous les genres, formant plus de 20,000 volumes, fut envoyée à Fontainebleau, à l'exception des ouvrages de jurisprudence et d'économie politique. On choisit aussi des livres dans l'ancienne bibliothèque du tribunat; ils vinrent enrichir la bibliothèque de Fontainebleau, qui fut placée dans la chapelle haute. En cette occasion solennelle, M. Barbier adressa à Napoléon un discours pour le remercier du rétablissement à Fontainebleau de la fondation littéraire de Charles V, qu'Abel de Sainte-Marthe avait longtemps et vainement sollicitée de Louis XIV. Depuis 1830, le roi a doté cet établissement d'importantes publications historiques et de grands ouvrages pittoresques. M. Casimir Delavigne est aujourd'hui conservateur de la bibliothèque de Fontainebleau.

26. ANCIEN PAVILLON DES DAUPHINS.

A droite de la bibliothèque, on entre dans l'ancien *pavillon des dauphins,* bâti par Henri IV pour loger le dauphin, son fils, depuis Louis XIII. Cet appartement n'a plus rien de remarquable que ce souvenir.

REZ-DE-CHAUSSÉE.

27. CHAPELLE SAINT-SATURNIN.

Cette chapelle, la plus ancienne du palais, était entièrement abandonnée depuis un grand nombre d'années, lorsqu'elle a été restaurée et rendue au culte en 1836. Son plus bel ornement se compose des vitraux dessinés par la main royale qui a fait jaillir du marbre une Jeanne d'Arc pure et charmante comme elle!

Les vitraux des trois fenêtres ont été peints à la manufacture royale de Sèvres. Ils représentent saint Philippe et sainte Amélie au milieu d'un chœur d'anges.

On lit dans la partie supérieure de ces vitraux les inscriptions suivantes :

« 1° Louis VII a bâti cette chapelle en 1169; « elle a été consacrée par saint Thomas Becket, « archevêque de Cantorbéry. »

« 2° François Ier a rebâti cette chapelle en « 1544. »

« 3° Louis-Philippe Ier l'a restaurée en 1834. »

« 4° Ce vitrail a été fait sur les dessins de Son « Altesse Royale la princesse Marie d'Orléans, « fille du roi, en 1836. »

On voit aussi le chiffre de Louis XIII et les armes de France et de Navarre sur le mur qui surmonte la tribune royale, faite par le roi Louis-Philippe.

M. Lami, concierge du château sous l'empire, a fait mettre sur l'autel une inscription qui atteste que c'est celui sur lequel Pie VII a dit la messe à Fontainebleau depuis le 20 juin 1812 jusqu'au 20 janvier 1814. A cette époque, on avait transporté cet autel dans *la chambre d'Anne d'Autriche,* qui faisait partie de l'appartement occupé par le pape.

Au-dessus de la chapelle, on voit deux clochetons où jadis des figures colossales sonnaient les heures, et représentaient les jours de la semaine. Cette horloge, qui passait pour merveilleuse, avait été placée par François Ier.

28. GALERIE LOUIS-PHILIPPE.

Cette vaste salle, construite par Sa Majesté Louis-Philippe sous la galerie de Henri II, dont elle égale la longueur, a remplacé les subdivisions de la Conciergerie, qui y était établie sous l'empire, et qui donnait sur l'ancien *parterre du Tibre*, ou *jardin de Henri II*. Elle sert d'attente dans les jours de réception, et de salle à manger pour les dîners ordinaires du roi. Sa décoration a de l'éclat, et ses portes sont d'un beau travail.

C'est dans cette belle galerie que fut célébré, en 1837, le mariage protestant de madame la duchesse d'Orléans.

29. LA PORTE DORÉE.

La Porte Dorée, qui s'ouvre sur la chaussée qu'on nomme la *Chaussée de Maintenon*, a été élevée par François Ier, et décorée sur les dessins du Primatice. La salamandre dorée qui se trouve sous l'arcade, entre deux anges, indique l'époque à laquelle cette partie de bâtiment a été construite.

Les dorures de ce passage ont fait donner à la porte le nom de *Porte Dorée*, sous lequel elle a toujours été connue.

Picot, membre de l'Institut, a restauré, en 1835, les peintures de la porte Dorée, qui étaient dans un état complet de dégradation ; il a conservé les compositions du Primatice. Ces peintures représentent :

Les amours d'Hercule et d'Omphale.

Les Titans foudroyés; Tithon et l'Aurore; le Départ des Argonautes, etc.

C'est par cette porte que Charles-Quint fit son entrée à Fontainebleau en 1539, et que la duchesse d'Étampes s'enfuit pour se dérober à la colère de Diane de Poitiers, après la mort de François Ier.

30. VESTIBULE DE SAINT-LOUIS.

Ce vestibule, aux murs épais, aux formes gothiques, situé au rez-de-chaussée du vieux pavillon de Saint-Louis, dans la partie la plus ancienne du château, a été entièrement rétabli par Sa Majesté Louis-Philippe, qui lui a conservé sa physionomie, et qui l'a décoré de la statue des rois dont le nom se rattache le plus au palais de Fontainebleau; on y voit l'image de Louis VII, de saint Louis, de Philippe-Auguste, de Philippe le Bel, de François Ier et de Henri IV. Avant d'y arriver, on traverse une petite antichambre où le roi Louis-Philippe a fait placer ce qui restait des anciennes boiseries de la galerie de Henri II.

31. COUR D'HONNEUR, AUTREFOIS COUR DU DONJON OU COUR OVALE.

Cette cour portait dans l'origine le nom de *cour du Donjon*, à cause de son vieux donjon qui remontait aux premiers temps de la fondation du château de Fontainebleau. Quand François Ier lui eut donné la forme ovale qu'elle a conservée, on l'appela la *cour ovale*; enfin, Napoléon la surnomma la *cour d'Honneur*. Le pavillon à droite, où l'on voit l'F de François Ier, renferme un vieil escalier, à l'entrée duquel était le buste de ce monarque entre les deux figures allégoriques qui lui ont survécu. Le chiffre de Henri IV indique que ce prince a fait aussi plusieurs travaux dans cette cour : c'est à lui qu'on attribue la galerie circulaire qui l'entoure, soutenue par quarante-cinq colonnes ornées de figures bizarres. Cette cour était primitivement défendue par des fossés et un pont-levis du côté de la porte du Dôme; on en a retrouvé la trace quand on a fait, par ordre de Sa Majesté Louis-Philippe, la construction souterraine pour le service des cuisines et pour la communication de la cour des Princes.

Le porche, au milieu de la cour, a été construit par Serlio. C'est de là que le roi voyait faire la curée après la chasse : il s'y plaçait aussi dans les grandes cérémonies.

La porte qui conduit à la *cour d'Henri IV ou cour des Offices*, fut surmontée d'un dôme par ordre de Henri IV, et reçut le nom de *porte Dauphine* au baptême de Louis XIII, qui eut lieu publiquement sous ce dôme.

Toutes les salamandres qui décoraient les murs extérieurs de la galerie de Henri II ont été rétablies par le roi Louis-Philippe.

De la porte Dauphine, on peut jeter un coup d'œil sur *l'ancienne cour des Offices*, bâtie par Henri IV, et achevée, en 1609, pour le service général des officiers de sa maison. Elle a quarante-cinq toises de long sur quarante de large. L'édifice se compose de dix-sept pavillons. Au-dessus du grand portail, du côté de la place d'Armes, est une table en marbre noir portant cette inscription : *Henricus quartus Franciae et Navarrae rex, christianissimus, bellator fortissimus, victor clementissimus, rebus ad majestatis et publicae salutis firmamentum compositis, hanc regiam, auspicatò restauravit, immensùm auxit, magnificentiùs exornavit*. Anno MDCIX.

A gauche du grand portail, en entrant, était autrefois l'hôtel d'Albret, que le cardinal de Richelieu occupait pendant ses séjours à Fontaibleau.

Sa Majesté Louis-Philippe a fait établir une belle fontaine publique sur la place d'Armes.

32. COUR DES PRINCES.

Au-dessous du porche élevé par Serlio au milieu de la cour d'Honneur, on traverse le vestibule de l'escalier de la Reine, et on arrive à cette aile des bâtiments de la cour des Princes qui a remplacé l'ancienne galerie *des Cerfs*. Cette galerie, sur le jardin du Roi, autrefois de l'Orangerie, avait reçu son nom des anciens bois de cerf placés comme ornement à côté des tableaux qui couvraient ses lambris dorés, et qui représentaient les plus anciens châteaux de France. C'est là que la reine Christine de Suède fit assassiner son écuyer, Monaldeschi. Une croix et le mot *Dieu* gravé sur une pierre à côté de la quatrième croisée de la galerie, rappelaient ce triste souvenir. Ce signe et ce mot ont disparu ; mais le roi Louis-Philippe les a remplacés par l'inscription suivante, qu'il a fait mettre dans la troisième des chambres formées de la galerie des Cerfs détruite sous Louis XV : « C'est près « de cette fenêtre que Monaldeschi fut tué par « ordre de Christine, reine de Suède, le 10 no- « vembre 1657. »

Lors de cet assassinat, la reine Christine était logée au bout de la galerie des Cerfs, dans le petit appartement que Henri IV s'était réservé dans la Conciergerie, qu'il avait fait bâtir du côté de la place d'Armes pour le concierge-capitaine des chasses, et qu'il habitait lorsqu'il venait sans suite à Fontainebleau. (Voir, au chapitre de Louis XIV, les détails de cet assassinat.)

Plus tard, le prince de Condé et le duc de Bourbon occupèrent cet appartement : ce qui fit donner à la cour sur laquelle il règne, le nom de *cour des Princes.*

Le roi Louis-Philippe a complété les bâtiments qui environnent cette cour par une aile nouvelle où loge Son Altesse Royale le prince de Joinville.

33. APPARTEMENT DE SON ALTESSE ROYALE LA PRINCESSE CLÉMENTINE.

Ce bel appartement, situé sur le jardin du Roi, était occupé, sous l'empire, par l'impératrice Marie-Louise, dont on y voit encore le lit.

34. APPARTEMENT DE SON ALTESSE ROYALE MADAME, PRINCESSE ADÉLAÏDE.

Cet appartement, qui longe les anciennes étuves primitivement établies sous la galerie de François Ier, a été bâti par Louis XV en même temps que les petits appartements du premier étage, et comme eux il était occupé par Napoléon, qui y descendait par un petit escalier conduisant à sa bibliothèque particulière. Cette bibliothèque a été conservée, ainsi que la petite chambre de l'empereur, avec les meubles qui la décoraient.

On sort de cet appartement par le vestibule du rez-de-chaussée de la chapelle de la Sainte-Trinité, et on se retrouve dans la cour du Cheval-Blanc, au bas de l'escalier du Fer à cheval.

C'est ainsi que, sans revenir sur ses pas, on parcourt dans toutes ses parties le palais de Fontainebleau, si riche en souvenirs historiques, et si précieux pour les arts, dont il a été le plus brillant sanctuaire.

PIÈCES JUSTIFICATIVES.

A.

Confirmatio fundationis abbatiæ vallis B. Mariæ.

In nomine sanctæ et individuæ Trinitatis, Amen. Ego, Ludovicus, Dei gratiâ Francorum Rex et dux Aquitanorum, notum fieri volumus cunctis fidelibus, tàm futuris, quàm præsentibus, quod Theobaudo abbati et fratribus, in loco qui dicitur Vallis Sanctæ Mariæ, Domino famulantibus, pro animæ nostræ et parentum nostrorum remedio in perpetuum concedimus.

Actum apud Fontem Bleaudi, publicè anno 1137, regni nostri primo, astantibus in palatio nostro, quorum nomina subscripta sunt et signa :

Signum Radulfi Viramond, comitis et dapiferi nostri; Guillelmi, buticularii; Hugonis, constabularii; Hugonis, camerarii.

Ludovicus, data per manum Aigrini, cancellarii.

B.

In nomine sanctæ et individuæ Trinitatis, Amen. Ego Ludovicus, Dei gratiâ, Francorum rex, notum facimus tàm futuris quàm instantibus, quatenus cambium nostrum Parisiis super magnum Pontem in perpetuum manere statuimus. Statuimus etiam quòd nullis liceat Parisiis cambire, nisi in fenestris illis quæ sunt super Pontem, quarum singulæ nobis per singulos annos viginti persolvunt solidos. Quod si aliquis suprà prædictum Pontem novam fenestram, nostro ascensu præmisso facere, et ibi cambire voluerit, de fenestrâ illâ singulis annis viginti solidos habebimus, sicut et de aliis fenestris habemus. Actum publicè apud Fontem Bleaudi, 1141.

C.

In nomine sanctæ et individuæ Trinitatis, Amen. Ego Ludovicus, Dei gratiâ Francorum rex, notum facimus omnibus futuris sicut et præsentibus, quòd in honore Dei, et Beatæ Virginis Mariæ et gloriosi martyris Saturnini, apud Fontem Bleaudi construximus ecclesiam quam dotavimus hoc modo, Domino Bartholomæo quem primum dotavimus, et successoribus suis, qui ibi post Bartholomæum deservierint, assignavimus tres modios frumenti ad mensuram de Gastinois in festo beati Remigii annuatim recipiendos in grangia nostra apud Capellam (*), et sex modios vini in nostro clauso de Hericy ad mensuram de Samois, similiter annuatim recipiendos, quod si vinea aliquâ

(*) C'est le bourg appelé la Chapelle-la-Reine, à trois lieues environ de Fontainebleau.

occasione ad perficiendos sex modios defecerit, de censu vini nostri de Samois perficiantur. Et apud Moretum quatuor libras in denariis de censu terræ arabilis quam accensuimus Gilberto de Braïa, et cuicumque post ipsum terram illam habuerit; sacerdoti qui ibi deservierit quatuor libras annuatim persolvet in præfato festo. Si autem possessor terræ Capellano die statuto non persolverit, censum illum non amendabit; Capellanus verò in luminaribus ecclesiæ providebit. Quidquid autem a Capellano ædificatum fuerit apud Fontem Bleaudi, sive in domibus, sive in arboribus, sive in vivario et præto, excepto mobili, in perpetuum ecclesiæ permaneat, et illi qui ecclesiæ deservierit, insuper Capellanus usuarium suum in nemore habebit ad ardendum. Et quoties Nos, sive Regina, sive filius noster ibi affuerint, Capellanus habebit librationem suam integram, scilicet quatuor panes et dimidium sextarium vini et pro coquinaria duos denarios et testam candelæ. Quod ut ratum in posterum habeatur sigilli nostri impressione et nominis nostri caractere muniri et consignari præcipimus. Actum publicè apud Fontem Bleaudi, anno ab incarnatione Domini millesimo centesimo sexagesimo nono; astantibus in palatio nostro quorum nomina et signa subscripta sunt. Signum Comitis Theobaudi, armiferi nostri; Guidonis, buticularii; Mathæi, camerarii; Radulphi, constabularii; data per manus Hugonis, cancellarii.

Ludovicus, etc.

D.

Lettres de François Ier du mois de décembre de l'an mil cinq cent vingt-neuf, pour l'acquisition du terrain de la cour du Cheval Blanc, *de l'étang et autres lieux. Ces lettres ont été tirées des archives des Mathurins de Fontainebleau.*

François Ier, par la grâce de Dieu, roi de France, à tous présents et à venir, etc. Comme pour accroître, aggrandir et aiser le bâtiment que présentement nous faisons construire et édifier en notre châtel et maison de Fontainebleau en la forêt de Bière, icelui décorer et embellir, de places, jardins et pourpris convenables, ainsi qu'il appartient; attendu qu'avons intention d'y et sommes délibéré y faire ci-après la plupart du temps notre résidence, pour le plaisir que prenons audit lieu et aux déduits de la chasse des bêtes rousses et noires qui sont en la forêt de Bière et aux environs; nous est convenu prendre et recouvrer de nos chers et bien amés les ministres et religieux de la sainte Trinité, étant audit lieu de Fontainebleau, la moitié du lieu où est de présent située la grande galerie faite pour aller dudit château en leur église et logis de l'abbaye, leurs jardins et leur grand clos des prés, celui où est de présent notre écurie avec leurs étangs et viviers, la maison du chapelain qui souloit être dans ledit château et dix-sept maisons d'aucuns habitants dudit lieu qui étoient contiguës et joignant à notre dit châtel, dont les cens, rentes et droits seigneuriaux appartenoient ausdits ministres et religieux, et pareillement celles qu'ils avoient et prennent sur aucunes terres appliquées en notre grand jardin, et desquels cens, rentes, terres, prez, jardins et étang, ils étoient vrais seigneurs fonciers et propriétaires, et desquels ils avoient accoutumé jouir d'ancienneté, prendre et recevoir chacun an les profits, revenus et émoluments, dont ils se nourrissoient, sustentoient et entretenoient; lesquelles prises ainsi par nous sur eux faites, comme dit est, ils nous auroient amplement fait entendre et remontrer, nous suppliant et réquérant très-humblement y vouloir avoir égard; et desquels les récompenser d'autres bienfaits.

Notre bon plaisir voulant, scavoir faisons, que nous, ce considéré, inclinant libéralement à leurs dites supplications et requêtes à iceux ministres, religieux dudit lieu de Fontainebleau, pour les récompenser d'ycelles prises desdits cens, rentes et revenus dessus déclarés, et à ce que, de plus en plus, ils puissent mieux continuer jours et nuits le service divin, prières et oraisons pour les âmes de feu nos prédécesseurs Roys, que Dieu absolve, leurs fondateurs; ensemble pour la prospérité de nous, notre sang, lignée, et autres bonnes considérations à ce nous mouvant, et avons de notre certaine science, grâce spéciale, pleine puissance et autorité royale, donné et octroyé, donnons et octroyons par la teneur de ces présentes, la somme de deux cents livres tournois, laquelle nous avons dédiée et amortie, dédions et amortissons à toujours, perpétuellement, à l'avenir, et prendre, jouir, percevoir et recevoir dorénavant chacun an par lesdits ministres et religieux et leurs successeurs, sur le revenu de notre terre et seigneurie de Moret, par les mains de notre receveur ordinaire de Melun et par leurs simples quittances, sans qu'ils soient tenus faire apparoir par information ou autrement de la juste valeur des prises et pertes des susdites, dont en tant que métier est ou seroit, les avons de notre dite grâce relevés et relevons, sans aussi qu'il leur soit besoin, et avoir ne recouvrer de nous autre mandement ou acquits, que ces dites présentes que nous avons signées de notre main, ne que pour raison de ce présent don, récompense et amortissement, il nous soit tenu, payé ne à nos successeurs roys, aucune finance ou indemnité, ne qu'à l'occasion de ce il soit à l'avenir contraint à en vuider leurs mains, ne en ce molestés ou inquiétés par les commissaires qui ont été ou seront ordonnés sur le fait des amortissements en quelque manière que ce soit ou puisse être; de laquelle finance ou indemnité, à quelque somme, valeur ou estimation qu'elle soit ou puisse être et monter, nous avons en faveur que dessus donné et annoncé, donnons et annonçons de notre plus ample grâce par ces dites présentes par lesquelles donnons en mandement à nos amés et féaux les gens de nos comptes, trésoriers de France et de notre épargne, bailly de Melun, et à tous nos autres justiciers et officiers, ou à leurs lieutenants présents et à venir, et à chacun d'eux comme à lui appartiendra, qu'en faisant lesdits ministres et religieux dudit Fontainebleau et leurs dits successeurs, jouir et user paisiblement par notre dit receveur ordinaire dudit Melun, du revenu de notre terre et seigneurie de Moret, leur fasse payer, bâiller et délivrer ladite somme de deux cents livres tournois chacun an par leurs dites simples quittances doresnavant, perpétuellement et à toujours, sans en ce leur faire mettre, ordonner, ne souffrir être fait, mis, ordonné lods, ne pour les lettres à venir aucuns destourbiers ou empêchements au contraire, lesquels si faits, mis et ordonnés, leurs étoient levés et mettre fors, fassent otter et mettre incontinent et sans délay à pleine et entière délivrance, et qu'en rapportant lesdites présentes ou *vidimus* d'ycelles fait sous le scel royal, pour une fois et quittance desdits ministres et religieux ou de leurs procureurs soit ce suffisant. Seulement, nous voulons ladite somme de deux cents livres être chacun an allouée ès comptes de notre dit receveur dudit Melun, et rabatue de sa recepte par nos dits gens des comptes, auxquels derechef nous mandons ainsi le faire sans difficulté : car tel est notre bon plaisir, nonobstant que ladite somme ne soit couchée par chacun an en l'état général de nos finances, selon l'ordonnance par nous dernière faite sur le fait et distribution d'ycelle, par laquelle est dit que tous les deniers se payeront par le trésorier de notre dite épargne, et non par autres, et quelconques autres ordonnances, restrictions, mandement ou défenses à ce contraire ; et afin que ce soit chose ferme et stable à toujours, nous avons fait mettre notre scel à ces dites présentes, sauf en autre chose notre droit et l'autruy en toutes. Donné à Fontainebleau au mois de décembre l'an de grâce mille cinq cent vingt-neuf, et de notre règne le quinzième. François.

E.

CONCORDAT DE FONTAINEBLEAU.

Sa Majesté l'empereur et roi et Sa Sainteté, voulant mettre un terme aux différends qui se sont élevés entre eux, et pourvoir aux difficultés survenues sur plusieurs affaires de l'Église, sont convenus des articles suivants, comme devant servir de base à un arrangement définitif.

ARTICLE PREMIER.

Sa Sainteté exercera le pontificat en France et dans le royaume d'Italie, de la même manière et avec les mêmes formes que ses prédécesseurs.

ART. II.

Les ambassadeurs, ministres d'affaires des puissances près le saint-père, et les ambassadeurs, ministres ou chargés d'affaires que le pape pourrait avoir près des puissances étrangères, jouiront des immunités et priviléges dont jouissent les membres du corps diplomatique.

ART. III.

Les domaines que le saint-père possédait, et qui ne

sont pas aliénés, seront exempts de toute espèce d'impôts; ils seront administrés par des agents ou chargés d'affaires. Ceux qui seraient aliénés seront remplacés jusqu'à la concurrence de deux millions de francs de revenu.

ART. IV.

Dans les six mois qui suivront la notification d'usage de la nomination par l'empereur aux archevêchés et evêchés de l'empire et du royaume d'Italie, le pape donnera l'institution canonique conformément aux concordats, et en vertu du présent indult. L'information préalable sera faite par le métropolitain. Les six mois expirés, sans que le pape ait accordé l'institution, le métropolitain, et à son défaut, ou il s'agit du métropolitain, l'évêque le plus ancien de la province, procédera à l'institution de l'évêque nommé, de manière qu'un siége ne sera jamais vacant plus d'une année.

ART. V.

Le pape nommera, soit en France, soit dans le royaume d'Italie, à dix évêchés, qui seront ultérieurement désignés de concert.

ART. VI.

Les six évêchés suburbicaires seront rétablis. Ils seront à la nomination du pape. Les biens actuellement existants seront restitués, et il sera pris des mesures pour les biens vendus. A la mort des évêques d'Agnani et de Rieti, leurs diocèses seront réunis auxdits six évêchés, conformément au concert qui aura lieu entre Sa Majesté et le saint-père.

ART. VII.

A l'égard des évêques des États romains absents de leurs diocèses par les circonstances, le saint-père pourra exercer en leur faveur son droit de donner des évêchés *in partibus*. Il leur sera fait une pension égale au revenu dont ils jouissaient, et ils pourront être remplacés aux siéges vacants, soit de l'empire, soit du royaume d'Italie.

ART. VIII.

Sa Majesté et Sa Sainteté se concerteront en temps opportun sur la réduction à faire, s'il y a lieu, aux évêchés de la Toscane et du pays de Gênes, ainsi que pour les évêchés à établir en Hollande et dans le pays anséatique.

ART. IX.

La propagande, la pénitencerie, les archives, seront rétablies dans le lieu du séjour du saint-père.

ART. X.

Sa Majesté rend ses bonnes grâces aux cardinaux, évêques, prêtres, laïques, qui ont encouru sa disgrâce par suite des événements actuels.

ART. XI.

Le saint-père se porte aux dispositions ci-dessus par considération de l'état actuel de l'Église, et dans la confiance que lui a inspirée Sa Majesté, qu'elle accordera sa puissante protection aux besoins si nombreux qu'a la religion dans les temps où nous vivons.

Napoléon.   **Pius P. P. VII.**

F.

TRAITÉ

DU 11 AVRIL 1814, CONNU SOUS LE NOM DE TRAITÉ DE FONTAINEBLEAU.

Sa Majesté l'empereur Napoléon d'une part; et Leurs Majestés l'empereur d'Autriche, roi de Hongrie et de Bohême, l'empereur de toutes les Russies, et le roi de Prusse, stipulant tant en leur nom qu'en celui de tous leurs alliés, de l'autre; ayant nommé pour leurs plénipotentiaires, savoir:

Sa Majesté l'empereur Napoléon, les sieurs Armand-Augustin-Louis de Caulaincourt, duc de Vicence, son grand écuyer, sénateur, ministre des relations extérieures, grand-aigle de la Légion d'honneur, chevalier des ordres de Léopold d'Autriche, de Saint-André, de Saint-Alexandre Newski, de Sainte-Anne de Russie et de plusieurs autres; Michel Ney, duc d'Elchingen et maréchal de l'empire, grand-aigle de la Légion d'honneur, chevalier de la Couronne de fer et de l'ordre du Christ; Jacques-Étienne-Alexandre Macdonald, duc de Tarente, maréchal de l'empire, grand-aigle de la Légion d'honneur et chevalier de la Couronne de fer;

Et Sa Majesté l'empereur d'Autriche, le sieur Clément-Wenceslas-Lothaire, prince de Metternich; Winebourg-Schenhausen, chevalier de la Toison d'Or, grand-croix de l'ordre royal de Saint-Étienne, grand-aigle de la Légion d'honneur, chevalier des ordres de Saint-André, de Saint-Alexandre Newski, et de Sainte-Anne de Russie, de l'Aigle-Noir et de l'Aigle-Rouge de Prusse, grand-croix de l'ordre de Saint-Joseph de Wurtzbourg, chevalier de l'ordre de Saint-Jean de Jérusalem et de plusieurs autres, chancelier de l'ordre militaire de Marie-Thérèse.

Les plénipotentiaires ci-dessus nommés, après avoir procédé à l'échange de leurs pleins pouvoirs respectifs, sont convenus des articles suivants :

ARTICLE PREMIER.

Sa Majesté l'empereur Napoléon renonce pour lui et ses successeurs et descendants, ainsi que pour chacun des membres de sa famille, à tout droit de souveraineté et de domination, tant sur l'empire français et le royaume d'Italie que sur tout autre pays.

ART. II.

Leurs Majestés l'empereur Napoléon et l'impératrice Marie-Louise conserveront ces titres et qualités pour en jouir leur vie durant.

La mère, les frères, sœurs, neveux et nièces de l'empereur, conserveront également, partout où ils se trouveront, les titres de princes de sa famille.

ART. III.

L'île d'Elbe, adoptée par Sa Majesté l'empereur Napoléon pour le lieu de son séjour, formera, sa vie durant, une principauté séparée qui sera possédée par lui en toute souveraineté et propriété.

Il sera donné, en outre, en toute propriété à l'empereur Napoléon un revenu annuel de deux millions de France en rente sur le grand-livre de France, dont un million réversible à l'impératrice.

ART. IV.

Toutes les puissances s'engagent à employer leurs bons offices pour faire respecter par les Barbaresques le pavillon et le territoire de l'île d'Elbe, et pour que dans ses rapports avec les Barbaresques elle soit assimilée à la France.

ART. V.

Les duchés de Parme, de Plaisance et Guastalla, seront donnés en toute propriété et souveraineté à Sa Majesté l'impératrice Marie-Louise. Ils passeront à son fils et à sa descendance en ligne directe. Le prince son fils prendra dès ce moment le titre de prince de Parme, Plaisance et Guastalla.

ART. VI.

Il sera réservé dans les pays auxquels l'empereur Napoléon renonce, pour lui et sa famille, des domaines, ou donné des rentes sur le grand-livre de France, produisant un revenu annuel net, et déduction faite de toutes charges, de deux millions cinq cent mille francs. Ces domaines ou rentes appartiendront en toute propriété, et pour en disposer comme bon leur semblera, aux princes et princesses de sa famille, et seront répartis entre eux, de manière à ce que le revenu de chacun soit dans la proportion suivante; savoir :

A Madame mère, trois cent mille francs;

Au roi Joseph et à la reine, cinq cent mille francs;

Au roi Louis, deux cent mille francs;

A la reine Hortense et à ses enfants, quatre cent mille francs;

Au roi Jérôme et à la reine, cinq cent mille francs;

A la princesse Élisa, trois cent mille francs;

A la princesse Pauline, trois cent mille francs.

Les princes et princesses de la famille de l'empereur Napoléon conserveront en outre tous les biens, meubles et immeubles, de quelque nature que ce soit, qu'ils possèdent à titre particulier, et notamment les rentes dont ils jouissent, également comme particuliers, sur le grand-livre de France, ou le Monte-Napoleone de Milan.

ART. VII.

Le traitement annuel de l'impératrice Joséphine sera réduit à un million en domaines ou en inscriptions sur le grand-livre de France. Elle continuera à jouir en toute propriété de tous ses biens, meubles et immeubles, particuliers, et pourra en disposer conformément aux lois françaises.

ART. VIII.

Il sera donné au prince Eugène, vice-roi d'Italie, un établissement convenable hors de France.

ART. IX.

Les propriétés que Sa Majesté l'empereur Napoléon possède en France, soit comme domaine extraordinaire, soit comme domaine privé, resteront à la couronne.

Sur les fonds placés par l'empereur Napoléon, soit

sur le grand-livre, soit sur la Banque de France, soit sur les actions des forêts, soit de toute autre manière, et dont Sa Majesté fait l'abandon à la couronne, il sera réservé un capital qui n'excédera pas deux millions, pour être employé en gratifications en faveur des personnes qui seront portées sur l'état que signera l'empereur Napoléon, et qui sera remis au gouvernement français [1].

---

[1] État des gratifications accordées par l'empereur Napoléon conformément à l'article IX ci-dessus, savoir :

AUX GÉNÉRAUX DE LA GARDE.

Friant.	50,000 fr.
Cambrone.	50,000
Petit.	50,000
Ornano.	50,000
Curial.	50,000
Michel.	50,000
Lefebvre-Desnouette.	50,000
Guyot.	50,000
Lyon.	50,000
Laferrière.	50,000
Colbert.	50,000
Marin.	50,000
Boulard.	50,000

AUX AIDES DE CAMP.

Drouot.	50,000
Corbineau.	50,000
Dejean.	50,000
Caffarelli.	50,000
Montesquiou.	50,000
Bernard.	50,000
A reporter.	950,000

ART. X.

Tous les diamants de la couronne resteront à la France.

ART. XI.

L'empereur Napoléon fera retourner aux trésors et aux autres caisses publiques toutes les sommes et effets qui en auraient été déplacés par ses ordres, à l'exception de ce qui provient de la liste civile.

ART. XII.

Les dettes de la maison de Sa Majesté l'empereur Napoléon, telles qu'elles se trouvent au jour de la signature du présent traité, seront immédiatement acquittées sur les arrérages dus par le trésor public à la

Suite de l'autre part......	950,000
Bussy..	50,000
Au général Fouler, écuyer de l'empereur............	50,000
Au baron Fain, secrétaire du cabinet...............	50,000
Au baron Menneval, secrétaire des commandements de l'impératrice Marie-Louise.....................	50,000
Au baron Corvisart, premier médecin...............	50,000
Au colonel Gourgaud, premier officier d'ordonnance..	50,000
Au chevalier Jouanne, premier commis du cabinet....	40,000
Au baron Ivan, chirurgien ordinaire...............	40,000
A trente officiers de la garde (état A)..............	170,000
Au service de la chambre (état B)................	100,000
Au service des écuries (état C)...................	130,000
Au service des fourriers et de la bouche (état D).....	140,000
Au service de l'impératrice et du roi de Rome (état E).	70,000
Au service de santé de l'empereur (état F)..........	60,000
Total..................	2,000,000

liste civile, d'après les états qui seront signés par un commissaire nommé à cet effet.

ART. XIII.

Les obligations du Monte-Napoleone de Milan envers tous ses créanciers, soit Français, soit étrangers, seront exactement remplies sans qu'il soit fait aucun changement à cet égard [1].

ART. XIV.

On donnera tous les saufs-conduits nécessaires pour le libre voyage de Sa Majesté l'empereur Napoléon, de l'impératrice, des princes et princesses, et de toutes les personnes de leur suite qui voudront les accompagner, ou s'établir hors de France, ainsi que pour le passage de tous les équipages, chevaux et effets qui leur appartiennent.

Les puissances alliées donneront en conséquence des officiers et quelques hommes d'escorte.

ART. XV.

La garde impériale française fournira un détachement de douze à quinze cents hommes de toute arme pour servir d'escorte jusqu'à Saint-Tropez, lieu d'embarquement.

ART. XVI.

Il sera fourni une corvette armée et les bâtiments de transport nécessaires pour conduire au lieu de sa desination Sa Majesté l'empereur Napoléon, ainsi que sa

---

[1] Cet article qui est la seule condition que Napoléon ait mise à son abdication du trône d'Italie, n'a pas été respecté.

maison. La corvette demeurera en toute propriété à Sa Majesté.

ART. XVII.

Sa Majesté l'empereur Napoléon pourra emmener avec lui et conserver pour sa garde quatre cents hommes de bonne volonté, tant officiers que sous-officiers et soldats.

ART. XVIII.

Tous les Français qui auront suivi Sa Majesté l'empereur Napoléon et sa famille seront tenus, s'ils ne veulent perdre leur qualité de Français, de rentrer en France dans le terme de trois ans, à moins qu'ils ne soient compris dans les exceptions que le gouvernement français se réserve d'accorder après l'expiration de ce terme.

ART. XIX.

Les troupes polonaises de toute arme qui sont au service de France auront la liberté de retourner chez elles, en conservant armes et bagages, comme un témoignage de leurs services honorables. Les officiers, sous-officiers et soldats, conserveront les décorations qui leur ont été accordées et les pensions affectées à ces décorations.

ART. XX.

Les hautes puissances alliées garantissent l'exécution de tous les articles du présent traité. Elles s'engagent à obtenir qu'ils soient adoptés et garantis par la France.

ART. XXI.

Le présent traité sera ratifié, et les ratifications en seront échangées à Paris dans le terme de deux jours ou plus tôt, si faire se peut.

Fait à Paris, le 11 avril mil huit cent quatorze.

> *Signé* CAULAINCOURT, duc de Vicence;
> Le maréchal duc de Tarente, MACDONALD;
> Le maréchal d'Elchingen, NEY.
> *Signé* le prince DE METTERNICH.

Les mêmes articles ont été signés séparément, et sous la même date, de la part de la Russie, par le comte de Nesselrode, et de la part de la Prusse, par le baron de Hardemberg.

DÉCLARATION

DU GOUVERNEMENT PROVISOIRE DE FRANCE.

Les puissances alliées ayant conclu un traité avec Sa Majesté l'empereur Napoléon, et ce traité renfermant des dispositions à l'exécution desquelles le gouvernement français est dans le cas de prendre part, et des explications réciproques ayant eu lieu sur ce point, le gouvernement provisoire de France, dans la vue de concourir efficacement à toutes les mesures qui sont adoptées, se fait un devoir de déclarer qu'il adhère autant que besoin est, et garantit, en tout ce qui concerne la France, l'exécution des stipulations renfermées dans ce traité, qui a été signé aujourd'hui entre MM. les plénipotentiaires des hautes puissances alliées et ceux de Sa Majesté l'empereur Napoléon.

Paris, le 11 avril 1814.

Signé les membres du gouvernement provisoire.

DÉCLARATION

AU NOM DE SA MAJESTÉ LOUIS XVIII.

Le soussigné ministre secrétaire d'État au département des affaires étrangères, ayant rendu compte au roi de la demande que Leurs Excellences MM. les plénipotentiaires des cours alliées ont reçu de leurs souverains l'ordre de faire relativement au traité du 11 avril, auquel le gouvernement provisoire a accédé, il a plu à Sa Majesté de l'autoriser de déclarer en son nom que les clauses du traité à la charge de la France seront fidèlement exécutées. Il a en conséquence l'honneur de le déclarer par la présente à Leurs Excellences.

Paris, le 31 mai 1814.

Signé le prince DE BÉNÉVENT.

TABLE DES MATIÈRES.

CHAPITRE PREMIER.

Le palais de Fontainebleau depuis son origine jusqu'à François 1er 1

CHAPITRE II.

François 1er 57

CHAPITRE III.

De Henri II à Henri IV 116

CHAPITRE IV.

Henri IV 175

CHAPITRE V.

Louis XIII, Louis XIV 253

CHAPITRE VI.

Louis XV, Louis XVI 455

CHAPITRE VII.

Napoléon 499

CHAPITRE VIII.

Louis-Philippe 1er 548

CHAPITRE IX.

Itinéraire historique et descriptif 569

PIÈCES JUSTIFICATIVES 620

www.ingramcontent.com/pod-product-compliance
Lightning Source LLC
Chambersburg PA
CBHW050131240426
43673CB00043B/1627